ESSAI

SUR LES INSTITUTIONS

ET

LE DROIT MALGACHES

PAR

ALBERT CAHUZAC

Conseiller à la Cour d'Appel de Tananarive

TOME PREMIER

Madagascar. — L'Imérina et ses habitants. — Organisation sociale, municipale et politique. — Actes de l'état civil. — Paternité et filiation. — Minorité et majorité. — Mariage. — Divorce. — Adoption. — Rejet d'enfant. — Successions. — Donations et testaments. — Propriété. — Immatriculation.

PARIS

LIBRAIRIE MARESCQ AÎNÉ

A. CHEVALIER-MARESCQ & Cie, ÉDITEURS

20, RUE SOUFFLOT, 20

—

1900

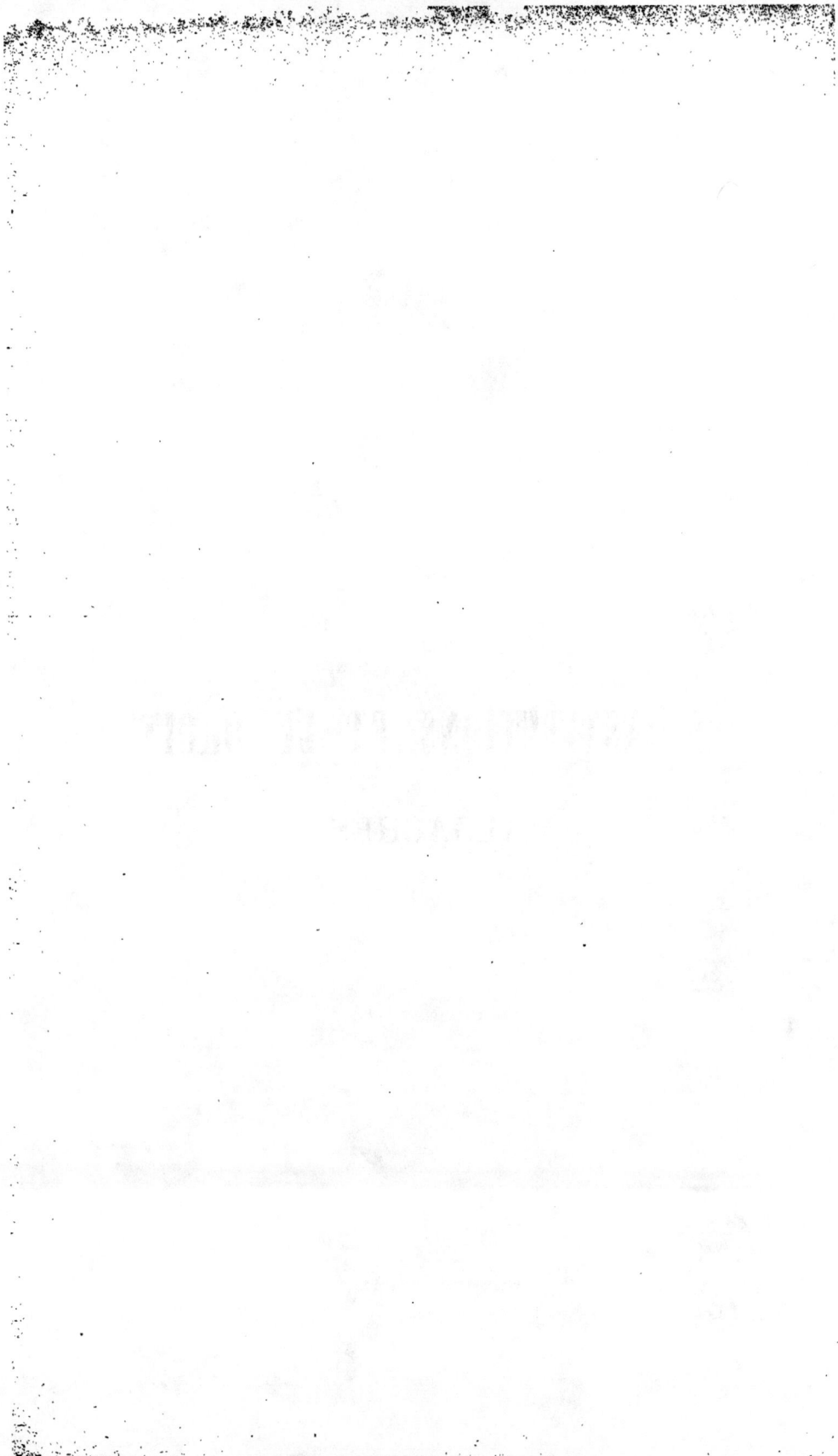

ESSAI

SUR

LES INSTITUTIONS ET LE DROIT

MALGACHES

ESSAI

SUR LES INSTITUTIONS

ET

LE DROIT MALGACHES

PAR

ALBERT CAHUZAC

Conseiller à la Cour d'Appel de Tananarive

TOME PREMIER

Madagascar. — L'Imérina et ses habitants. — Organisation sociale, municipale et politique. — Actes de l'état civil. — Paternité et filiation. — Minorité et majorité. — Mariage. — Divorce. — Adoption. — Rejet d'enfant. — Successions. — Donations et testaments. — Propriété. — Immatriculation.

PARIS

LIBRAIRIE MARESCQ AÎNÉ

A. CHEVALIER-MARESCQ & Cie, ÉDITEURS

20, RUE SOUFFLOT, 20

—

1900

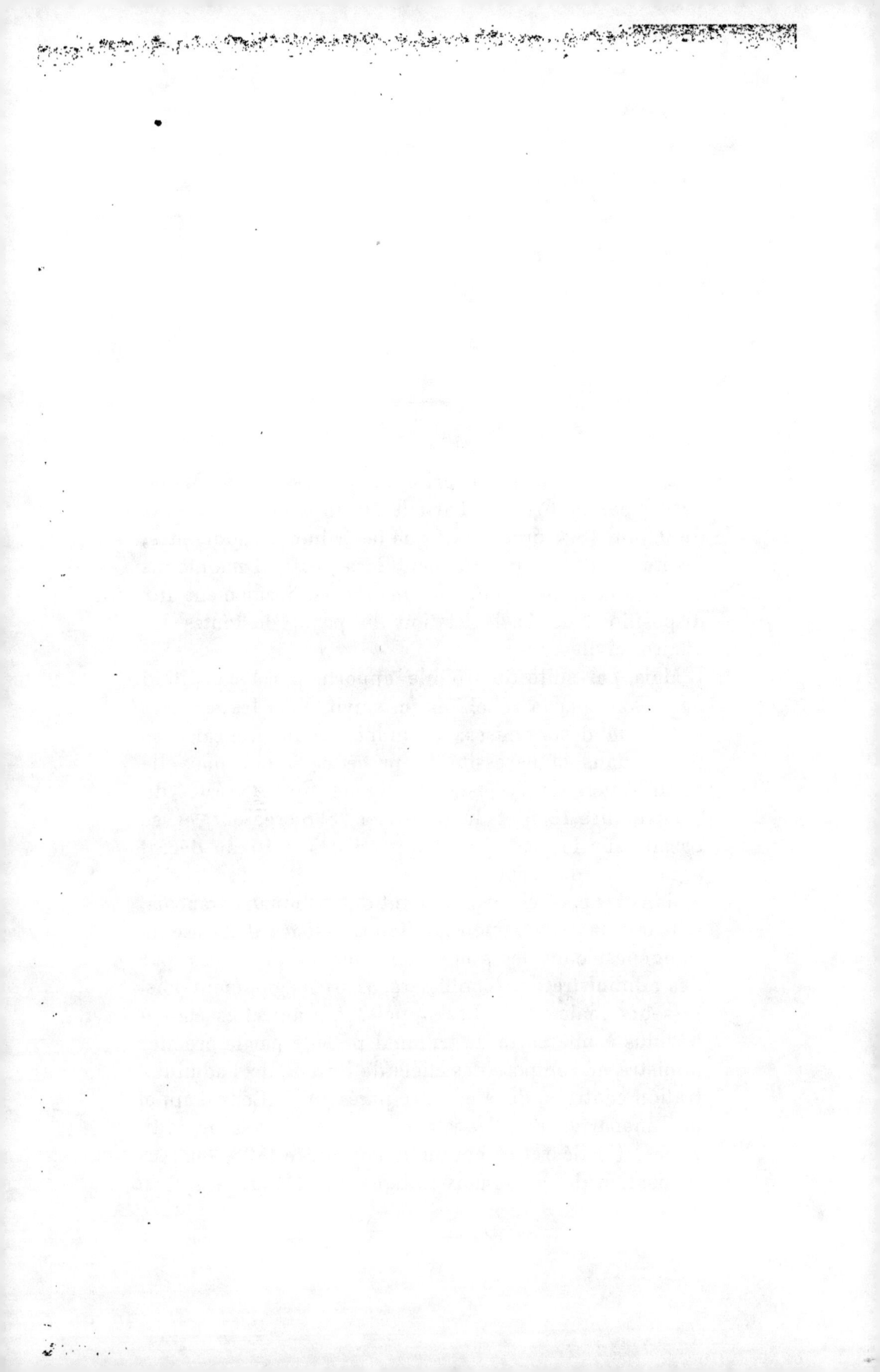

AVANT-PROPOS

Au lendemain de la prise de possession de Madagascar par la France, l'article 16 du décret organique du 9 juin 1896 proclamait que les tribunaux indigènes, institués par le Gouvernement local, étaient maintenus et qu'ils continueraient à connaître, conformément aux dispositions de la législation du pays, de toutes les affaires civiles.

Mais, par suite du trouble apporté par l'expédition de 1895 et par la rébellion qui suivit, tous les services ayant été désorganisés, l'administration française se trouva dans la nécessité de procéder à une nouvelle organisation de la justice indigène. Deux arrêtés du 9 novembre 1896 et du 15 février 1898 créèrent, en se basant sur le principe posé par l'article 16 du décret organique, différents tribunaux présidés, à Tananarive et dans les centres où siégeaient des tribunaux français, par des magistrats métropolitains, assistés d'assesseurs indigènes, dans les gouvernements ou provinces par des administrateurs et officiers, assistés également d'assesseurs malgaches. Les appels, qui autrefois étaient dévolus à une sorte de tribunal présidé par le premier ministre et composé des chefs de bureau de l'administration centrale, devaient être jugés par la Cour d'appel de Tananarive avec l'assistance de deux assesseurs indigènes. Un décret récent du 24 novembre 1898, sur l'organisation des tribunaux indigènes à Madagascar, est venu consacrer définitivement, sauf quelques différences de détail qui portent surtout sur la procédure et sur les pouvoirs de la Cour d'appel qui connaît désormais des demandes en annulation formées contre les jugements des divers tribunaux, les mesures prises par l'administration locale dans les deux arrêtés précités.

Ces divers actes législatifs ne sont que l'application de la politique suivie par la France dans toutes les colonies qu'elle a conquises ou fondées, qui consiste dans le maintien aux indigènes de leurs lois propres, de leurs coutumes et de leur statut personnel.

C'est la raison et la sagesse mêmes. Notre nouvelle possession, en effet, par sa situation géographique, son climat, les mœurs et le degré de civilisation des habitants, est essentiellement différente de la métropole. Combien il serait téméraire de leur appliquer des lois complexes, maniées et remaniées par quinze siècles d'expériences et d'études et faites pour une civilisation raffinée !

Au point de vue politique, c'eût été folie et nous créer des difficultés si faciles à éviter que d'enlever violemment et sans préparation aux indigènes leurs usages et leur coutume.

Les Malgaches, en effet, ont un profond attachement pour, suivant leur expression favorite, les lois des ancêtres, qui, depuis un temps immémorial, ont été fidèlement transmises par la tradition, et pour la justice.

C'est même une chose digne de remarque que chez eux comme chez tous les peuples primitifs, le sentiment de la justice dans toute sa pureté est plus profond que chez les peuples civilisés. Nos cerveaux, façonnés aux généralisations et aux abstractions, capables d'embrasser tous les côtés d'une question, pourraient peut-être comprendre — c'est une simple hypothèse que nous émettons et non une règle à suivre — qu'une grande nécessité politique ou sociale, permit la non-application accidentelle d'une loi. Le Malgache ne comprendra jamais ces subtilités politiques. Toute injustice, tout arbitraire, toute partialité de notre part, quelques soient les motifs invoqués, fera cent fois plus de mal à la cause française que toutes les mesures coercitives qu'on pourrait prendre contre eux.

On peut citer un trait bien typique de la vivacité de ce sentiment de justice..

Andrianampoinimérina, dans sa législation, avait sanctionné le vol par la peine de mort.

Une de ses épouses favorites ayant pris à un habitant quelques feuilles d'arum (plante aromatique) sans autorisation, allait être exécutée sur son ordre, quand le peuple intervint et obtint sa grâce. Ce grand roi est le véritable fondateur de l'hégémonie hova, il donna un grand essor à toutes les branches qui font la prospérité d'une nation : agriculture, commerce, industrie. Eh bien ! s'il est resté populaire parmi les Malgaches, ce n'est pas tant à cause de tous ces bienfaits, dont on se souvient à peine, qu'à cause de ce trait d'égalité et d'impartialité dans la justice que les indigènes citent toujours avec admiration. Et si à peine quatre années de domination française ont suffi pour faire perdre à la grande majorité des Hova presque le souvenir de l'ancienne royauté malgache, on peut sûrement l'attribuer à ce fait que depuis la reine Ranavalona Ire, les successeurs d'Andrianampoinimerina, bien loin de suivre l'exemple de leur grand ancêtre, avaient froissé tous leurs sujets par les mesures les plus arbitraires et les plus illégales.

Il nous appartient de profiter des leçons du passé. Il nous suffira pour nous attacher le peuple malgache d'une façon indissoluble de respecter ses usages et coutumes et surtout de le traiter avec justice. La force est un colosse aux pieds d'argile qui, quand sa mission utile est terminée, ne fonde rien de durable. Par la justice et la bienveillance au contraire, qui certes ne sont pas exclusives de toute fermeté nécessaire, les indigènes deviendront, comme dans nos vieilles colonies, nos plus précieux collaborateurs dans la grande œuvre de colonisation que nous avons entreprise à Madagascar. Nous ajouterons — et nous ne pensons pas être contredit — que cette collaboration est même indispensable et que sans elle il sera vraisemblablement impossible de rien faire d'utile.

Quand les magistrats, administrateurs et officiers ont été chargés de présider les tribunaux indigènes, l'embarras a été grand. Aucun document, en effet, relatif aux usages et coutumes malgaches n'a pu leur être fourni. Sans doute, le principal rôle des assesseurs indigènes, qui leur étaient adjoints, consistait à les mettre au courant de la législation locale. Mais malgré tout le dévouement dont ces fonctionnaires ont fait preuve, mal préparés à une tâche très difficile, leur concours n'a pas produit, peut-être, tout ce qu'on aurait pu attendre.

C'est pour remédier, dans notre faible mesure, à cet état de choses que nous avons entrepris cette étude sur le droit malgache. Dans ce travail, qu'on nous permette de le dire pour excuser son imperfection, nous avons eu à lutter contre des difficultés très grandes. En effet, aucun ouvrage traitant du droit malgache n'a encore été publié ; d'autre part, nous n'avons eu à notre disposition pour éclairer les questions particulières que nous avions à traiter que de rares documents, parmi lesquels il faut citer en première ligne les deux codes de 1868 et de 1881 et les deux règlements des Sakaizambohitra (1878) et des ordres aux Gouverneurs de l'Imérina (1889), qui les complètent. Mais tout le monde sait que ces divers codes et règlements sont absolument incomplets surtout au point de vue du droit civil, statuant simplement sur des questions détachées sans jamais généraliser ni traiter une question entière. Le législateur de 1868 et de 1881, sous l'influence de quelques Européens qui, à ces époques, étaient les conseils du Gouvernement hova, s'est plutôt attaché à modifier certaines parties de l'ancienne coutume pour la mettre en harmonie avec les législations des peuples civilisés. Il nous a donc fallu glaner dans les divers ouvrages qui ont paru sur Madagascar les quelques notions éparses, confuses, quelquefois contradictoires, toujours insuffisantes qui avaient trait aux questions spéciales que nous avions à exposer, surtout, il nous a fallu par des enquêtes personnelles rechercher auprès des Malgaches, qui nous ont paru les plus instruits, les usages et la coutume sur les divers points du droit, travail très délicat, car il est nécessaire de contrôler à différentes reprises les opinions exprimées, rien n'étant aussi ondoyant que les lois coutumières, qui quelquefois sont dissemblables entre deux castes et même entre deux familles. Et enfin pour couronner l'œuvre, il a été nécessaire de coordonner et de faire rentrer dans un cadre précis tous ces éléments épars de façon à en dégager les principes juridiques et à leur donner un caractère scientifique.

Aussi, nous ne nous dissimulons pas combien cet ouvrage renfermera d'imperfections et de lacunes, inhérentes, d'ailleurs, à toute première tentative d'étude d'une législation encore inconnue. Le temps seul, en effet, permettra de bien connaître ce droit essentiellement coutumier, à mesure que les difficultés, que la pratique fera naître, seront agitées et résolues par les tribunaux ou la doctrine. Nous avons cru faire œuvre utile en posant ce premier jalon ; on nous pardonnera notre témérité en considération de notre intention.

Dans ce premier volume, après un aperçu sur les institutions malgaches, qui nous a paru nécessaire pour aider à l'intelligence du droit privé, nous avons exposé toutes

les questions du statut personnel, les conventions matrimoniales et les rapports pécuniaires des époux, le système
successoral, les donations et testaments et le système
foncier d'autrefois et d'aujourd'hui.

Dans un second volume, que nous espérons pouvoir
publier dans peu de temps, nous étudierons les servitudes, les obligations et le droit pénal.

Nous avons à cœur en terminant de remercier toutes
les personnes, notamment MM. Marc Rabibisoa et Félix
Razanatefy, assesseurs indigènes près la cour de Tananarive, qui ont bien voulu nous prêter leur concours et
nous donner des renseignements qui ont grandement
facilité notre travail.

ALBERT CAHUZAC

Albi, le 31 octobre 1899.

ESSAI

SUR

LES INSTITUTIONS ET LE DROIT

MALGACHES

LIVRE PREMIER

Madagascar. L'Imérina et ses habitants.

NOTIONS PRÉLIMINAIRES

Madagascar, une des plus grandes îles du monde, annexée à la France par la loi du 6 août 1896, après l'heureuse campagne de 1895, est située au sud-est de l'Afrique, et s'étend dans la direction du N. N. E au S. S. O, du 12° au 25° 38′ 55″ de latitude sud, et entre 40° 59′ 30″ de longitude ouest et 48° 7′ 20″ de longitude est.

A l'ouest, elle est placée en face de Mozambique, dont elle est séparée par le canal de ce nom, qui n'a qu'une largeur de 470 kilomètres ; à l'ouest, elle se trouve à proximité des îles de la Réunion et de Maurice ; au sud, en cas d'événements qu'il est facile de prévoir, Madagascar, grâce à sa situation exceptionnelle, pourrait commander l'ancienne route des Indes.

Il n'entre pas dans le cadre de cet ouvrage de donner une description physique du pays ; il nous suffira de faire remarquer que cette île, dont les côtes présentent une étendue d'environ 4000 kilomètres et dont la superficie est considérée comme supérieure à celle de la France, est encore inconnue dans beaucoup des ses parties. Et cependant, il est peu de contrées qui aient autant tenté la curiosité des voyageurs et des explorateurs. Il paraît certain que depuis les temps les plus reculés, Madagascar a été visitée par les peuples les plus divers. D'après M. Grandidier, qui a publié la relation la plus complète et la plus savante que nous possédions sur ce pays, on trouve des traces incontestables des croisements qui ont eu lieu, à une époque très lointaine, entre les autochtones et les membres de la famille Sinique ; d'autre part, nous constaterons, dans le droit coutumier malgache, de nombreuses coutumes, comme la polygamie et la circoncision, qui donnent la preuve indubitable que des musulmans, à certaines époques, se sont établis dans l'île. On cite encore certains navigateurs portuguais qui, aux xvᵉ et xviᵉ siècles, fondèrent quelques établissements dont, paraît-il, on retrouve encore les traces aujourd'hui.

Mais on peut dire que de toutes les nations, la France seule conçut la première l'idée bien arrêtée d'en faire la conquête et de la coloniser. On sait les efforts dans ce sens du cardinal de Richelieu et de Colbert. Il suffit de citer les noms de Pronis, Flaccourt, Mandave, Benyowski, Sylvain Roux, Laborde, Lambert, Amiral Pierre, amiral Miot, Le Myre de Vilers, Bompard, Larrouy, qui, pendant plus de deux siècles, de 1642 à 1894, se sont efforcés d'établir la prépondérance française, pour témoigner que jamais notre attention ne s'est détournée du plan conçu par Richelieu et Colbert.

Madagascar, qui, d'après une évaluation très approximative, possède de 3 à 4 millions d'habitants, est habitée par un grand nombre de petits peuples dont beaucoup sont d'une très faible importance. Tous sont connus sous le nom générique de « Malgaches ». Les principaux, d'après nos connaissances actuelles, sont les suivants :

1º Les Hova ;

Le mot « hova », dont on se sert habituellement pour désigner les habitants de l'Imérina, est une expression impropre ; il faudrait dire « antimérina ou mérina », ou encore « Tankova ». Hova est le nom générique des diverses castes de la bourgeoisie par opposition à celui « d'andriana », qui s'applique d'une façon générale à toutes les castes nobles. Mais comme, dans le langage courant, tous les habitants de l'Emyrne sont appelés du nom de Hova, pour éviter toute confusion, nous suivrons l'usage établi.

2º Les Antsihanaka ;

3º Les Bezanozano ;

4º Les Betsiléo ;

5º Les Betsimisaraka ;

6º Les Antaimoro ;

7º Les Antankara ;

8º Les Sakalaves ;

9º Les Antanosy ;

10º Les Tanala ;

11º Les Bara ;

12º Les Antandroy ;

13º Les Mahafaly ;

14º Les Masikora ;

Les Antsihanaka, les Bezanozano, les Betsiléo, les Betsimisaraka, les Antaimoro et les Antankara étaient entièrement soumis à la domination Hova.

Les Hova avaient établi une sorte de protectorat sur

quelques tribus Sakalaves, sur les Antanosy qui habitent
Fort-Dauphin et les environs, sur une partie des Tanala
et des Bara. Les autres peuplades étaient entièrement
indépendantes,

Depuis l'annexion, de grands efforts ont été faits pour
occuper toute l'Ile d'une façon effective ; des colonnes
militaires ont été formées pour soumettre les Sakalaves
du Betsiriry, du Menabe et du Boueni ; des expéditions
ont été faites chez les Tanala et Bara des provinces du
sud, chez les Antandroy du cercle du Fort-Dauphin. Grâce
aux habiles mesures qui ont été prises et aux opérations
incessantes des troupes du corps d'occupation, on peut
dire que le jour n'est pas loin où notre autorité s'exer-
cera dans les régions les plus reculées aussi facilement
que dans l'Imérina.

Telle est, à larges traits la description des diverses
peuplades qui habitent Madagascar. Parmi tous ces peuples plus ou moins primitifs, il en est un, le Hova, qui
par son intelligence, par sa civilisation relativement
avancée, par son initiative et son activité avait acquis une
prépondérance marquée sur tous les autres. C'est de ce
peuple dont nous nous proposons d'étudier les différentes branches du droit. Mais le droit malgache étant essentiellement coutumier et patriarcal, nous pensons qu'il
convient avant tout, pour avoir la clef et l'explication de
beaucoup de principes qui pourraient nous paraître con-
fus et singuliers, de faire un examen rapide de l'origine,
de l'histoire, des croyances, des superstitions, des mœurs
et des institutions politiques, municipales et privées de
ce peuple. Chez le peuples primitifs, en effet, ce sont
les institutions domestiques et sociales qui donnent naissance, à mesure des besoins, aux règles du droit. Quand
nous connaîtrons ces institutions, il nous sera plus facile,
pensons-nous, de comprendre les lois qui régissent l'autorité paternelle, la famille et le mariage, les raisons qui

ont fait fixer les rangs de la parenté, la nature du droit de propriété, la transmission du patrimoine, et même les motifs qui ont amené l'établissement des infractions et des peines prévues par la législation répressive.

CHAPITRE PREMIER

APERÇU SUR LA LÉGENDE ET L'HISTOIRE DES HOVA

On s'accorde presque unanimement à reconnaître que les Hova sont d'origine malaise. A quelle époque, par quels moyens sont-ils arrivés à Madagascar ? Il est impossible de citer aucune date, ni aucun fait précis. La légende seule, qui est venue jusqu'à nous par les souvenirs des hommes, fidèlement transmis de génération en génération au moyen de récits oraux, nous permet d'entrevoir et de deviner une partie de la vérité. Nous empruntons à l'ouvrage du P. de la Vaissière, *Vingt ans à Madagascar*, le résumé de l'histoire ancienne des Hova, qu'il a lui-même tiré d'un livre du P. Callet, qui porte le titre de *Tantaran'andriana* (histoire des rois), écrit en Malgache, sous la dictée des habitants, ouvrage plein des plus précieux renseignements, mais qui malheureusement n'a pas encore été traduit en français.

D'après la tradition, les Hova, à la suite d'un naufrage, abordèrent à la côte est de Madagascar dans le courant du viie siècle. En butte aux vexations des peuplades autochtones, décimés par les luttes qu'ils eurent à soutenir et par les maladies, ils abandonnèrent, au bout d'un certain temps, leurs premiers foyers et se dirigèrent vers les plateaux de l'intérieur. La légende ne fournit aucune donnée sur leurs pérégrinations à travers l'île. Les Hova eux-mêmes racontent leur arrivée sur le plateau central de la façon suivante : « Les Vazimba, disent-ils, étaient autrefois les maîtres de la province que nous habitons aujourd'hui. C'était une peuplade guerrière, ignorante et pauvre ; elle ne savait pas travailler le fer ; ce fut la principale cause de son infériorité dans les guerres qu'elle eut à soutenir contre nos premiers rois. Les Sampys (dieux protecteurs) des Vazimba étaient bien puissants, mais les nôtres le furent davantage. Le sort se déclara pour nous. Les Vazimba furent défaits en maintes rencontres. » Cette légende, qui est restée intacte à travers les âges, prouve au moins que les Hova ne parvinrent à s'établir dans l'Imérina qu'après avoir évincé la race autochtone.

A tous égards, la tradition reste muette pendant un certain nombre de siècles. Ce n'est que dans le courant du xvie siècle qu'elle nous montre une reine, Rafohy (littéralement : la courte) régnant à Merimanjaka — village situé à deux lieues de Tananarive, non loin d'un petit lac, dont les eaux dans la suite ont été considérées comme sacrées — sur une population peu nombreuse, groupée dans de humbles hameaux, autour du village. Les successeurs de Rafohy se présenteraient dans l'ordre suivant :

1° Rangita, sa fille ;

2° Andriamanelo, fils de Rangita, qui fixa sa capitale à Alasora. Il épouse la fille du roi d'Ambohitrabiby, et, à la mort de ce roi, réunit, par le fait de son mariage, les états d'Ambohitrabiby aux siens. Il conquiert sur les Vazimba le village d'Analamanga, situé sur la montagne où est bâtie aujourd'hui Tananarive ;

3° Ralambo (litt. : le sanglier), qui transféra sa capitale à Ambohitrabiby. Il chercha à discipliner la noblesse du royaume et la distribua en classes hiérarchiques ;

4° Andrianjaka fonde Tananarive. Il chasse du village d'Analamanga, conquis par son grand-père, Andriamanelo, les Vazimba qui l'habitaient encore et leur assigne une résidence dans divers territoires où l'on trouve encore aujourd'hui des traces de leurs descendants, et construit la demeure royale à l'endroit même où se trouve aujourd'hui le palais de la reine.

Il consacre ses efforts à l'endiguement des eaux de l'Ikopa et transforme, par ce moyen, en fertiles rizières d'immenses marais insalubres ;

5° Andriantsitakatrandriana (litt. : le noble à la hauteur duquel la noblesse n'arrive pas) ;

6° Andriantsimitoviaminandriandehibe (litt. : le noble sans égal parmi les nobles). Ces deux rois continuent l'endiguement des eaux de l'Ikopa et la création de rizières ;

7° Razakatsitakatrandriana ne règne qu'un court espace de temps ; il est détrôné à cause de sa cruauté et de son égoïsme et remplacé par son frère cadet, Andriamasinavalona ;

8° Andriamasinavalona (litt. : le saint supérieur). Le souvenir de ce prince, qui a laissé un grand renom de douceur et d'équité, est resté très vivant dans le cœur des Malgaches. A partir de lui, les nuages qui enveloppent la légende semblent s'éclaircir un peu ; mais on ne peut encore fixer aucune date, ni donner aucune preuve des faits.

Grâce à son habileté et à sa bonté, il obtient que plusieurs petits peuples indépendants des montagnes de l'Angavo, à l'est, et de l'Imamo, à l'ouest, se rangent sous la bannière hova. Mais une idée malheureuse, qui arrêta pendant plus d'un siècle la marche en avant du peuple hova et fut la source de guerres intestines, marque la fin de son règne : il partagea le royaume entre quatre de ses fils. Dès lors, l'Emyrne fut divisée en quatre principautés : Alasora, Ambohidratimo, Ambohitrabiby, Ambohimanga ;

    9° Andrianjakanavalomandimby ;

    10° Andrianponimerina ;

    11° Andrianavalobemihisatra ;

    12° Andriambalobery ;

    13° Andrianamboatsymarofy ;

  La tradition cite les noms de ces divers princes comme successeurs d'Andriamasinavalona. Mais il paraît certain que leur nombre dut être beaucoup plus grand si l'on admet avec la légende que le royaume, pendant une centaine d'années, fut gouverné à la fois par quatre souverains.

Au surplus, qu'on nous permette de le faire remarquer encore, l'histoire malgache jusqu'ici n'est qu'une légende pure. Il nous paraît probable que le territoire hova était divisé en un certain nombre de principautés ou de castes ayant leur autonomie particulière et un chef propre. Celui que la légende décore du nom pompeux de roi n'était vraisemblablement qu'un chef un peu plus puissant que les autres, qui était parvenu soit par les armes, soit par tous autres moyens, à établir sur l'ensemble une sorte de suzeraineté, plutôt nominale que réelle. Comme preuve de notre manière de voir nous pourrions citer l'organisation de la famille et de la caste, petites patries qui sont l'image de ce que plus tard sera la grande, les noms pris par certains rois : « Le noble à la hauteur duquel la noblesse n'arrive pas », « le noble sans égal parmi les nobles » ; et enfin le grand effort fait par Andrianampoinimérina pour réaliser l'unité politique de l'Imérina. Nous reviendrons, d'ailleurs, sur ce sujet, quand nous étudierons le gouvernement et les tribus ;

14° Andrianampoinimerina.

Le règne d'Andrianampoinimérina est le plus grand et le plus fécond de l'histoire malgache. Quoique aucun monument écrit ne nous ait été laissé, grâce à la proximité de l'époque à laquelle il vivait, nous avons des notions certaines sur les heureux résultats de son administration.

Intelligent, ambitieux, habile politique, il se proposa, en montant sur le trône, un triple but : Réaliser l'unité politique et sociale des Hova, fonder la monarchie absolue, conquérir tout Madagascar. On connaît son Kabary célèbre qui a été si souvent cité : « Il faut que cette terre m'appartienne ; la mer doit être la limite de mon royaume ». Ce programme grandiose, il l'accomplit en grande partie laissant à ces successeurs le soin de le continuer.

Lorsque Andrianampoinimerina succéda à son père, roitelet d'Ambohimanga, la guerre civile désolait toute l'Imérina. Les divers princes qui se partageaient le territoire étaient en guerre continuelle ; chacun voulait obtenir la suprématie. Andrianampoinimerina les combattit tour à tour et finit par les vaincre et par réunir sous son sceptre tout le pays hova.

Au point de vue politique, tant par les armes, que par une adroite politique, il se rendit maître du pays des Antsihanaka, des Bezanozano et des Betsileo ; il établit des postes chez le Sakalaves du Menabe et du Boéni.

Au point de vue agricole, il donna un grand essor à la culture du riz, encore aujourd'hui la véritable richesse du pays ; « le riz et moi, disait-il, nous ne faisons qu'un » ; il favorisa les travaux d'endiguement et de drainage ; des ouvrages considérables qu'on admire encore aujourd'hui sont la preuve de ses efforts incessants sur ce point ; il distribua des récompenses aux agriculteurs qui parvinrent à obtenir les plus beaux produits.

Au point de vue administratif, il organisa l'administration et la justice ; il fut le fondateur du système foncier qui existe encore aujourd'hui, sur lequel nous reviendrons dans la suite ; il établit un système de poids et mesures, créa des marchés, etc., etc.

15° Radama 1ᵉʳ (1810-1828).

Radama 1ᵉʳ continua l'exécution du programme de son père, Andrianampoinimerina. Il s'attacha plus particulièrement à mener à bien la partie politique. Il soumit à nouveau les Bezanozano et les Betsileo qui avaient cru le moment propice pour secouer le joug des Hova. Il asservit les Betsimisaraka, les Antankara, s'empara de Tamatave et de Fort-Dauphin. Le plan d'Andrianampoinimérina était ainsi en partie réalisé : un côté de la mer devenait la limite du royaume.

C'est sous ce règne que commence la lutte d'influence entre les Anglais et les Français. C'est sous Radama 1ᵉʳ également que l'écriture romaine a été introduite pour la première fois à Madagascar par le sergent Robin (1).

16° Ranavalona 1ʳᵉ (1828-1861).

Ranavalona Iʳᵉ était la femme de Radama. Cette souveraine s'appliqua surtout à réaliser l'unité sociale de l'Imérina, qui était une des parties du plan d'Andrianampoinimerina, en consolidant le pouvoir royal. Pour arriver à son but, elle employa tous les moyens, même les plus cruels. Son nom est resté un objet d'exécration pour les indigènes.

(1) Notes sur Robin par M. Jully (Notes, reconnaissances et explorations, 2ᵉ année, 3ᵉ volume, 17ᵉ livraison, p. 511). Robin, ancien maréchal des logis de l'armée française, débarqua à Tamatave en 1819. Il obtint de Radama Iᵉʳ la permission de monter à Tananarive. Il gagna la confiance de ce roi, dont il devint le professeur d'écriture, et en 1826, il fut nommé grand maréchal du Palais, avec le commandement supérieur de la côte Est. Il fut le premier Français qui apprit aux indigènes notre langue. Il resta à Madagascar une dizaine d'années.

Sous son règne se passe un événement digne d'être noté. En 1834, Ranavalona nomme Rainiharo, de caste hova, père du futur premier ministre Rainilàiarivony, premier ministre et commandant en chef. C'est l'accès au pouvoir de la caste bourgeoise, qui, peu à peu, comme nous le verrons, prendra la direction effective de toutes les affaires en évinçant la caste andriana (noble), qui jusque là avait gouverné le pays, sous la haute autorité du souverain.

Ranavalona persécuta et chassa tous les étrangers sans distinction de nationalité. Un seul trouva grâce devant sa proscription : c'était le grand Laborde, un Français, une des plus étonnantes figures de l'histoire de Madagascar (1).

(1) Quoique cet ouvrage n'ait pas pour but l'histoire de la grande île, nous demandons la permission de donner quelques détails sur la vie de ce grand Français, à la fois âme d'apôtre et de conquistador, dont le nom mérite d'être retenu :

Laborde, esprit aventureux, entreprenant et fertile en ressources, avait été, jeune encore, chercher fortune à Bombay. On sait l'irrésistible attrait que l'Indoustan, au xviiie siècle et au commencement du xixe, a exercé sur nos compatriotes.

A Bombay, Laborde fonde un établissement de fonderie, de carrosserie et d'armurerie, qui devint rapidement très prospère. Il mène la vie à grandes guides, se faisant l'amphitryon et le protecteur de tous les Français et Polonais qui venaient dans l'Inde.

Les officiers anglais le tiennent en haute estime à cause de sa large hospitalité et de son caractère franc et ouvert ; il leur donne même en grande pompe des leçons de sabre à cheval. Tout lui souriait : il n'avait qu'à se laisser vivre.

Mais, c'est le sort des esprits aventureux de ne pouvoir rester dans l'inaction, si dorée et si agréable qu'elle soit. Un Français, Antoine Savoie, originaire de la Bretagne, qui fréquentait sa maison, lui raconta que dans le canal de Mozambique, l'île Juan de Nove renfermait beaucoup de trésors, provenant des nombreux naufrages dont cette île avait été le théâtre ; il lui proposa d'armer un boutre et d'aller ensemble recueillir cette fortune.

Laborde, avide de nouveautés, suivit ce conseil et partit, en 1831, laissant son établissement de fonderie dans une situation florissante. Il était accompagné de plusieurs compatriotes, parmi

2

17° Radama II (1861-1863).

Radama II, d'un esprit très-ouvert, conseillé par
Laborde et par un autre Français, Lambert, qui a rendu
également de grands services à notre cause, se montra

lesquels Antoine Savoie et un nommé Lepoix, ancien tambour, qui
avait battu la charge à Lutzen et Bautzen.

Il relâche à Mozambique où il achète une centaine d'esclaves et
se dirige vers Juan de Nove. Mais une tempête le pousse vers le
sud de Madagascar ; il double le cap de Sainte-Marie et n'ayant
plus de vivres ni d'eau, il se jette à la côte à Matitanana. Les
Hova pillent le bateau, retiennent Laborde et ses compagnons
prisonniers, et les accablent de vexations de toute sorte.

Dans cette extrémité, Laborde écrit à un Français, de Lastelle
établi à Tananarive, qui avait accès auprès de la reine Ranavalona Ire, et invoque sa protection. Cette dernière se laisse toucher
et remet à de Lastelle des lettres pour les gouverneurs hova du
Sud, qui ordonnaient de mettre Laborde en liberté ; ce dernier ar-
riva à Tananarive en octobre 1832.

Dès son arrivée, la souveraine le charge d'apprendre aux Malgaches à fabriquer des fusils à la manufacture de Lafy, déjà créée par
un Européen, M. Droit. Laborde s'acquitte si bien de cette mission
que Ranavalona émerveillée lui demande de fondre des canons.
Et l'on vit alors cette chose merveilleuse, qui nous frappe encore
aujourd'hui d'étonnement et d'admiration, Laborde réaliser les désirs de la Reine, en créant de toute pièce, avec les seules ressources d'un pays encore dans l'enfance, tout ce qui était nécessaire à
la fonderie et à la fabrication des canons !

Après avoir trouvé un endroit propice au but poursuivi, à Mantasoa, à une quarantaine de kilomètres de la capitale, il fabrique
des briques réfractaires pour édifier le haut-fourneau qu'il a monté
et qui existe encore et construit des moulins pour les minerais.

Ces moulins étaient mus par l'eau de réservoirs grands comme
des lacs, également construits par lui ; les forges ainsi que le
haut-fourneau étaient alimentés par un soufflet hydraulique de
son invention... etc...

Ce n'est pas tout. Ranavalona, ayant une confiance sans borne
dans le génie de Laborde et désireuse de doter son peuple de toutes les industries européennes, lui demande de confectionner de
la soie. Notre compatriote parvient à se procurer des graines de
vers à soie et fonde une magnanerie. La sériciculture existe depuis
dans le pays.

Ensuite, sur les instances de la souveraine, Laborde fabrique successivement du savon, industrie que les Malgaches n'ont jamais
oubliée ; — du sucre ; il monte une usine à Lohosaha, dans le bas-

l'ami des Européens et particulièrement de nos compatriotes. Il signa, le 12 septembre 1862, un traité de commerce et d'amitié avec la France, connu sous le nom de
charte Lambert.

sin du Mangoro ; — des bouteilles ; il fait du verre à Mantasoa ; —
des pilules purgatives ; Laborde en fabrique avec de l'aloès, qui
pousse à l'état sauvage dans les campagnes ; — des fusées à la
congrève ; il forme des soldats fuséens qui manœuvraient très
convenablement·

Laborde fut, en outre, un des premiers à découvrir l'existence de
l'or à Madagascar ; tout au moins, avant lui, les Hova ne paraissent pas s'être préoccupés de ce métal.

Au point de vue agricole, il rendit de non moins grands services
au pays. Il introduisit des bœufs et des vaches européens, dont les
produits existent encore et qui se sont multipliés à ce point que
dans certains villages les bœufs sans bosse sont supérieurs en nombre à ceux de race indigène. Il apprit aux Hovà à cultiver presque
tous nos légumes ; il planta également une certaine quantité
d'arbres fruitiers des climats tempérés, qui se sont répandus dans
tout le pays.

On comprend la situation prépondérante qu'avait acquise Laborde ; il était aimé de la population et de la souveraine autant
pour sa bonté que pour son humanité et son désintéressement.
Témoin ce fait : Lorsque Ranavalona I\ere\, en 1857, ordonna l'ex-
pulsion de tous les étrangers établis à Tananarive, elle voulait faire
une exception pour Laborde. Il fallut les instances menaçantes du
premier ministre, Rainijohari, qui, pour la décider, ne cessait de
lui dire, d'après un témoin oculaire : « Si vous laissez ce blanc
dans le pays, vous serez déchue de votre souveraineté ». Et cette
reine, qui a laissé un exécrable renom de dureté et de cruauté, pleu-
rait à chaudes larmes ; mais la raison d'Etat et les menaces l'em-
portèrent sur ses désirs. Cette scène méritait d'être citée, car elle
prouve le degré des sentiments d'affection qu'avait su inspirer Laborde, alors surtout que l'on sait que la reconnaissance est une
vertu inconnue des Malgaches.

Laborde se réfugia à la Réunion et à Maurice. A la mort de Ranavalona I\re\, il fut rappelé, en 1861, à Tananarive par une lettre
pressante de Radama II, qui était monté sur le trône. Le 21 février
1862, il fut nommé Consul de France. Dans cette situation, qu'il
occupa pendant 16 ans, il rendit, comme auparavant, les plus signalés services à la cause française. Grâce à son intervention, la
Reine Ranavalona II consentit à signer le traité de commerce du
4 août 1868, aux termes duquel les Français obtenaient le droit
d'acquérir en toute propriété des immeubles à Madagascar, et de

Il voulut abolir tous les usages contraires à la civilisation moderne ; notamment, il supprima l'épreuve du tanghen et la peine de mort dans un grand nombre de cas ; il s'efforça de réduire à néant l'arbitraire qui remplaçait trop souvent la justice.

Mais toutes ces innovations, l'amitié porté par ce roi à la France, déplurent au peuple malgache, qui avait déjà un certain sentiment de sa nationalité et qui voyait avec peine Radama II faire table rase de la politique nationale inaugurée par leur grand roi, Andrianampoinimerina. A la suite d'une conspiration, Radama mourut assassiné dans son palais, le 12 mai 1863.

18° Rasoherina (1863-1868).

Rasohérina était la veuve de Radama II. Rien de bien saillant sous ce règne.

Rainivoninahitrioniony, fils de Rainiharo, parvient à se faire nommer premier ministre et commandant en chef ; quelques temps après, il s'impose comme mari de la Reine. Dès lors, le mariage de la souveraine avec le premier ministre devint obligatoire. C'était l'union de la noblesse et de la bourgeoisie, qui se partageaient ainsi la direction des affaires ; mais, dans la réalité, la Reine et la

se livrer, sans aucune restriction, à toutes les opérations commerciales et industrielles. Il était même parvenu à décider le gouvernement malgache à accepter notre protectorat effectif ; on sait que ce projet ne put aboutir par la faute du gouvernement français.

Il mourut à Tananarive le 27 décembre 1878, sous le règne de Ranavalona II. Son corps fut transporté et inhumé à Mantasoa, après des obsèques solennelles.

(Nous avons tiré la plupart des détails que nous donnons sur Laborde des mémoires-manuscrits, écrits au jour le jour, au fur et à mesure des événements, d'un nommé Marius Arnaud, né à Port-Louis (Maurice) le 20 décembre 1812, mort à Tamatave, le 22 mai 1885. Il était fils reconnu d'un Français, nommé Arnaud, et d'une femme malgache, Victoire Tzyza, fille elle-même non reconnue d'une femme malgache et d'un certain Philibert de Fouquet, qui serait lui-même de nationalité française).

noblesse n'eurent plus que l'apparence du pouvoir, qui fut presque en entier accaparé par la caste hova.

En 1864, Rainivonihitrioniony fut renversé par son frère, Rainilaiarivony, qui a été le plus remarquable des premiers ministres hova et l'ennemi le plus acharné de l'influence française.

Rasohérina mourut le 1er avril 1868.

19₀ Ranavalona II (1868-1883).

20° Ranavalona III (1883-28 février 1897).

C'est sous les règnes de ces deux reines que surgirent entre la France et le gouvernement malgache les grosses difficultés, qui nécessitèrent la campagne de 1895 et l'annexion de Madagascar. Cette histoire contemporaine est trop connue pour qu'il soit besoin, dans un ouvrage de cette nature, d'y insister. Il suffira de rappeler qu'à la mort de Laborde, le gouvernement malgache refusa de reconnaître à ses héritiers le droit de disposer des biens immeubles qu'il avait laissés ; d'un autre côté, il éleva la prétention de s'établir sur la côte nord-ouest de Madagascar, dans des pays Sakalaves placés sous notre protectorat depuis un grand nombre d'années. Ces difficultés amenèrent les campagnes de 1883 et 1885. Un traité fut signé le 17 décembre 1885. Quoique ce traité, sur lequel il y aura lieu de revenir, fut loin de réaliser les espérances sur lesquelles nous pouvions légitimement compter, nous perdions même quelques-uns des avantages stipulés dans l'acte de 1868, le gouvernement de l'Emyrne ne tarda pas à violer ses engagements. D'autre part, il multiplia les mesures vexatoires contre les Français, dont plusieurs furent assassinés. Une intervention armée devenait nécessaire. De là, la campagne de 1895 qui a abouti à l'annexion de Madagascar (loi du 6 août 1896) et à l'abolition de la royauté hova (arrêté du 22 février 1897).

CHAPITRE II

L'IMÉRINA

La province habitée par les Hova porte le nom d'Imérina ; elle est située sur le plateau central et s'étend sur un espace approximatif de 200 kilomètres de longueur sur 150 kilomètres de largeur ; on lui attribue une superficie d'environ 30.000 kilomètres carrés.

C'est un pays très montagneux et dénudé, d'une altitude moyenne de 12 à 1.500 mètres, sauf pour le grand massif de l'Ankaratra, qui s'élève à 2.600 mètres. Les vallées, grâce aux trois grands cours d'eaux, le Betsiboka, l'Ikopa et le Kitsamby, sont très fertiles et forment d'innombrables rizières qui sont la richesse de cette contrée.

L'Imérina est la région la plus peuplée de Madagascar ; d'après le dernier recensement, qui a été effectué après l'occupation française, sa population atteindrait un peu plus de 800.000 habitants. Les villes principales sont Tananarive (50.000 habitants), Ambohitramanjaka, Ambohimanarina et Fenvorivo, qui ont chacune de 6 à 12.000 habitants environ.

L'Imérina qui, avant l'avènement d'Andrianampoinimérina, ne comptait que quatre tribus ou provinces, en comprend aujourd'hui six, le Vonizongo et le Vakinamkaratra ayant été ajoutés au territoire national.

Les six tribus sont :

Chefs-lieux

1° Avaradrano,	Ambohimanga et Tananarive ;
2° Sisaony,	Alasora ;
3° Marovatana,	Ambohidratrimo ;
4° Ambodirano,	Antsahadinta et Fenoarivo ;
5° Vonizongo,	Fihaonana ;
6° Vakinankaratra,	Betafo et Ambositra.

Sous Andrianampoinimérina, la province Betsileo, nommée Andafiatsimonimatsiatra (litt. : au sud de la rivière Matsiatra), faisait aussi partie de l'Imérina ; mais elle en a été détachée par Radama Ier.

Subdivisious des six tribus :

1° L'Avaradrano comprenait quatre subdivisions :

Chefs-lieux

a) Voromahery,	Tananarive ;
b) Tsimahafotsy,	Ambohimanga ;
c) Tsimiamboholahy,	Ilafy ;
d) Mandiavato,	Ambohitrabiby.

2° Le Sisaony comprenait cinq subdivisions :

Chefs-lieux

a) Zanamihoatra,	Alasora ;
b) Fokondramila,	Ambohitsoa ;
c) Zafimbazaha,	Andramasina ;
d) Atsimondrano,	Hiaranandriana ;
e) Ampahadiminy (y compris les Vakimadiana et les Vakinampasina).	Ambohipaniry et Ambatomanga

3° Le Marovatana comprenait huit subdivisions :

a) Ambohidratrimo,   Ambohidratrimo ;
b) Ampananona,   Ampananona ;
c) Antehiroka,   Ambohijanahary ;
d) Ambohimanoba,   Soavinimerina ;
e) Ambohitrimanjaka,   Ambohitrimanjaka ;
f) Vakinimoriandro,   Vakinimoriandro ;
g) Babay,   Bay ;
h) Tsimadilo,   Ambohibeloma.

4° L'Ambodirano comprenait six subdivisions :

a) Zozoro,   Androhibe ;
b) Maromena atsimondrano,   Ambohimandry ;
c) Maromena Avaradrano,   Fenoarivo ;
d) Mamoladahy,   Antsahadinta ;
e) Imamo-anaty tapia,   Arivonimamo ;
f) Mandridrano,   Manazary.

5° Le Vonizongo comprenait dix subdivisions :

a) Mangany,   Fihaonana ;
b) Varamaina,   Tafaina et Anosibe ;
c) Fanulahy,   Fiarenenana ;
d) Volaniray,   Antsampandrano et Fiai-
                               nana ;
e) Andriantomponandriana,   Miaramanjaka ;
f) Zanaharintany,   Ankazobe ;
g) Andriamahaninarivo,   Maharavoraro et Antene-
                               tibe ;
h) Andrianpanomponolona,   Soavina et Miadamanjaka ;
i) Andriampanarivo,   Faravazo ;
j) Zanaharifitoanjona,   Ambohitsimanompo   et
                               Soarano.

6° Le Vakinnankaratra comprenait trois subdivisions :

Chefs-lieux

a) Manandriana,   Ambohinamboarina ;
b) Dimiarivo Antsiananana, Ambositra ;
c) Dimiarivo Andrefana,   Betafo et Antsirabe.

Ces différentes subdivisions se divisaient encore en beaucoup d'autres subdivisions, qu'il serait trop long d'énumérer.

Après l'occupation française, dans le but d'arriver le plus promptement possible à la répression de l'insurrection qui avait éclaté dans l'Imérina au début de notre prise de possession, le pays a été divisé en territoires militaires, subdivisés eux-mêmes en cercles, secteurs, sous-secteurs. Ces divisions, qui ont, d'ailleurs, un caractère essentiellement provisoire, ont été délimitées en tenant compte des frontières des tribus et subdivisions de tribus.

CHAPITRE III

LES HOVA

Nous avons déjà dit que les ethnologistes modernes considéraient les Hova comme originaires de la Malaisie. En effet, leur teint jaunâtre, leurs yeux un peu bridés, leurs cheveux lisses, leur caractère, leur langue fournis-

sent les plus sérieuses raisons en faveur de cette hypothèse. Il convient de ne pas perdre de vue cette origine ;
elle nous donnera, maintes fois, l'explication de certaines
coutumes et croyances, d'un certain nombre d'institutions domestiques, qui, à première vue, pourraient nous
paraître obscures et contradictoires.

Jacques de Lasalle qui vint dans l'Imérina en 1787,
nous a laissé dans des mémoires le portrait suivant des
Hova : « Ce peuple est le plus ingénieux, le plus laborieux et le plus voleur de Madagascar » (1). Ce portrait,
en y ajoutant quelques traits caractéristiques, est toujours vrai.

La fourberie et la dissimulation du Hova sont devenues avec juste raison proverbiales. Nous ne parlons
pas seulement de l'homme du peuple, dont l'ignorance,
la misère et la mauvaise éducation pourraient, non pas
justifier, mais expliquer ces vices ; nous parlons du
Hova en général, qu'il soit noble ou bourgeois, riche
ou pauvre. Il est fourbe instinctivement, qu'il y ait ou
non nécessité, et même quelquefois contrairement à ses
intérêts. Il n'est pas rare de voir un Hova perdre le
bénéfice d'un contrat avantageux en essayant d'éluder,
pour le seul désir de soulever des difficultés, une des
clauses de l'obligation.

Le mensonge et l'hypocrisie font nécessairement cor-
tège à la fourberie. On ne saurait croire avec quel art
l'indigène sait mentir ; il a le don de revêtir le mensonge
d'une si grande apparence de la vérité qu'il faut une
longue pratique pour ne pas se laisser tromper ; la meil-

(1) Jacques de Lasalle, compagnon de Benyowski (1784) a visité,
après la mort tragique de ce dernier, une partie de Madagascar ;
il a relaté ses impressions dans des mémoires qui ont été retrou-
vés par M. Jully dans les archives de l'île Sainte-Marie de Madagascar. M. Jully les a publiés et annotés dans la Revue : « Notes,
reconnaissances et explorations ». 2e année, 3e vol., 17e livraison,
p. 557.

leure conduite à tenir est de ne jamais le croire que sous
bénéfice d'inventaire. Il ment même lorsqu'il n'a aucun
intérêt à farder la vérité ; lorsqu'on l'interroge, il faut
veiller avec soin, car, la plupart du temps, il se préoccupe moins de dire la vérité que de vous faire la réponse
qu'il espère vous être agréable.

La vie du Hova est pleine de pratiques superstitieuses.
Comme les anciens, il avait des heures, des jours et des
mois néfastes. Ainsi, pour citer quelques exemples, pendant le mois d'Alohotsy, 12e lune et 12e mois de l'année
malgache, qui porte aussi le nom de Volam-padina, il
s'abstenait de tout ce qui pouvait blesser au physique et
au moral parce que les blessures étaient réputées incu-
rables ; pendant les 5 derniers jours de ce même mois,
il était défendu d'abattre des animaux de boucherie. Certains jours n'étaient pas propices au mariage. Les enfants nés un jour néfaste étaient dans l'ancien temps
mis à mort ; aujourd'hui, on se contente de les muti-
ler (1), ou de leur donner un nom caractéristique,
comme bête, mauvais, qui a pour but d'empêcher les
effets d'un mauvais présage.

Dans toutes les circonstances de la vie, à chaque instant de la journée, le Hova accomplit quelque sacrifice
(immolation d'un bœuf, d'un mouton, d'une brebis), ou
pratique certains rites pour éviter un accident, une maladie, pour conjurer le mauvais sort. A-t-il vu un signe
funeste, a-t-il rencontré un oiseau de mauvais augure, il
prend soit un brin d'herbe (mifaditra ahitra), soit un
morceau de bois (Faditr'ovana), qu'il jette derrière la
tête suivant certains rites et en prononçant des paroles
consacrées. Il a des amulettes (Tsiankaditra) pour le

---

(1) On cite l'ancien premier ministre Rainilaiarivony, à qui on
coupa, pour éviter les redoutables éventualités d'un mauvais des-
tin, le bout de l'extrême phalange du doigt du milieu et de l'index
de la main gauche.

protéger contre les balles, les lances, les maladies.. etc.

On comprend qu'avec ces sentiments superstitieux, le Hova eût une peur extrême des sorciers (mpamosary); il les traitait en paria, les mettait hors la loi. Autrefois, il suffisait d'être soupçonné de pratiquer la sorcellerie pour être soumis à l'épreuve du Tanghen ; encore de nos jours, l'article 11 du code malgache de 1881 punit cette pratique de 20 ans de fers et de la confiscation des biens. Le devin (mpsikidy), au contraire, était tenu en grand honneur. Le Hova, en effet, croyait aux présages ; pour toutes les actions de la vie, il faisait interroger les auspices. Le souverain et les puissants avaient même plusieurs devins attachés à leur personne.

Tous ces défauts proviennent, à notre avis, de l'état social et politique et des croyances qui, pendant des générations, ont formé et façonné le caractère du Hova. On sait, en effet, que l'arbitraire, la concussion et la délation même entre parents, étaient des moyens de gouvernement. Ce n'est qu'à force de dissimulation et de ruse que le Hova parvenait à préserver son patrimoine et sa liberté, sinon sa vie, de toute atteinte de la part des grands et des puissants. Dès lors, comment s'étonner que la fourberie et la dissimulation soient devenues les traits distinctifs du caractère indigène ? Mais le mal ne nous paraît pas sans remède. Le changement de régime amené par notre occupation suffira, pensons-nous, pour modifier les mœurs de ce peuple, qui, d'un autre côté possède de très grandes qualités.

En effet, comme on l'a souvent remarqué, le Hova est très intelligent, plein d'énergie, laborieux, adroit, relativement sobre et aussi habile commerçant que le Chinois. Quand nous avons pris possession du pays, nous sommes loin d'avoir trouvé un peuple barbare. Il avait un gouvernement homogène, une administration qui semblait très convenablement appropriée à la contrée et aux habitants, un système foncier qui existe encore en partie, un système financier imparfait, sans doute, mais qui, tel quel, dénotait une organisation réfléchie, des tribunaux et des juges dont on a dit peut-être plus de mal qu'ils ne méritaient, des codes dont les principes ne pourraient être désavoués par personne, et qui n'ont que le tort d'être très incomplets. Tous les arts manuels étaient professés ; quelques industries même, comme la fabrication du savon, des bougïes, de la soie.., etc..., étaient florissantes. D'ailleurs, il faut se rappeler qu'au moment de la prise de possession, le peuple hova avait déjà soumis à son autorité une partie de Madagascar et qu'il est très probable que, sans notre intervention, il serait arrivé à se rendre maître de toute la grande île. Ce n'est point là certainement le fait d'un peuple primitif.

De même, individuellement, le Hova n'est pas l'homme grossier et sauvage qu'on serait tenté de penser. Il a une certaine idée de nationalité, un amour profond pour son pays ; pendant la dernière insurrection, les rebelles qui ont été poursuivis devant les tribunaux donnaient comme principale excuse de leur conduite le bruit, qui avait été répandu par la classe dirigeante, que les Français avaient l'intention de leur enlever la terre des ancêtres (tanim-drazana).

En outre, il a beaucoup de bon sens pratique et de finesse : quoique très discipliné, il a l'esprit légèrement frondeur et gouailleur (1). Avide d'instruction, très res-

(1) Les proverbes qui sont, dit-on, la sagesse des nations, expriment admirablement, sous une forme concise, l'état d'esprit et les mœurs d'un peuple. A ce titre, pour appuyer notre manière de voir, nous prenons la liberté d'en citer quelques-uns. Ainsi, pour parler d'une affaire dont on ne doit pas se mêler, le Malgache dira : « adin' ny mpivady, litt. querelle entre mari et femme » ; d'une querelle dans laquelle on ne se fait pas de mal, dans laquelle on se respecte mutuellement : « Adin' Andriana, litt. querelles de

pectueux des ordres donnés par l'autorité, essentiellement assimilable, il sera, si nous le voulons, si nous le
traitons avec justice, d'un précieux secours pour l'œuvre
de colonisation que nous avons entreprise à Madagascar.

CHAPITRE IV

LA RELIGION ET LE CULTÉ DES ANCÊTRES

A première vue, il paraît malaisé de définir bien exactement quelles étaient les croyances religieuses du Hova

rois ou de princes » ; d'une personne qui ne sait pas modérer sa
langue ; « Akoholahy maneno alina, litt. coq qui chante la nuit ».
   « Atody tsy miadi amam-bato : les œufs ne se battent pas entre
eux ».
   « Voatra ampangoro ny olona, Kamifandimby ambany sy ambony : il en est des hommes comme du riz cuit qu'on tire de la
marmite, ce qui était dessus, passe dessous ».
   Pour exprimer que dans l'adversité, on ne trouve pas d'amis, il
dira : Omby mahia tsy lelafin' ny namany : litt. les bœufs ne lè-
chent pas leur compagnon maigre ».
   « Ny andriana mandova fanjakana, ny vahoaka mandova fanompoana : le souverain hérite du royaume, le peuple reçoit en héritage la corvée ».
   « Ny hovadina be hiany, fa ny hora fozanina no tsy misy ; on
trouve assez facilement des femmes à épouser, mais on trouve
difficilement un beau-père ou une belle-mère à sa convenance ».
   Pour se venger d'un mauvais dîner, qu'on lui aura donné, il
dira : « Sakafo ambany foitra : repas au-dessous du nombril ».
   « Malahelo monina amoron tsona : litt. pauvre demeurant près

avant que les diverses religions chrétiennes, qui n'ont
pris pied dans le pays qu'à une époque relativement récente, aient acquis un certain nombre d'adeptes. En
effet, il n'existe aucun monument écrit comme chez les
peuples gréco-romains, aucun poëme, aucun hymne
comme chez les peuples d'Orient, qui soient de nature
à nous renseigner sur ce point. On trouve bien dans la
langue deux mots : Zanahary et Andriamanitra, qui
signifient Dieu ; mais, outre que ces mots paraissent de
création récente, on n'a absolument aucune raison de penser, aucune preuve que les Hova aient eu la notion d'un
Dieu unique, suivant la conception admise par les religions modernes.

Mais, est-ce à dire, comme on l'a prétendue, que les
Hova n'avaient aucunes croyances ? Pour résoudre cette
question, il nous faut étudier quelles étaient les croyances
des peuples anciens, les comparer aux mœurs et usages
que nous trouvons chez le Malgache d'aujourd'hui ;
par cette comparaison, le problème deviendra facile et
sera aisément résolue.

Il semble que la plus ancienne et la seule croyance qui
ait agité les premières générations soit la religion des
morts. On ne fait pas encore la distinction, qui ne sera
connue que bien plus tard, de l'âme et du corps. On
honore le corps qui est enfermé dans le tombeau ; on
croit que le défunt est toujours vivant ; qu'il a besoin
de nourriture ; qu'il est beinveillant ou malveillant
envers ceux qui sont restés sur la terre. De là toute une
religion pour se rendre les morts favorables ou pour les

d'un bazar ». Au figuré ce proverbe exprime la tentation de ceux
qui voient beaucoup de choses, sans pouvoir se les approprier.

« Manao ariary zato ampadriana : compter cent piastres dans
son lit. » Au figuré, faire des châteaux en Espagne.

« Be feo marary, fa kely feo finaritra : On promet beaucoup
dans la détresse et on donne peu après le danger passé ». etc.....

apaiser s'il ont de justes motifs de ressentiment. Cette religion, on la trouve chez tous les peuples antiques, Grecs, Romains, Indous, peuples de l'Extrême-Orient.

Nous retrouvons chez les Hova les mêmes pratiques et les mêmes usages. Il ne faut pas, d'ailleurs, s'en étonner outre mesure. Nous avons dit que ce peuple était d'origine malaise ; il est tout naturel qu'il ait apporté avec lui et conservé les pensées et les croyances d'un pays où, à une époque fort ancienne, ces rites et ces pratiques avaient été établis.

Pour le Hova, les morts sont des êtres sacrés ; il a pour eux l'adoration que l'on rend à la divinité ; il les aime et les redoute en même temps. Dans toutes les circonstances de la vie, ils les consulte comme s'ils étaient toujours vivants, comme s'ils continuaient à faire partie de la famille ; il demande leur secours et leur appui ; il leur expose ses peines. Le Hova a la ferme croyance que les ancêtres sont des divinités qui surveillent et protègent la famille ; aussi, deux autels leur sont consacrés le premier, à l'un des angles de la maison d'habitation, le second au tombeau de famille. Le premier est destiné à recevoir les prières de chaque jour pour les plus minimes circonstances de la vie : lever, coucher, repas, plantation et repiquage du riz, etc. ; le second sert pour les grandes cérémonies, pour les fêtes solennelles, comme le Fandroana (1), les naissances, les mariages, les décès.

Quoique le culte s'adresse à tous les ancêtres en général, remarquons, cependant, que comme chez les peuples Gréco-romains, les ancêtres fondateurs de la famille jouissent d'une vénération particulière. Le Hova même avait une telle crainte du mystère de la mort, il attribuait une si grande puissance aux défunts, qu'il

(1) Le Fandroana ou fête du bain de la Reine était le nouvel an Malgache. Il a été supprimé par arrêté du 5 juin 1897 et remplacé par la Fête nationale du 14 juillet.

avait un culte particulier pour les tombeaux des Vazimba, le peuple autochtone qu'il avait chassé de l'Imérina,
pour se mettre à sa place ; il essayait de fléchir par des
offrandes, des prières et des sacrifices ces premiers occupants de la terre qu'il croyait très redoutables et dont il
avait une si grande crainte qu'il a toujours couru parmi
les Hova cette légende que les Vazimba devaient un jour
revenir dans le pays et le reconquérir.

En somme, le culte des ancêtres est la véritable religion nationale, la seule religion qui se soit profondément enracinée dans les cœurs. L'adoration des sampy
(idoles), le fétichisme, ne sont qu'un ensemble de pratiques superstitieuses, qui sont de tous les pays, quelque
religion qui soit suivie ; elles procèdent de la faiblesse de
l'esprit et du manque d'instruction, et non d'un sentiment
religieux.

A partir du règne de Ranavalona Ire, il n'est pas douteux que les religions chrétiennes, catholicisme et protestantisme, ont pris un certain développement. Cette
dernière était même devenue, après le baptême de la
Reine, religion d'Etat. Mais, nous ne pensons pas, à
part quelques exceptions, qu'elles soient entrées bien
avant dans les âmes. La preuve du peu de sincérite de leur
foi, nous la trouvons dans la facilité bien connue avec
laquelle les Hova se convertissent du protestantisme au
catholicisme, et réciproquement, suivant l'intérêt du moment. La vérité est que le culte des ancêtres, qui forme
autant de cultes qu'il y a de familles, est resté la religion
dominante ; les anciens rites et dogmes n'ont jamais
été oubliés ; ils sont aussi vivants et indestructibles
qu'autrefois.

La cérémonie des funérailles fait nécessairement partie
du culte rendu aux ancêtres. Elles étaient faites avec
une pompe extraordinaire. Le mort était solennellement
apporté au tombeau familial. On plaçait à côté du cada-

vre une certaine quantité de nourriture, les ustensiles
nécessaires à la vie usuelle, nattes, pilon et mortier à riz,
des vases, des bijoux, des pièces d'argent. On offrait des
sacrifices aux autres ancêtres renfermés dans le tombeau,
on renouvelait les lambas (lambanena)qui enveloppaient
leurs corps, suivant les rites consacrés (1).

Il n'est pas douteux que toutes ces cérémonies étaient
bien l'expression d'un sentiment religieux.

Mais, avec le temps, des considérations plus humaines
sont venues s'y mêler. Il est certain, en effet, que depuis
longtemps les funérailles sont devenues pour le Malgache une occasion de faire parade de sa fortune. Il se
livre à des dépenses considérables pour l'achat des lambas mortuaires (lambamena) et des bœufs destinés à être
immolés. Ce désir d'ostentation, joint au sentiment de
crainte religieuse qui le poussait à honorer les morts
pour se les rendre favorables, était porté à un tel degré
qu'il n'était pas rare, même dans les temps les plus ré-
cents, de voir une famille se ruiner dans ces dépenses.
Il arrivait aussi, par opposition, que dans certaines familles, où l'avarice était plus forte que l'amour du défunt, les funérailles n'étaient pas célébrées avec un éclat
en rapport avec la fortune du décédé. C'était un manquement grave à un devoir sacré, manquement qui était
l'objet de la réprobation générale et qui était ressenti
par tous.

Aussi, le législateur s'est préoccupé de parer à ces
deux inconvénients. Andrianampoinimerina édicta les
dispositions qui suivent pour la célébration des funérailles.

Quand un membre de la famille vient à décéder, celle-
ci est tenue de prendre l'avis du Fokon'olona (village) pour
fixer le nombre des lambamenas, destinés à envelopper

_____

(1) Cette opération se faisait en ajoutant un nouveau lamba aux
anciens.

le mort, et le nombre de bœufs qui doivent être immolés. Si la famille émet la prétention d'acheter une trop grande quantité de lambamenas, alors qu'il existe des héritiers en bas-âge, dont la fortune serait ainsi considérablement réduite, le Fokon'olona oppose son veto et en détermine lui-même le nombre nécessaire ; quant aux bœufs, il faut avouer qu'ordinairement, le Fokon'olona est peu enclin à en demander la diminution, car la viande est distribuée à tous les membres du village.

Si, au contraire, la famille, par esprit de parcimonie, propose de faire l'achat d'un nombre de lambenas trop restreint, eu égard à la fortune et à la situation sociale du défunt, le Fokon'olona intervient et fixe lui-même les dépenses qui seront faites pour les funérailles.

Cette décision est obligatoire. Si la famille passait outre, elle serait exclue du sein de la communauté ; ses membres ne seraient plus considérés comme faisant partie du Fokon'olona « aussi bien dans le malheur que dans la joie », dit le Kabary d'Andrianampoinimerina.

Andrianampoinimérina prescrit encore de se prêter un mutuel concours, sans distinction de classe et de fortune, pour inhumer les morts ; il impose l'obligation d'ensevelir les malheureux, même de leur construire un tombeau, car c'était une sorte de sacrilège d'abandonner un cadavre sans sépulture. Le Fokon'olona doit se cotiser pour acheter le lambana et immoler le bœuf, alors même que le défunt n'est pas né dans le pays, alors même qu'il est inconnu. L'article 112 du Code de 1881 reproduit cette obligation de l'ancienne coutume : il dispose que dans le cas où un indigent, étranger ou originaire du lieu, vient à décéder, s'il n'a personne pour l'enterrer, ce sont les Fokon'olona voisins qui sont tenus de procéder aux funérailles (1).

(1) Voici le Kabary d'Andrianampoinimerina relatif aux funérailles, prononcé sur la place d'Andohalo : « Si vous procédez à

CHAPITRE V

LE TOMBEAU DE FAMILLE

On comprend, par ce que nous venons d'exposer sur les croyances des Hova à l'égard des morts, que la dernière demeure, le tombeau où étaient réunis tous

« l'ensevelissement d'un mort clandestinement (litt. si vous déro-
« bez un mort), sans attendre la réunion du Fokon'olona, une telle
« action vous rendra coupables, si elle parvient à ma connaissance.
« Si quelqu'un vient à mourir, voici comment il faut procéder :
« Convoquez le Fokon'olona pour fixer la manière dont doivent
« être faites les funérailles, car le défunt ne pourra emporter que
« ce qui aura été décidé par le Fokon'olona. Si vous, parce que
« vous êtes riche et puissant, vous pensez pouvoir agir contraire-
« ment aux décisions du Fokon'olona, eh bien, je m'adresse à vous,
« ô Fokon'olona, pour que vous le chassiez de votre communauté
« aussi bien dans les circonstances malheureuses que dans celles
« de joie. Mais si, au contraire, on s'en rapporte à votre déci-
« sion, ordonnez avec prudence les dépenses à faire pour les funé-
« railles.
« Pour les riches, ô Fokon'olona, ne soyez pas l'instrument de
« leur ruine, et pour les pauvres, agissez raisonnablement ; s'il
« faut se contenter d'un lambamena et d'un bœuf, n'en ordonnez
« pas davantage. Et pour ceux qui n'auront pas les moyens de
« pourvoir à leurs funérailles, unissez-vous, ô Fokon'olona pour
« les ensevelir parce qu'ils sont vos parents. N'abandonnez jamais
« les morts sans sépulture. Ce n'est pas seulement pour les funé-
« railles des riches et puissants que vous devez prêter votre con-
« cours, mais aussi des pauvres et des humbles ; il est même pré-
« férable de remplir ce devoir envers les pauvres qu'envers les
« riches.....
« Et voici ce que j'ai à vous dire, à vous qui êtes riches : Ne
« vous attachez pas seulement à la fortune, car l'argent ne suffit
« pas seul devant la mort ; mais prêtez votre concours également
« pour l'inhumation des malheureux....
« Je m'adresse à vous tous, ô Fokon'olona, au sujet des riches :

les ancêtres, les Dieux de la famille, était l'objet des soins les plus attentifs.

Chaque famille avait son tombeau, où ses morts venaient, à mesure, reposer côte à côte ; aucun étranger

« Si les riches ne vous prêtent pas leur concours pour les funérail-
« les. de votre côté, ne leur prêtez pas le vôtre. Et alors même
« qu'ils vous offriront beaucoup de bœufs, n'en mangez pas la
« viande, mais laissez-la leur pour qu'ils la mangent eux-mêmes.
« Ne vous unissez pas à eux ; laissez-les seuls, isolés avec leur for-
« tune......

« Je m'adresse à vous, ô enfants des défunts : Ne vous laissez
« pas envahir par la douleur que vous cause la mort de vos parents
« au point de faire des dépenses inconsidérées pour leurs funérail-
« les. Mais retenez bien ceci : S'il est juste que les morts ne soient
« pas mis nus dans la terre, d'un autre côté, il n'est pas convena-
« ble que de trop grosses dépenses mettent les vivants dans l'em-
« barras, car la tristesse est comme de la paille à brûler : elle se
« consomme graduellement. Quiconque n'a plus de biens ne peut
« plus faire bonne figure. Celui qui a mangé gloutonnement sa
« part de viande avant les autres, n'a plus que la ressource de
« porter ses doigts à la bouche pour imiter ceux qui mangent
« encore. C'est pourquoi, ô Ambanilanitra (nom générique des
« Hova), j'ai toujours à cœur de vous conseiller d'être économes
« de vos biens, car, dans la vie de l'homme, le bonheur et le
« malheur sont inséparables, et il serait honteux pour un Ana-
« kandria (homme vénérable) de ne pouvoir seulement pas s'offrir
« une tasse de lait..,...

« Donc, si quelqu'un vient à mourir, il faut l'ensevelir sans trop
« d'ostentation. Si une personne ne vous prête pas son concours
« pour les funérailles d'un parent, rendez-lui la pareille ; laissez-le
« sans sépulture. A celui qui viendra vous apporter ses sentiments
« de condoléance. faites-en de même ; à celui qui transporte sur
« ses épaules le corps d'un des vôtres, rendez-lui le même service ;
« mais s'il refuse de remplir ce devoir. agissez de même à son
« égard ; car, devant la mort, il n'y a pas de privilégiés. Fussent-
« ils Andriamasinavalona (2e caste de la noblesse), fussent-ils mes
« parents et fiers de leur noblesse, s'ils ne vous prêtent pas leur
« concours pour les funérailles, à votre tour refusez-leur le
« vôtre.....

« Voici ce que j'ai à vous dire, ô Ambanilanitra, si un malheu-
« reux vient à décéder, ne le jetez pas tout nu dans la terre, mais
« cotisez-vous, ô Fokon'olona, afin de pouvoir lui acheter un lam-
« banena pour envelopper son corps. De cette prescription, j'en fais
« une loi formelle, car vous êtes tous d'une même famille ».

ne pouvait y être inhumé ; l'enfant qui avait été, pour
sa mauvaise conduite, rejeté de la famille, la veuve
remariée en étaient exclus. On considérait comme d'une
absolue nécessité, tant pour le repos et le bonheur du
défunt que pour celui des survivants, d'y reposer.
Aussi, voyons-nous le Hova prendre les plus minutieuses précautions pour qu'il puisse dormir son dernier
sommeil au milieu de ses pères. Est-il obligé de quitter
l'Imérina soit pour ses affaires, soit pour un service
public, il fait les recommandations les plus expresses
pour qu'en cas de mort, son corps soit rapporté au
tombeau familial ; souvent même, il se faisait accompagner d'un esclave de confiance chargé de ce soin. S'il
survenait un malheur et que le cadavre, en dépit de
toutes les recherches, ne put être retrouvé, on élevait
solennellement une pierre appelée Tsamgambato, destinée à apaiser les mânes du défunt.

L'exclusion du tombeau était le châtiment le plus
terrible que l'on pût infliger à un malgache. La menace
de cette peine suffisait pour retenir l'enfant récalcitrant
dans le devoir. Les cendres du sorcier, si redouté des
indigènes, étaient dispersées au vent. Le souverain privait de sépulture ceux qui s'étaient révoltés contre son
autorité.

Le tombeau était le véritable et le seul temple ; c'est
là que la famille se réunissait pour adorer les ancêtres,
pour leur faire des offrandes, pour célébrer les cérémonies et les anniversaires.

Aussi, la plus grande préoccupation du Hova est la
construction d'un tombeau. En vue de son édification,
il fait des miracles d'économie, et lui, si intéressé d'ordinaire, il dépense sans compter jusqu'à son dernier
sou. Pour le malgache, en effet, l'argent employé à sa
construction n'est jamais perdu. Haren kita fasana, dit
le vieil adage, un tombeau c'est la richesse visible,

parce que c'est la maison où l'on habitera éternellement, où habiteront les descendants, où ils accompliront tous les devoirs funéraires. Souvent même, le Hova constitue par testament certains biens inaliénables pour que le revenu soit consacré, dans la suite des temps, à l'entretien du tombeau et à l'accomplissement des rites et cérémonies prescrits par l'antique coutume. Ces biens portent le nom de Kodrazana. Quelquefois, aussi, il désignait, par acte de dernière volonté, un certain nombre d'esclaves de confiance pour garder et entretenir le tombeau. Ces esclaves étaient connus sous la dénomination de Valala fiandry fasana (litt. sauterelles gardiennes des tombeaux). Par le fait de l'institution, l'esclave devenait bien Ko-drazana et ne pouvait plus être vendu. Nous aurons, d'ailleurs, à revenir sur ce point dans la suite.

Dans l'Imérina, il n'existe pas d'endroit spécialement désigné pour ensevelir les morts. Le tombeau est construit dans un champ appartenant à la famille. Le mausolée et le sol sur lequel il a été édifié sont inaliénables et restent indivis entre les divers membres de la famille. C'est également un bien Ko-drazana, qui ne peut être cédé ni à titre onéreux, ni à titre gratuit. Ainsi, l'article 128 du Code de Malgache de 1881, qui ne fait que reproduire la coutume, dispose que le terrain sur lequel se trouve un tombeau ne peut être vendu même entre co-héritiers, et que ceux des intéressés qui s'opposeront à la vente seront déclarés les vrais propriétaires. Ce tombeau, en effet, n'appartient pas à un individu seul ; il est la propriété de la famille entière, de la famille d'autrefois, de celle d'aujourd'hui et de celle de demain.

Toutefois, l'usage admet qu'en cas de nécessité absolue, le tombeau de famille peut être changé de place. Dans ce cas, après l'édification du nouveau mausolée, on transporte les restes des ancêtres dans leur nouvelle demeure, en se conformant aux cérémonies d'usage. L'ancien tombeau et le sol, sur lequel il est bâti, sont, dès lors, considéré comme une propriété ordinaire ; ils peuvent être cédés à titre gratuit ou onéreux comme tout autre terrain. On peut encore citer un cas où le tombeau peut faire l'objet d'une vente ; c'est lorsque un individu a construit par avance son propre tombeau (art. 128, Code m. de 1881). Cette exception s'explique aisément : aucun mort, en effet, n'ayant encore été déposé dans le monument, ce dernier n'a pas encore revêtu le caractère religieux qu'il aura plus tard.

On a souvent décrit la forme des tombeaux Hova. Ce sont de véritables monuments, dans la composition desquels rentrent 4 grandes dalles ; leur construction et surtout le transport des dalles, dont la plus grande s'appelle « Rangolahy », nécessitent un effort considérable. Aussi, de même que pour les funérailles, l'assistance mutuelle est prescrite pour leur édification. Tous les Fokon'olona (habitants du village) doivent prêter leur concours ; leur peine est récompensée par une gratification qui consiste ordinairement dans le don d'un certain nombre de bœufs, qui sont tués et dont la viande, conformément aux règles en usage, est partagée entre les travailleurs. Il appartient au Fokon'olona de fixer la quantité de bœufs à offrir. Si le propriétaire du tombeau ne se conformait pas à la décision prise par ses concitoyens, il était exclu de la communauté. Si, au contraire, quelque Fokon'olona refusait sans motifs de s'associer au travail commun, c'était lui qui était chassé du village.

Voici, sur cette matière, le Kabary-règlement d'Andrianampoinimerina :

« Voici ce que j'ai à vous dire : un tombeau ne peut

« jamais être édifié par une seule personne. Si donc une
« pierre ne peut être traînée par les seuls membres
« d'une famille, unissez-vous pour lui prêter votre
« concours. Mais si, dans la même circonstance, la
« famille à qui vous avez donné votre aide, se refuse à
« à vous rendre la réciprocité, vous aurez le droit de
« casser la pierre et de démolir son tombeau...

  « Quant aux malheureux, qui voudraient aussi cons-
« truire un tombeau, s'ils vous en font la demande,
« aidez-les ; traînez leurs pierres ; contentez-vous de
« la faible gratification qu'ils vous donneront ; ne la
« refusez jamais, car ils ne sont pas riches. C'est par là
« qu'on verra que vous vous aimez les uns les autres.
« Je ne veux pas que vous vous laissiez mutuellement
« sans sépulture. »

LIVRE II

Organisation sociale, municipale et politique

CHAPITRE PREMIER

LA FAMILLE

La famille malgache n'était pas réduite aux proportions de la famille moderne. Elle comprenait à la fois les père et mère, les enfants légitimes, adoptifs et naturels, les ascendants, les femmes secondaires avant la suppression de la polygamie, les collatéraux à tous les degrés, en un mot toutes les personnes qui avaient quelque rapport de parenté, d'adoption ou d'alliance avec le chef de la famille. On comprend par cela que cette famille pouvait former un groupe de personnes fort nombreuses. On pourrait ajouter que certains esclaves de confiance, dont nous parlerons plus loin, étaient considérés comme faisant partie, en quelque sorte, de l'unité familiale et admis, comme de véritables parents, dans les cérémonies patriarcales.

Il paraît certain que chez les Hova comme chez tous les peuples, la famille a été la première forme de la société. A cette époque reculée, chaque famille vivait à part, isolée. A elle seule, elle formait un corps organisé, un petit gouvernement ayant ses lois propres, ses coutumes fidèlement transmises de génération en génération et religieusement respectées. Elle avait un chef suprême, qui était, d'ordinaire, le père de famille, sa religion qui n'était autre, comme nous l'avons vu, que le culte des ancêtres, son temple, qui était le tombeau familial, où elle célébrait les cérémonies et les anniversaires, suivant les rites établis par les anciens usages.

Cette constitution patriarcale de la société s'était si profondément enracinée dans les mœurs qu'on peut dire qu'elle existe encore aujourd'hui. Sans doute, à un moment donné, la famille a dû sortir de son cadre étroit, pour s'unir à une autre famille et, à mesure, sous l'aiguillon de la nécessité, la réunion de plusieurs groupes familiaux a formé successivement la caste, le Fokon' olona, la tribu ; de même, le souverain ou le seigneur, qui à l'origine n'avait qu'une autorité purement nominale, qui ne pouvait s'immiscer dans le gouvernement particulier des familles, a fait tous ses efforts pour centraliser les divers groupes, villages ou tribus, et les forcer à reconnaître son autorité. Mais, en dépit du temps, en dépit de toutes les transformations politiques, la famille est restée l'unité sociale. Les preuves abondent ; nous les préciserons à mesure que se poursuivra notre travail. Nous verrons, en effet, que tout le droit coutumier, qui a toujours force de loi, n'a en vue que l'intérêt de la famille, que l'intérêt individuel est toujours sacrifié à l'intérêt collectif ; que toute la vie est orientée vers la famille, jamais vers l'individu. Ainsi, par exemple, le mariage est l'alliance de deux familles ; tous les actes de la vie privée : mariage, naissance, décès, adoption, rejet d'enfant, successions, donations étaient des actes familiaux, qui se passaient en dehors de toute intervention du pouvoir central. Il faut arriver à une épo-

que tout à fait contemporaine pour voir le gouvernement essayer, — et d'une façon bien timide encore —
d'établir son contrôle sur ces divers actes. Ce n'est en
effet, qu'en 1878, par la promulgation du réglement des
Sakaizambohitra (amis des villages), dont les dispositions ont été reprises par le Code de 1881 et par les
différents actes législatifs postérieurs, que le mariage, l'a-
doption, le rejet d'enfant, le testament etc.. ont cessé
d'être des actes purement familiaux et ont été placés
sous la sanction de l'Etat par l'obligation édictée par le
législateur de faire inscrire ou enregistrer ces divers
actes, à peine d'amende ou de nullité, sur les registres
du gouvernement.

Mais l'ancienne coutume avait jeté de si profondes
racines que l'action du gouvernement, au moment de
l'occupation française, n'avait pas encore produit de résultats bien appréciables ; les antiques principes avaient
conservé toute leur force, et nous aurons l'occasion de
remarquer que, par exemple, le 2/3 des mariages, en
dépit de la nullité prononcée par la nouvelle loi, avaient
été contractés suivant les formes familiales et non inscrits sur les registres officiels. Il en est de même pour
toutes les institutions privées ; elles sont restées ce
qu'elles étaient autrefois ; et les innovations introduites
par les différents codes et règlements n'ont pour ainsi
dire pas été observées.

CHAPITRE II

LA PUISSANCE PATERNELLE

Dans cette famille si nombreuse, qui constituait pour ainsi dire un petit Etat avec son administration et ses lois particulières, il fallait un chef qui maintînt la discipline, qui veillât, à l'observation des devoirs envers les aïeux, à la conservation du tombeau familial, à l'administration des biens laissés par les ancêtres (tanimdrazana), qui fut également le protecteur et le défenseur de tous les membres du petit groupe. Le chef naturellement désigné pour remplir ce rôle était le père.

La puissance parternelle appartenait au père. Si ce dernier était dans l'impossibilité de gouverner la famille, pour quelque cause et pour quelque temps que ce fût, le pouvoir suprême était exercé par le fils aîné (Andriamatoa), s'il était en âge de l'exercer, ou, à défaut, par la mère. Toutefois le père, en vertu justement de la puissance dont il était revêtu, avait le droit de désigner par testament, la personne qui lui paraissait la plus digne de diriger la famille.

Comme chez les Romains, la puissance paternelle chez les Malgaches était une institution toute civile, qui avait sa source dans l'organisation sociale et dans la constitution de la famille. Le père, à l'origine, avait un pouvoir absolu sur les personnes et sur les biens ancestraux ; nous verrons que cette puissance exorbitante s'est notablement modifiée dans les temps modernes.

§ 1. — *Autorité sur les personnes.*

1° *A l'égard des enfants.* — Le père avait le droit à la naissance de l'enfant de le reconnaître ou de le reje-ter de la famille.

L'enfant, toute la vie, lui devait, non seulement hon-nuer et respect, mais obéissance absolue, sauf le cas où le père l'autorisait à se marier et à quitter la mai-son paternelle pour fonder une nouvelle famille ; mais on peut dire que dans ce cas, le père se dépouillait volontairement de son droit, lui conférait une sorte d'é-mancipation puisque l'enfant ne pouvait pas se marier sans son assentiment.

Dans l'ancien temps, le père avait le droit de vendre son enfant, mais ce pouvoir barbare, sous l'effet de la douceur des mœurs, a été aboli depuis très-longtemps.

L'enfant ne pouvait pas abandonner la maison pater-nelle sans l'autorisation du chef de la famille. Toutefois, il faut reconnaître que le père n'avait à sa disposition aucun moyen coercitif légal pour faire respecter son au-torité ; c'est, d'ailleurs, très-explicable, puisque ce n'est que dans les temps modernes que l'État est intervenu dans le gouvernement de la famille.

Cependant, le père n'était pas désarmé. Il avait le droit de rejeter l'enfant de la famille ; dès lors, l'enfant était considéré comme un étranger ; il n'était plus ap-pelé à la succession et perdait sa place au tombeau fa-milial. Cette peine était si redoutée que l'éventualité de son application suffisait, la plupart du temps, pour ramener le rebelle dans le devoir.

Remarquons, toutefois, que dans le droit moderne, l'article 155 du code de 1881 donne au père un moyen coercitif pour forcer l'obéissance de l'enfant. Cet article autorise les parents à garrotter les enfants qui leur donnent des sujets de mécontentement, mais sous la condition de prévenir le gouvernement. On voit le changement opéré: le père n'a plus la souveraine puissance d'autrefois; il est tenu d'associer l'autorité publique à l'exercice de son droit de correction.

Du devoir d'obéissance absolue due, à tout âge, par l'enfant découlait l'impossibilité, quélque fût son âge, de se marier sans le consentement de son père; de même il ne pouvait pas être adopté sans l'assentiment du chef de la famille.

Le père avait encore le droit d'augmenter, au moyen de l'adoption. le nombre de ses enfants, comme il l'entendait et sans aucune restriction.

2° *A l'égard de la femme.*— Dans le droit coutumier le père pouvait répudier la femme au gré de son caprice. Ce droit de répudiation n'appartenait qu'au mari, à l'exclusion de la femme. Le code de 1881 a interdit la répudiation coutumière (article 56) et institué le divorce.

Le père avait le droit du tuer la femme surprise en flagrant délit d'adultère.

La femme devait obéissance et respect à son mari. Mais dans la coutume malgache, la femme ni la fille n'avaient pas le rôle effacé et humiliant que nous remarquons chez les peuples anciens et chez les peuples orientaux. La femme depuis longtemps est considérée comme la compagne et l'égale de l'homme. Elle peut posséder des biens particuliers; la fille hérite au même titre que le fils; pour le mariage. le consentement de la mère est exigé. Ces principes sont certainement en désaccord avec la puissance illimitée dont le père était revêtu; il est probable qu'à l'origine la puissance paternelle était exercée dans toute sa plénitude; mais peu à peu les mœurs se sont adoucies, des principes plus humains se sont introduits et ont fini par acquérir force de loi.

3⁰ *A l'égard de la famille entière.* — A l'égard de la famille, le père était un véritable magistrat domestique. Il jugeait toutes les contestations qui s'élevaient entre les divers membres ; il prononçait les peines contre ceux qui avaient commis quelques infractions délictueuses. A l'origine ce droit de justice était complet et sans appel ; aucune autorité ne pouvait modifier ses arrêts. Mais de bonne heure ce pouvoir exorbitant a été amoindri ; l'usage s'est peu à peu introduit de déférer les contestations familiales à la famille entière qui formait une sorte de tribunal présidé par le père ; quelquefois, même, la famille s'adjoignait, dans ce cas, quelques membres du Fokon'olona choisis parmi les voisins.

Dans le droit moderne, le gouvernement royal, suivant toujours son plan d'unification et de centralisation, s'est substitué au tribunal patriarcal ; il a créé des tribunaux officiels et des magistrats nommés par lui pour juger les litiges civils ou criminels. Néanmoins, le législateur de 1881, n'osant rompre ouvertement en visière à l'ancienne coutume, autorise les proches parents à solutionner les affaires de famille, mais à la condition que tous les membres soient consentants (art. 251) (1).

§ 2. — *Pouvoirs sur les biens.*

C'est au père qu'appartient l'administration des biens composant le patrimoine de la famille. Il perçoit les

---

(1) Art. 251, C. 1881 : « Les proches parents, comme les enfants de deux sœurs, ou du frère et de la sœur ou de deux frères auront la faculté de terminer à l'amiable les contestations qui s'élèvent entre eux, si tous y consentent. Dans ce cas, rapport de la transaction devra être dressé et soumis au gouvernement pour être enregistré. A défaut, chaque partie sera passible d'une amende d'un bœuf et de 5 francs. A défaut de paiement de l'amende, les contrevenants subiront la contrainte par corps à raison de 60 centimes par jour. L'enregistrement donnera lieu à un droit de 60 centimes par partie. »

revenus, passe les marchés, consent les baux. En revanche, il doit pourvoir à l'entretion de la famille et à l'éducation des enfants.

Pendant sa vie, il peut disposer des biens à titre onéreux ou à titre gratuit comme il l'entend, sauf pour les
biens qui auraient été frappés d'inaliénabilité par un ancêtre (Ko-drazana).

L'enfant, quelque soit son âge, ne peut prétendre,
durant la vie du père, à aucun droit sur les biens familiaux. Cette disposition coutumière est rappelée dans les
art. 237 et 238 du Code de 1881 (1).

Le père avait encore la faculté illimitée de tester (masi-
mandidy). Il pouvait disposer de ses biens en faveur de
qui il lui plaisait, laissant plus à celui-ci, moins à celui-là,
au gré de son caprice.

Remarquons, toutefois, qu'en droit malgache, les en-

(1) Article 237. Code de 1881 : « L'enfant qui engagerait au jeu les
biens de ses père et mère, ou d'un parent, deviendrait coupable et
subirait un mois de prison ; les biens ainsi perdus seront restitués
par le gagnant au propriétaire, et l'enfant ne pourra pas être poursuivi pour cette dette. Et si vous, gagnant, vous vous appropriez
ces biens, vous serez coupable et subirez un an de fers. Si à l'expiration de la peine, vous ne les avez pas encore restitués, vos biens
en répondront. S'il est notoirement établi que vous ne possédez
plus rien, vous serez libéré. Les terres ne pourront jamais être exposées comme enjeu. »
Art. 238 : « Quiconque donnerait comme garantie d'un emprunt
les biens de ses parents, de sa famille ou des biens indivis, sans
le consentement des vrais propriétaires ou co-propriétaires, serait
passible d'une amende de 10 bœufs et 50 francs, et la garantie serait nulle. A défaut de paiement de l'amende, la contrainte par
corps serait exercée contre lui à raison de 0 fr. 60 centimes par
jour. Si le prêteur avait été déjà nanti de tout ou partie des biens
formant la garantie, il serait tenu de les rendre au propriétaire. La
somme prêtée sera perdue pour le prêteur.
Si les autorités chargées de l'enregistrement n'avaient pas pris
de sérieux renseignements sur le prêteur et l'emprunteur, si elles
n'avaient pas exigé la présence du propriétaire à l'acte, elles seraient
tenues de rembourser la somme empruntée. S'il est reconnu qu'elles
ne possèdent rien, elles seront libérées. »

fants, la femme et les autres membres de la famille peuvent posséder des biens propres, qu'ils les aient acquis soit par leur industrie ou par leur travail, soit par succession, donation ou testament.

Le père n'a aucun droit sur ces biens ; les bénéficiaires, comme nous le verrons plus loin, pouvaient en disposer à titre gratuit ou onéreux.

CHAPITRE III

LES CASTES

§ 1. — *Origine et nature de la caste.*

La Caste, chez les Hova, ne paraît être que la famille agrandie. Il est venu un moment, en effet, où le groupe familial s'est démesurément multiplié; la maison qu'il habitait est devenue trop petite ; la rizière qu'il cultivait n'a plus suffi aux besoins communs ; le tombeau des ancêtres s'est trouvé trop étroit. D'où la nécessité pour certains membres de transporter ailleurs leurs pénates et d'aller fonder une nouvelle famille. Mais l'esprit familial, qui est la caractéristique de ce peuple, le sentiment religieux qui les poussait à considérer les ancêtres comme des divinités tutélaires ou malfaisantes, l'intérêt même, qu'il ne faut jamais perdre de vue quand on parle des Malgaches, tout les portait à conserver un lien avec la souche principale, une fiction en vertu de la-

quelle ils fussent toujours censés appartenir à la même
famille. On pourrait même ajouter que la nécessité leur
faisait une loi de ne pas abandonner le groupe primitif.
Si, en effet, nous nous reportons par la pensée à ces
époques anciennes, nous voyons que la famille vivait
isolée avec son gouvernement et ses lois propres ; dans
ces temps reculés où aucune autorité bien sérieuse
n'existait, elle était obligée de se défendre elle-même
contre les attaques des voisins ou contre les entreprises
des petits roitelets qui se partageaient le pays et dont la
meilleure source de revenus était le pillage ; naturellement, plus la famille était nombreuse, unie et com-
pacte grâce aux liens de la caste, mieux elle pouvait se
défendre et parer à toutes les redoutables éventualités
qui se présentaient à chaque instant. C'est dans ces différentes raisons, qu'il faut chercher l'origine de la formation des castes.

D'après ce qui précède, on peut donc définir la caste
malgache : la réunion d'un certain nombre de familles
descendant d'un auteur commun. Cette définition ne nous
paraît pas douteuse en présence des faits que nous avons
exposés ; mais d'autres arguments peuvent encore être
invoqués. Ainsi, la plupart des castes portaient le nom
de l'ancêtre fondateur : Andrianamasinavolona, descendant du roi de ce nom ; — Zazamarolahy (enfants
nombreux), descendants des rois qui avaient précédé
Andrianamasinavolona ; — Zanadralambo, descendants
du roi Ralambo... etc.... D'autre part, nous verrons au
titre des successions, que la caste, à défaut de proches
parents, possède un droit d'hérédité.

Comment expliquer ce droit, sinon par la parenté commune qui unissait tous ceux de la caste, et les faisait, en
quelque sorte, membres d'une même famille ?

Comme la famille, la caste formait un petit Etat ; elle
avait ses coutumes et ses lois particulières, transmises

de génération en génération. Elle avait un chef suprême qui, à l'origine, devait avoir une puissance illimitée. Ce chef avait un droit de justice sur tous les membres de la communauté ; dans la suite, jusqu'au jour où le Gouvernement central, dans un but d'unification et de centralisation, a supprimé toutes les juridictions patriarcales, ce pouvoir judiciaire a été exercé par la caste elle-même érigée en tribunal sous la présidence de son chef.

La caste était fermée ; un étranger ou un membre d'une autre caste ne pouvait y être admis. Cette interdiction est reproduite par le législateur moderne. En effet, aux termes de l'article 113 du Code de 1881, tout individu qui prétend être d'une caste autre que la sienne est passible d'une amende de 10 bœufs et 50 francs (1). Nous verrons qu'il était également interdit dans certaines castes, à peine de décastation et d'être réduit en esclavage, de se mésallier. Le code de 1881, dans un but politique, pour empêcher l'accroissement de certaines castes, dont la puissance portait ombrage au pouvoir central, a même étendu la rigueur de ces prescriptions (art. 29 et suivants).

Les membres de la caste habitaient sur des terres qui leur étaient propres ; il était défendu aux occupants de les vendre à un individu étranger à la communauté.

(1) Art. 51, Code de 1868 : « Quiconque prétendra être d'une caste autre que la sienne subira une année de fers. »

Art. 113, Cod. de 1881 : « Quiconque tromperait au sujet de ses ancêtres subira une amende de 10 bœufs et 50 francs ; à défaut de paiement, la contrainte par corps lui sera appliquée à raison de 1 fr. 25 par jour, jusqu'à parfait paiement ».

L'amende consistant dans le paiement de bœufs avait été probablement instituée autrefois parce que les malgaches avaient beaucoup plus de facilité de s'acquitter en bœufs, qui étaient très nombreux, qu'en argent, qui était relativement rare.

Aujourd'hui cette amende est convertie en argent à raison de 10 francs par bœuf.

§ 2. — *Nomenclature des castes.*

La population libre se divisait en deux grandes classes : les castes nobles (Andriana), les castes roturières (hova).

La classe des Andriana comprenait 3 catégories, qui se subdivisaient en 7 castes :

1re CATÉGORIE
- 1re *Caste.* — Les Zanak'andriana (membres de la famille royale).
- 2e *Caste.* — Les Zazamarolahy (enfants nombreux) descendants des rois qui avaient précédé Andriamasinavolona.
- 3e *Caste.* — Les Andriamasinavolona (descendants du roi de ce nom).

2e CATÉGORIE
- 4e *Caste.* — Les Zanatompo ou Ambohimalaza.
- 5e *Caste.* — Les Andrianamboninolona.
- 6e *Caste.* — Les Andriandranando.

3e CATÉGORIE
- 7e *Caste.* — Les Zanadralambo amin'andrianjaka (descendants du roi Ralambo).

Les trois castes de la 2e catégorie portent le nom générique d'Andrianteloray (nobles aux trois pères).

La classe des Hova se divise en 3 grandes castes :

1re *Caste.* — Les Tsimahafotsy (ceux qui n'écoutent pas les mauvais conseils. Ce nom leur avait été donné par le roi Andrianampoinimérina parce qu'ils n'avaient pas écouté les perfides conseils de ceux qui essayaient de les détourner de prêter leur concours à ce roi pour coopérer à l'unification de l'Imérina).

2e *Caste.* — Les Tsimiamboholahy (Ceux qui ne tournent pas le dos. Ce nom leur venait du courage qu'ils avaient montré pendant les guerres civiles. On choisissait les chefs de l'armée dans cette caste).

3e *Caste.* — Les Mandiavato (Ceux qui ne marchent pas sur les pierres).

Les trois castes hova portent le nom générique de Tsihibelambana.

A ces diverses castes andriana et hova, il faut ajouter une caste particulière, dont les membres n'étaient, à proprement parler ni Andriana, ni Hova, ni esclaves, la caste des Mainty-enin-dreny (litt. : les noirs des six mères).

Les Mainty avaient différentes origines. Les uns descendaient des peuples conquis par Andrianampoinimérina et Radama Ier; les autres, des Mozambiques importés d'Afrique et dont l'affranchissement avait été prononcé en 1877 par la Reine Ranavalona II ; quelques-uns provenaient des descendants des esclaves d'un roi avant son avènement au trône. Ceci demande une explication. Quand un noble était appelé à la royauté, les esclaves, qu'il possédait en tant que simple particulier, étaient affranchis de plein droit, parce que le souverain ne pouvait être servi que par des hommes libres.

Les Mainty avaient une situation à part dans le système social malgache. Lorsque Andrianampoinimerina procéda au partage des terres entre les divers Fokon'olona, il leur réserva des lots particuliers. Ils habitaient généralement sur les terrains royaux dans des villages séparés; dans certains Fokon'olona, ils étaient mêlés à la population hova, mais, ils possédaient toujours des terrains leur appartenant en propre.

Les Mainty jouissaient d'une très grande considération ; ils étaient très favorisés par les souverains qui leur accordaient toute leur confiance et les chargeaient des missions les plus délicates. Il était même d'usage de choisir dans cette caste le ministre venant immédiatement après le premier ministre.

Les Mainty enin dreny se divisent en deux catégories :

La première catégorie comprend :

1° Les Manisotra ;

2° Les Manendy anaty volo ;

3° Les Manendy anosivola.

Les Mainty de cette première catégorie étaient assimilés aux castes roturières ; en conséquence, comme les hommes libres, ils étaient soumis au recensement (fiadanana) pour la corvée et pour le service militaire, ils étaient astreints à payer l'impôt du hetra... etc...

Les Manisotra, d'après la légende, étaient les descendants de **30** esclaves affranchis par Andriamasinavolona en récompense de ce que, dans un moment critique, ils s'étaient emparés du village d'Ambohijoky, que ce roi ne pouvait parvenir à soumettre.

La deuxième catégorie comprend :

1° Les Mangarano ;

2° Les Faliary ;

3° Les Ambohipoloalina ;

4° Les Manjakaray.

Cette deuxième catégorie était connue sous le nom générique de Tsiarondahy. Elle fournissait les Tsimandoa (litt. : qui ne paie rien dans les villages), qui étaient employés à l'intérieur et en dehors du palais royal et qui remplissaient l'office de messagers entre la capitale et les provinces et d'émissaires officiels et secrets auprès des gouverneurs. Elle fournissait aussi les Tandonaka, qui étaient d'anciens esclaves affranchis, exerçant auprès du souverain les fonctions de domestique, cuisinier, pileur de riz..., etc. Ils étaient très honorés ; quelques-uns avaient le grade d'officier du palais.

Les membres de cette deuxième catégorie étaient, en quelque sorte, des serfs royaux, bien qu'ils ne fissent pas partie des esclaves proprement dits. D'une façon générale, ils étaient affectés au service du souverain. A ce titre, ils n'étaient pas considérés comme hommes libres ; par conséquent, ils n'étaient pas astreints au recensement pour la corvée et le service militaire et ne payaient pas l'impôt du hétra.

Les diverses castes andriana et hova que nous venons d'énumérer se partageaient chacune en une multitude de subdivisions de castes qu'il serait trop long et inutile d'énumérer. Nous citerons seulement celles qui possédaient des privilèges, des honneurs ou des charges particuliers.

§ 3. — *Privilèges accordés aux castes Andriana et à certaines castes roturières.*

Les castes andriana avaient en partage un certain nombre de privilèges :

1º Elles n'étaient pas astreinte à la corvée ;

2º Elles n'étaient pas soumises à l'impôt du hétra.

Toutefois, la dernière caste andriana, les Zanadralambo, était astreinte à la corvée comme les castes hova.

3º Lorsqu'un Andriana était condamné pour un crime ou délit, la chaîne en fer, qui retenait le prisonnier, était remplacée par une corde en soie ;

4º L'Andriana condamné à mort n'avait pas la tête tranchée, comme les roturiers, mais était pendu avec une corde en soie ;

5º D'après la loi successorale malgache, comme nous le verrons dans la suite, les biens d'une personne décédée sans postérité directe ou sans avoir fait de testament étaient appréhendés par l'Etat. Les castes andriana étaient, suivant l'expression malgache « tsy ani maty nomba (litt. : ceux dont les biens ne sont pas confisqués) ». En vertu de ce privilège, leur hérédité était dévolue à leurs parents, suivant les règles établies.

Toutefois, dans la dernière caste de la noblesse, seules

les subdivisions des Zanadralambo'Amin'Andriajaka, des Zanadralambo descendants de Rambavy (Sisaony) et les Zanadralambo d'Ambodifahitra, possédaient ce privilège.

Les autres subdivisions de castes Andriana, qui étaient considérées comme d'une noblesse inférieure, telles que les Zanadraondriana (Mangabe), les Zanak'andriamitondra (est d'Alasora), les Andohatanjona (Andohatonjovo), les Tahiamanangoana (Ambatomanana) étaient soumises aux règles successorales des castes hova.

6° Les trois premières castes andriana : les Zanak'andriana, les Zazamarolahy et les Andriamasinavolona pouvaient seules, à l'exclusion de toutes les autres, posséder des Vodivona, sorte de fiefs dont nous étudierons la constitution au titre de la propriété.

Les castes roturières étaient soumises au régime de droit commun. Toutefois, quelques-uns des privilèges concédés aux Andriana avaient été conférés à certaines subdivisions de castes hova en récompense de services rendus au souverain soit par l'ancêtre fondateur, soit par les membres eux-mêmes.

1° On peut citer les subdivisions de castes suivantes qui avaient le privilège : « tsy ani maty nomba (ceux dont les biens ne sont pas confisqués) » :

1° Les Antairoka ;

2° Les Trimofoloalina ;

3° Les Anosibe ;

4° Les Ambohitrinimanga ;

5° Les descendants des douze chefs, qui par leur courage, leur fidélité, les services rendus avaient puissamment contribué à la victoire d'Andrianapoinimérina lorsqu'il entreprit de réaliser l'unité politique de l'Imérina. Ces chefs se nommaient : Rabefiraisana, Andriambolaina, Rabefanonta, Andriambaka, Ralofika, Andriantsandra, Rabevanga, Rabetsihana, Tsingala, Andrianjorokely, Andriamiandranandrana. La plupart de leurs descendants habitent encore à Ambohimanga ;

6º Les Zanaminovola, descendants d'Andriantsilavo (famille de l'ancien premier ministre Rainilaiarivony) ;

7º Les Ambohimanambolo. Ce privilège leur avait été conféré parce que autrefois ils avaient la garde de l'idole Kelimalaza (litt. : petit célèbre).

Le même privilège était accordé à une subdivision de la caste des Mainty enin dreny (issus de six mères), qui portait le nom de « Mainty telo reny » (litt. : issus de trois mères) ; les membres de cette subdivision habitaient les villages de Faliary, Manjakaray, Mangarano et Ambohipoloalina.

2º Les Trimofoloalina étaient, suivant l'expression malgache « tsy maty manota » (litt. : qu'on ne met pas à mort pour un crime). En cas de condamnation à mort, ils étaient exempts de la peine capitale. Cette immunité leur avait été accordée parce que Trimofoloalina, l'ancêtre fondateur, s'était volontairement offert, dans une circonstance grave, pour être immolé en sacrifice ;

3º Les Antairoka et les Ambohitrimanga avaient, comme les castes andriana, le privilège de ne pas être enchaînés dans le cas de conviction d'un crime ou d'un délit ; ils étaient seulement attachés avec une corde. Cette faveur leur avait été accordée à cause des services rendus pendant les guerres civiles.

4º Les Ambodifahitra avaient été anoblis par Radama Iᵉʳ en récompense d'un cadeau de poudre fait à ce roi.

§ 4. — *Particularités relatives à certaines castes ou subdivisions de castes.*

1º Les Taimanangoana (subdivision de la caste roturière des Tsimahafotsy) avaient été dégradés par suite

des crimes commis par un ancêtre et condamnés à bala-
yer perpétuellement la cour de la demeure royale ; ils
devaient également veiller à la propreté des tombeaux
royaux.

2⁰ Les Zana-dahy (subdivision de caste roturière)
étaient exclusivement consacrés au service de la Reine ;
ils étaient tenus d'apporter le bois pour la cuisine et la
viande pour la Fandroana…, etc.…

3⁰ La dernière caste de la noblesse, les Zanadralambo,
avait la charge de fournir au souverain les Angadimon-
dry (bêches usées), destinées à fondre des balles et à fabriquer des armes. Ils étaient également tenus de
procéder à l'inhumation des rois et de veiller à l'entretien de leurs tombeaux.

CHAPITRE IV

LES ESCLAVES (ANDEVO)

La question de l'esclavage a perdu, aujourd'hui, l'importance qu'elle avait autrefois. On sait, en effet, que
l'esclavage a été aboli à Madagascar, peu après l'occupation Française, par arrêté de M. le Résident Général
Laroche, en date du 26 septembre 1896. L'étude de cette
institution ne semble donc présenter qu'un intérêt purement historique. Néanmoins, nous pensons qu'il convient d'en faire connaître les grandes lignes ; car, l'esclavage était si intimement lié à l'état social, qu'il nous

paraîtrait impossible de bien pénétrer les mœurs et les usages si nous ne savions pas quels étaient le rôle et la condition de l'esclave dans la société malgache. D'autre part, la majeure partie de la fortune mobilière consistant en esclaves, longtemps encore, pour les contrats, pour les successions, pour les donations et testaments, intervenus avant notre occupation, nous les verrons apparaître dans les contestations judiciaires.

§ 1. — *Source de l'esclavage.*

Les esclaves provenaient de sources différentes. On peut distinguer :

1º Les esclaves provenant d'une guerre ou d'une conquête ;

2º Les esclaves pour dettes ;

3º Les esclaves à la suite d'une condamnation criminelle ou politique ;

4º Les esclaves importés de l'étranger et achetés.

I. *Esclaves provenants d'une guerre ou d'une conquête.* — Nous avons vu que l'histoire des Hova jusqu'à Ranavalona 1ère n'avait été qu'une longue guerre, soit pour s'implanter définitivement dans l'Imérina et constituer l'unité politique, soit pour conquérir les Etats voisins et étendre le royaume jusqu'à la mer. Les procédés de combat des Hova étaient ceux de tous les peuples primitifs. Victorieux, ils massacraient tous les hommes réputés dangereux et réduisaient les autres en esclavage ainsi que les femmes et les enfants. Comme les Hova avaient fini par vaincre à peu près tous leurs adversaires, il s'ensuivait qu'à un moment donné les esclaves formaient presque la moitié de la population de l'Imérina.

II. *Esclaves pour dettes.* — Quand un débiteur quelconque se trouvait dans l'impossibilité de faire honneur

à ses engagements, le créancier obtenait condamnation
devant les tribunaux. Le jugement était d'abord exécuté
sur les biens, et lorsque ceux-ci ne pouvaient suffire à
l'extinction de la dette, le débiteur était réduit en esclavage au profit du créancier. Ce dernier avait le droit de
le faire travailler à raison de 10 centimes environ par
jour (eranambatra isan'andro), jusqu'à parfait paiement
en capital et intérêts ; mais comme les intérêts qui,
avant la promulgation du Code de 1881, atteignaient
des taux fantastiques, quelquefois 300 0/0 l'an, allaient
toujours s'accumulant, jamais le débiteur ne parvenait
à se libérer, et c'était, en fait, l'esclavage perpétuel.
D'autre fois, le débiteur, à la suite de la condamnation judiciaire, était vendu aux enchères publiques, et
la somme provenant de l'adjudication était affectée au
paiement de la créance ; et même, si elle était insuffisante
pour éteindre la dette, la femme et les enfants du débiteur étaient également vendus comme esclaves pour
parfaire le manquant.

Dans la catégorie des esclaves pour dette, on peut
ranger les individus qui, à la suite d'une presssante nécessité, par exemple, pour se procurer de l'argent, ou
pour réparer un dommage causé à autrui, ou pour éviter
des poursuites judiciaires, consentaient à être réduits en
esclavage au profit du prêteur ou de la personne lésée ;
en quelque sorte, ils se donnaient en gage de la somme
avancée ou du préjudice occasionné.

Cette sorte d'esclavage pouvait affecter toutes les formes, suivant les conventions des parties. Ainsi, quelquefois, le débiteur n'aliénait sa liberté que pour la moitié du temps seulement ; il était libre, par exemple, un
jour, une semaine, un mois sur deux. Cet usage était
connu sous le nom de very ila (litt. dont la moitié est
perdue).

La personne réduite en esclavage, soit à la suite d'une

condamnation judiciaire pour dettes, soit par suite de son propre consentement, avait toujours la faculté de rachat ; il lui suffisait de rembourser la créance, ou d'indemniser le maître pour le préjudice causé.

Les esclaves pour dettes étaient presque tous d'origine andriana ou hova ; ils portaient le nom de zazahova ou zazavery (enfants perdus). Par le fait de la perte de leur liberté, ils perdaient leur place dans la caste à laquelle ils appartenaient ; mais si, par suite d'un rachat, ils cessaient d'être esclave, ils recouvraient tous leurs droits antérieurs.

L'esclavage pour dettes, si contraire à nos idées modernes, avait disparu bien avant l'occupation française. Sous l'influence de quelques conseillers européens, le législateur de 1868 proclame, dans l'article 59, « que les personnes libres ne peuvent plus à l'avenir être réduites en esclavage ». L'article 107 du code de 1881, reprenant cette disposition, déclare d'une façon plus concise, que « désormais les hommes libres ne pourront plus être réduits en esclavage ».

III. *Esclaves à la suite d'une condamnation judiciaire ou politique.* — Autrefois, jusqu'à la promulgation du Code de 1868, de nombreuses condamnation entraînaient l'esclavage, en quelque sorte, comme peine accessoire. Ainsi la femme et les enfants d'un individu convaincu de sorcellerie ou condamné pour complot et rébellion contre le gouvernement étaient vendus comme esclaves ; il en était de même dans le cas ou une personne était condamnée à mort pour vol. Dans un kabary, Andrianampoinimerina édicte que le Menakely qui aura abandonné le hetra sera réduit en esclavage... etc.

La femme et les enfants privés ainsi de la liberté étaient exposés publiquement à Avaradróva ou dans tout autre endroit public ; on faisait l'estimation de leur valeur ; la famille avait un droit de préemption et pouvait, en payant

la somme, reprendre ses parents. A défaut, la femme et
les enfants devenaient esclaves de celui qui acquittait le
prix de l'estimation. Si aucun acheteur ne se présentait
ils devenaient serfs du souverain et rentraient dans la
catégorie des Tandonaka.

Cette sorte d'esclavage avait également disparu de
bonne-heure par suite des dispositions des articles 50 du
code de 1868 et 107 du code de 1881, que nous venons
de citer, qui défendent de réduire en esclavage une
personne libre.

IV. *Esclaves importés de l'étranger et achetés.* —
Avant la promulgation du code de 1868, la traite des
esclaves (jirika andevo) était autorisée. Il était permis
d'amener des esclaves de pays étrangers ou des provinces de Madagascar pour les vendre dans l'Imérina.
Ce trafic était même très florissant et donnait lieu, comme
on compred, à toutes sortes d'abus et de vexations. Le
législateur de 1868 et 1881, désireux de mettre les lois
malgaches en harmonie avec la civilisation moderne, a
fait disparaître cette énormité sociale. Après avoir pro-
clamé que désormais les hommes libres ne peuvent plus
être réduits en esclavage, il défend (articles 9 du code
de 1868 et 8 du code de 1881) « d'introduire dans le
royaume pour les vendre comme esclaves des noirs de
Mozambique ou d'autres pays étrangers, ou d'exporter
des esclaves, pour les vendre dans les pays étrangers ».
Aux termes des articles 26 du code de 1868, 40 et 41 du
code de 1881, les esclaves de l'Emyrne ne peuvent plus
être conduits au delà des frontières pour être vendus.
Exception est faite, toutefois, pour les esclaves, qui au
moment de la promulgation de la nouvelle loi, résidaient
en dehors de l'Imérina ; ils peuvent faire l'objet d'une
vente, sous la condition de faire enregistrer l'acte sur
les livres du gouvernement (article 42 — code de 1881).

En vertu de ces dispositions, la traite et le commerce

des esclaves étaient désormais interdits. L'article 45 du Code de 1881 défend même l'exposition au marché. Mais l'esclavage n'était pas aboli.

Le Malgache conservait le droit d'avoir des esclaves et de les vendre pour ses besoins personnels ; tout acheteur d'esclave était tenu de les garder chez lui pour les occuper à des travaux personnels (art. 46, code de 1881). Il ne pouvait plus en faire le commerce.

C'était sans doute un progrès et un acheminement vers la suppression complète de l'esclavage.

Toutefois, remarquons que si la traite était supprimée en droit, en fait, elle avait continué à s'exercer ; il eût été impossible, en effet, de déterminer si un individu achetait ou vendait un esclave pour ses besoins personnels ou dans un but de spéculation ; l'exposition au marché des esclaves existait même encore après la prise de Tananarive par nos soldats.

§ 2. — *Condition sociale, juridique et politique de l'esclave.*

A Madagascar, l'esclavage avait un caractère particulier qui le différenciait très sensiblement de l'esclavage africain. Comme chez les peuples anciens, c'était une sorte de servage domestique.

L'esclave faisait, en quelque sorte, partie de la famille, il avait sa place marquée au sud du foyer (atsimom-patana) ; il assistait à toutes les cérémonies et à toutes les solennités familiales. Le maître le traitait avec une extrême douceur ; pour être bien servi, dit le proverbe malgache, il faut avoir des égards pour les serviteurs : ny andevo tompoi manompo. La langue malgache abonde en expressions qui indiquent nettement le rôle de l'esclave dans la famille. Ainsi l'andevon-drazana était l'esclave dont la famille servait ou avait servi celle du maître, de génération en génération; l'andevo ompikely désignait l'esclave né et nourri dans la famille, etc...

Quelquefois, par sa fidélité, par les services rendus, l'esclave gagnait la pleine confiance du maître ; il devenait alors une sorte d'intendant ou d'aide de camp portant le nom d'Andevo am-patana et était chargé de veiller sur les intérêts de la famille.

Souvent, on voyait les enfants, orphelins de père et de mère, confiés par le Gouvernement à des esclaves, depuis longtemps dans la maison, de préférence aux proches parents ; ils étaient chargés de veiller sur leur personne et sur leurs biens ; ils exerçaient, en un mot, une sorte de tutelle.

Dans des cas assez nombreux, le maître, par testament, affectait des esclaves de confiance à la garde du tombeau familial, des maisons ou des biens ruraux qu'il frappait d'inaliénabilité (Ko-drazana). Ces esclaves étaient connus sous le nom de valala fiandry fatana (litt. sauterelles gardiennes des tombeaux) (1).

Si le maître était désigné pour aller remplir un emploi dans les provinces, au-delà des frontières de l'Imérina. souvent il prenait une esclave (anganga) pour concubine ; l'affranchissement, surtout lorsque des enfants étaient nés, était le dénouement de cette union passagère.

L'esclave avait le droit de vivre en dehors de la fa-

(1) Nous citons, à titre de document, la clause ci-après d'un testament, qui a été porté devant les tribunaux, instituant des valala fiandry fatana ; « J'institue les esclaves R.... R.... A.... J.... K.... « comme gardiens de mon tombeau ; ils auront soin de veiller sur « mon tombeau, ils seront comme l'oiseau blanc qui n'abandonne « jamais le troupeau de bœufs....

« C'est pourquoi ces 5 esclaves seront tenus d'habiter Ambodo- « fahitra ; s'ils continuent à habiter l'endroit que je leur désigne, « ils pourront, dans le cas où mes héritiers voudraient les vendre, « leur intenter procès devant les tribunaux ».

mille du maître ; il pouvait posséder une maison et un champ, mais il devait toujours une partie de son temps pour les travaux de son propriétaire.

S'il exerçait un métier, il était tenu de lui donner une part de ses bénéfices. Souvent aussi, le maître l'autorisait à contracter un louage de services chez un particulier sous la condition de lui verser une partie déterminée de son gain.

On voyait très fréquemment le maître abandonner à l'esclave un morceau de terrain sur son domaine, moyennant une redevance sur les produits. C'était une sorte de colon partiaire.

En résumé, toutes les conventions étaient autorisées entre le maître et l'esclave, et il faut bien remarquer que le propriétaire s'attachait en général à rendre la condition matérielle de son serf aussi douce que possible. Le mobile en était certainement dans le caractère naturellement doux du Malgache, mais aussi dans la crainte de voir l'esclave prendre la fuite, ce qui arrivait souvent : on citait certains villages entièrement peuplés d'esclaves fugitifs.

L'esclavage était une des formes de la propriété ; il constituait la véritable richesse mobilière du pays. Les esclaves remplaçaient l'argent monnayé qui était assez rare et les valeurs mobilières qui étaient pour ainsi dire inconnues. On les subdivisaient comme une pièce de monnaie. Il était assez fréquent de voir un esclave appartenir à plusieurs maîtres différents, chacun pour une fraction déterminée. Un propriétaire avait-il besoin de fonds immédiats, il vendait la moitié, un ou plusieurs esclaves suivant ses besoins ; au contraire, il en achetait s'il avait un placement à faire. Disons, cependant, que les Malgaches attachaient un certain amour-propre à conserver leurs serviteurs ; les ventes étaient relativement rares.

Non seulement les esclaves représentaient un capital considérable, qu'on peut évaluer à une cinquantaine de millions, mais encore ils étaient du plus précieux secours pour l'agriculture. Le Malgache, en général, ne cultivait la terre qu'à l'aide des esclaves. Pour toutes ces considérations, il était de la dernière nécessité de sauvegarder les droits des propriétaires. Aussi, dans ce but, les différents législateurs édictent les plus sévères prescriptions. Il nous suffira de les énumérer succinctement :

1º Tout esclave qui se prétend homme libre, alors qu'il n'est pas encore affranchi est passible de 3 ans de fers (art. 37, code de 1868). Le code de 1881 supprime la peine, mais dispose que l'esclave sera restitué à son propriétaire (article 115).

2º Quiconque rend la liberté à un esclave détenu sans autorisation de la Reine ou du propriétaire est passible de 3 ans de fers, et même, après l'expiration de ce délai, il est maintenu en prison jusqu'à ce que l'esclave soit retrouvé (art. 40, c. 1881).

3º Quiconque cache un esclave pendant plus d'une semaine est mis au fers pendant une période égale au temps pendant lequel l'esclave a été dissimulé (art. 98, C. 1868). L'article 43 du Code de 1881 modifie la pénalité : le délinquant est condamné à payer 1 fr. 25 c. par esclave et par jour, avec contrainte par corps à raison de 0 fr. 60 c. par jour.

4º Quiconque détourne les esclaves d'un particulier est tenu de payer 100 francs par esclave détourné et de les restituer au propriétaire. Si un des esclaves vient à décéder, il est tenu d'en rembourser la valeur ; à défaut de remboursement, il est mis aux fers jusqu'à parfait paiement (art. 96. — C. 1868).

5º Quiconque conduit ou envoie un esclave au-delà des frontières de l'Emyrne, sans autorisation du propriétaire, doit payer à ce dernier une somme de 12 fr. 50 par mois et par esclave. En cas de décès, il est tenu de rembourser une somme de 100 francs par esclave. A défaut de paiement, il est contraint par corps à raison de 0 fr. 60 par jour (art. 44. — C. 1881).

6⁰ Toute vente ou achat d'esclave doit être enregistré sur les livres du Gouvernement, à peine de nullité de la transaction (art. 47, C. 1881).

Il résulte de tout ce qui précède que l'esclave était la propriété absolue du maître ; il était sa chose. Le maître pouvait le vendre, l'échanger, le donner en gage. Juridiquement, il n'avait pas la jouissance des droits civils reconnus aux hommes libres ; leurs naissance et décès n'étaient pas inscrits sur les registres de l'état civil. Il ne pouvait pas se marier légitimement ; son union était considérée comme un concubinage. Leurs enfants naissaient esclaves et appartenaient au maître. Ce dernier pouvait séparer le mari de la femme, l'enfant de sa mère et les vendre à des propriétaires différents. Remarquons. toutefois, que, sous l'influence des idées européennes, le législateur moderne a modifié en partie ce pouvoir barbare. L'article 62 du règlement des Sakaizambohitra (1878) dispose, en effet, « qu'en cas de vente d'esclaves, il est défendu de séparer l'enfant en bas-âge de sa mère, et que celui qui enfreindrait cette disposition perdrait le prix d'achat, parce que c'est un acte inhumain ».

L'esclave ne pouvait pas être propriétaire. Un Kabary d'Andrianampoinimérina défend de lui vendre la terre. Mais cette prescription était tombée vite en désuétude par impossibilité d'application. Dans la pratique, ils pouvaient posséder des immeubles et même les transmettre à leurs enfants. Mais ce n'était qu'une pure tolérance de fait, non sanctionnée par la loi, et il arrivait parfois que le maître excipait de son droit et, à la mort de l'esclave, s'emparait de toute l'hérédité.

L'esclave ne pouvait pas contracter. L'article 248 du Code de 1881 dispose que les ventes ou prêts faits à un esclave, hors de la présence du maître, sont sans valeur et ne peuvent donner lieu à aucune réclamation. Mais le maître, par sa présence qui était constatée dans l'acte, pouvait habiliter l'incapable. De cette façon, l'esclave pouvait acheter ou vendre un immeuble, l'échanger, contracter un emprunt ; il avait même la faculté de posséder des esclaves (andevon'andevo, esclave d'esclave) ; le cas se présentait, si singulier qu'il paraisse.

L'esclave n'avait pas le droit d'ester en justice. S'il avait à intenter une action, le maître postulait en son lieu et place ; si une demande était dirigée contre lui, le maître également le représentait. En matière criminelle, le droit de dénonciation ni contre son maître, ni contre les tiers, ne lui était pas reconnu. Son témoignage n'était pas admis en justice. Néanmoins, il répondait personnellement des faits délictueux qu'il avait commis.

Toutefois, le législateur lui reconnaissait la faculté d'aller à l'école, de s'instruire. Ce droit a été consacré par l'article 279 du code de 1881 qui est ainsi conçu : « Les esclaves qui voudront fréquenter les écoles pourront y être reçus ; mais s'ils sont réclamés par leur maître, ils ne peuvent y être retenus ».

Comme corollaire, les esclaves n'étaient pas astreints aux devoirs et aux obligations auxquelles les hommes libres étaient tenus. Ainsi, ils n'étaient pas soumis au recensement, au service militaire, à la corvée, à l'impôt du hetra...

§ 3. — De l'affranchissement.

I. *Formes de l'affranchissement.* — Avant la promulgation du règlement des Sakaizambohitra (1878), l'affranchissement, comme tous les actes de la vie privée, était une cérémonie patriarcale. Le maître, assisté de la famille, affranchissait l'esclave en présence du Fokon'olona. On immolait solennellement un bœuf, dont la chair était distribuée d'après les usages consacrés, au Tompo-mena-kely, au souverain et aux Fokon'olona, qui étaient considérés comme les témoins de l'acte. Ensuite, on apportait devant l'esclave une cuve remplie d'eau ; celui-ci y déposait une pièce d'argent. Le maître adressait à l'esclave ses souhaits de bonheur et de prospérité ; l'esclave se lavait avec cette eau, et dès ce moment, il était libre. Cette coutume portait le nom de mandro ranom-bola (litt. se baigner dans l'eau d'argent).

Avec le règlement des Sakaizambohitra, nous voyons le pouvoir central intervenir dans les actes d'affranchissement. « L'affranchissement d'un esclave, dit l'article 73 de ce règlement, n'est valable qu'après l'enregistrement sur votre registre (des Sakaizambohitra), et s'il a été fait devant le Fokon'olona, la famille et le propriétaire de l'esclave ». L'article 49 du code de 1881 reprend la même disposition (1).

Un tiers pouvait faire opposition à l'affranchissement. Dans ce cas, les tribunaux étaient chargés de statuer sur les mérites de l'opposition, de la déclarer fondée ou d'en donner main-levée. (Article 5 des ordres aux Gouverneurs de l'Imérina).

II. *Conditions et effets de l'affranchissement.* — L'affranchissement était d'ordinaire un contrat entre le maître et l'esclave ou la famille de l'esclave. Ce dernier consentait de payer, pour prix de sa libération, une

(1) Art. 49, C. 1881 : « Quand un maître affranchit un esclave ou qu'un esclave se rachète ou est racheté par ses parents, la dé-déclaration doit être faite pour être enregistrée sur les livres du Gouvernement. Cet enregistrement donne lieu à un droit de 0,60 payable par le libérateur et le libéré ».

somme ou une valeur déterminée, qui était acceptée par
le maître. Le paiement, suivant les conventions, pouvait
être effectué au comptant, à terme, ou par versements
successifs. Ce dernier mode était même employé de préférence, parce que le contractant restant esclave tant
que le prix n'avait pas été soldé intégralement, il s'ensuivait que, tout en ayant en fait la liberté, il restait
esclave en droit, et comme tel, il était exonéré des
diverses charges incombant aux hommes libres.

Le maître ne pouvait être contraint de consentir à
l'affranchissement, sauf, cependant, dans le cas où l'esclavage résultait d'une condamnation judiciaire pour
dette ; par le fait du paiement de la somme due et de ses
accessoires, l'esclave recouvrait la liberté de droit.

Quelqufois, l'affranchissement était un acte de pure
libéralité. Le maître donnait la liberté à un esclave qui
l'avait fidèlement servi, qui s'était dévoué pour lui en
lui sauvant la vie, en le retirant d'un grand danger, etc... ;
ou bien encore il affranchissait les enfants d'un esclave
auxquels il s'était attaché ; il arrivait même qu'en l'absence de postérité, il les adoptât et les fit ses héritiers.
Cette forme d'affranchissement se présentait fréquemment sous forme de disposition testamentaire.

L'affranchissement pouvait avoir lieu sous condition.
Ainsi la libération d'un esclave sous la condition d'adoption du maître ou de son fils se voyait souvent. Le fait
se produisait surtout lorsque l'esclave possédait une
certaine fortune ; le maître, par suite de l'adoption, héri-
tait de tout ou partie des biens. L'article 47 du code
de 1881 sanctionne cette ancienne coutume. Il dispose
que l'esclave affranchi, qui adopte son maître ou le fils
de son maître, ne peut pas rejeter la personne adoptée,
à moins que cette dernière ne se conforme pas aux conditions de l'adoption. Nous verrons plus loin que le Malgache avait le droit de rejeter ses enfants légitimes

ou adoptifs. Notre article a pour but de mettre fin à une fraude qui était devenue coutumière. L'esclave, pour se faire libérer à bon compte, consentait à adopter son maître ou un parent ; l'affranchissement devenu définitif, il le rejetait purement et simplement.

Le maître pouvait encore ne consentir à l'affranchissement que sous la condition que l'esclave continuerait à habiter le même village. C'était une manière de le retenir pour les travaux agricoles. Dans ce cas, le Gouverneur du lieu qui avait reçu l'acte de libération était tenu d'informer le Fokon'olona du village, si l'affranchi était de caste hova, ou le chef de la caste des Mainty, s'il appartenait à la caste noire (art. 51. Ordres aux Gouverneurs de l'Imérina).

Pour éviter de grossir le nombre des gens sans aveu, l'article 52 du même règlement invitait le Gouverneur du lieu de l'inscription à prévenir le Fokon'olona du village où devait habiter le nouvel affranchi (1).

Par le fait de l'affranchissement, l'esclave redevient homme libre avec toutes les prérogatives reconnues par

_____

(1) Art. 51. — Ordres aux gouverneurs de l'Imérina : « Lorsque un esclave a été affranchi sous la condition qu'il habiterait toujours au même village, si le libéré est de la caste hova, vous aurez à prévenir le Fokon'olona de son domicile ; s'il appartient à la caste noire, vous informerez le chef de cette caste. Vous adresserez une lettre ainsi conçue : R... esclave de B..., a été libéré ; toutefois suivant la condition posée par son maître, il ne quittera pas le village de..... Nous vous en informons.... Signé : le Gouverneur en chef et les Gouverneurs... »

Art. 52. — Ordres aux Gouverneurs de l'Imérina : « Si un esclave affranchi désire rentrer dans sa famille, vous adresserez au Gouverneur de l'endroit où il veut aller une lettre ainsi libellée : Voici ce que nous avons à vous dire : B... esclave de N... a été affranchi ; il déclare qu'il veut habiter A..., village se trouvant dans votre circonscription ; prévenez le Fokon'olona, dont il va devenir membre...

Signés : X... Z..., gouverneur et ses auxiliaires.

Si vous contrevenez à ces prescriptions, vous serez passibles d'une amende de 3 bœufs et 15 francs ».

les lois ou usages aux individus de cette condition. Ils ont la jouissance des droits civils, ils peuvent ester et témoigner en justice, valablement contracter, recevoir une succession, faire une donation ou un testament, etc. Par contre, ils sont désormais soumis à toutes les charges des hommes libres, service militaire, corvée, impôt du hétra, etc.

Les affranchis de caste andriana ou hova reprennent leur place dans la caste originaire ; mais les étrangers, c'est-à-dire ceux qui n'appartenaient ni à la caste noble, ni à la caste roturière, n'acquéraient pas, par le fait de l'affranchissement, le droit de cité ; ils n'étaient affranchis que partiellement ; on les classait dans la caste des Mainty et étaient affectés au service du souverain.

§ 4. — *Mesures prises après l'abolition de l'esclavage.*

Nous avons dit que l'esclavage avait été aboli à Madagascar par arrêté du 27 septembre 1896. Il y avait à craindre que cette mesure radicale, prise sans ménagement et sans transition, n'amenât des troubles et des difficultés, ainsi que cela avait eu lieu aux Antilles et à la Guyanne lorsque le décret du 27 avril 1848 supprima l'esclavage.

Pour parer à ces dangers possibles, l'administration française, prenant pour base l'ancienne organisation hova, fit classer les affranchis en groupes de mille, cinq cents et cent ; à la tête de chaque groupe, fut placé un chef responsable de même origine.

D'autre part, on fit effort pour les retenir sur les propriétés agricoles, au moyen de contrats de travaux, passés entre le maître et les affranchis.

L'état-civil, qui n'existait pas pour les esclaves, fut organisé par l'arrêté du 5 octobre 1896. L'inscription rétroactive des mariages et des naissances fut autorisée.

D'autres mesures très judicieuses furent prises dans le même but de sorte que la transition s'est opérée sans trop de secousses, et que la crise politique et économique qu'on pouvait redouter fut évitée.

CHAPITRE V

LE FOKON'OLONA

Nous avons montré que, selon toute apparence, la famille, chez les Hova, avait constitué la première unité sociale. Nous l'avons vue isolée. se suffisant à elle-même, formant une sorte de petit gouvernement avec ses coutumes, ses lois et sa religion ; ensuite par la force des choses, par le fait de son développement normal, la famille s'est ramifiée en une multitude d'autres familles, d'où est née la caste, qui, elle aussi, pendant longtemps, a formé un petit Etat avec son chef et ses lois. Des villages se formèrent soit naturellement, soit sur les ordres du souverain qui assigna aux diverses castes une part déterminée de terrains pour y bâtir et planter. Dans les villages, il devint nécessaire de régler les rapports des habitants entre eux, de créer une autorité qui fit respecter les coutumes anciennes. C'est là. pensons-nous, l'origine de cette institution, qui domine tout le droit privé malgache, et qui porte le nom de Fokon'olona.

§ 1. — *Définition du Fokon'lona.*

Andrianampoinimérina, le grand organisateur malgache, suivant, d'ailleurs, les grandes lignes de l'ancienne organisation, partagea l'Imérina en 6 tribus ; chaque tribu se divisait en un grand nombre de subdivisions. La tribu et ses subdivisions renfermaient une multitude de villages plus ou moins importants. Chaque village formait un Fokon'olona. Dans ce premier sens, le mot Fokon'olona désigne donc le village lui-même, le corps du village, la commune pourrait-on dire. Ainsi, on dira, par exemple, d'un individu qu'il habite le Fokon'olona de Fiadana. Dans un autre sens, le mot Fokon'olona est employé pour désigner chaque membre du village pris isolément, sans distinction d'âge ni de sexe. Nous verrons, par exemple, que pour la validité de certains actes, il faut la présence de 2 ou plusieurs Fokon'olona.

Le Fokon'olona est, avant tout, une organisation municipale. S'il était permis de comparer notre commune française avec cette institution et établir la différence, on pourrait dire que si chez nous, tous les habitants nomment un conseil municipal, auquel ils délèguent le pouvoir d'administrer la collectivité, chez les Malgaches, au contraire, tous les membres du Fokon'olona participent au même titre à l'administration, sous la direction d'un chef qui porte le nom de chef de village ou mpiadidy. Aucun n'a le droit de se désintéresser de la vie publique et tous sont responsables.

On peut dire encore que le Fokon'olona était une sorte d'association entre les divers membres d'un village. Chaque Fokon'olona, pris dans son individualité,

s'engageait à observer les us et coutumes religieusement conservés dans le village depuis un temps immémorial ; en retour, il jouissait de tous les droits et prérogatives accordés à chaque membre du groupe. Si un
Fokon'olona manquait à ses engagements, il pouvait
être expulsé de la collectivité. Situation terrible pour
les délinquants, surtout autrefois, car pour presque tous
les actes de la vie privée, adoption, rejet d'enfant, testament, etc., la présence du Fokon'olona était indispensable pour la validité de l'acte ; d'autre part, la vie
devenait impossible pour lui, car l'assistance mutuelle
qui était absolument nécessaire pour la construction du
tombeau, pour l'inhumation des morts, pour l'édification d'une maison, pour la culture des rizières et des
champs, lui était désormais refusée !

Après le règne d'Andrianampoinimérina, quand
l'écriture commença à être répandue, certains Fokon'o-
lona rédigèrent et codifièrent les conventions qui liaient
les membres du groupe entre eux, sous la dénomination
de « Fanekem pokon'olona ».

Ces conventions étaient une réunion de règlements
d'administration locale, délibérés et adoptés par tout le
Fokon'olona réuni. Ils avaient force de loi. Tous les
Fanekem pokon'olona contenaient à peu près les
mêmes dispositions, plus ou moins étendues suivant les
besoins et suivant les localités. En général, ils reproduisent les ordonnances, publiées verbalement par Andrianampoinimérina, relatives à la culture, aux travaux
des rizières, à l'édification des tombeaux, aux funérailles ; ils règlementent aussi l'assistance des indigents, vieillards, orphelins ; l'assistance par le travail
des malheureux encore valides, l'assistance judiciaire
etc.... L'inobservation du règlement était sanctionnée
par une amende et quelquefois par une légère peine de
prison.

Le premier ministre, Rainilaiarivony, avait beaucoup encouragé le développement de ces conventions,
dont l'utilité, d'ailleurs, n'est pas contestable. Avec
beaucoup d'habileté, il sut se servir d'un instrument
aussi commode pour faire respecter l'autorité du pouvoir central et obtenir une ponctuelle obéissance aux
ordres qu'il donnait. Après l'occupation, l'administration française s'est fort gardée d'y toucher, et une circulaire du général Galliéni prescrit l'observation des
règlements édictés par les Fanekem pokon'olona (*Journal officiel* du 6 mai 1897).

§ 2. — *Rôle municipal et administratif du Fokon'olona.*

1º Le Fokon'olona est chargé de conserver et d'administrer les propriétés du village. Il lui appartient
de décider s'il y a lieu de concéder une partie des
terres en friches (tany lava volo, terres à longues
herbes) à ceux qui veulent les mettre en culture ; —
de veiller aux travaux des hétra (rizières qui paient
l'impôt) ; — de répartir les hétra entre tous les membres de la collectivité, de façon que chacun ait au
moins une rizière pour ses besoins.

Il doit empêcher que les terres du Fokon'olona, quelle
que soit leur nature, zara tany (terre partagée) (1),
sola pangadin drayaman dreny (litt. terre défrichée par
le coup de bêche des père et mère), tanin-drazana
(terre des ancêtres), hetra, ne soient ni vendues, ni

(1) La zara tany (terre partagée) consistait en un terrain concédé par le Fokon'olona à un de ses membres pour y bâtir une
maison ou y créer une culture (tanim-boly) autre que celle du riz.
— Toutes les questions concernant les terres seront, d'ailleurs,
développées au titre de la propriété.

données à des personnes étrangères au Fokon'olona. Dans l'ancien temps, cette défense était absolue. Dans le droit moderne, la rigueur de cette règle avait fléchi ; on pouvait vendre et transmettre ces terres à tous les Hova, mais sous la condition que le nouveau propriétaire fut agréé par la collectivité et vint habiter le Fokon'olona.

2° Le Fokon'olona a dans ses attributions l'exécution générale des ordres donnés par le gouvernement. D'une façon plus particulière, il doit veiller à la rentrée des impôts, à la prestation de la corvée pour un service public (fanampoana), à la levée des hommes pour le service militaire.

3° *Travaux publics*. — Les travaux d'entretien des digues, des canaux d'irrigation, des fossés étaient considérés comme des travaux d'intérêt général. On sait, en effet, que les rizières, qui sont la véritable richesse du plateau central, n'ont pu être créées que grâce à de formidables travaux d'endiguement et d'irrigation, qu'il est de la dernière importance d'entretenir constamment.

Le soin de l'entretien était dévolu, soit à la tribu entière lorsqu'il s'agissait d'une digue principale, dont bénéficiait une région entière, soit au Fokon'olona, lorsqu'il s'agissait de digues secondaires, qui ne servaient qu'à un village.

On suivait les mêmes errements pour les canaux d'irrigation. Les grands canaux, traversant plusieurs villages, étaient entretenus par les tribus; les canaux secondaires ou de dérivation étaient à la charge du Fokon'olona.

Depuis Andrianampoinimerina, les travaux d'entretien des digues et des canaux étaient considérés comme corvées de l'Etat.

4° *Travaux agricoles*. — Autrefois, les diverses tribus

qui peuplaient l'Imérina avaient peu de relations les unes avec les autres ; souvent même elles se faisaient mutuellement la guerre. Il s'ensuivait que si, pour une cause quelconque, la récolte était insuffisante dans une localité pour les besoins de la population, on ne pouvait s'approvisionner au dehors et la famine en était la conséquence.

Aussi, pour parer à ces inconvénients, le Fokon'olona était rendu responsable de la culture des terres et certains Fanekem pokon'olona édictaient des dispositions pour assurer les travaux des champs.

Ainsi, les divers membres du Fokon'olona devaient s'entr'aider pour les travaux agricoles. Dans certains Fokon'olona, on édictait des peines — une amende ou un travail forcé pendant quelques jours au bénéfice de la collectivité — contre ceux qui refusaient de travailler. Ou bien encore, on donnait le terrain non mis en culture par le détenteur, à celui qui s'engageait à le cultiver ; mais le terrain n'était concédé que pour une seule récolte (voly avotra) ; il retournait ensuite au véritable propriétaire.

5° *Assistance mutuelle pour l'édification des maisons et des tombeaux*. — Comme pour la culture, l'assistance mutuelle était prescrite aux Fokon'olona pour l'édification des maisons et des tombeaux. Nous avons donné le texte du Kabary d'Andrianampoinimérina relatif à la construction des tombeaux. En ce qui concerne l'édification des maisons, les prescription de ce même roi sont non moins formelles. « S'il s'agit de bâtir une mai- « son, dit-il, un homme seul ne peut pas en venir à « bout ; il faut que vous l'aidiez tous. L'ayant aidé à « construire sa maison, vous exigerez de lui qu'il vous « aide à construire la vôtre. S'il s'y refusait, jetez à « terre sa maison, qui est votre œuvre ».

6° Le Fokon'olona avait dans ses attributions la

police municipale et judiciaire. Il devait assurer le maintien du bon ordre, la sûreté et la salubrité publiques.

« Si le Fokon'olona, dispose l'art. 169 du Code de 1881, est témoin qu'une personne viole les lois, il doit arrêter le coupable et le remettre entre les mains des Antilys (gouverneurs). S'il ne le fait pas, il sera passible d'une amende de 5 bœufs et 25 francs ». L'art. 48 des ordres aux Gouverneurs de l'Imérina (1889) édicte également que le Fokon'olona est tenu de dénoncer les malfaiteurs, de les arrêter et de les garrotter (1).

Le Fokon'olona est encore responsable des objets volés ou perdus dans le village. Voici comment s'exprime, sur ce point, le Kabary d'Andrianampoinimerina : « Si des objets appartenant à autrui étaient volés « dans le village, dans une maison ou dans les champs,

(1) L'obligation imposée au Fokon'olona de dénoncer les malfaiteurs de profession est très ancienne. Autrefois, avant la promulgation des codes écrits, si dans le village quelqu'un vivait notoirement de vols et de rapines, le Fokon'olona faisait tous ses efforts pour le ramener dans le droit chemin. Si ces exhortations ne portaient pas leur fruit, il dénonçait le malfaiteur au souverain en demandant sa mise à mort. Le souverain acquiesçait presque toujours à la demande de Fokou'olona et ordonnait l'exécution, qui était faite sur la place du marché, en présence du peuple, auquel, pour l'exemple, on devait faire connaître les motifs de la condamnation.

A partir du règne de Ranavalona II, après la publication du code de 1881, les malfaiteurs de profession, toujours sur la dénonciation du Fokon'olona, sont poursuivis devant le tribunal d'Ambatovinaky (Tribunal criminel de Tananarive). Le Fokon'olona, remplissait, en quelque sorte, le rôle d'accusateur public.

La population redoutait extrêmement les malfaiteurs de profession, qui apportaient le trouble dans le pays. On les considérait comme un danger public. On prenait les plus minutieuses précautions pour s'en débarrasser. On les transportait toujours hors des frontières de l'Imérina, sur la côte, dans les endroits réputés les plus fiévreux. Quelquefois, on les employait aux travaux les plus durs dans les chantiers ou ateliers publics, par exemple à Antsirabe où l'on exploitait la chaux, à Mahosoa..., etc.

« j'en rends responsables, suivant le cas, le village,
« ceux qui logent dans la maison ou les habitants de la
« contrée. Ainsi, si le vol est commis dans le village,
« il y aura lieu d'opérer des perquisitions dans tous les
« logis. Toutefois, celui qui avouera le délit et resti-
« tuera l'objet soustrait avant que plainte ne me soit
« portée, ne sera pas puni. Si l'aveu et la restitution
« n'interviennent qu'après la plainte, il sera considéré
« comme coupable.

« Si on ne parvient pas à retrouver les objets sous-
« traits, je frapperai chaque maison d'une amende d'un
« bœuf et d'une piastre ; car, si l'objet volé n'est pas
« retrouvé, c'est parce vous ne voulez pas dénoncer et
« livrer le coupable. Quant au voleur, lorsqu'il aura été
« découvert et convaincu, pour n'avoir pas tenu compte
« des lois du royaume, il subira la peine de mort, ses
« biens seront confisqués, sa femme et ses enfants réduits
« en l'esclavage.

« Si un objet était volé dans une maison, tous les
« membres de la famille, grands et petits, devront procé-
« der au « miati pako » (1), Si, par ce moyen, on ne re-
« trouve pas l'objet soustrait, la valeur en sera resti-
« tuée par tous ceux qui habitent la maison » (2).

(1) Le miati-pako était un usage très souvent employé dans une
famille ou dans un Fokon'olona pour retrouver un objet volé ou
perdu. Ce moyen réussissait le plus souvent. Il consistait en ceci :
tous les habitants du Fokon'olona où de la famille confectionnaient
un paquet de paille et venaient successivement le jeter, pêle-mêle,
dans une soubique placée derrière l'endroit où l'on faisait le feu
pour la cuisson des aliments. Le voleur, d'ordinaire, enveloppait
l'objet soustrait dans son paquet, où il était retrouvé au moment
du dépouillement. Tout le monde était satisfait : l'auteur du vol,
dont la personnalité restait inconnue, et la victime qui rentrait dans
son bien.
(2) Pour les objets perdus, Andrianampoinimérina édicte les
prescriptions suivantes : « Quiconque retrouvera un objet perdu,
dit-il dans un Kabary, devra l'apporter au marché, qui doit être
considéré comme un lapa, (c'est-à-dire : comme un endroit public,

6

7º En matière judiciaire, le Fokon'olona avait l'obligation de constater si le demandeur en assistance était véritablement indigent. (art. 252. C. de 1881) (1).

8º Le Fokon'olona était chargé de l'assistance des indigents, des malades dépourvus de soins, des vieillards sans ressources, des orphelins, des aveugles sans parents, des femmes mariées ou veuves se trouvant dans une situation difficile. Le Fokon'olona réuni par les soins d'un parent, d'un ami ou de tout autre membre de l'association décide des secours à donner. (Convention des Fokon'olona de Tananarive, de Fiadana, d'Ambohitrantenaina etc.... Circulaire du Résident Général, *Journal officiel* de Madagascar du 6 mai 1897).

Certains Fokon'olona secouraient les indigents valides en leur procurant du travail (convention des Fokon'olona d'Antomby, d'Ankenikely etc. même circulaire).

9º Le Fokon'olona devait pourvoir à l'inhumation des indigents.

L'article 112 du code de 1881 reproduit les dispositions édictées dans le Kabary d'Andrianampoinimérina, que nous avons déjà cité, et décide que tout indigent décédé, qu'il soit étranger ou du pays, devra être inhumé par les soins du Fokon'olona.

10º Le Fokon'olona est responsable dans le village de tout ce qui concerne la voirie : alignements, construc-

officiel. Le lapa est le palais seigneurial ou royal, demeure officielle du roi ou du seigneur) — où des publications seront faites. Celui qui attendrait d'être dénoncé ou que l'objet perdu soit retrouvé chez lui, serait considéré comme coupable ».

(1) Article 252, C. 1881 : « Si un indigent a un procès et si le Fokou-olona de l'endroit où il habite, constate qu'il est hors d'état d'en faire les frais, le Gouvernement lui prêtera la somme nécessaire. Si le jugement lui est favorable, le gain, qui en proviendra, répondra des avances de l'Etat ; s'il perd son procès, il travaillera pour le compte du gouvernement à raison de 0 fr. 60 par jour, jusqu'à parfait paiement de la somme avancée ».

tions, rues, places publiques, jardins publics, marchés, fontaines, lavoirs publics, abattoirs, etc...

§ 3. — *Rôle judiciaire du Fokon'olona*

Après avoir réuni toute l'Imérina sous son autorité, Andrianampoinimérina porta tous ses soins à la réorganisation de la justice. Nous pensons qu'il est utile de reproduire les Kabary qu'il prononça sur cette matière :
« Je ne puis pas admettre que je sois considéré comme
« un lapa marivo (palais où tout le monde peut entrer
« comme au moulin , cette expression figurée signifie
« qu'on ne peut pas s'adresser directement au roi, mais
« qu'il faut passer par la voie hiérarchique) ; c'est pour-
« quoi j'organise plusieurs degrés de juridiction, qu'on
« devra suivre graduellement.

« 1° Si vous avez à vous reprocher d'avoir porté pré-
« judice à une autre personne, il faut commencer par
« lui témoigner vos regrets en lui disant : pardonnez-
« moi (matesa anie aho, litt. que je meure plutôt que de
« vous avoir fait de la peine). Si l'affaire peut être ainsi
« arrangée par le matesa anie aho, je serais heureux
« de cette conciliation, car alors on peut mandry tsy
« maravy, dormir sur les deux oreilles.

« 2° Les litiges devront ensuite être portés devant le
« Fokon'olona, ou devant le Tompo-Menakely quand il
« s'agit de procès entre Menakely.

« 3° Si on n'arrive pas à un arrangement par un de
« ces deux moyens, l'affaire devra être portée devant
« les Vadin tany ambony (**1**), qui devront m'en saisir,

(1) Les Vadin-tany Ambony étaient des fonctionnaires institués par Andrianampoinimerina qui servaient d'intermédiaire entre le peuple et le souverain et donnaient leur avis sur les affaires judiciaires. .

« afin que je puisse la juger conformément aux lois du
« royaume. Si après mon jugement, les parties ne sont
« pas contentes et insistent encore, on procèdera alors
« à l'administration du tanghen pour que le menteur
« soit découvert.

« Comprenez-bien, ô Ambanilanitra, que les affaires
« litigieuses doivent suivre ces trois degrés de juridic-
« tion ; quiconque voudrait passer outre serait considéré
« comme coupable. Tout juge que j'aurais nommé et
« qui agirait partialement, je le punirai de mort. »

« Si vous, Fokon'olona, vous n'arrivez pas à arranger
« une affaire, transmettez-la moi pour que jugement
« soit rendu conformément à la loi du royaume. Je me
« charge d'envoyer mes vadin-tany ambony pour con-
« voquer les parties.

« Toute affaire intéressant mes sujets : procès de
« rizière, d'héritage, de terre des ancêtres, affaires de
« mariage, d'adoption ou de rejet d'enfant sont de vo-
« tre compétence (en tant que juges conciliateurs),
« ô Fokon'olona. Ce n'est que lorsque vous ne parvien-
« drez pas à les arranger que vous m'en saisirez : moi,
« alors, je serai le riana be fanasana (cascade où on lave
« les linges sales) ; je n'admettrai pas les bavardages
« de femmes, mais je veux que les doyens du Fokon'o-
« lona viennent me trouver. »

« Pour le procès qui surgit dans un Fokon'olona,
« je donne aux 2 ou 3 maisons ou familles qui y habitent
« le pouvoir de l'arranger, et ce qu'elles auront fait sera
« considéré comme fait par moi-même. Donc, si mes
« sujets viennent vous trouver pour leur affaire,
« ô Fokon'olona, et que vous arriviez à les arranger,
« faites-moi parvenir le hasina ; quant à l'orim-bato
« vous le partagerez entre vous. Quiconque essaierait de
« revenir sur ce que vous aurez arrangé, je lui inflige-
« rai une amende de 150 francs et un taureau ».

« Les procès des affaires de peu d'importance ne doi-
« vent pas parvenir jusqu'à moi. Comme Fokon'olona,
« vous aurez à les solutionner. Faites en sorte que ces
« affaires ne puissent entraîner des frais de nature à
« compromettre la fortune de mes sujets. Le jugement
« que vous aurez rendu sera considéré comme rendu
« par moi-même.

« Si vous, Fokon'olona, vous assignez les parties à
« comparaître dans un délai, celle qui ne se présentera
« pas perdra son procès.

« En ce qui concerne les conventions faites entre
« vous, je ne veux y apporter aucune modification, car
« de même que le bœuf se laisse saisir aux cornes par
« un nœud coulant, de même l'homme l'est par les con-
« ventions.

« Donc, en ce qui concerne les infractions aux con-
« ventions acceptées par vous, je ne veux nullement les
« modifier. Toutefois, s'il s'agit d'une affaire se rappor-
« tant aux 12 grands crimes, qui ne sont pas de votre
« compétence, transmettez-la moi (1).

(1) Les 12 grands crimes d'après l'art. 1er du Code de 1881, qui
ne fait que reproduire, à peu de chose près, l'ancienne coutume
et l'art. 1er du code de 1868, étaient les suivants :

1º Préparation des Ody (poisons, sortilèges) avec l'intention de
donner la mort à la Reine ;

2º Excitation à la révolte.

3º Complicité avec les rebelles ;

4º Provocation à la rébellion ;

5º Encouragement à la rébellion ;

6º Proclamer un autre souverain pour le mettre à la tête des révoltés ;

7º Calomnies lancées contre le Gouvernement pour provoquer la
révolte ;

8º Préméditation d'un meurtre en vue d'amener la révolte :

9º Violation des Rova (palais du Gouvernement) dans un but de
rébellion ;

10º Port de poignards pour servir à la révolte.

11º Acceptation d'agent ou de présents pour se mettre en révolte ;

12º Voies de fait entraînant mort d'homme.

« En ce qui concerne les procès d'héritage, d'argent et
« de biens, de famille, il vous appartient d'essayer de
« les concilier, car, dans ce cas, le Fokon'olona peut
« arranger l'affaire, sans que, toutefois les parties puis-
« sent être forcées d'accepter votre solution ; dans cette
« occurrence, vous devrez me saisir de l'affaire.

« En vue d'une conciliation, vous pouvez dire aux
« parties : puisque nous sommes originaires d'une seule
« et même souche, pourquoi ne ferions-nous pas tous
« nos efforts pour arriver à un arrangement, car rien
« n'est si beau que de se faire mutuellement des con-
« cessions... Puisque vous ne formez qu'une même
« famille, vous devez engager les parties à s'entendre.
« Car, vous ne devez pas ignorer que si le procès est
« porté devant moi, vous ne pourrez pas éviter des frais.
« énormes au détriment de vos biens. Car, dans un litige,
« le gagnant comme le perdant supportent plus ou
« moins les frais. Le procès devant moi ne se solutionne
« pas sans dépenses, de sorte que celui qui le perd est,
« pour ainsi dire, écrasé, en même temps que celui qui
« le gagne est meurtri. Ce qui revient à dire qu'on doit
« coudre une déchirure aussitôt qu'un doigt peut y pas-
« ser et ne pas attendre pour le faire que la tête y passe.
« Si je parle ainsi, c'est pour vous éviter de dépenser
« inutilement votre argent ».

Nous avons tenu à citer ces Kabary d'Andrianampoinimerina en entier parce qu'il nous a paru intéressant
de faire connaître comment ce roi avait organisé la justice dans l'Imérina. D'autre part, pour en revenir à notre
sujet, il nous sera plus facile, pensons-nous, de bien
apprécier le rôle judiciaire du Fokon'olona dans la
société malgache.

D'après ce qui vient d'être dit, le Fokon'olona exerçait une double juridiction : comme juge conciliateur, il
connaissait de toutes les affaires civiles, quelle que fut

leur importance ; comme juge du fond, il était compétent pour solutionner les affaires de minime valeur.

Pour les affaires ordinaires, qui toutes devaient subir l'épreuve de la conciliation, on procédait de la façon suivante : sur la plainte de l'un des intéressés, le Fokon'olona examinait le différent, puis, en présence des parties, proposait les bases d'un arrangement. Si l'une des parties ou toutes les deux refusaient d'acquiescer à l'avis du Fokon'olona, ce dernier devait alors transmettre l'affaire aux vadin-tany ambony, qui faisaient un rapport au souverain.

Si, au contraire, les deux parties acceptaient l'arrangement, le Hasina (1) était payé au souverain, sous la forme d'un vola tsy vaky (pièce de 5 francs-Litt. pièce non coupée, parce que la monnaie divisionnaire se composait de morceaux d'argent provenant d'une pièce de cinq francs coupée par divisions mathématiques), et le Orim-bato (2) était partagé entre les membres du

(1) Le Hasina était une somme plus ou moins grande offerte au souverain. C'était en même temps une taxe de soumission, la reconnaissance de la souveraineté royale et le signe et la consécration officielle de la validité d'un acte ou d'un jugement.

Ainsi, pour citer des exemples qui éclaireront la signification de ce mot, les peuples soumis par Andrianampoinimérina et les autres souverains payaient tous les ans le hasina, qui consistait en une somme d'argent ou en produits alimentaires ou fabriqués ; c'était, dans ce cas, une sorte de tribu, de vassalité. Après la passation d'un acte ou la prononciation d'un jugement, dont appel n'avait pas été relevé, les parties étaient tenues de payer le hasina ; à partir de ce moment, l'acte ou le jugement étaient définitifs. Dans la pratique, le paiement du hasina est souvent invoqué comme preuve de la conclusion d'un acte.

(2) « Le mot orim-bato, en langue malgache, a plusieurs significations.

Dans un premier sens, il désigne les pierres, qu'avant la connaissance de l'écriture, on érigeait solennellement pour rappeler un événement, pour confirmer une concession, une convention ou contrat ; les bornes qui furent plantées pour séparer les héritages au moment du partage des terres par Andrianampoinimérina portent également le nom de Orim-bato.

Dans un deuxième sens, qui est celui de notre chapitre, l'Orim-

Fokon'olona. La solution était définitive ; aucune des parties n'avait le droit de revenir sur le litige à peine d'une d'une amende de 150 francs et d'un taureau.

Pour les affaires de minime importance, le Fokon'olona possédait une véritable juridiction. Le jugement rendu, d'après le texte que nous avons cité, était considéré comme rendu par le souverain lui même ; aucun appel, par conséquent, n'en était possible ; la partie même qui n'obéissait pas à la citation du Fokon'olona perdait son procès.

Le Fokon'olona connaissait encore, en matière pénale, des petites infractions qui seraient aujourd'hui de la compétence du tribunal de simple police, qui étaient prévues dans les Fanenkem pokon'olona (conventions des Fokon'olona).

Mais le Fokon'olona était incompétent pour juger les affaires criminelles. Il s'agissait là de l'exercice d'un droit de souveraineté, qui était réservé au roi.

Les pouvoirs judiciaires du Fokon'olona, tels que nous venons de les énumérer, ont subsisté jusqu'à la promulgation du code de 1881. Le code de 1868, dans plusieurs de ses dispositions (articles 68 et 84) (1),

---

bato était la gratification obligatoire donnée aux Fokon'olona,pour les dédommager de leur peine et de la perte de temps, lors de la passation d'un contrat, ou lorsqu'ils avaient prêté leur concours pour la construction d'un tombeau ou une inhumation, ou bien encore lorsqu'ils avaient assisté la famille dans les divers actes du droit privé, adoption, rejet, etc.

L'Orim-bato consistait en un cadeau soit en argent, soit, le plus ordinairement, en victuailles, par exemple la moitié d'un bœuf qui était partagé entre les Fokon'olona. L'Orim-bato, comme le hasina, était souvent invoqué comme une preuve de la passation d'un acte ou contrat.

(1) Article 68 du Code de 1868 ; « Quiconque; étant assigné à comparaître par le Fokon'olona ou le Tompo-Menakely à l'occasion d'un procès, ne se présentera pas à la date fixée sera passible d'un mois de fers ; après l'expiration de cette peine, il pourra, à

avait sanctionné, sauf quelques tempéraments, les grandes lignes de l'organisation judiciaire d'Andrianampoinimérina. Mais le législateur de 1881, à ce point de vue comme à tant d'autres, a modifié profondément l'ancienne coutume. Il ne faut voir là, d'ailleurs, qu'une conséquence de la politique de centralisation inaugurée par le fondateur de l'hégémonie hova et suivie par tous ses successeurs. La reine Ranavalona II créa des tribunaux officiels et choisit des juges parmi les fonctionnaires. Dès lors, le rôle judiciaire du Fokon'olona devenait une superfétation ; il était même en contradiction avec le nouvel état de choses. Aussi, l'article 250 du code de 1881 prescrit que le Fokon'olona ne pourra plus connaître d'une affaire que sur la demande des parties et avec l'autorisation du gouvernement (1). Le législateur n'ose pas rompre ouvertement avec la coutume ; le Fokon'olona conserve virtuellement sa compétence judiciaire ; mais elle est rendue illusoire par ce fait que le gouvernement est libre de ne pas accorder son autorisation.

son gré intenter une nouvelle action ou se considérer comme ayant perdu son procès ».

Art. 84, même code : « Les Fokon'olonas, les familles, les Tempo-Menakely connaissent des affaires qui comportent un arrangement à l'amiable, mais les décisions prises ne sont jugées en dernier ressort que si les parties le demandent. Les deux parties devront chacune payer 0 fr. 60 centimes de droits de justice. Quiconque, contre le gré d'une des parties, prononcera un jugement alors qu'elle n'aura pas accepté cette juridiction, sera puni d'une année de fers. Si une des parties s'absente le jour du jugement, la reine doit en être informée pour que l'enregistrement en soit assuré ».

(1) Art. 250, C. 1881 : « Les Fokon'olona et les Tempo-Menakely ne pourront connaître d'une affaire que sur la demande des parties et après autorisation du Gouvernement. S'ils obtiennent l'autorisation, ils seront tenus de faire un rapport du jugement qu'ils auront prononcé et qui sera soumis au Gouvernement pour être enregistré, à peine d'une amende d'un bœuf et d'une piastre. A défaut de paiement de l'amende, contrainte par corps jusqu'à parfait paiement à raison de 0 fr. 60 par jour.

Toutefois, le Fokon'olona restait juge des cas de peu d'importance prévus par les Fanenkem pokon'olona et qui, d'ailleurs, n'avaient trait qu'à des affaires d'intérêt local.

Il faut remarquer, avant de terminer, que le législateur de 1881, avec beaucoup de prudence, prévoit et réprime une fraude assez familière aux Malgaches. Il était à craindre, en effet, que certains plaideurs de mauvaise foi ne profitent de la nouvelle législation pour essayer de modifier les jugements définitifs rendus antérieurement par les Fokon'olona, ou inversement pour soutenir faussement que le Fokon'olona avait rendu une sentence qui en réalité n'existait pas. Les articles 215, 216 et 217 du code de 1881 ont pour but d'empêcher et de reprimer cette fraude (1).

§ 4. — *Rôle du Fokon'olona dans la vie sociale.*

Le village jusqu'à la promulgation du code de 1881, vivait, pour ainsi dire, indépendant du pouvoir central

(1) Article 215, C. 1881 : Quiconque essaierait de modifier les jugements rendus par le Fokon'olona ou le Tempo-Menakely, sera passible d'une amende de 150 francs et d'un taureau. A défaut de paiement, il subira un an de fers. S'il ne paie qu'une portion de l'amende, il sera contraint par corps à raison de 0 fr. 60 par jour jusqu'à parfait paiement ».

Art. 216 : « Au cours du procès, si une partie soutient faussement que le Fokon'olona ou le Tompo-Menakely a déjà statué sur le point en litige, elle sera condamnée à une amende de 250 francs ; et, à défaut de paiement, elle sera contrainte par corps à raison de 0 fr. 60 par jour.

Art. 217 : « Si un Fokon'olona ou un Tompo-Menakely prétend faussement qu'un jugement n'a pas été rendu, alors qu'il l'a été, ou qu'un jugement a été rendu, alors qu'il ne l'a pas été, les coupables seront condamnés à une amende de 250 francs. A défaut de paiement de tout ou partie de l'amende, le Fokon'olona et le Tompo-Menakely seront contraints par corps à raison de 0 fr. 60 par jour.

ainsi que des autres groupes, villages ou tribus, qui composaient l'Imérina. Cet état social nécessitait une organisation propre de façon que le village put se suffire à lui-même dans tous les actes qui relèvent du droit privé. Aussi, nous voyons la loi coutumière, non abrogée, d'ailleurs, par le droit écrit, exiger la présence du Fokon'olona pour la validité de tous les actes de cette nature.

Ainsi, la présence de Fokon'olona était requise à peine de nullité :

1º Pour l'adoption et le rejet d'enfant (coutume, art. 236 c. 1881);

2º Pour l'affranchissement d'un esclave (coutume, art. 73, Regl. des Sakaizambohitra) ;

3º Pour les testaments publics (coutume, art. 71 c. 1868 et 222 c. 1881 ;

4º Pour les donations (coutume, art. 13, arrêté du 20 novembre 1896).

5º Pour la répudiation (coutume. La répudiation a été abolie par le code de 1881);

6º Dans certains cas, le Fokon'olona était appelé à certifier la réalité d'un mariage (articles 59-60-61 du code de 1881) ;

7º A défauts de parents, le Fokon'olona avait la charge de recevoir et accepter le vodi-ondry (cérémonie qui rendait le mariage définitif) (Droit coutumier) ;

8º Lorsque la constitution d'un Ko-drazana était contestée, le Fokon'olona avait la charge d'établir la réalité des faits (Droit coutumier ; art. 224 c. de 1881) ;

9º Lorsqu'un individu malade et ayant un acte à faire enregistrer ne pouvait se rendre au bureau du Gouvernement, le Fokon'olona devait accompagner le gouverneur chargé d'aller recevoir l'enregistrement au domicile du malade (art. 7, Ordres aux Gouverneurs de l'Imérina, 1889) ;

10⁰ La présence du Fokon'olona était requise lorsqu'il
y avait lieu de procéder à la saisie et à l'estimation des
biens d'un débiteur en fuite ou qui ne voulait pas payer
(art. 21, Ordres aux Gouverneurs de l'Imérina).

Tels sont, à grands traits, les divers actes où la présence du Fokon'olona est nécessaire ; il suffit pour le
moment, de les énumérer, car, nous aurons à les étudier
plus profondément à mesure que nous pénétrerons dans
les diverses branches du droit.

CHAPITRE VI

FONDATION DE TANANARIVE

D'après la tradition, Tananarive aurait été fondée par
le roi Andrianjaka. Mais tous les récits oraux qui nous sont
parvenus sur ce point sont du domaine de la légende ;
nous pensons inutile de nous y arrêter.

C'est à Andrianampoinimérina que remonte l'honneur
de la création de la capitale, telle que nous l'avons trou-
vée au début de l'occupation française.

Au moment où ce roi cherchait à réunir toute l'Imérina sous son autorité, Tananarive était habitée par les
Sisaony. Ce peuple se défendit opiniâtrement, et ce
n'est qu'après plusieurs échecs qu'Andrianampoinimérina finit par le vaincre définitivement. Il transféra tous
les Sisaony à Alassora ; et même, jusqu'à la mort de
Ranavalona Iʳᵉ, il a été interdit à ces derniers d'acqué-

rir des propriétés à Tananarive. Ce n'est que sous le règne suivant que cette défense tomba en désuétude, les Sisaony ayant perdu, avec le temps, tout esprit de particularisme.

Par quelles mesures, Andrianampoinimérina procéda-t-il au repeuplement de la capitale ? Il eut été dangereux, au début de l'unification, de reconstituer la population avec une seule caste ou tribu, qui, un jour, aurait pu avoir des velléités d'indépendance et devenir un constant souci pour le gouvernement. Andrianampoinimérina préféra avec raison repeupler Tananarive au moyen de voanjo (colons) (1), pris dans différentes castes et dans différentes tribus.

Il choisit 2.000 hommes de la tribu d'Avaradrano, parmi lesquels :

500 appartenaient à la caste des Tsimahafotsy ;

500   —   à la caste des Tsimiambolahy ;

500   —   à la caste des Mandiavato ;

500   —   à la caste des Mainty - Tsiaron - dahy.

A ces 2.000 individus, il en ajouta 400 provenant de la caste noble de Andrianteleray (nobles aux trois pères), qui se décomposaient comme suit :

100 hommes de la subdivision de caste d'Andriantompokoindrindra (habitants d'Ambohimalaza) ;

200 hommes de la subdivision de caste d'Andrianamboninolona (habitants de Fiaferana et des villages dépendants) ;

100 hommes de la caste d'Andriandranando (habitants de Soamanandrarina et villages dépendants) ;

---

(1) Les Voanjo (litt. pistache) étaient des personnes libres choisies par ordre du souverain dans les différentes tribus pour coloniser ou peupler une autre contrée. En réalité, c'étaient des colons forcés. Nous en reparlerons quand nous traiterons de la propriété.

Il donna à tous ces voanjo le nom générique de Voro-
mahery Ambonivohitra (habitants de la ville).

Il distribua les différents castes dans les quartiers
suivants :

Dans le quartier d'Antsabatsiroa (aujourd'hui place
Campan), les Tsimahafotsy ;

Dans les quartiers d'Ambatomiangara et de Ambohi-
manoro (au nord de la place d'Andohalo, aujourd'hui
place Laborde), les Mandiavato ;

Dans les quartiers d'Ambohitsoa (sud d'Andohalo),
d'Anpamaho et d'Antsahondra (au sud de Fidirana,
derrière le palais du premier ministre), les Tsimiambolahy ;

Dans le quartier de Fidirana, les Andriantompokoin-
dra ;

Dans le quartier d'Ambatomasina (est d'Andohalo),
les Andrianamboninolona ;

Dans le quartier d'Ambohitsiroamanjaka, les Andriandranando ;

Dans le quartier de Faliarivo, les Mainty (castes noi-
res).

Les Andriamasinavanola et les Zanadralambo n'occu-
paient pas d'endroit particulier ; ils furent disséminés
dans tous ces différents quartiers.

Remarquons que dans le plan suivi par Andrianampoinimérina, toutes les différentes castes ou tribus qui
habitaient l'Imérina ont été appelées à contribuer au
peuplement de la capitale ; Tananarive représentait en
petit l'image fidèle de toute la contrée.

Les différents quartiers où furent distribués ces voanjo
ne comprenaient que le sommet du plateau de Tananarive. Les autres quartiers que nous trouvons aujour-
d'hui, comme Faravohitra, ne furent peuplés que bien
longtemps après.

Comme on le voit, dans chaque quartier habitait une

caste différente. Pendant longtemps, conformément à la
loi coutumière, chaque caste est restée fermée, aucun
étranger ne pouvait venir habiter dans son territoire, ni
y acquérir du terrain ; même dans le quartier d'Amba-
tamosina, cette défense a duré jusqu'à l'occupation
française.

Les divers petits groupes que nous venons d'énumérer formaient chacun un Fokon'olona, qui suivait ses us
et coutumes particuliers, reproduits dans les Fanenkem
Fokon'olona. Le rôle des Fokon'olona de Tananarive,
d'ailleurs, était identique à celui des autres Fokon'-
olona.

CHAPITRE VII

LES TRIBUS ET LE GOUVERNEMENT

Nous savons peu de chose sur l'organisation politique
et sociale des Hova avant l'avènement d'andrianampoinimérina. Grâce à quelques traditions orales qui nous
ont été plus ou moins fidèlement transmises, en les
contrôlant avec les coutumes et les usages qui ont été
conservées dans le peuple, nous pouvons seulement
entrevoir ce qui a dû exister. Il paraît certain, comme
nous l'avons maintes fois dit, que toutes les familles et
toutes les castes, en dépit d'une origine commune,
vivaient dans un état d'isolement presque complet,
régies par des coutumes et des traditions particulières,

conservant avec un soin jaloux leur individualité et leur
indépendance. L'autorité et le territoire se partageaient
entre un certain nombre de roitelets, seigneurs ou chefs
de castes, ennemis les uns des autres, se faisant continuel-
lement la guerre pour s'entrevoler des bestiaux et se
procurer des esclaves. Les rois, dont la légende nous
donne les noms, n'étaient, vraisemblablement, que des
seigneurs un peu plus puissants que les autres qui, par
des guerres heureuses, ou par une habile diplomatie, si
familière aux Malgaches, avaient pu acquérir une certaine autorité, plutôt nominale qu'effective, sur les autres
tribus. C'est Andrianampoinimérina qui, le premier, mit
de l'ordre dans cette anarchie et posa la première
pierre de l'hégémonie hova. C'est à partir de ce roi que
nous quittons le domaine de la légende pour entrer
dans l'histoire.

Ambitieux, intelligent et résolu, Andrianampoinimerina se proposa un triple but : réaliser l'unité politique
et sociale des Hova ; créer la monarchie absolue ; étendre le royaume jusqu'à la mer, c'est-à-dire soumettre
tout Madagascar à son autorité. Ce plan grandiose, qui
prouve un esprit peu ordinaire, il l'accomplit en partie ;
à tous égards, ce fut comme une sorte de testament
politique qu'il légua à ses successeurs et qui devint le
pivot de la politique nationale désormais suivie par les
Hova. Nous verrons, en effet, tous ses descendants employer tous leurs efforts pour arriver à sa réalisation
complète.

L'unité politique fut effectuée sans trop de difficultés.
Nous avons vu qu'Andrianampoinimérina soit par les
armes, soit par l'intimidation et la ruse, finit par faire
reconnaître son autorité par tous les autres princes ou
seigneurs qui gouvernaient les différentes principautés
de l'Emyrne. Nous n'y reviendrons pas.

Mais l'unité nationale et la monarchie absolue furent

bien plus difficiles à fonder. Il s'agissait de faire un peuple homogène d'une multitude de tribus, castes ou familles qui n'avaient qu'une chose commune, l'origine, et encore est-il vraisemblable, les différences que nous remarquons encore aujourd'hui entre les individus en sont la preuve, que diverses autres races s'étaient mélangées avec la race hova. Ces différentes unités, d'autre part, avaient vécu en constante rivalité, conservant leur autonomie avec un soin jaloux.

Andrianampoinimérina ne se dissimulait pas la difficulté de l'entreprise. On s'en rend compte par la lecture de ses nombreux kabary, où on le voit saisir toutes les occasions pour prêcher aux Hovas l'union, cherchant à leur enraciner dans le cœur l'idée qu'ils appartiennent à une seule et même famille ; qu'ils doivent s'aimer et s'entr'aider les uns les autres.

Aussi, dans la vaste organisation administrative, qui paraît surprenante chez ce peuple primitif, par laquelle il chercha à effectuer l'unité nationale, il agit avec une prudence et une habileté dignes d'un véritable homme d'Etat.

Il se contente de faire rentrer tous les Hova dans un cadre général et d'édicter quelques lois générales destinées à assurer la sécurité publique et à poser le principe de son autorité absolue sur toute l'Imérina ; mais il a bien soin de ne pas toucher aux coutumes particulières des familles, castes ou tribus.

Il divise l'Imérina en 6 tribus : Avaradrano, Sisaony, Marovatana, Ambodirano, Vonizongo et Vakinankaratra. Ces 6 tribus comprenaient elles-mêmes un grand nombre de subdivisions, dont nous avons déjà donné la nomenclature. Ainsi, pour citer un exemple, l'Avaradrano possédait 4 subdivisions :

1° Voramahery ;
2° Tsimahafotsy

3° Tsimiamboholahy ;

4° Mandiavato.

A leur tour, chacune de ces subdivisions renfermait une multitude de villages, qui chacun formait un Fokon'olona.

En général, dans chaque tribu il avait placé des castes nobles et des castes roturières. C'était un moyen de neutraliser le pouvoir des castes andriana, très turbulentes et très puissantes, qui, à un moment donné, auraient pu créer des embarras au pouvoir central. Toutefois, les diverses castes possédaient des terrains particuliers, bien distincts, que les autres castes ne pouvaient pas acquérir.

Dans la tribu, il partagea les terres entre le divers Fokon'olona, qui, à leur tour, distribuèrent entre les divers habitants les terres et les rizières qui leur étaient nécessaires pour leurs besoins (1). Ce système foncier existe encore de nos jours.

Le Gouvernement de la tribu était confié à la fois à un chef andriana et à un chef hova, qui avaient dans leurs attributions le recensement pour le service militaire, pour le paiement de l'impôt et la corvée. Il créa aussi certains fonctionnaires appelés Vadin-tany ambony, intermédiaires entre le peuple et la royauté, qui étaient chargés de faire les rapports des affaires judiciaires soumises au souverain, mais surtout qui avaient pour mission de surveiller les chefs de tribus qui naturellement tendaient toujours à s'affranchir de l'autorité royale.

Un autre obstacle se présentait devant lui. Les descendants des anciens rois formaient des castes puissantes, qui pouvaient soulever de réelles difficultés et battre en brèche le pouvoir royal ; également, les rois des con-

(1) On trouvera au titre de la propriété la manière dont il fut procédé au partage des terres, ainsi que la constitution des Vodivona.

trées voisines qu'il avait soumis à son autorité étaient en
état de lui créer de sérieux dangers. Andrianampoinimerina, ne pouvant ou n'osant pas les supprimer bruta-
lement, essaya avec beaucoup d'habileté et de sagesse
de s'en servir et de les faire coopérer à son œuvre. Il
créa de petits fiefs, appelés vodivona, dont il leur donna
le gouvernement, en leur concédant une partie de ses
droits régaliens.

Nous avons vu quand nous avons parlé du
Fokon'olona de quelle manière il avait procédé à l'organisation de la justice. Nous aurons, d'ailleurs, à y
revenir dans la suite.

Telle est sommairement l'organisation administrative
établie par Andrianampoinimérina pour unifier le pays
et le soumettre à son autorité absolue. Mais, en dépit de
tous ses efforts pour réunir tous ces éléments hétérogè-
nes, il serait téméraire de dire qu'il a pleinement réussi.
Les tribus, les castes, les Fokon'olona continuèrent à
conserver une certaine autonomie ; les anciennes rivali-
tés, les anciennes guerres de village à village ne dispa-
rurent pas, et tel village a refusé plus d'une fois, même
les armes à la main, d'obéir au pouvoir central.

Mais la base était solidement construite. Tous les successeurs d'Andrianampoinimérina, Radama Ier, Rasoherina, les trois Ranavalona continuèrent son œuvre,
l'étendirent et ne perdirent jamais de vue le vaste programme tracé par leur grand ancêtre.

Radama Ier, ne toucha pas à l'organisation intérieure
de l'Imérina ; il se contenta de consolider l'œuvre politique de son père en réduisant les Bezanozano et les
Betsiléo, qui avaient cru pouvoir, à la mort d'Andrianampoinimérina, reconquérir leur indépendance.

Ranavalona Ire s'attacha surtout à affermir l'autorité
royale et à détruire l'indépendance des tribus et villages,
qui subsistait toujours presque aussi vivante qu'autre-

fois. Son moyen de gouvernement fut une cruauté sans borne, dont les Malgaches ne parlent encore qu'avec terreur. Des villages entiers furent détruits par l'administration générale du Tanghen.

Le règne éphémère de Radama II fut une œuvre de réaction contre la politique nationale. Ami des Français et des Européens, ayant des idées de civilisation et de progrès bien supérieures à celles de son temps, il fut une sorte d'anachronisme ; abandonnant le programme d'Andrianampoinimérina, il voulut mettre l'Imérina sous le protectorat de la France. Dès lors, il se trouva en désaccord avec tout son peuple ; il fut assassiné à la suite d'un complot inévitable, après un règne très court.

Avec Rasoherina et Ranavalona II, l'unité politique et la centralisation font de nouveaux progrès. Par la promulgation des codes de 1868 et de 1881, le pouvoir central met de plus en plus la main sur tous les services et sur tous les rouages administratifs. L'autorité de la famille et de la caste disparaît et est remplacée par celle de l'Etat, qui, désormais, au moyen de ses agents et de ses tribunaux, en édictant la formalité de l'enregistrement pour tous les actes de la vie civile, qui autrefois étaient purement familiaux, aura le contrôle sur tous ces actes (1).

(1) Nous avons vu, quand nous avons étudié le Fokon'olona, l'organisation judiciaire créée par Andrianampoinimérina. Ce roi, avec la sagesse et la prudence que nous retrouvons dans tous ses actes, ne modifia que dans une très faible mesure les institutions coutumières. Le Fokon'olona, le chef de caste et de tribu, le Tompo-Menakely conservent un pouvoir judiciaire assez étendu. Mais il pose le principe de la souveraineté absolue du roi : les affaires d'une certaine importance doivent être portées devant lui, qui seul a le pouvoir de les trancher définitivement et souverainement ; il crée des fonctionnaires, appelés vadin-tany ambony, chargés de lui faire les rapports sur les litiges en instance.

Ses successeurs s'inspirent des mêmes principes, en les étendant peu à peu, à mesure que le pouvoir royal se consolidait. Le souve-

Un fait important encore à signaler. La création d'un 1er ministre de caste roturière. Andrianamponimérina avait jeté les bases d'une monarchie absolue, s'appuyant sur la noblesse. Mais la caste hova active, riche, intelli-

rain est le seul juge, comme il est le seul législateur, comme seul il est chargé de l'exécution des lois. La division des pouvoirs, qui est de principe public chez les nations occidentales, n'existe pas. Les tribunaux n'ont qu'un pouvoir délégué. Le souverain a la faculté d'évoquer l'affaire et de rendre lui-même la sentence.

Les successeurs d'Andrianampoinimérina établirent trois tribunaux :

1o Le tribunal d'Avara-drova, connaissant des affaires dites Heriny (litt. action violente). Les affaires dites heriny étaient les affaires civiles ou commerciales dans lesquelles la violence avait joué un certain rôle. Ainsi, par exemple, le fait de continuer à cultiver une rizière en dépit d'une défense faite constituait une affaire heriny. — Les affaires d'adultère et de divorce étaient également de la compétence de ce tribunal.

2o Le tribunal d'Anteza, connaissant de toutes les affaires civiles ou commerciales en dehors des affaires Heriny ;

3o Le tribunal d'Ambatovinaky, connaissant des affaires criminelles.

En 1882, deux nouveaux tribunaux furent créés :

4o Le tribunal d'Ambavahadimitafo, connaissant de toutes les affaires commerciales proprement dites et des appels des affaires jugées, en dehors de l'Imérina, par les Gouverneurs de Province et de la côte ;

5o Le tribunal d'Ambatondrafandrana Ambany, connaissant des affaires dites mitsoa-bato, c'est-à-dire des affaires qui avaient acquis l'autorité de la chose jugée. On appelait Mitsoa-bato (litt. enlèvement d'une pierre plantée sous une forme solennelle. — Avant l'introduction de l'écriture, les Malgaches pour perpétuer le souvenir d'un événement, d'un acte public, d'un contrat, plantaient solennellement une pierre. L'enlèvement d'une pierre de cette nature constituait un délit) les litiges déjà solutionnés par un tribunal ou par le Fokon'olona qu'une partie essayait d'introduire de nouveau en justice. S'il était prouvé que l'affaire avait été définitivement jugée, le demandeur était passible d'une amende quelquefois très forte (art. 213, 214, 215, 216 et 217 du code de 1881).

En 1881, un tribunal d'appel fut également créé. Il était composé de tous les chefs de bureau de l'administration et présidé par le premier ministre, Rainilaiarivony, qui représentait la souveraine.

En 1891, on revint à l'ancienne organisation. Les deux tribu-

gente ne pouvait pas évidemment se contenter du rôle humble qu'on voulait lui faire jouer. Elle voulait la part d'influence à laquelle elle avait légitimement droit par son nombre et par les services qu'elle rendait. La création d'un premier ministre de leur caste fut son avènement au pouvoir.

Dès lors, on voit ce premier ministre qui, sous la Reine Ranavolona Ire, n'était encore qu'une sorte de favori se pliant à tous les caprices de la souveraine, acquérir un pouvoir plus grand que celui de la Reine et évincer la noblesse de tous les postes prépondérants, qui sont octroyés à des Hova.

D'ailleurs, ce changement n'influa en rien sur la politique nationale. L'unité politique et nationale fut aussi ardemment poursuivie que par le passé.

Le plus grand de tous ces premiers ministres, Rainilaiarivony, sans toucher au cadre général établi par Andrianampoinimerina, prit diverses mesures pour consolider le pouvoir central que nous allons simplement énumérer.

Dans toutes les tribus et subdivisions de tribus, il créa de hauts fonctionnaires, chargés de représenter l'Etat et ayant à peu près tous les pouvoirs qui étaient autrefois dans les attributions des chefs de castes et des

naux d'Ambavahadimitafo et d'Ambatondrafandrana Ambany furent supprimés.

Les affaires qui étaient de leur compétence furent attribuées au tribunal d'Anteza.

En résumé, au moment de l'occcupation française, il existait 4 tribunaux :
　1º Le tribunal d'Avara-drova ;
　2º Le tribunal d'Anteza ;
　3º Le tribunal d'Ambatovinaky ;
　4º Le tribunal d'appel ;
Notons que les crimes politiques n'étaient pas jugés par le tribunal criminel d'Ambatovinaky, mais par un tribunal spécial, siégeant à Avara-drova, et composé par des officiers et des fonctionnaires, nommés, pour la circonstance, par le premier ministre.

Tompo-Menakely. Ces fonctionnaires prirent successivement le nom de Sakaizambohitra (ami des villages)
(1878), Antily (1881), Gouverneurs (1889). Leurs attributions sont définies dans le Code de 1881 et dans divers
réglements, qui avaient force de loi, que nous avons
déjà eu l'occasion de citer, et qui portent le nom de
Réglement des Sakaizambokitra, promulgué en 1878
et Ordres aux Gouverneurs de village, promulgué en
1889.

D'un autre côté, il supprima presque compétement
les pouvoirs des chefs de caste et réduisit considérablement ceux des Tompo-Menakely, qui étaient un obstacle
à l'action du pouvoir central.

En dehors de l'Imerina, dans les provinces soumises,
il plaça également des Gouverneurs en chef et des Gouverneurs qui représentaient l'Etat et jouissaient d'une
autorité presque absolue.

Ne perdant jamais de vue le testament politique
d'Andrianampoinimérina, il chercha à pénétrer peu à
peu dans les provinces non soumises à l'autorité de
l'Emyrne. Mais, à ce point de vue, la politique hova fut
contrariée par un nouveau facteur avec lequel Andrianampoinimérina n'avait pas eu à compter. On sait que
depuis Richelieu et Colbert, les Français avaient manifesté l'intention de coloniser Madagascar. Mais cette
intention ne prit réellement corps qu'à partir de 1815.
D'un autre côté, les Anglais cherchèrent à nous évincer
et à obtenir la suprématie. De là, une rivalité d'influence
qui eut son contre-coup dans la politique Hova. Les
Hova durent se défendre, tour à tour, contre les deux
nations qui menaçaient sa liberté et sa prépondérance
sur le restant de l'île. Ce qui amena un certain ralen-
tissement dans l'exécution du plan de conquête conçu
par le fondateur de la monarchie.

Quoi qu'il en soit, nous pouvons dire qu'au moment

de notre prise de possession, le Gouvernement Hova était arrivé par d'habiles et sages dispositions, par un système administratif bien conçu et bien approprié au pays, à avoir une autorité effective sur toutes les tribus de l'Imérina et sur beaucoup de provinces de Madagascar. Les habitants étaient fortement disciplinés ; les ordres donnés étaient ponctuellement exécutés ; la conquête de l'île entière était poursuivie méthodiquement. En somme, le vaste programme d'Andrianampoinimérina n'était pas loin d'être réalisé, et il est possible qu'un jour il eut été entièrement accompli, si l'expédition française de 1895 n'eut fait envoler à jamais ce rêve grandiose !

LIVRE III

Des actes de l'état civil.

———

CHAPITRE PREMIER

FORME ET TENUE DES REGISTRES DE L'ÉTAT CIVIL

La création de l'état civil à Madagascar est de date tout à fait récente. Ce n'est qu'en 1878, dans le règlement de Sakaizambohitra, que le législateur prescrivit, pour la première fois, l'enregistrement des actes constatant la situation des individus dans la société. Le Code de 1881 et les instructions aux Gouverneurs de l'Imérina de 1889 vinrent compléter cette réglementation.

Les différents actes législatifs, que nous venons d'énumérer, édictent certaines règles générales, très-incomplètes, d'ailleurs, qui s'appliquent à la tenue de tous les registres, qui étaient confiés aux gouverneurs (Goverinora madinika voalohany) sous l'ancien gouvernement malgache.

Ces registres étaient au nombre de cinq et affectés aux inscriptions suivantes :

1er registre : naissances, mariages, décès.

2° — : emprunts et ventes définitives.

3ᵉ registre : ventes conditionnelles. Baux.

4ᵉ   —   : affaires relatives aux personnes.

5ᵉ   —   : affaires journalières.

Les règles générales applicables à la tenue des registres étaient les suivantes :

1° Les gouverneurs avaient la garde et la responsabilité des livres de l'Etat relatifs à leurs fonctions. Ils devaient inscrire tous les actes reçus par eux. Les livres devaient être tenus avec propreté, sans taches ni maculatures d'encre. Toute infraction à ces dispositions était punie d'une amende de 500 francs (article 182 du code de 1881) (1).

2° Il est défendu aux gouverneurs d'enregistrer un acte contraire aux lois du royaume (art. 4 des ordres aux gouverneurs de l'Imérina), à peine d'être punis selon les lois et de nullité de l'acte (2).

3° Les actes ne peuvent être inscrits qu'au bureau du gouverneur ; il est défendu à ce dernier de se déplacer, sauf le cas de maladie (art. 8 des ordres aux gouverneurs de l'Imérina) (3).

(1) Art. 182, C. 1881 : « Les fonctionnaires ont charge des livres de l'Etat relatifs à leurs fonctions ; ils devront inscrire tous les actes reçus par eux. Les livres devront être tenus avec propreté et sans taches, ni maculature d'encre. Toute infraction à ces dispositions sera punie d'une amende de 500 francs ; et, à défaut de paiement, le contrevenant subira la contrainte par corps à raison de 0 fr. 60 par jour jusqu'à parfait paiement ».

(2) Art. 4 des Ordres aux Gouverneurs de l'Imérina : « Dans le cas où on vous demanderait d'enregistrer un acte que vous reconnaîtriez contraire aux lois du royaume, si vous acquiescez à cette demande, vous serez punissable selon les lois du royaume et l'acte sera nul et non avenu ».

(3) Article 8 des ordres aux Gouverneurs de l'Imérina : Si une personne a un acte à faire inscrire, vous, Gouverneur et vos collègues, vous ne pouvez envoyer chez elle, ni y être appelés pour procéder à l'inscription. Quiconque aura un acte à enregistrer, devra venir vous trouver dans le bureau qui vous est désigné par le Gouvernement.

Toutefois, exception sera faite en faveur d'une personne bien ma-

4° Aux termes de l'article 10 des ordres aux gouverneurs de l'Imérina, le gouverneur doit recevoir tout simplement la déclaration qui lui est faite ; il n'a pas le droit de réclamer l'enregistrement d'un acte contre le gré des déclarants (1).

5° Les gouverneurs sont tenus de mettre à la disposition du public les Codes et les instructions, et de leur indiquer le passage relatif aux droits qu'ils ont à acquitter (article 14, instructions aux gouverneurs de l'Imérina) (2).

lade. Dans ce cas, vous enverrez prendre l'acte qui devra être écrit et vous le transcrirez sur le registre officiel dont vous êtes le dépositaire. Tout Gouverneur contrevenant à ces prescriptions sera passible d'une amende de 5 bœufs et de 5 piastres ».

(1) Art. 10, des ordres aux Gouverneurs de l'Imérina : « Quand les parents viennent vous faire une déclaration de décès, vous n'avez pas le droit de leur poser les questions suivantes : Quels sont les héritiers ; quelle est la teneur du testament afin que nous procédions à l'enregistrement ? Vous n'avez qu'à recevoir tout simplement la déclaration qui vous est faite. Vous ne pouvez pas les astreindre à faire inscrire un acte, lorsque ce n'est pas encore leur intention. Si vous vous livrez à de tels procédés, vous serez passibles d'une amende de 5 bœufs et de 25 francs ». — La portée de cet article est générale et s'applique, dans la pratique, à tous les actes.

(2) Art. 14. — Même règlement : Si des personnes viennent vous trouver pour procéder à des inscriptions, vous devrez mettre à leur disposition les codes et instructions dont vous êtes dépositaires et leur indiquer le passage relatif aux droits qu'elles ont à acquitter. Si vous n'agissez pas ainsi, mais que vous leur disiez : les lois du royaume sont entre nos mains, ou la loi est connue de tous, et cela afin d'éviter de leur montrer le livre des lois, vous serez passibles d'une amende d'un bœuf et d'une piastre.

CHAPITRE II

DE L'INSCRIPTION DES ACTES DE L'ÉTAT CIVIL

Les dispositions qui règlementent l'inscription des actes de l'état civil sont les suivantes :

Art. 36 du règlement des Sakaizambohitra (4 juillet 1878) : « Pour le mariage, inscrivez dans votre registre le nom des époux, le lieu de leur origine, la date du mariage et les noms des parents. A défaut d'enregistrement, le mariage sera considéré comme non valable ».

Art. 48, même règlement : « Vous enregistrerez le décès de tous mes sujets, sauf les esclaves, en ayant soin de spécifier s'il s'agit de soldats, de bourgeois, de femmes et d'enfants. Tous les ans, vous m'en adresserez un rapport ».

Art. 53, Code de 1881 : « Tout mariage qui ne sera pas inscrit sur les registres du Gouvernement ne sera pas un vrai mariage et les contractants seront considérés comme vivant en concubinage ».

Art. 108, même Code : « Toute naissance devra être inscrite dans la semaine sur les registres du Gouvernement. L'acte devra mentionner la date de la naissance, le nom du père et de la mère, ainsi que leur domicile. A défaut de remplir ces formalités, les père et mère ou ascendants (Ray aman-dreny) seront passibles d'une amende d'un bœuf et de 5 francs.

Le père et la mère devront payer pour l'enfant une somme de 0 fr. 20 centimes ».

Art. 109, même Code : « Les décès devront être inscrits dans la semaine sur les registres du Gouvernement. A défaut de déclaration, la famille du décédé ou les habitants de la maison dans laquelle le décès a eu lieu subiront une amende d'un bœuf et d'une piastre et l'acte de décès sera dressé ».

Ces diverses prescriptions ont été complétées sur quelques points par les articles 11 et 12 des instructions aux gouverneurs de l'Imérina (1889).

Voici le texte de ces articles : Art. 11 : « Vous, gouverneurs, vous ne pouvez pas procéder à l'inscription d'un mariage qu'à condition que les deux époux, leur père et mère, ou les fondés de pouvoir de ces derniers, soient présents. Si vous agissez contrairement à ces prescriptions, vous serez passibles d'une amende de 5 bœufs et de 5 piastres ».

Art. 12 : « L'inscription du mariage doit se faire chez le gouverneur du district du mari. Tout gouverneur qui n'observerait pas cette prescription serait passible d'une amende de 5 bœufs et de 25 francs. Si vous, mari, après la dation et l'acceptation du vodi-ondry (litt. cul de mouton) (1), vous n'amenez pas votre femme, dans le délai d'une semaine, pour l'enregistrement, tous deux vous serez passibles d'une amende de 500 francs, dont le tiers sera payé par la femme ».

Il résulte de la combinaison de ces divers articles :

1° Que les déclarations de naissance doivent être inscrites sur les registres du gouvernement dans la semaine de l'accouchement ;

Que l'acte doit énoncer les noms et domicile des père et mère et la date de la naissance ; que le soin de la

_____

(1) Le vodi-ondry était un cadeau en argent offert par le fiancé ou ses fondés de pouvoir aux parents de la fiancée. Dès qu'il était donné et accepté, le mariage, d'après la loi coutumière, était définitif.

déclaration incombe aux père, mère et ascendants de l'enfant sous peine d'une amende d'un bœuf et de 5 francs ;

2° Que les actes de mariage doivent être inscrits sur les livres du gouverneur du domicile du mari, dans le délai d'une semaine après la dation et l'acceptation du vodi-ondry, à la requête du mari qui est tenu de conduire sa femme chez le gouverneur, à peine d'une amende de 500 francs, dont 1/3 payable par la femme ;

Que l'inscription doit énoncer le nom et la présence des époux, le lieu de leur naissance ; la date du mariage ; les noms et la présence des père et mère des époux, ou de leurs fondés de pouvoir, à peine d'une amende de 5 bœufs et de 25 francs contre les gouverneurs qui ne se conformeraient pas à ces prescriptions ;

3° Que les actes de décès doivent être enregistrés sur les livres du gouverneur dans la semaine du décès à la diligence de la famille ou des habitants de la maison dans laquelle la mort a eu lieu, à peine, pour ces derniers, d'une amende d'un bœuf et de 5 francs ;

Que l'acte de décès doit contenir la mention si la personne décédée était un soldat, un bourgeois, une femme ou un enfant.

Comme on le voit, les mentions exigées pour la confection des actes de l'état civil sont loin d'être suffisantes et complètes. Ainsi, les déclarations de naissances ne contiennent ni l'heure, ni le lieu de la naissance, ni les noms et sexe de l'enfant, ni la présence de témoins. Pour le mariage, la loi est muette sur la mention du consentement des père et mère ou ascendants, sur la présence de témoins, etc... Enfin, pour les actes de décès, elle n'impose pas l'obligation de faire connaître l'âge, la profession (sauf pour les soldats), le domicile de la personne décédée, si elle était mariée ou veuve, le nom des déclarants, etc...

Dans un autre ordre d'idées, il est constant que, dans la pratique, les prescriptions relatives à l'état civil n'étaient pas observées régulièrement. La grande majorité des naissances, mariages et décès n'étaient pas inscrits sur les registres, tant par le fait de la population qui répugnait à se conformer à des obligations si contraires à la coutume ancienne que par celui des fonctionnaires, préposés à la tenue des registres, qui mettaient une indifférence coupable à faire observer la loi. D'un autre côté, si on tient compte que les hommes libres seuls possédaient un état civil, les esclaves, qui formaient presque la moitié de la population, n'ayant la jouissance d'aucun droit civil, on voit que cette institution si utile n'avait pas produit les effets attendus par le législateur.

Aussi, au début de l'occupation, l'administration française s'est préoccupée de remédier à cet état de choses. Une circulaire du résident général, en date du 5 juin 1897, prescrit aux gouverneurs de village de tenir rigoureusement la main à l'observation des prescriptions relatives à l'état civil indigène. En outre, prenant pour base les articles de lois que nous avons énumérés plus haut, elle réglemente à nouveau les formes spéciales qui desormais seront requises pour chaque acte de l'état civil.

Les prescriptions édictées par ladite circulaire étant toujours en vigueur, il convient d'en donner une analyse succinte :

1º Les registres de l'état civil doivent être cotés et paraphés par les commandants de cercle. Quand ils sont terminés, les gouverneurs doivent les renvoyer au chef-lieu pour être conservés dans les archives ;

2º Les droits anciennement perçus pour l'inscription des naissances, mariages et décès sont et demeurent supprimés ;

3° Dorénavant, les gouverneurs doivent mentionner dans les actes de naissance : les nom et prénoms, le sexe, la date de naissance de l'enfant ; le nom et domicile des père et mère ; la déclaration de naissance doit être faite par les Ray-aman-dreny, c'est-à-dire par les auteurs ou ascendants de nouveau-né ;

4° Dans les actes de mariage : le nom, l'âge et le domicile des époux ; le nom et le domicile de leur père et mère ; le nom des témoins ; les deux époux doivent signer l'acte ou mention doit être faite qu'ils ne savent pas signer ;

5° Dans les actes de décès : le nom, l'âge, le domicile de la personne décédée ; le nom du père et de la mère du décédé ; la date du décès ; le nom des témoins au nombre de deux. Le décès doit être inscrit sur le registre du gouverneur de l'endroit où le décès a eu lieu ; la déclaration du décès incombe aux parents du décédé ; en cas de décès d'un étranger ou d'un inconnu, le Fokon'olona doit prévenir le Mpiadidy, sur la déclaration duquel le gouverneur procède à l'inscription ;

6° L'esclavage ayant été aboli, les gouverneurs auront désormais à recevoir la déclaration des actes de l'état civil des esclaves ; de plus l'inscription rétroactive du mariage des esclaves ainsi que de la naissance de leurs enfants, quelque soit leur âge, est prescrite. La déclaration des intéressés, appuyée du témoignage du Fokon'olona, suffira pour autoriser l'inscription.

Toutes les dispositions de cette circulaire sont certainement excellentes, mais, outre qu'elles n'ont que la valeur d'une instruction, aucun arrêté, sauf en ce qui concerne l'état civil des esclaves, n'étant intervenu pour rendre impératives les obligations qu'elle édicte, elles ne nous paraissent pas de nature à donner complète satisfaction. En effet, d'abord la circulaire ne contient aucune règle générale sur la tenue des registres, et c'est un point essentiel que les registres soient tenus régulièrement, que leur conservation soit minutieusement assurée, que la délivrance des extraits soit réglée, que les qualités exigées pour pouvoir être témoin soient spécifiées ; ensuite, l'auteur de la circulaire, pas plus, d'ailleurs, que le législateur malgache, n'édicte aucune prescription sur la manière de rectifier ou suppléer les actes de l'état civil, et Dieu sait cependant si, avec la très modeste instruction et la négligence invétérée des Gouverneurs malgaches, il y aura souvent lieu de recourir à cette procédure, soit que les registres n'aient pas été tenus, soit qu'ils aient été tenus sans aucun ordre, soit qu'il s'y trouve des omissions, soit que dans l'acte on ait oublié des formalités essentielles !

Nous avons déjà fait remarquer que les formes spéciales à chaque acte nous paraissaient également renfermer des lacunes, lacunes qui subsisteront en partie même avec les nouvelles instructions, qu'il serait d'un puissant intérêt de combler.

Quel serait le remède? Nous pensons qu'il suffirait de rendre applicables aux Malgaches toutes les dispositions du Code civil sur la matière. Il ne s'agit pas d'abroger les us et coutumes indigènes, ce qui, pour nous, serait une folie, mais simplement de réglementer et de compléter l'organisation rudimentaire de l'état civil qui existe déjà. Nous ne voyons pas de motifs plausibles qui empêcheraient l'application des règles de l'état civil, aucune ne nous paraissant contraire à la coutume malgache.

8

LIVRE IV

Paternité et filiation.

———

CHAPITRE PREMIER

DE LA FILIATION LÉGITIME

La question de la filiation, en droit malgache, est assez obscure. Les divers codes écrits ou règlements ne donnent aucune règle qui puisse nous guider dans l'étude de ce difficile problème. Quant à la loi coutumière, elle admet des règles très larges et assez peu précises, qui nous paraissent la conséquence des mœurs très libres, qui sont indéniables dans la société malgache, et du désir sans borne d'avoir une nombreuse postérité, qu'on retrouve chez tous les indigènes.

Le mari est réputé père de l'enfant conçu pendant le mariage. C'est une présomption de droit naturel qu'on retrouve dans toutes les législations.

Mais cette présomption peut être démentie par la réalité des faits. D'où il suit, qu'il est nécessaire d'examiner successivement les cas qui peuvent se présenter en pareille occurrence. Disons, cependant, tout de suite, que cette question ne présentait pas pour les

Malgaches l'importance capitale que nous y attachons. L'enfant, quelque fut son origine, était presque toujours le bienvenu, et les cas de rejet pour ce motif étaient certainement très rares.

1er cas. — L'enfant est né pendant le mariage.

En droit français, l'enfant né avant le cent quatre-vingtième jour du mariage peut être désavoué. En droit malgache, la date de la conception n'influe en rien sur la légitimité de l'enfant. L'enfant né pendant le mariage est toujours reputé légitime (Zanaka nateraka), à quelque époque qu'il soit venu au monde après l'union conjugale.

Cette règle, qui semble assez large, s'explique facilement si on la rapproche des mœurs du pays. Nous verrons, en effet, qu'il est d'usage général, on ne pourrait pas citer beaucoup d'exceptions, qu'avant de se marier, les futurs époux vivent et cohabitent ensemble pendant un temps plus ou moins long. Dès lors, il est naturel d'admettre la présomption que l'enfant a été conçu des œuvres du mari. On peut ainsi justifier la règle admise par la coutume.

Néanmoins, si pour une cause quelconque, éloignement ou impossibilité physique, le mari, à l'époque de la conception, n'a pas pu cohabiter avec sa femme, la loi met-elle à sa disposition un moyen de désavouer l'enfant ? En droit malgache, l'action en désaveu n'existe pas. Toutefois, le mari n'est pas entièrement désarmé. Nous avons vu qu'il tient de la puissance paternelle un pouvoir redoutable : celui de rejeter l'enfant de la famille. Ce rejet produit presque tous les effets d'un désaveu ; l'enfant perd tous les droits auxquels il pouvait prétendre en sa qualité d'enfant légitime. Néanmoins la parenté continue à subsister.

2e cas. — L'enfant est né après la dissolution du mariage.

Dans cette espèce, la coutume malgache fait une distinction, selon que le mariage a été dissous par le divorce, autrefois par la répudiation (1), ou par la mort du mari.

a) Enfant né après la dissolution du mariage par suite du divorce ou autrefois par suite de la répudiation de la femme par le mari.

Si, au moment du divorce, la femme est enceinte, le mari a le droit, au moment de la séparation, de déclarer l'enfant légitime ou de le repousser. Il est tenu de faire sa déclaration devant la famille, en présence du Fokon'olona. Depuis la promulgation des Codes, il doit faire enregistrer cette déclaration sur les livres du Gouvernement.

S'il reconnaît que l'enfant est de ses œuvres, l'enfant naît légitime ; il aura dans la famille les mêmes prérogatives que les autres enfants, sans qu'aucune contestation soit possible. La coutume donne à cet enfant le nom de Zazanahantona.

Si le mari a des doutes sur sa paternité, si la mère, par exemple, n'était pas de vie irréprochable, il a le droit de le méconnaître et de le déclarer illégitime.

Mais aucun recours n'existe-t-il contre cette condamnation qui peut quelquefois n'être que purement arbitraire ? Non, certainement, dans l'ancien temps. Le père était juge suprême, juge sans appel. En vertu de sa puissance paternelle, il était le maître d'empêcher un enfant de rentrer dans le cercle de la famille. Mais, nous pensons qu'aujourd'hui, les pouvoirs du père de famille ayant été largement modifiés dans un sens plus humain, la mère et l'enfant, s'il naissait vivant, pourraient faire opposition à cet ostracisme. Nous verrons, en effet, que les Codes et règlements modernes admet-

(1) La répudiation coutumière a été supprimée par l'article 56 du Code de 1881.

tent le droit d'opposition au rejet d'un enfant. Toutefois, dans notre cas, ce serait à la mère où à l'enfant qu'il incomberait de prouver l'inanité des griefs du mari et la légitimité.

Le mari avait encore un droit qui pourrait paraître étrange, si nous ne connaissions pas les mœurs de ce peuple. Même dans le cas où la femme n'était pas enceinte au moment de la séparation, si dans la suite elle mettait au monde un enfant, il était loisible au mari, si elle ne s'était pas remariée, de reconnaître le nouveau-né comme sien. Cet enfant avait tous les droits d'un enfant légitime

b) L'enfant est né après la mort du mari.

Lorsque l'enfant est né après le décès du mari, c'est à la famille qu'il appartient de décider s'il est ou non légitime. Sans être tenue à aucune règle précise, la famille, d'ordinaire, appuie sa décision sur le temps écoulé depuis la mort du mari. Si la gestation paraît avoir eu une durée normale, c'est-à-dire une dizaine de mois environ (1), elle reconnaît la légitimité de l'enfant. Si, cependant, alors même que la durée de la grossesse serait normale, des circonstances particulières telles que l'absence du défunt, une maladie, l'inconduite de la mère pouvaient faire supposer que l'enfant n'a pas été conçu des œuvres du mari, la famille avait le droit de déclarer l'enfant illégitime et de le rejeter de la famille.

Ce rejet devait être fait par la famille en présence du Fokon'olona. Ce dernier avait la faculté de faire toutes les observations qui lui paraissaient justes en faveur de l'enfant posthume. Dans l'ancien temps, même, le Fokon'olona pouvait s'opposer au rejet, et si les parents

_____

(1) D'après la coutume, la durée de la gestation normale est de 9 mois chez les primipares et de 10 mois chez les multipares.

ne se conformaient pas à cette décision, il avait le droit d'exclure les parents de la communauté. D'après le droit moderne, la déclaration de rejet doit être inscrite sur les livres du Gouvernement.

La décision de la famille, alors même qu'elle était appuyée de l'avis conforme du Fokon'olona, n'était pas définitive. Il pouvait arriver, en effet, que certains parents, qui, à défaut d'enfant, eussent été appelés à la succession, ne se montrassent trop enclins à tenir l'enfant pour illégitime. Aussi, la coutume reconnaît à la mère et à l'enfant le droit de faire opposition au rejet. Nous étudierons, quand nous traiterons du rejet d'enfant, les formes à suivre pour cette opposition.

——————

CHAPITRE II

DES PREUVES DE LA FILIATION DES ENFANTS LÉGITIMES

La filiation des enfants légitimes se prouve :

1° Par l'acte de naissance inscrit sur les registres du Gouvernement ;

2° Par la possession d'état d'enfant légitime ;

3° Par témoins.

Nous avons vu que le législateur moderne avait institué l'état civil à partir de l'année 1878 et prescrit la tenue des registres. Le mode de preuve par la représentation d'un extrait du registre sera donc le plus normal et celui qui aura le plus de force probante.

Mais ce mode de preuve ne pourra être fourni que pour les personnes venues au monde après cette date. D'autre part, nous avons vu que, dans la pratique, les prescriptions relatives à l'état-civil ont été mal observées par la population pour des causes multiples. En réalité, la plupart des naissances n'ont pas été inscrites. Il y a là, pour le passé, un état de fait dont il est impossible de ne pas tenir compte. Aussi, nous pensons qu'il y aura lieu d'admettre dans la plus large mesure la preuve par la possession d'état qui, au surplus, même dans notre droit, suffit pour constater l'état d'enfant légitime, et par témoins.

Constatons, d'ailleurs, que ces deux modes de preuve ont, de tout temps, été admis par les juges malgaches.

La possession d'état s'établit, comme en droit français, par une réunion suffisante de faits qui indiquent le rapport de filiation et de parenté entre un individu et la famille à laquelle il prétend appartenir. Ainsi, par exemple, l'intéressé prouvera que son père l'a traité comme un enfant et a pourvu, en cette qualité, à son éducation, à son entretien et à son établissement ; qu'il a été constamment reconnu pour enfant dans la famille et dans le Fokon'olona où il habite ; où encore, le cas échéant, que ses père et mère, à sa naissance, ont remplacé leur nom par le sien (1). Ces faits principaux qui peuvent constituer la possession d'état ne sont, d'ailleurs, qu'énonciatifs ; tous autres faits pourront être invoqués. L'appréciation des juges est souveraine ; ils pourront asseoir leur conviction sur tous autres arguments, comme l'âge de l'enfant comparé à celui des père et mère, etc.

La preuve de la possession d'état peut être faite par toutes sortes de moyens, par titres, par témoins, par des présomptions graves, précises et concordantes.

(1) Voir page 127, l'explication de cette coutume.

En droit malgache, la preuve par témoins est admise sans aucune restriction, sans qu'il soit besoin d'un commencement de preuve par écrit. Il va sans dire que l'adversaire est recevable à faire la preuve contraire par les mêmes moyens.

Il pourrait encore arriver que sans contester la filiation de l'enfant, on soutienne qu'il n'est pas légitime parce que les père et mère n'étaient pas mariés légitimement. Nous pensons que des affaires de cette nature se présenteront souvent devant les tribunaux. Nous verrons, en effet, bientôt que le mariage qui, d'après la coutume, était parfait et définitif par la dation et l'acceptation du vodi-ondry, est, depuis la promulgation du Code de 1881, soumis, à peine de nullité, à l'inscription sur les livres du Gouvernement. Or, les 3/4 des mariages, dans la pratique, ont été célébrés sans que les intéressés se soient préoccupés de l'accomplissement de cette formalité. Dans ce cas, l'enfant devra apporter la preuve que ses père et mère étaient légalement mariés. Nous étudierons au livre du mariage comment cette preuve doit être administrée.

———

CHAPITRE III

DE LA FILIATION NATURELLE

§ 1. — *Des enfants naturels* (Zanadranitra zazasary).

Les enfants nés hors mariage sont nombreux dans la société malgache. La facilité des mœurs patriarcales, le désir et la nécessité d'avoir une nombreuse postérité en sont les causes principales.

Dans les mœurs, la qualité d'enfant naturel n'entraîne aucune flétrissure ni aucun désavantage. Le Malgache ne fait aucune différence entre l'enfant légitime et l'enfant né hors mariage. Tous les enfants vivent dans la famille sur le pied d'égalité la plus absolue ; ils font tous partie au même titre du groupe familial et assistent à toutes les cérémonies et anniversaires. La loi coutumière, qui n'est jamais que la reproduction des mœurs, n'édicte contre eux aucune incapacité. L'enfant naturel jouit de tous les droits civils ; il est capable d'exercer toutes les fonctions publiques ; il a dans la succession des parents les mêmes droits que les enfants légitimes.

Avant son mariage, la femme malgache possède très fréquemment des enfants. Elle vit avec eux dans la famille paternelle sans que les parents manifestent aucune désapprobation ; ceux-ci, au contraire, les choient et les aiment comme leurs propres enfants. Il arrive même souvent que les grand-père et grand'mère les adoptent ; l'enfant acquiert, dès lors, tous les droits et prérogatives d'un enfant légitime ; il devient le frère adoptif de sa mère. A défaut d'adoption, ils reçoivent toujours un legs par testament ; quelquefois même, le grand-père leur donne une part supérieure à celle des enfants légitimes.

Quand la femme malgache se marie, les enfants nés hors mariage ou d'un précédent mariage, — dans l'usage, on ne fait aucune distinction entre ces deux sortes d'enfants ; ils portent le même nom : zaza momba reny (enfants qui suivent la mère), — la suivent dans la famille du mari. Ici, également, ces enfants, non seulement ne sont l'objet d'aucun mépris, mais le mari les aime et les soigne comme ses propres enfants. Et chose singulière, qu'il ne faut pas apprécier avec nos idées européennes, la jeune fille trouve d'autant plus facilement à se marier qu'elle a déjà eu un plus grand nombre d'enfants. Car, le Malgache a la stérilité en horreur, et dans notre cas l'aptitude à la procréation ne peut pas être mise en doute.

§ 2. — *Légitimation et reconnaissance des enfants naturels.*

La légitimation des enfants naturels par mariage subséquent de leur père et mère est inconnue dans le droit malgache. D'après la coutume, le seul moyen légal de légitimer les enfants était l'adoption. Ajoutons que, dans la pratique, les personnes qui se mariaient après avoir vécu ensemble, et qui avaient des enfants naturels, ne prenaient même pas la peine de les adopter. Ces enfants étaient considérés comme légitimes. C'était une sorte de légitimation de droit, et aucune contestation ne s'élevait jamais sur ce point. La reconnaissance d'un enfant naturel était également, dans l'usage, toujours faite sous la forme d'une adoption. Remarquons, qu'en droit malgache, la mère n'avait jamais à reconnaître son enfant naturel. La filiation était établie par le seul fait de l'accouchement.

Telles sont les règles, peu précises et très larges, qui régissent les enfants naturels. L'absence de règles précises s'explique par cette raison, que nous avons déjà donnée, qu'en réalité, ni les lois, ni les mœurs ne faisaient aucune distinction entre les enfants légitimes et les enfants nés hors mariage.

En ce qui concerne la légitimation et la reconnaissance, nous pensons qu'il serait utile, dans l'intérêt social, tout en laissant aux intéressés la faculté d'adoption, de rendre applicables aux indigènes les articles 331 et suivants du Code civil relatifs à cette matière.

———

CHAPITRE IV

DES ENFANTS INCESTUEUX ET ADULTÉRINS

Dans la société malgache, l'enfant incestueux n'existe pas. A tous égards, ni la loi coutumière, ni la loi écrite n'en font mention. Ce fait s'explique encore par les mœurs. Je ne crois pas qu'on pût citer d'exemple d'une alliance contractée entre parents au degré prohibé par la coutume à peine de nullité ; de même, on ne trouverait pas d'exemple de rapports intimes établis entre très proches parents.

Mais les enfants adultérins sont très nombreux. Ils proviennent surtout des relations illicites qui s'établissaient fréquemment entre le maître et une femme esclave. Il était même admis, nous le verrons plus loin, que le Malgache quittant momentanément l'Imérina, soit pour un service public, soit pour tout autre cause, avait le droit d'amener une concubine esclave.

L'enfant adultérin n'avait pas une situation aussi favorable que celle de l'enfant naturel. Mais, ni la coutume, ni les mœurs n'attachaient aucune réprobation à cette qualité. Il n'était pas rare de les voir vivre dans la famille et recevoir la même éducation que les autres enfants. Même, le père ou la mère pouvaient en quelque sorte les reconnaître en les adoptant. L'adoption leur conférait les droits et les prérogatives des autres enfants légitimes. Toutefois, le père, dans beaucoup de circonstances, n'osait pas recourir ouvertement à l'adoption dans la crainte de froisser ses autres enfants ; il se contentait de leur faire une donation.

L'enfant adultérin provenant des relations du maître avec une esclave, naissait esclave, l'enfant suivant toujours la condition de sa mère. Mais la plupart du temps, en pareille occurrence, le maître affranchissait la femme pendant la grossesse, de telle sorte que l'enfant était de condition libre en venant au monde.

LIVRE V

De la minorité et de la majorité.

———

CHAPITRE PREMIER

LES ENFANTS DANS LA SOCIÉTÉ MALGACHE

Un des plus grands désirs du Malgache, nous l'avons souvent remarqué, était d'avoir une famille nombreuse qui pût se perpétuer à l'infini. Tous les moyens lui étaient bons pour obtenir des enfants. Par l'adoption qui, comme nous le verrons, pouvait se pratiquer sans aucune restriction, il en augmentait le nombre. Il accueillait avec la plus grande faveur les enfants, légitimes ou naturels, que sa femme avait eus avant le mariage. La femme de son côté avait recours aux moyens les plus étranges pour vaincre une stérilité obstinée (manao zaza). Elle absorbait des philtres à qui elle attribuait des vertus génératrices ; elle suivait religieusement toutes les pratiques superstitieuses ordonnées par le sorcier ; elle mangeait un poisson cru appelé toho ; elle allait cueillir telle fleur ou telle plante miraculeuse dans certains endroits où l'on prétendait que reposaient les restes des antiques Vazimba ; elle immolait un coq rouge et en répandait le sang sur les tombeaux de ces derniers. La stérilité était considérée comme un opprobre et l'expression bada-be (femme stérile) était une des plus grosses insultes.

Cet ardent désir de postérité, que l'on retrouve chez tous les peuples primitifs, découlait de plusieurs motifs, les uns d'ordre religieux, les autres d'ordre social.

On a vu plus haut que la seule religion connue des Malgaches depuis les temps les plus reculés était le culte des ancêtres. Les ancêtres étaient considérés comme des divinités. Le tombeau familial qui renfermait leurs restes était le seul temple où la famille allât prier.

Dans le tombeau se trouvait l'autel pour recevoir les libations et les sacrifices ordonnés par la tradition, et chaque fois qu'il était ouvert, c'était un pieux devoir pour les parents que de procéder au renouvellement des lambamenas qui enveloppaient la dépouille des aïeux.

A défaut de postérité, le culte des ancêtres s'éteignait; les devoirs de piété et d'adoration n'étaient plus rendus; c'était une seconde mort plus terrible que la première, puisque la mémoire et le culte des aïeux tombaient à jamais dans le néant, aucun parent, à un moment donné, n'existant plus pour entretenir le tombeau et remplir les devoirs dûs aux morts.

On comprend, dès lors, l'immense intérêt que le Malgache portait à avoir de nombreux descendants pour que le tombeau familial, qui devait être pour lui aussi sa dernière demeure, restât toujours debout. Sans doute, ce sentiment religieux que le Hova avait apporté du berceau de sa race, de l'Extrême-Orient, où il est toujours aussi vivant que par le passé, n'est pas aujourd'hui aussi vivant qu'autrefois. Mais si l'idée religieuse s'est en partie effacée, les pratiques, les mœurs, l'état social sont restés et sont la preuve indéniable de ce que nous avons dit plus haut.

A un autre point de vue, une nombreuse famille était de toute nécessité dans un pays où le groupe familial et la caste vivaient isolés, formant un petit corps social, qui avait à défendre ses prérogatives et ses biens contre les étrangers. Plus la famille était nombreuse, plus elle avait des chances de pouvoir se garantir contre les entreprises dirigées contre elles ; c'est par le nombre, en un mot, qu'elle arrivait à la richesse et à la puissance.

Plus tard, quand l'idée de nationalité s'est éveillée, l'accroissement de la population a été également le premier des besoins ; il fallait constituer l'unité politique et réaliser le fameux programme, dont nous avons parlé, de son grand roi Andrianampoinimerina.

Dans un autre ordre d'idées plus terre à terre, l'intérêt, qui est tout-puissant dans l'âme malgache, lui faisait un devoir de ne pas mourir sans postérité. Nous verrons, en effet, que dans le système successoral, exception faite pour la majorité des castes Andriana et pour quelques castes roturières privilégiées, les biens de la personne décédée sans héritiers directs ou sans avoir fait de testament étaient appréhendés par l'Etat.

Pour toutes les raisons que nous venons d'exposer, la naissance d'un enfant, fils ou fille, était toujours saluée avec une joie extrême. C'était l'occasion de fêtes et de réjouissances ; on adressait des prières et des remerciements aux ancêtres. Tous les amis et tous les parents apportaient leurs félicitations et offraient des cadeaux aux heureux père et mère et à l'enfant (hasin-jaza). La naissance d'un premier enfant donnait même lieu à une coutume bien curieuse. Le père et la mère abandonnaient leur propre nom, pour prendre celui du nouveau né. Par exemple, Rakoto, le mari, et la femme, Rasoa, viennent d'avoir un fils auquel on a donné le nom de Kitomanga. Le père s'appellera, désormais,

Rainikitomanga (père de Kitomanga) et mère Rénikito-
manga (mère de Kitomanga).

Signalons, toutefois, un usage bizarre qui semble en
contradiction avec ce que nous venons de dire. Le roi
Andrianampoinimerina avait décidé que les enfants
jumeaux seraient rejetés de la famille pour que le
royaume ne fut pas partagé entre deux ou plusieurs personnes. Après lui, les Andriana avaient adopté cette coutume, qui aujourd'hui, d'ailleurs, paraît être tombée en
désuétude.

L'enfant dans la famille était l'objet des soins les plus
assidus. Dès l'âge le plus tendre, il était traité comme
tout autre membre du groupe familial. Comme les grandes personnes, il assistait aux discussions d'affaires,
aux cérémonies et aux anniversaires. Son avis était
écouté avec déférence et respect. N'était-il pas, en effet,
l'espoir de la famille en ce sens qu'il devait en être le
continuateur et quand son père serait décédé (lasan-
korazana, litt. devenu ancêtre), n'était-ce pas à lui que
reviendrait le soin de la diriger et d'entretenir le tombeau familial !

Sans doute, il pouvait arriver que la conduite de l'enfant ne répondit pas à l'amour sans borne que lui portaient les parents. La loi coutumière, dans ce cas, avait
armé le père de pouvoirs terribles ; le droit moderne
lui reconnaît un droit de correction. Mais ce n'est qu'à la
dernière extrémité, que le père faisait usage de ces droits
redoutables. Hala-mahatratra (litt. tout en les détestant,
il les assistent), dit le proverbe malgache, c'est-à-dire
les parents n'abandonnent jamais les enfants ingrats.
Et le législateur de 1881, s'inspirant des mœurs, édicte
dans l'article 156 une mesure que bien des Codes des
nations occidentales pourraient lui envier : « tout enfant
de 10 ans et au-dessous ne pourra pas être poursuivi
parce qu'il n'a pas encore l'âge de discernement ».

Avant que l'enfant eut atteint l'âge de puberté (vanto jaza), on célébrait en son honneur deux cérémonies principales : la première coupe des cheveux (manala-volon-zaza) et la circoncision (manao hasoavana).

La fête du manala volon zaza avait lieu 3 mois après la naissance. Ce jour là le père réunissait toute la famille et le Fokon'olona. Un parent était choisi pour couper les cheveux de l'enfant. Une cérémonie symbolique suivait qui nous montrera encore les idées de ce peuple sur la génération. On faisait cuire du riz dans lequel on mélangeait un morceau de bosse de bœuf, du miel, du saonjo et quelques cheveux de l'enfant (1). Le riz était ensuite servi sur une feuille de bananier et déposé sur une table autour de laquelle s'assemblaient toutes les jeunes filles. Au signal donné, toutes ces dernières se précipitaient pour saisir une part du riz, si petite fut-elle ; car celles qui avaient eu le bonheur d'en saisir et d'en manger quelques grains avaient la persuasion qu'elles deviendraient mères dans l'année.

La cérémonie se continuait par des souhaits à l'enfant, par un repas auquel toute la famille était invitée, par des danses et des réjouissances. Cette fête était considérée comme la première initiation de l'enfant à la vie d'homme, et c'est à partir de ce jour qu'on lui donnait quelques grains de riz, le mets national, à manger.

La cérémonie de la circoncision était la fête malgache la plus populaire. On est en droit de s'étonner de l'existence de cette coutume chez les Hova. Elle est inconnue, en effet, des peuples orientaux qui sont la souche de la race. On ne peut expliquer cette anomalie que par l'immigration, à Madagascar, aux époques les plus re-

(1) Tous ces objets avaient un sens symbolique. Ainsi la bosse étant la partie la plus élevée du corps de l'animal, l'enfant, dans l'avenir, devait dépasser les autres hommes comme la bosse dépassait les autres parties du corps, etc....

culées, d'Arabes, qui ont apporté avec eux leurs lois et
leurs mœurs. D'ailleurs, la venue de musulmans dans
la grande île nous parait incontestable ; nous trouverons,
en effet, dans la coutume de nombreuses traces du droit
musulman.

Avant 1869, la circoncision ne se pratiquait que
tous les sept ans. C'était une fête officielle qui se célébrait
avec la plus grande pompe. Après cette date, chaque
famille pratiquait la circoncision quand elle le voulait et au moment qui lui paraissait le plus favorable.

Autrefois la circoncision était certainement une fête
religieuse, comme nous en trouvons chez les peuples
anciens. Tous les objets, toutes les matières employées
dans la cérémonie avaient un caractère sacré et symbolique. Ainsi, la calebasse dans laquelle on puisait l'eau
nécessaire ne pouvait être attachée qu'avec des fibres
d'un arbre appelé Hafotrasomanga ; l'écorce fibreuse de
cet arbre étant très résistante, c'était un symbole de la
force que l'enfant devait avoir. L'eau, elle-même, devait
être puisée à une source sacrée ; elle portait le nom de
rano masina, rano manoro, eau de vertu, eau de bonheur.
La lampe allumée, car la circoncision avait toujours lieu
pendant la nuit, qui s'appelait Fototra, était placée sur
un tronc de bananier ; sa mèche, faite avec de la bouse
de vache pétrie et allongée, devait répandre une vive
clarté, qui était le symbole de l'intelligence souhaitée à
l'enfant. Tous les ustensiles nécessaires à la circoncision
étaient enfermés dans une maison (Tranolahy), dans laquelle il était défendu aux femmes de pénétrer. Pendant
la durée des fêtes, il était également interdit aux femmes
d'avoir des rapports intimes avec les hommes.

La cérémonie ordinairement se célébrait dans le lapa
(palais seigneurial), en présence des parents et du Fokon'olona. Un parrain (Rain jaza) et une marraine
(Renim-jaza) étaient choisis à l'enfant. Ces derniers

presque toujours, avec le consentement du père, adoptaient leur pupille. C'était, comme nous le verrons, une des formes les plus usitées de l'adoption, et l'on voit souvent, dans les procès, l'intéressé invoquer ce parrainage comme une preuve incontestable de la réalité de l'adoption.

L'opération physique était faite solennellement, au son des tambours et d'autres instruments de musique. Le rain-jaza formait toutes sortes de souhaits pour l'enfant (lahilahy, litt. tu seras un homme) et pour conserver le souvenir de ce grand jour, on mesurait l'enfant avec un roseau, dont on coupait ce qui dépassait la tête. Cet usage portait le nom de oha-jaza.

Ensuite, suivant la coutume religieuse de l'ancien temps, on immolait un ou plusieurs bœufs, offerts par le Rain-jaza. La moitié d'un de ces animaux (ila ombintsaotra) était partagée entre les membres du Fokon'olona. Le vodihena (culotte de bœuf) et le tohimetra (1) étaient offerts au Tompo-Menakely. Le Sikajy isan drain jaza (tribut d'une valeur de 0 fr. 60 centimes qui devait être payé par le Rain-jaza pour chaque enfant circoncis) était également versé entre les mains du Tompo-Menakely.

Dans les terres menabe, c'est-à-dire dans les terres qui étaient directement placées sous la suzeraineté de la Reine, c'est à cette dernière que devaient être offerts ces différents hasina.

(1) Le tohimetra consistait en une somme d'argent, plus ou moins grande selon la fortune des individus, offerte au Tompo-Menakely. Cette somme était censée, représenter la valeur des nattes qu'autrefois le Rain-zaza était tenu de placer dans la maison où le Seigneur devait séjourner pendant la cérémonie.

CHAPITRE II

DE LA MINORITÉ ET DE LA MAJORITÉ

Nous venons d'exposer la situation de l'enfant dans le premier âge ; nous devons maintenant nous demander à quel moment il était considéré comme maître de ses droits. Nous avons vu que l'enfant restait sous la puissance paternelle jusqu'à l'époque où il quittait la maison du père pour aller fonder une autre famille. En ce qui concerne la majorité, la loi ni la coutume ne fixent aucun âge. Il serait, cependant, de la dernière importance de savoir à quel moment l'individu se trouve en pleine et libre jouissance de ses droits, à quel moment il peut consentir des aliénations ou prendre des engagements, à quel âge il peut se marier. D'après la coutume, dès que l'enfant est pubère ou qu'il a l'âge de raison, il est capable de tous les actes de la vie civile et les contrats régulièrement passés par lui doivent être regardés comme valables. Il est inutile de faire remarquer combien il est difficile de fixer d'une manière certaine la puberté ou l'âge de raison. En somme, dans une matière aussi délicate, tout est laissé à l'arbitraire du juge. On comprend quels résultats déplorables peuvent en être la conséquence.

Aussi, suivant la méthode que nous avons toujours suivie, nous pensons qu'il serait très utile de rendre applicables aux Malgaches les dispositions de notre Code civil relatives à la majorité et à la minorité, sauf, si on le croyait nécessaire, et rien ne le prouve, à abaisser l'âge fixé pour la majorité dans notre droit.

————

CHAPITRE III

DE LA TUTELLE ET DE L'ÉMANCIPATION

Quand l'enfant, en bas-âge et encore incapable de se diriger, perd ses père et mère, la loi lui doit une protection spéciale. Cette protection qui, en droit français, porte le nom de tutelle, n'est pas prévue dans les Codes écrits indigènes. D'après la coutume, cependant, la famille avait l'obligation de désigner une personne appelée vato namelan Kafatra (litt. pierre sur laquelle a été gravé un testament), à qui incombait le soin de la personne et des biens de l'enfant. Cette personne était tantôt un proche parent, un oncle ou une tante, tantôt un esclave de confiance né dans la maison (andevo am-patana ou andevon-drazana) ; tantôt le père et la mère nourriciers ; tantôt de sortes d'intendants que, dans le langage courant, on appelle aides-de-camp. Ce protecteur remplissait, en quelque sorte, avec le concours et sous la surveillance de la famille, les fonctions du tuteur.

Mais ni l'étendue des pouvoirs du vato namelan Kafatra, ni sa responsabilité n'étaient définies. La coutume paraissait même admettre que les orphelins pouvaient contracter en dehors de leur action. D'autre part, on prétend même qu'il arrivait souvent que le protecteur n'était qu'un parasite qui vivait et s'enrichissait aux dépens de l'enfant.

Dans ces conditions, nous demandons encore avec insistance que les dispositions de notre Code civil sur la matière soient rendues obligatoires pour les indigènes. Les principes tutélaires édictés par le législateur français existent à l'état virtuel dans la coutume malgache. On ne violera en aucune façon leurs usages : on réglementera seulement un principe admis. Il est même certain, d'après les renseignements qui nous ont été donnés, que cette mesure serait accuellie avec faveur par la population.

L'émancipation, c'est-à-dire l'acte par lequel le mineur acquiert le droit de gouverner sa personne et d'administrer ses biens, n'est pas connue en droit malgache. On le comprend aisément. Il était contraire aux mœurs de ce peuple, où l'individualité disparaît dans la fonction familiale, qu'un enfant pût, par un moyen quelconque, se soustraire à la puissance paternelle. Toutefois, quand l'enfant quittait la maison paternelle pour se marier et fonder une nouvelle famille, la coutume admettait, — tout au moins elle l'admet de nos jours — que l'enfant, quelque fut son âge, devenait, par suite d'une sorte d'émancipation, capable de tous les actes de la vie civile.

CHAPITRE IV

DE L'INTERDICTION ET DU CONSEIL JUDICIAIRE

Il peut arriver que l'individu, rendu maître de ses droits soit par le fait de son mariage, soit par le fait de la mort de ses père et mère, perde ses facultés intellectuelles et devienne incapable d'administrer sa personne et ses biens. Ou bien, il peut se présenter encore que la personne, sans être totalement privée de ses facultés mentales, se trouve dans un tel état de faiblesse d'esprit que sa ruine soit à craindre, si on lui laisse la disposition absolue de son avoir.

Dans ces deux cas, la loi française protège l'incapable au moyen de l'interdiction et du conseil judiciaire.

Le Code malgache ne contient que quelques dispositions relatives à l'enfant prodigue (articles 237, 238 et 239).

Dans la coutume, quand une personne était devenue incapable d'exercer les actes de la vie civile, ou montrait une faiblesse d'esprit qui la poussait à dilapider ses biens, ses parents adressaient une plainte à la Reine, qui, alors, de sa propre autorité et sans autre forme de procès, la déclarait incapable et la privait de l'administration de ses biens.

Quels étaient les effets de cette sorte d'interdiction ? Il est malaisé de le savoir. Aucune règle précise n'avait été édictée. D'ordinaire, les juges considéraient les actes faits par l'interdit, surtout ceux qui concernaient les biens, comme nuls de plein droit. Par exemple, les emprunts souscrits n'étaient pas valables ; le prêteur perdait son argent ; les ventes consenties étaient nulles, les biens aliénés faisant retour à l'interdit. En un mot, les juges avaient un pouvoir arbitraire pour résoudre toutes les questions qui leur étaient présentées. Mais la confusion était grande, le juge n'ayant aucune règle pour éclairer sa religion. Souvent même. le cas s'est présenté devant nous, la décision prononçant l'interdiction était verbale et pouvait par conséquent être ignorée des tiers.

Dans ces conditions, nous conclurons, comme pour la tutelle, le principe de l'interdiction et du conseil judiciaire existant dans la coutume malgache, que les dispositions dn Code civil, sur ce point, soient rendues également applicables aux indigènes.

LIVRE VI

Le mariage (Fanambadiana).

_____

NOTIONS GÉNÉRALES

Dans la société malgache, comme dans toutes les sociétés primitives, le mariage a toujours été en grand honneur. On peut dire que le célibat était presque inconnu.

L'accroissement de la population était, en effet, le premier des besoins pour ce peuple qui attachait, comme nous l'avons dit, une si grande importance à la continuité de la famille et qui avait tant à cœur, pour des raisons diverses, d'avoir une nombreuse postérité.

Aussi ne faut-il pas s'étonner que dans ce but ils aient eu recours, comme presque tous les peuples à l'origine, à la polygamie. Cette institution, qui est comme tant d'autres d'origine musulmane, ayant été abolie par l'article 50 du Code du 29 mars 1881 (1), il nous suffira d'en donner les lignes principales pour connaître de quelle façon elle était pratiquée à Madagascar.

_____

(1) Art. 50 du Cod. d. 1881 : « La polygamie est défendue dans le royaume. Quiconque aura plusieurs femmes subira une amende de 10 bœufs et 50 francs. A défaut de paiement, contrainte par corps à raison de 0 fr. 60 centimes par jour, jusqu'à parfait paiement. »

La polygamie a probablement existé de tout temps. Néanmoins, la légende signale Ralambo (le sanglier), qui aurait régné vers la fin du xvie siècle, comme le premier roi polygame. Si l'on en croit la tradition, les souverains avaient le droit de posséder jusqu'à douze femmes, tandis que les sujets ne pouvaient en avoir que sept.

La première femme épousée portait le nom de vadibe (épouse supérieure), les épouses intermédiaires, celui de vadimasay, la dernière était dénommée vadikely (petite épouse). L'épouse vadibe avait la prééminence sur les autres ; les épouses vadimasay et vadikely lui devaient déférence et respect.

Le mari ne pouvait prendre une nouvelle femme que moyennant payement du taha à toutes les autres épouses qu'il possédait déjà. Le taha était une indemnité de compensation payable soit en argent, soit en esclaves, soit en biens-fonds. La quotité était fixée d'après les conventions des parties intéressées. Le taha était obligatoire toutes les fois que le mari voulait prendre une nouvelle femme.

Comme en droit musulman, chaque épouse avait droit à une habitation séparée. Elles venaient à tour de rôle visiter leur mari dans sa maison. Toutefois, la femme vadibe pouvait exiger d'être logée dans la maison maritale.

Tous les enfants, issus des différentes unions, étaient légitimes. Ils vivaient sur le pied de la plus parfaite égalité et avaient les mêmes droits à la succession.

Comme nous l'avons dit, la polygamie a été abolie par le législateur moderne qui, sous l'influence de quelques Européens, a fait tous ses efforts pour élever les coutumes malgaches à la hauteur des civilisations occidentales.

En droit malgache, comme en droit français, le ma-

riage est un contrat civil. La séparation du mariage
civil et du mariage religieux est nettement établie.
Qu'on suive les règles coutumières ou des Codes écrits,
il n'est pas douteux que, pour qu'un mariage soit
valable, il suffit qu'il soit contracté conformément aux
prescriptions de la loi civile, quelque soit, d'ailleurs, la
religion des contractants. Depuis l'occupation française
même, un arrêté du gouverneur général, en date du
15 juin 1898, défend aux ministres des divers cultes de
procéder au mariage religieux si les époux ne fournissent pas un certificat constatant que l'union a été
enregistrée, conformément à la loi indigène, sur les
registres publics.

CHAPITRE PREMIER

DES CONDITIONS REQUISES POUR LA VALIDITÉ DU MARIAGE

En droit malgache, les conditions requises pour pouvoir contracter mariage sont les suivantes :

1° Consentement des parties ;

2° Age fixé par la coutume ;

3° Consentement des parents ;

4° Absence d'un lien conjugal antérieur non dissous
légalement ;

5° Absence entre les deux futurs conjoints de certains
liens de parenté ou d'alliance ;

6° Conformité de caste ;

7° Inscription du mariage sur les registres du gouvernement.

§ 1. — *Consentement des parties*.

L'article 51 du Code de 1881 dispose qu'aucun mariage ne pourra être contracté que du plein gré des
conjoints.

Ces prescriptions ont été édictées par le législateur
moderne dans le but de mettre fin à l'ancien usage qui
autorisait le père de famille à marier ses enfants
comme il l'entendait. Soumis à la puissance paternelle,
l'enfant, quelles que fussent ses inclinations particulières, était tenu d'accepter l'union décidée par le chef de
famille. Sans doute, dans l'hypothèse du refus de l'intéressé, le père n'avait à sa disposition aucune coerci-
tion légale. Mais la coutume lui donnait le droit de
rejeter le récalcitrant de la famille, peine très grave et
très redoutée. Aussi, l'enfant s'inclinait généralement
devant la volonté paternelle.

Le même article 51, dans la deuxième partie, ajoute
qu'aucun mariage résolu à la suite de fiançailles ne
pourra être contracté contre la volonté des époux.

Cette disposition a eu pour but également de modifier
une institution coutumière, qui paraît très ancienne, les
fiançailles (fifamofoana).

Les fiançailles n'étaient autre chose qu'une promesse
définitive de mariage faite entre deux familles, ou entre
les membres d'une même famille, dans le but de resserrer les liens qui les unissaient ou d'empêcher la disper-
sion des biens.

L'institution des fiançailles avait encore été introduite
dans l'usage pour soustraire les biens des enfants et
leurs personnes à une condamnation ou a une confisca-

tion possibles. En effet, d'après la loi pénale ancienne, certaines condamnations encourues par le père atteignaient la mère et les enfants, qui même souvent étaient réduits en esclavage. Or, la coutume malgache considérait les enfants fiancés comme mariés. Le mariage conférant une sorte d'émancipation, ils formaient une nouvelle famille. La condamnation, par conséquent, ne pouvait frapper ni leur personne, ni leurs biens. Toutefois, lorsque le père était condamné pour avoir commis un des douze grands crimes, prévus par l'article 1er du Code de 1881, cette précaution devenait inutile ; car cet article ordonne la confiscation des biens, alors même qu'ils sont passés en d'autres mains.

Le contrat de fiançailles était parfait par le seul consentement des parents. Quand les fiancés étaient parvenus à l'âge de puberté, ils ne pouvaient se soustraire aux liens noués par leurs auteurs. Ils étaient tenus, quelque disproportion d'âge qui existât entre les conjoints, quelle que fut leur incompatibilité d'humeur et de goût, de ratifier la volonté paternelle.

D'après la coutume, en effet, les fiançailles étaient un mariage définitif. La cérémonie du mariage avec dation et acceptation du vodi-ondry qui intervenait dès que les fiancés (Fafombady) avaient atteint l'âge de puberté, n'était qu'une pure formalité. La répudiation seule pouvait rompre les liens conjugaux

Comme on le voit, l'institution des fiançailles avait plutôt pour but d'unir deux familles que deux personnes, idée, d'ailleurs, qu'on retrouve à chaque instant dans la coutume indigène, et qui n'était qu'une conséquence du régime patriarcal, base de toute la législation.

Le contrat de fiançailles n'exigeait aucune condition d'âge. Cette liberté donnait naissance aux situations les plus bizarres. Ainsi, par exemple, on fiançait deux enfants à la mamelle, ou bien une jeune fille de 18 ans était unie à un garçon qui venait de naître.

On se rend facilement compte des troubles qu'une pareille institution devait apporter dans les familles. La disproportion d'âge ou l'incompatibilité d'humeur étaient souvent la source d'une profonde mésintelligence et de dissentiments graves. Il était, de plus, contraire au droit naturel que le mariage peut être rendu obligatoire contre la volonté des parties.

Le législateur de 1881, inspiré par quelques conseillers européens, a mis fin à cet état de choses. Désormais, le mariage résolu à la suite de fiançailles n'est valable que si les parties, au moment de rendre effectif le projet d'union, donnent leur consentement ; à défaut, les fiançailles ne produisent aucun effet.

En résumé, il résulte des termes de l'article 51 : 1° qu'aucun mariage ne peut être contracté sans le consentement des conjoints ; 2° que le contrat de fiançailles ne rend le mariage obligatoire que si les conjoints consentent à l'union.

Plusieurs conséquences juridiques découlent de ces prescriptions :

1° Les gouverneurs de village et les autres fonctionnaires chargés de la tenue des registres du Gouvernement ne peuvent inscrire un mariage sans le consentement libre et volontaire des conjoints ;

2° Les personnes qui sont incapables de consentir, comme les fous, ne peuvent contracter mariage. L'inscription devra être refusée.

Par application de ces principes, si l'une des parties apportait la preuve qu'elle n'a donné son consentement que sous l'effet de la violence, le mariage pourrait être annulé par les tribunaux. Mais nous reviendrons sur ce point lorsque nous arriverons aux divers cas de nullité de mariage.

§ 2. — *Age fixé par la coutume.*

Les différents réglements ou Codes écrits ne déterminent pas l'âge auquel on peut contracter mariage. Dans la coutume, également, on ne trouve aucune règle précise. Il ne faut pas trop s'en étonner. Il est rare, en effet, de rencontrer un Malgache qui connaisse son âge ou celui des membres de sa famille. Il semble que l'usage s'était établi de ne marier les filles qu'à partir de 10 ans et les garçons à partir de 15 ans. Cet âge paraît même avoir été reculé plus tard, sous l'influence des diverses missions chrétiennes, à 14 ans pour les filles et 18 ans pour les garçons.

Toutefois, il nous apparaît que, même dans l'état actuel de la législation, il ressort de certaines prescriptions du Code de 1881 une règle précise, à l'observation de laquelle on pourrait tenir la main. Nous venons de voir, en effet, qu'aux termes de l'article 51, aucun mariage ne peut être contracté que du plein gré des époux, c'est-à-dire du consentement libre et volontaire. Or, pour pouvoir donner un consentement libre et volontaire, il faut nécessairement une certaine maturité d'esprit. qui ne vient qu'à un certain âge. Donc, selon nous, les fonctionnaires chargés de la tenue des registres doivent refuser l'inscription du mariage lorsque les conjoints ne leur paraissent pas avoir atteint l'âge de raison. De même, par application de ce principe, toute union contractée à un âge où il serait notoire que les époux n'ont pu sérieusement manifester leur volonté, pourrait être annulée, le cas échéant, par les tribunaux.

Toutefois, nous ne nous dissimulons pas qu'il est arbitraire et dangereux de laisser à des fonctionnaires le pouvoir de déterminer l'âge de raison. Aussi nous appellerons encore l'attention du législateur sur ce point. Il est nécessaire de fixer un âge, le même pour tous suivant le sexe, avant lequel le mariage ne pourra pas être contracté. La question nous paraît d'une grande importance, tant au point de vue de l'ordre social qu'au point de vue de la procréation et de la conservation de la race.

§ 3. — *Consentement des parents.*

Le consentement des parents pour pouvoir contracter mariage n'est pas prévu par les différents Codes ou réglements promulgués à Madagascar. Mais la loi coutumière est formelle sur ce point. L'enfant ne peut se marier sans le consentement de ses père et mère et même de tous les ascendants. L'expression ray aman dreny désigne, en effet, tous les ascendants.

Les distinctions fondées sur l'âge de l'enfant de notre droit français en ce qui concerne l'habilité au mariage n'existent pas dans la loi malgache. L'enfant à tout âge ne peut se marier sans l'autorisation de ses parents.

Si le père consent au mariage et que soit la mère, soit les ascendants refusent, l'avis du père prévaudra à cause de sa qualité de chef de la famille qui lui donne autorité sur tous. Mais ce dissentiment n'existe pour ainsi dire jamais. Dans la pratique, en raison de l'organisation familiale de la société malgache, tout projet d'union est délibéré par la famille entière, et, après de long kabary, on finit toujours par se mettre d'accord.

Si le père est décédé ou dans l'impossibilité de manifester sa volonté, le consentement de la mère ou du chef de famille qui a été institué par le père, qui prennent toujours l'avis de la famille comme il vient d'être dit, suffira.

Si le père ou la mère sont décédés ou dans l'impossibilité de manifester leur volonté, l'autorisation du grand-père et de la grand'mère serait nécessaire ; en cas de dissentiment, le consentement du grand-père l'emportera.

A défaut d'ascendants, le consentement est donné par la famille entière.

Dans la coutume malgache, le consentement est toujours verbal. Cependant, en cas de nécessité absolue, par exemple si le père n'était pas présent, il pourrait être donné par simple lettre ou par écrit.

L'ancienne coutume n'édictait aucune sanction pénale ou civile pour le cas où les dispositions relatives au consentement étaient violées. Rien n'empêchait donc l'enfant de se marier contre la volonté du père. Sans doute, dans cette extrémité, comme dans tous les actes de la vie malgache, la famille intervenait. Elle faisait effort pour amener le récalcitrant à composition. Mais si elle échouait, le père était désarmé ; il ne pouvait que rejeter l'enfant. Disons, d'ailleurs, que cette peine qui privait l'enfant de la succession, était très redoutée et le ramenait le plus souvent à l'obéissance.

Le Code de 1881 a modifié cette situation. Aux termes de l'article 53, en effet, tout mariage doit être inscrit sur les registres du Gouvernement à peine de nullité. Donc, si le mariage ne réunissait pas toutes les conditions de validité requises par le droit coutumier ou écrit, il serait du devoir du fonctionnaire chargé de la tenue des registres, de refuser l'inscription de l'union. De plus, l'article 11 des ordres aux gouverneurs d'Imérina, promulgué en 1889, exige la présence des père et mère des époux au moment de l'inscription. Il suit de là qu'en cas de non-consentement, il suffirait de l'absence des parents pour empêcher l'inscription, et comme conséquence, pour empêcher le mariage d'être valable.

§ 4. — *Absence d'un lien conjugal antérieur non dissous légalement.*

L'article 50 du Code de 1881 dispose que la polygamie est défendue et que quiconque possèdera plusieurs femmes subira une amende de 10 bœufs et de 50 francs.

Notre-article a eu pour effet d'interdire désormais la pratique de la polygamie, qui jusqu'à cette époque avait été en grand honneur.

Au point de vue juridique, il en découle qu'à partir de la promulgation du code de 1881, il est défendu de contracter un second mariage avant la dissolution du premier. Sans doute, la sanction donnée à cette défense parait faible ; mais il ne faut pas oublier que le législateur avait ici à combattre une coutume très ancienne, enracinée dans les mœurs; il comprenait que ce n'est qu'avec le temps qu'il parviendrait à faire entrer cette réforme dans l'usage.

Dans l'article 13 des ordres aux gouverneurs de l'Imérina (1889), le législateur édicte une nouvelle disposition pour mettre obstacle à la pluralité des mariages. Cet article déclare que lorsque l'époux divorcé veut contracter un nouveau mariage, le gouverneur du lieu où l'inscription doit être reçue a l'obligation de se faire présenter le jugement autorisant le divorce, ou sa reproduction dans la gazette (*Journal officiel*), ou toute autre justification valable. Si le gouverneur procède à l'inscription sans observer ces diverses formalités, il est passible d'une amende de 3 bœufs et de 15 francs (1). Il s'en-

---

(1) Art. 13 : Ordres aux Gouverneurs de l'Imérina : « Si, après avoir divorcé, un homme ou une femme avait l'intention de se remarier dans votre district et se présentait pour requérir l'inscription du mariage, posez-lui les questions suivantes : Où est le jugement du tri-

suit nécessairement que si le premier mariage n'a pas
été dissous légalement, il deviendra impossible aux
futurs de contracter un nouveau mariage.

Nous examinerons au chapitre des nullités si, en droit
malgache, le mariage contracté avant la dissolution du
premier peut servir de base à une demande en nullité
de mariage.

§ 5. — *Absence entre les conjoints de certains liens
de parenté ou d'alliance.*

Les empêchements de mariage résultant de la parenté ou de l'alliance ne sont prévus que par la loi coutumière ; les différents Codes écrits ou instructions ne contiennent aucune règle sur ce point.

1° En ligne directe, le mariage est prohibé entre les ascendants et descendants légitimes ou naturels, et les alliés dans la même ligne.

C'est une règle de droit naturel qu'on retrouve dans toutes les législations.

La prohibition s'applique aux parents et alliés en ligne directe à l'infini. Ainsi, le père ne peut pas épouser sa fille, le grand-père sa petite-fille. Après la mort de sa femme, le mari ne peut pas épouser la fille qu'elle a eue d'un précédent mariage. De même, pour les parents et alliés naturels.

2° En ligne collatérale, le mariage est prohibé :

a) Entre le frère et la sœur légitimes ou naturels ;

bunal prononçant le divorce ? Est-il inséré dans la *Gazette Malgache* ? Ou bien quels sont les motifs pour lesquels on vous a autorisé à divorcer ? Si vous ne nous remettez pas ces pièces, nous ne pouvons pas procéder à l'inscription. — Si vous n'observez pas ces formalités, vous serez passibles d'une amende de 3 bœufs et de 15 francs ».

b) Entre l'oncle et la nièce, la tante et le neveu.

Dans le droit coutumier, l'oncle est considéré comme le père de sa nièce. Ce n'est qu'une figure qui a pour but d'indiquer l'étroite relation de parenté. Toutefois, les Zanak'andriana (1re caste noble, parents de la reine) font exception à cette règle. Dans cette caste, l'oncle peut épouser la nièce. C'est un privilège de la famille royale.

c) Entre le fils et la fille de deux sœurs (ny omby kibo).

La coutume considère, également, les liens unissant les enfants de deux sœurs comme très étroits ; c'est une relation de parenté semblable à celle qui unit le frère et la sœur.

En droit malgache, il n'existe pas d'autres prohibitions de mariage.

Il en résulte que le mariage est permis :

a) Entre le fils et la fille de deux frères (Zanak'olo mirahalahy) ;

b) Entre les enfants d'un frère et d'une sœur (Zanak'olo mianadahy) ;

On pourrait s'étonner de ce que le mariage soit autorisé entre les enfants de deux frères et les enfants d'un frère et d'une sœur, tandis que nous venons de voir qu'il est prohibé entre les enfants de deux sœurs. Cette particularité du droit malgache repose sur cette idée, que l'on retrouve dans les législations orientales, que la filiation est surtout établie avec certitude en ligne féminine et que la parenté est plus étroite.

d) Entre le beau-frère et la belle-sœur ;

Avant le Code de **1881**, c'était un droit et une obligation pour le frère d'épouser la veuve de son frère. On appelait cette coutume, admise par presque tous les peuples orientaux, mitondra lohoha (litt. qui porte la charge). La veuve était considérée comme malheureuse, laissée dans l'abandon. Au frère du défunt incombait le devoir et le fardeau de lui venir en aide et de la protéger en la prenant pour femme. La veuve était tenue d'accepter l'union ; elle ne pouvait refuser son consentement. Mais, elle avait le droit de choisir parmi ses beaux-frères celui qui lui convenait le mieux.

Cette coutume établie dans un but d'humanité et pour permettre à la femme de rester toujours dans la famille, engendrait dans la pratique de sérieux inconvénients. On comprend qu'une union forcée où il était fait abstraction de tout ce qui constitue par essence le mariage, rapports d'âge, conformité de goûts, inclination réciproque, consentement des parties, était la source de graves dissentiments dans la famille et aboutissait à un but diamétralement opposé à celui que se proposait la coutume.

Déjà, Andrianampoinimérina avait essayé de réagir contre cet usage. Dans un de ses Kabary, il proclame que le mariage de la veuve avec un de ses beaux-frères n'est pas obligatoire. Mais, dans la pratique, la coutume avait été plus forte que la prescription royale, et la veuve avait continué à être tenue d'épouser un des frères de son défunt mari.

Le droit écrit, sous l'influence des idées chrétiennes qui commençaient à se répandre, a mis fin à cet usage. L'article 53 du Code de 1881 prescrit que le beau-frère et la belle-sœur ne pourront contracter mariage que de leur plein gré.

Il s'ensuit que si le mariage reste toujours permis entre le beau-frère et la belle-sœur, il n'est plus obligatoire. Le consentement des parties est nécessaire pour la validité de l'union.

§ 6. — *Conformité de caste.*

Dans certaines castes, la loi coutumière et la loi
écrite interdisent aux Malgaches de se marier en dehors
de leur caste. L'article 63 du Code de 1881 punit la
mésalliance (manao valabe) de 8 mois d'emprisonnement pour l'homme et de 4 mois pour la femme. Notre
article ajoute : ils seront également punis par les lois
des ancêtres. Cette loi des ancêtres prescrivait de
vendre comme esclave celui qui se mésalliait. Le coupable pouvait se racheter en payant une somme équivalente à la valeur d'un esclave. Avec l'argent provenant du rachat, on achetait du manioc qui était
distribué aux différents membres de la caste pour
rendre la honte publique (1).

Nous avons vu plus haut que la population libre est
formée de castes nobles et roturières. Pour la clarté
du sujet, nous rappelons brièvement la division de ces
castes.

Castes nobles :

1re *Catégorie.* — Les Zanak'andriana, les Zazamarolahy et les Andriamasinavolona ;

2e *Catégorie.* — Les Zanatompo ou Ambohimalaza,
les Andrianamboninolona et les Andriandranando ; les
castes de la 2e catégorie portent le nom générique
d'Andrianteloray.

3e *Catégorie.* — Les Zanadralambo amin'andrianjaka.

Castes roturières :

---

(1) Article 63, C. 1881 : « Toute personne qui se mésalliera sera
punie d'un emprisonnement de 8 mois pour l'homme et de 4 mois
pour la femme. Ils seront également punis par les lois des ancêtres ».

1re *Caste*. — Les Tsimahafotsy ;

2e *Caste*. — Les Tsimiamboholahy ;

3e *Caste*. — Les Mandiavato.

Les règles coutumières, qui défendaient aux membres de certaines castes de se marier en dehors de la caste, sont assez confuses. Il est probable que la rigueur primitive s'était peu à peu relâchée. Mais le Code de 1881 qui, sur d'autres points, paraît avoir voulu faire effort pour mettre les vieilles coutumes malgaches en harmonie avec la civilisation moderne, semble, dans cette matière, avoir fait, au contraire, un pas en arrière. En effet, sans tenir compte des nouveaux usages qui s'étaient peu à peu introduits, il aggrave les prescriptions de l'ancienne coutume, coupe court par des principes nets et précis à toute possibilité de mariage entre membres de castes différentes et règle d'une façon très dure la situation des mésalliances intervenues avant la promulgation de code de 1881.

Voici, d'ailleurs, les articles du Code de 1881 qui traitent ce sujet :

Art. 59 : « Dans les castes nobles des Andrianteloray, les mariages ne pourront être contractés qu'entre conjoints de même caste. Si, avant la promulgation du Code, il avait été célébré des mariages contrairement à ce qu'il édicte, si les Fokon'olona en garantissent la réalité et si le mari est décédé, la femme peut retourner à la caste à laquelle elle appartient ».

Art. 60 : « Si une femme andrianteloray se marie à un Tsihibelambana (nom générique donné à toutes les castes roturières), elle deviendra Tsihibelambana.

Si un Andrianteloray s'était marié avec une femme Tsihibelambana avant la promulgation de la présente loi, si le Fokon'olona affirme la réalité du mariage, à la mort du mari, la femme et les enfants reviennent à leur caste ».

Art. 61 : « Les Zanadralambo amin'andrianjaka ne peuvent contracter mariage qu'avec des femmes de leur caste. Car, s'ils se marient avec des Tsihibelambana, ils deviennent Tsihibelambana.

Si un Zanadralambo s'était marié avec une femme Tsihibelambana avant la promulgation de la présente loi, si le Fokon'olona affirme la réalité du mariage, à la mort du mari, la femme et les enfants retourneront à leur caste.

Art. 62 : « Si, avant la présente loi, des mariages ont été contractés entre des Andrianteloray et des Zanadralambo, ils continueront à avoir toute leur valeur légale ».

Il résulte des dispositions de ces divers articles :

1° Que les membres des castes nobles Andrianteloray, c'est-à-dire les Zanatompo ou Ambohimalaza, les Andrianaboninolona et les Andriandranando, ne peuvent se marier en dehors de leur caste.

Le contrevenant à ces prescriptions tombe sous le coup des peines édictées par l'article 63. De plus, il est décasté et perd tous les avantages honorifiques et pécuniaires attachés à sa caste. Ses enfants suivent sa nouvelle condition.

Toutefois, si le mariage a été contracté avant la publication du Code de 1881, le femme andrianteloray peut obtenir sa réadmission dans sa caste originaire sous deux conditions :

a) Que le Fokon'olona affirme que le mariage a été réellement contracté, c'est-à-dire qu'il ne s'agisse pas d'un simple concubinage, qui était très fréquent ;

b) Que le mari soit décédé.

2° Que si une femme andrianteloray épouse un Tsihibelambana, elle perd sa caste et fait partie dorénavant de celle de son mari. Les enfants également subissent la déchéance de la mère.

3° Que si, avant la publication du Code de 1881, un

Andrianteloray décédé a contracté un mariage, dont la validité est affirmée par le Fokon'olona, avec une femme Tsihibelambana, cette dernière, ainsi que les enfants issus du mariage, font partie de la caste maternelle ;

4º Que les membres de la caste des Zanadralambo amin'Andrianjaka ne peuvent se marier en dehors de leur caste.

Comme pour les Andrianteloray, le contrevenant est passible des peines édictées par l'article 63. De plus, il est décasté et devient membre de la caste de sa femme. Ses enfants suivent la même condition.

Toutefois, si le mariage du Zanadralambo a été contracté avant la promulgation du Code de 1881, l'article 61 fait les mêmes distinctions que l'article 60. Si le mari est décédé et si le Fokon'olona se porte garant de la validité de l'union, la femme avec ses enfants retournent dans la caste originaire ;

5º Qu'il est défendu aux membres des castes andrianteloray de se marier avec des membres de la caste des Zanadralambo.

Toutefois, les mariages de cette nature, contractés avant la nouvelle loi, conservent toute leur valeur légale.

6º Qu'il n'existe aucune prohibition de mariage pour les trois premières castes de la noblesse, les Zanak'andriana, les Zazamarolahy et les Andriamasinavolona. D'où la conséquence que les membres de ces castes avaient la faculté de s'allier avec les membres de toutes les autres castes, nobles ou roturières.

Cette dérogation à la règle générale était un privilège des trois premières castes andriana. Peut-être aussi y avait-il là une intention politique : celle d'affermir et consolider le pouvoir royal et féodal par des alliances contractées dans le peuple. Ainsi, dans l'ancien temps, il était d'usage que le souverain contractât mariage dans la caste des Ambohimalaza. De nos jours, nous avons vu s'établir la coutume que les Reines se marient avec le premier ministre de caste roturière. Toutefois, remarquons que cet exemple n'est pas décisif. Le mariage était plutôt imposé par le ministre devenu tout-puissant que librement accepté. Aussi, on ne faisait jamais allusion à cette union. Ce n'était qu'une sorte de cohabitation partielle devenue de tradition, mais qui n'était jamais considérée comme une union.

Les enfants issus d'une union contractée entre un membre des trois premières castes et un membre d'une caste différente, noble ou roturière, subissent une sorte de déchéance. Ils ne peuvent hériter du Fanjakana (seigneurie, fief). Toutefois, ils font partie de la caste la plus élevée. Ainsi, si la mère est Zanadralambo et le père Zanak'andriana, ils appartiennent à la caste des Zanak'andriana.

. 7° Qu'il y a prohibition de mariage entre les castes roturières et les castes nobles des Andrianteloray et des Zanadralambo ;

8° Qu'il n'existe aucun empêchement de mariage entre les castes roturières elles-mêmes. Les roturiers peuvent se marier entre eux à quelque caste qu'ils appartiennent.

Avant de terminer ce paragraphe, il convient d'élucider deux points, aujourd'hui d'une importance secondaire, mais qui, cependant, peuvent encore présenter un certain intérêt pour la solution de certaines questions du statut personnel.

1° Un membre d'une caste noble ou roturière pouvait-il se marier avec un esclave ?

La loi coutumière interdit tout mariage entre la classe des personnes libres et les esclaves. Ces derniers, d'ailleurs, comme nous l'avons dit, ne jouissaient pas des droits civils. Les mariages même qu'ils contractaient entre eux n'étaient pas soumis à la formalité de l'inscription. Toute union d'un homme libre avec une femme esclave, ou réciproquement, n'était légalement qu'un concubinage.

Toutefois, dans l'ancienne coutume, l'officier allant en expédition au-delà des frontières de l'Imérina, pouvait se faire accompagner par une femme esclave. C'était une sorte d'union ou de cohabitation légale qui portait le nom de Tsindrife. Mais elle ne créait aucun lien de droit entre les deux parties. Les enfants nés de ces unions passagères, s'ils n'étaient pas adoptés par le père, n'avaient aucun des droits des enfants légitimes et naissaient esclaves, à moins que la mère, ce qui arrivait presque toujours, ne fût affranchie.

2° Une femme malgache pouvait-elle se marier avec un étranger, et réciproquement une étrangère pouvait-elle contracter mariage avec un Malgache ?

Il semble qu'en interprétant à la lettre les rigoureuses prescriptions des articles 57 et 61 que nous venons d'étudier, tout mariage était interdit entre un Malgache et un étranger, tout au moins en ce qui concerne les membres de la 2ᵉ et 3ᵉ catégorie des castes nobles. Mais cette opinion n'a pas été consacrée par l'usage. On admettait la validité de l'union intervenue entre l'Européen et l'indigène. D'après la coutume, tout enfant issu d'un tel mariage était malgache.

§ 7. — *Inscription du mariage sur les registres du Gouvernement.*

Avant la promulgation des codes écrits, la coutume n'exigeait pour la validité de l'union conjugale que la réunion des conditions que nous venons d'étudier et la dation et acceptation du vodi-ondry (fandefasana vodi-ondry).

Le vodi-ondry (litt. cul de mouton) est un cadeau en

argent offert par le fiancé aux parents de la jeune fille. Le vodi-ondry donné et accepté, le mariage est définitif. L'union ne peut plus être dissoute que par un des moyens légaux.

Le mariage coutumier était une cérémonie familiale, qui se passait, comme les autres actes de la vie civile, en dehors de l'intervention de l'Etat et de son contrôle.

Cette manière de procéder entraînait de graves inconvénients. Il devait souvent être bien difficile de faire la preuve d'un mariage autrement que par la preuve testimoniale, toujours dangereuse dans une matière aussi délicate. En outre la facilité de contracter mariage, l'absence de tout contrôle donnait lieu, sans motifs sérieux, a de nombreuses répudiations. Il était urgent, dans l'intérêt même de la famille, de mettre un terme à ces errements. C'est dans ce but qu'est intervenu l'article 53 du Code de 1881 qui dispose que tout mariage qui ne sera pas inscrit sur les livres du Gouvernement sera nul et que les contractants seront considérés comme vivant en concubinage.

Comme on le voit, ces nouvelles prescriptions ont profondément modifié la coutume Le mariage autrefois définitif par la dation et l'acceptation du vodi-ondry, en dehors de toute intervention de l'Etat, n'est désormais valable que tout autant qu'il est inscrit sur les registres du Gouvernement par le fonctionnaire compétent.

Les articles 11 et 12 des ordres aux gouverneurs de l'Imérina nous indiquent les formalités relatives à l'inscription et les énonciations que cette dernière doit contenir. Ces prescriptions ont été complétées, après l'occupation française, par une circulaire du résident général, en date du 5 juin 1897, dont nous avons parlé. Il résulte de ces textes :

1° Que le gouverneur compétent pour recevoir l'inscription du mariage est celui du domicile du mari (art. 12).

Toute infraction à cette règle exposerait le gouverneur à une amende de 5 bœufs et de 25 francs.

Il lui appartient donc de s'enquérir si le mari a son domicile dans sa circonscription.

2° Que le mari est tenu d'amener sa femme au bureau du gouverneur, dans le délai d'une semaine à partir du jour où le vodi-ondry a été donné et accepté, à peine d'une amende de 500 francs, dont un tiers payable par la femme.

Ici, se pose une question très délicate. La semaine écoulée, le gouverneur chargé de la tenue des registres pourrait-il se refuser à recevoir l'inscription ? Nous ne le pensons pas. L'article 12, en effet, ne prévoit qu'une amende. Ni le texte ni la coutume n'autorisent à ajouter une conclusion aussi rigoureuse qui n'existe pas dans la loi. D'ailleurs, au point de vue de la consolidation de la famille malgache et des bonnes mœurs, il y a un intérêt majeur à favoriser les inscriptions de mariage. Il convient aussi de prendre en considération que les formalités relatives à l'inscription étaient loin d'être entrées dans les mœurs au moment de notre occupation. Aux yeux de la plus grande partie de la population, le mariage inscrit n'a pas plus de valeur que le mariage célébré selon la coutume. Dans l'usage, on ne fait aucune différence, et dans les familles les plus en vue, on trouve des unions non inscrites, sans que la considération des personnes soit le moins du monde amoindrie, en dépit des termes formels de l'article 53 qui déclare qu'à défaut d'inscription, le mariage sera considéré comme un concubinage. Aussi, il nous parait nécessaire d'user de la plus large tolérance pour faire entrer dans les mœurs l'habitude de l'inscription qui, sans contredit, sera un puissant moyen de moralisation.

3° Que le gouverneur doit procéder à l'inscription en présence des époux et de leur père et mère, ou de leurs fondés de pouvoir s'ils sont absents.

4° Que l'inscription doit énoncer :

a) Les noms et prénoms, âge, domicile et lieu de naissance des époux ;

b) Les noms et domicile des père et mère ;

c) Les noms des témoins ;

d) Porter la signature des époux ou la mention qu'ils ne savent pas signer ;

e) La date du mariage.

Il est inutile d'ajouter que les prescriptions de l'article 53 ne peuvent s'appliquer qu'aux mariages contractés depuis la publication du Code de 1881. Les mariages antérieurs sont nécessairement régis par la loi coutumière, et il suffira, pour leur validité, que les formalités exigées par cette dernière aient été accomplies.

CHAPITRE II

DES EMPÊCHEMENTS ET DES NULLITÉS DE MARIAGE. — DES OPPOSITIONS AU MARIAGE

§ 1. — *Des empêchements de mariage.*

Les empêchements de mariage dérivent de l'inobservation ou d'une observation imparfaite d'une des conditions requises par la loi écrite ou coutumière pour pouvoir contracter mariage.

Les différents codes, pas plus, d'ailleurs, que la coutume, ne donnant sur ce point des règles précises,

nous pouvons faire découler juridiquement les empêchements du défaut d'accomplissement de toutes les
conditions requises par la loi écrite ou coutumière pour
la validité du mariage.

En conséquence, les divers empêchements de mariage, résulteront, en droit malgache :

1° Du défaut d'âge ;

2° Du défaut du consentement libre des parties ;

3° Du défaut du consentement des parents ;

4° De l'existence d'un mariage antérieur non dissous ;

5° De l'existence entre les conjoints d'un lien de
parenté ou d'alliance au degré prohibé par la loi ;

6° De la mésalliance ;

7° De l'état de viduité de la femme pendant un certain temps.

§ 2. — *Des oppositions au mariage.*

Les Malgaches ne paraissent pas avoir connu la procédure de l'opposition pour mettre obstacle à la célébration d'un mariage. Nous avons déjà dit que le droit
indigène, surtout à l'origine, était essentiellement familial. Quand le père de famille s'opposait à une union, il
était extrêmement rare qu'il ne fut pas obéi. Il était, en
effet, pour l'enfant plus qu'au père ; il était le chef du
petit groupe ; il était le représentant des ancêtres. En
outre, à défaut de sanction législative, il avait la faculté
de rejeter de la famille l'enfant désobéissant, qui désormais était traité comme un étranger. On comprend que
dans ces conditions le droit d'opposition, reconnu aux
intéressés par les législations modernes, était inutile.

Mais le législateur moderne, pour consolider le pouvoir absolu du souverain, ayant institué de nouvelles

règles, notamment ayant ordonné l'inscription du mariage sur les registres du gouvernement par un officier public, a pour ce fait substitué l'autorité de l'Etat à celle de la famille. Les attributs de la puissance paternelle ont été modifiés dans un sens restrictif. Il appartient donc à l'Etat, dans cette nouvelle situation, de ne pas laisser le père de famille désarmé et de lui donner les moyens, à un moment donné, de faire respecter son autorité. Cette arme, à notre avis, est le droit d'opposition. Comment, d'autre part, comprendre que le législateur exige pour pouvoir se marier des conditions de validité, dont quelques-unes d'ordre public, si, par ailleurs, il ne donnait aucun moyen pour faire respecter ses prescriptions ?

Nous concluons donc, qu'en droit malgache comme en droit français, on peut faire opposition au mariage. D'ailleurs, la procédure d'opposition est connue dans la législation indigène, et nous verrons qu'elle s'applique dans de nombreux cas.

Par quelles personnes l'opposition au mariage pourra-t-elle être formée et pour quelles causes ?

Par analogie avec le droit français, que, suivant la jurisprudence adoptée dans toutes les colonies, nous suivrons lorsque la législation indigène sera muette ou incomplète, le droit d'opposition sera reconnu aux personnes qui ont un intérêt à ce que le mariage ne soit pas contracté. Mais pour que ce droit d'opposition ne dégénère pas en un moyen de vexation, il devra être limité aux personnes désignées dans les articles 173, 174 et 175 du Code civil, mis en harmonie avec les lois et coutumes locales.

Ainsi, le droit d'opposition appartiendra :

1° A la personne engagée par mariage avec l'une des deux parties contractantes (art. 50, Cod. 1881) ;

2° Au père ; à défaut, à la mère ;

3° Si l'enfant est orphelin, à toute la famille ; aux personnes chargées de veiller sur les biens et sur la personne de l'enfant, proches parents, père et mère nourriciers, esclaves de confiance, aides de camp......

Mais, comme en droit français, nous pensons qu'il serait sage de limiter le droit d'opposition des collatéraux aux deux cas fixés par l'article 174 du Code civil :

1° Quand le consentement de la famille n'a pas été obtenu ;

2° Lorsque l'opposition est fondée sur l'état de démence du futur époux.

Quelle sera la forme de cette opposition ? Nous avons dit plus haut que la procédure d'opposition existe dans le droit malgache. Nous verrons plus loin en quoi elle consiste. Dans le but de respecter autant que possible les mœurs et usages indigènes, rien ne s'oppose, nous semble-t-il, à ce que cette forme de procéder soit appliquée aux oppositions au mariage.

§ 3. — Des nullités de mariage.

En droit malgache, comme dans presque toutes les législations, on peut diviser les nullités de mariage en nullités absolues et en nullités relatives.

Dans les nullités absolues, on distingue celles qui rendent le mariage non existant par la seule disposition de la loi etcelles qui doivent être prononcées par les tribunaux, l'union continuant à subsister jusqu'au moment de la décision judiciaire.

Les nullités relatives, c'est-à-dire celles qui peuvent être couvertes par la ratification expresse ou tacite des parties, ne sont prononcées que sur la demande des parties intéressées.

Sur ce point, comme sur tant d'autres, le droit mal-

gache, coutumier ou écrit, est loin de distinguer aussi
nettement que nous venons de le faire. La législation
indigène, essentiellement coutumière en dépit des différents Codes et règlements qui ont vu le jour sous les derniers règnes, est une législation en formation qu'il est
nécessaire de compléter pour la rendre pratique, en
tenant toujours compte, bien entendu, des principes
fondamentaux établis par la coutume. Ainsi, dans notre
cas, le Code de 1881 ne cite expressément que deux cas
de nullité : le défaut d'inscription du mariage (art. 53) ;
l'union avec une personne encore engagée dans les liens
d'un précédent mariage (art. 57). Si donc on s'en tenait
au silence ou à la lettre de la loi, il faudrait conclure
que la loi malgache ne prévoit aucun autre cas de nullité.

Mais il nous paraît évident que raisonner ainsi serait
absolument contraire à l'esprit de la loi indigène. Comment, en effet, concevoir, comme nous l'avons déjà fait
remarquer, que les nombreuses prohibitions, souvent
d'ordre public, édictées par la loi ou l'usage, n'ont aucune sanction ? Ainsi, par exemple, la coutume défend
le mariage entre le frère et la sœur. Serait-il possible
que si une telle union était contractée, les intéressés et
le ministère public n'eussent pas le moyen de faire an-
nuler un mariage aussi contraire aux mœurs et au droit
naturel ?

Pour toutes ces raisons, nous pensons que toute infraction aux prohibitions indiquées par la loi indigène
doit avoir pour sanction la possibilité de faire annu-
ler le mariage, en prenant comme règle la distinction
que nous avons établie plus haut entre les nullités relatives et les nullités absolues.

I. *Nullités qui rendent le mariage inexistant, sans
que l'intervention judiciaire soit nécessaire.* — Les nullités de cet ordre sont :

1° *La non-inscription du mariage sur les registres du Gouvernement* (art. 53. C. 1881). — Sans inscription, le mariage n'existe pas. « Le mariage non inscrit sur les registres du Gouvernement, dit l'art. 53, n'est pas un vrai mariage ; les contractants sont considérés comme vivant en concubinage ».

Remarquons, sur ce point, l'extrême sévérité de la loi malgache. Dans aucune législation, l'inscription ou la rédaction de l'acte n'est prescrite à peine d'inexistence du mariage. L'acte et l'inscription ne sont qu'un mode de preuve. Mais, en présence des termes précis et formels de l'art. 53, aucune hésitation n'est possible.

Nous avions déjà écrit ces lignes, lorsqu'une étude plus attentive du sujet nous a fait changer d'opinion, tout au moins en ce qui concerne les mariages contractés depuis la promulgation du code de 1881 jusqu'à la publication de l'arrêté du 20 novembre 1896, après l'occupation française.

Nous avons fait remarquer à différentes reprises que la formalité de l'inscription avait été très médiocrement observée dans la pratique. Notamment en ce qui a trait à notre article 53, il est indéniable que l'ancien Gouvernement malgache n'a jamais tenu la main d'une façon sérieuse à l'observation de la prescription de l'enregistrement, qu'il sanctionne avec une telle rigueur. Ainsi les 3/4 des mariages, célébrés indistinctement entre gens de toutes classes et de toutes conditions, même entre membres des plus grandes familles, n'étaient pas inscrits. Cependant ces unions étaient considérées, tant par le Gouvernement que par la société malgache, comme parfaitement régulières et produisant tous leurs effets légaux.

Dans ces conditions il serait injuste et dangereux de donner à l'art. 53 une portée devant laquelle le législateur lui-même semble avoir reculé.

D'autre part, un texte législatif postérieur nous paraît avoir confirmé cette interprétation.

En effet, l'art. 12 des ordres au gouverneur de l'Imérina que nous avons déjà cité, promulgué en 1889, dispose simplement « que si après la dation et l'acceptation du vodi-ondry, le mari, dans le délai d'une semaine, n'amène pas sa femme pour faire inscrire le mariage, les deux époux sont passibles d'une amende de 500 fr., dont un tiers à la charge de la femme ». On remarquera que dans le nouveau texte le défaut d'inscription n'entraîne plus la nullité de l'acte, mais une amende seulement. Ne peut-on logiquement en conclure que la nullité édictée par l'art. 53 a été implicitement abrogée ? Toutefois, l'art. 8 de l'arrêté du 20 novembre 1896, dont nous parlerons plus loin, disposant que tous les contrats relatifs à l'état des personnes doivent être inscrits sur les registres publics à peine de nullité « même entre les parties contractantes », les mariages célébrés à partir de cette date seront nuls de droit s'ils ne sont pas enregistrés.

2º *L'union d'une personne engagée dans les liens d'un précédent mariage non dissous*. — L'article 57 du Code de 1881 punit le délinquant d'une amende de 500 francs. Les parents qui ont consenti au mariage subissent également une amende de 500 francs. Comme sanction civile, le mariage est considéré comme inexistant ; il ordonne que la femme sera remise, sans autre forme de procès, à son premier mari.

L'article 57 ne parle que de la femme qui aurait contracté mariage alors qu'elle serait engagée dans des liens antérieurs, non dissous légalement. Mais, dans l'usage, l'article 57 était appliqué aussi bien à l'homme qu'à la femme.

II. *Nullités absolues*. — Les nullités absolues peuvent résulter des quatre causes suivantes :

1° Défaut d'âge des époux ou de l'un d'eux ;

2° Polygamie ;

3° Inceste ;

4° Incompétence du gouverneur chargé de recevoir l'inscription.

1° *Défaut d'âge.*— Comme nous l'avons vu, l'article 51 (C. 1881) dispose qu'aucun mariage ne pourra être contracté que du plein gré des conjoints. Ce consentement libre et volontaire suppose un âge de raison, avant lequel on ne pourra pas se marier. L'infraction à cette règle serait de nature à entraîner la nullité de l'union.

Cette nullité pourrait être proposée par toutes les personnes intéressées et par le ministère public, les dispositions de l'article 51 étant d'ordre public.

Mais, comme cette nullité est, pour ainsi dire, temporaire ; qu'elle disparaît d'elle-même avec l'accroissement de l'âge, il est raisonnable d'admettre, dans l'intérêt des époux comme de la société, qu'elle est susceptible d'être couverte dans les deux cas indiqués par l'article 185 du Code civil :

a) S'il s'est écoulé 6 mois depuis que l'époux ou les deux époux ont atteint l'âge de raison ;

b) Si la femme qui n'a pas atteint l'âge de raison a conçu avant l'échéance des six mois qui suivent l'époque où elle a atteint l'âge requis.

De même, en suivant toujours, comme raison écrite, les règles du droit français, le père, la mère et la famille qui ont consenti au mariage contracté dans les conditions dont nous venons de parler, ne seront point recevables à en demander la nullité.

2° *Polygamie.* — La nullité provenant de l'existence d'un ou de plusieurs mariages non dissous résulte des dispositions de l'article 50 (C. 1881) : la polygamie est défendue dans le royaume.

Cette nullité peut être proposée par toute personne

intéressée et par le ministère public. Elle ne peut jamais être couverte ni par la ratification des parties, ni par la possession d'état.

Il est inutile de répéter que ces principes ne peuvent être appliqués qu'aux mariages contractés depuis la promulgation du Code de 1881, la polygamie étant autorisée jusqu'à cette époque par l'ancienne coutume.

3° *Inceste.* — Cette nullité résulte du mariage contracté entre parents ou alliés au degré prohibé par la loi.

Nous avons vu qu'en droit malgache, le mariage était défendu, en ligne directe, à l'infini ; en ligne collatérale, entre le frère et la sœur, entre le fils et la fille de deux sœurs, entre l'oncle et la nièce, entre la tante et le neveu.

Cette nullité ne pourra être couverte, comme dans le cas précédent, ni par la ratification, ni par la possession d'état.

La loi malgache ne prévoit pas expressément que des dispenses puissent être accordées, dans des cas graves, pour certains empêchements de mariage. Toutefois, ce principe n'est pas contraire à la coutume. On a vu plusieurs fois le souverain, par exemple pour des cas de mésalliance, lever la prohibition. Dans ces conditions, à défaut de règles précises dans la législation indigène, on pourra, le cas échéant, faire, dans cette matière, application des règles édictées par notre droit.

4° *Nullité résultant de l'incompétence du Gouverneur chargé de recevoir l'inscription.* — Cette nullité dérive des dispositions de l'article 12 des ordres aux Gouverneurs de l'Imérina, aux termes duquel le Gouverneur compétent pour procéder à l'inscription du mariage est celui du domicile du mari. Il s'ensuit que si l'inscription a été reçue par un gouverneur ou fonctionnaire autre que celui désigné par la loi, le mariage est nul.

Cette nullité est d'ordre public. Elle ne pourrait donc pas être couverte par la ratification. Toutes les personnes intéressées et le ministère public auront le droit de la proposer.

III. *Des nullités relatives.* — Le mariage est entaché de nullité relative :

1° Lorsque le consentement des époux ou de l'un d'eux n'a pas été libre ;

2° Lorsque les époux, ou l'un d'eux, n'ont pas obtenu le consentement des parents ;

3° Lorsque l'un des époux a contracté mariage en dehors de la caste (mésalliance).

1° *Défaut de liberté dans le consentement des époux ou de l'un d'eux.* — L'article 51 (C. 1881) édicte que le mariage ne peut être contracté que du plein gré des époux. Par conséquent, si le consentement n'a pas été libre, s'il n'a été donné que sous une influence indépendante de la volonté des contractants ou de l'un d'eux, le mariage est nul.

Ici, également, il est nécessaire de compléter la coutume malgache par la loi française. Les vices qui pourront altérer le consentement au point d'entraîner la nullité du mariage seront ceux prévus par l'article 180 du Code civil : la violence et l'erreur.

Cette nullité, n'étant établie que dans un intérêt privé, ne pourra être provoquée que par les époux, ou celui des époux, dont le consentement aura été vicié.

En outre, en l'absence de toute règle dans la législation indigène, nous pensons que dans l'intérêt de l'ordre public et de la famille, il conviendra de faire application des principes de l'article 181 du Code civil. Ainsi, lorsqu'il y aura eu cohabitation continuée pendant 6 mois depuis que l'époux a acquis sa pleine liberté ou que l'erreur a été par lui reconnue, la demande en nullité ne sera plus recevable.

2° *Défaut du consentement des père et mère et ascendants, ou de la famille.* — Comme nous l'avons vu plus haut, la coutume exige, pour la validité du mariage, le consentement des père et mère et ascendants ; ou, s'ils sont décédés, le consentement de la famille. Si ce consentement n'a pas été obtenu, la nullité du mariage peut être soulevée.

L'action en nullité n'est accordée qu'à ceux dont le consentement au mariage était nécessaire, ou à celui des deux époux qui avait besoin de ce consentement.

La nullité pourra être couverte par la ratification expresse ou tacite de ceux dont le consentement était nécessaire.

3° *Mariage contracté en dehors de la caste (mésalliance).* — Nous avons dit que l'article 63 (C. 1881) punissait la mésalliance d'une peine corporelle. C'est la sanction pénale de la prohibition des mariages contractés en dehors de la caste (articles 59, 60, 61, 62. C. 1881).

La sanction civile sera l'annulation du mariage.

Cette nullité aurait dû plutôt trouver place dans la section des nullités absolues. En effet, en présence des termes formels de la loi, il ne semble pas douteux qu'elle ne soit pas succeptible d'être couverte par la ratification expresse ou tacite. De plus, le législateur malgache en défendant les mariages en dehors de la caste avait en vue un intérêt politique et social. Il voulait empêcher l'augmentation disproportionnée et la fusion de certaines castes, qui, devenues trop nombreuses et trop puissantes, auraient pu porter ombrage au Gouvernement.

Mais, aujourd'hui, après l'annexion de Madagascar à la France et après l'abolition de la royauté malgache, les motifs qui consacraient cette prohibition n'ont plus leur raison d'être. D'ailleurs, dans la pratique, la distinction des castes était sensiblement tombée en désuétude et, en dépit des dispositions rigoureuses édictées par le législateur de 1881, les unions entre membres de castes différentes étaient pratiquées dans l'usage. Dans ces conditions, nous pensons qu'il y aurait lieu d'abolir cette prohibition que rien, avec le nouveau régime, ne paraît devoir justifier (1).

CHAPITRE III

DE LA PREUVE DU MARIAGE

Comment se fait la preuve du mariage en droit malgache ? La question, en l'état, est assez délicate. La législation malgache, encore à l'état rudimentaire et incomplète, admet en toute matière et sans aucune restriction la preuve testimoniale, qui est le mode de preuve de droit commun et le seul connu de tout temps. Autrefois, en effet — et il n'y a pas bien longtemps — tous les contrats étaient verbaux. L'écriture était à peu près ignorée de tous. Les actes de la vie civile n'entraînaient pas la formalité de l'inscription. Il suffisait, pour leur validité, qu'ils fussent contractés devant le Fokon'olona, en présence de la famille et des intéressés. On comprend que,

(1) Les lois interdisant les mariages entre les diverses castes ont été abolies par l'article 3 de l'arrêté du Gouverneur Général de Madagascar, en date du 15 juin 1898, après avis conforme des notabilités indigènes de la province d'Emyrne (*Journal Officiel de Madagascar*, du 23 juin 1898.

dans ces conditions, le seul mode de preuve possible
était la preuve par témoins.

· Mais les différents codes et règlements promulgués
sous les derniers règnes ont profondément modifié cette
situation. Presque tous les actes, aujourd'hui, notamment le mariage, doivent être inscrits sur les registres
du Gouvernement. Nous avons cité les termes énergi-
ques de l'artice 53 (C. 1881) : tout mariage qui ne sera
pas inscrit sur les registres du Gouvernement ne sera
pas un vrai mariage.

Que résulte-t-il de cette nouvelle situation ? C'est que
le mariage, désormais, ne peut plus être juridiquement
prouvé que par un extrait de l'inscription. En effet, de
deux choses l'une : où le mariage est inscrit, et alors à
quoi bon recourir à la preuve testimoniale, ou bien, il
n'est pas inscrit, et alors admettre la preuve testimoniale, ce serait rendre illusoires les prescriptions à peine
de nullité de l'article 53.

L'article 53 exigeant encore que l'inscription soit portée sur le registre public, il faut en déduire que toute
inscription faite sur une feuille volante n'aurait aucune
force probante.

S'il nous paraît juridique d'admettre qu'aucun autre
mode de preuve ne pourra suppléer à la représentation
d'un extrait de l'inscription, la raison et la nécessité,
toutefois, commandent d'apporter, dans certains cas,
un tempérament à cette règle rigoureuse.

Il peut arriver, en effet, que les parties se trouvent,
sans qu'il y ait de leur faute, dans l'impossibilité de fournir la preuve de l'inscription. Dans cette hypothèse,
nous pensons que rien ne s'oppose à ce qu'on prenne
pour guide les règles de notre droit sur ce point.

Ainsi : 1° Lorsqu'il n'aura pas existé de registres ou
qu'ils seront perdus, la preuve du mariage pourra être
faite tant par titres que par témoins (Par analogie de l'article 46 du C. civil).

Dans ce cas, le réclamant aura à justifier, ou qu'il n'a pas existé de registres, ce qui a pu arriver très fréquemment avant notre occupation ; le pouvoir central, en effet, bien établi à Tananarive, n'avait qu'une bien moindre autorité sur nombre de villages de l'Imérina ; — ou que le registre, sur lequel le mariage a été inscrit, a été perdu ou détruit par un cas fortuit ou de force majeure.

2º Par analogie de l'article 197 du Code civil, lorsqu'il existera des enfants issus de deux individus décédés qui ont vécu publiquement comme mari et femme, la légitimité des enfants ne pourra être contestée sous le seul prétexte du défaut de représentation de l'acte d'inscription, toutes les fois que cette légitimité sera prouvée par la possession d'état ou par témoins.

3º Par analogie de l'article 198 du Code civil, lorsque la preuve d'une inscription légale du mariage se trouvera acquise par le résultat d'une procédure criminelle, l'inscription du jugement sur les registres du Gouvernement assurera au mariage à compter du jour de l'inscription, tous les effets civils tant à l'égard des époux qu'à l'égard des enfants issus du mariage.

Nous faisons de nouveau remarquer que tout ce qui vient d'être dit ne peut s'appliquer qu'aux mariages contractés depuis la publication du Code de 1881. Pour les mariages antérieurs, l'obligation de l'inscription n'existant pas, la preuve sera faite conformément au droit commun, c'est-à-dire par témoins.

CHAPITRE IV

FORME DU MARIAGE

Il existait chez les Malgaches une coutume singulière, qui semble particulière au pays et qu'on ne retrouve, pensons-nous, chez aucun autre peuple. Avant de conclure le mariage, il était d'usage que les deux futurs vivent ensemble, pendant un certain temps, comme mari et femme.

Les Malgaches, dont l'imagination ne chôme jamais, essayaient de justifier cette coutume par l'adage suivant : « Voankazo an'ala ka ny mamy atelina ny magidy aloa, il faut goûter les fruits pour savoir s'il sont bons ».

Pendant cette période d'essai, ils s'étudiaient mutuellement, examinaient si leurs goûts et leurs caractères s'accordaient. Les parents, de leur côté, les observaient, supputaient leur chance de bonheur et de prospérité dans le cas où le mariage se réaliserait. Finalement, s'il n'existait pas d'objections ou si elles étaient peu graves, l'union était résolue. La jeune fille rentrait dans sa famille, où elle était bientôt demandée en mariage.

Si, au contraire, l'expérience ne réussissait pas, s'il y avait entre les futurs incompatibilité d'humeur, chacun retournait sans plus de façon dans sa famille, en attendant qu'une occasion meilleure leur fît trouver l'époux de leur choix.

Il est certain que cette étrange coutume, si profondément enracinée dans les mœurs qu'on la retrouve encore de nos jours, devait donner lieu à de nombreux abus et à un grand relâchement de mœurs. Aussi le législateur de 1881, qui, sur ce point comme sur tant d'autres, a fait les plus louables efforts pour mettre en harmonie les mœurs indigènes avec celles des peuples civilisés, a proscrit cette coutume dans l'article 55. Cet article dispose que quiconque prendra une fille pour vivre en concubinage (vazo) et ne l'épousera pas, sera condamné à 250 francs d'amende (1).

Il s'agit bien dans notre article 55 du concubinage légal, l'expression concubinat serait plus juste, admis par la coutume et les mœurs et qui, d'ordinaire, était le prélude du mariage. Le mot « vazo » employé dans le texte, indique, en effet, le fait de vivre comme mari et femme, au vu et au su de tout le monde.

Le concubinage illégal, si nous pouvons nous exprimer ainsi, c'est-à-dire le fait d'avoir une concubine avec qui l'on a des relations sans avoir en vue le mariage, est désigné par une expression différente « Tokantrano-maso », qui signifie un ménage occulte, soustrait à la vue du public. Ce dernier cas est visé par l'article 54 du Code de 1881, qui défend de réclamer l'argent ou les objets donnés à une concubine, sous peine d'une amende égale à la valeur de la somme ou de l'objet réclamé.

Comme nous l'avons déjà fait remarquer, le mariage, en droit malgache, est un contrat civil. Les formes de sa célébration, léguées par la coutume et toujours religieusement observées, sont très simples.

Lorsqu'un jeune homme désire s'unir par les liens du mariage à une jeune fille, ses parents, s'ils donnent leur consentement, se rendent chez ceux de la jeune fille, et

---

(1) Art. 55, C. 1881 : « Quiconque prendra une fille pour vivre en concubinage et ne l'épousera pas sera condamné à 250 francs d'amende. A défaut de paiement, le délinquant sera contraint par corps à raison de 0 fr. 60 centimes par jour jusqu'à parfait paiement.

font la demande officielle de sa main. A défaut de parents, la demande peut-être faite par des amis ou des fondés de pouvoirs du futur. Cette première formalité porte le nom de Fiandranona ou Fangatahana.

Les deux familles réunies discutent le mariage projeté. Elles énumèrent longuement, les Malgaches ayant un attrait particulier pour les longs discours, les qualités et les vertus de leur enfant respectif. Les parents du jeune homme se portent garant de la bonne conduite du futur ; ceux de la jeune fille font de même.... etc.

C'est un usage constant de prévoir la dissolution du mariage par le divorce, car, dit l'adage, le mariage n'est pas un nœud bien serré (ny fanambadiana tsy nafehy nahantrondra), et d'en fixer les conditions. Les conditions de la séparation sont toujours les suivantes : les biens acquis pendant le mariage par l'industrie ou le travail des époux sont partagés en trois parties égales (Kitay-telo an dalana). Deux parts reviennent au mari et une à la femme (Fahatelon tanana).

Egalement, lorsque les parties professent un culte différent, on règle les rapports religieux, d'ailleurs, avec une très grande tolérance. Par exemple, les parents posent la condition que la jeune fille aura la liberté de suivre sa religion et d'élever tous ou quelques-uns de ses enfants dans cette religion.

Quand les familles sont d'accord sur ces préliminaires qui sont, pour ainsi dire, de style, on fixe le jour de la célébration du mariage (Fampakarana). On s'entend sur la façon dont se fera la cérémonie, sur le repas qui sera donné, sur le nombre des garçons et des filles d'honneur (mpanatitra), qui doivent toujours être en nombre supérieur aux garçons d'honneur (mpaka). Le nombre de ces derniers varie de 2 à 9. On convient encore de la quotité et de la composition du tolatra, cadeau obligatoire, consistant généralement en viande, fruits, volailles, gâteaux, offert aux garçons et filles d'honneur après le repas.

Au jour fixé pour l'union, le fiancé envoie à la jeune fille des présents consistant en lambas, vêtements, argent, bijoux... etc., qui sont portés par les femmes de la famille. C'est la corbeille de mariage.

Quelques heures après, il se rend lui-même, accompagné de ses garçons d'honneur (mpaka, ceux qui vont chercher), dans la maison de la jeune fille, qui le reçoit entourée de ses filles d'honneur (mpanatitra, celles qui amènent) et en présence de sa famille. Le garçon d'honneur le plus âgé renouvelle la demande en mariage en ces termes : « Les descendants d'un tel viennent vous demander la main (mamoha varavarana, litt. viennent frapper à la porte) de la descendante d'un tel dans le but d'avoir des enfants (fara sy dimby) (1) ». Dans l'esprit malgache, c'est la famille entière du futur qui est censée s'unir à la famille de la jeune fille. Ce n'est pas l'individu qui recherche une jeune fille en mariage ; c'est une famille qui demande à s'allier à une autre famille. Nous avons déjà fait remarquer que cette idée, conséquence de la constitution familliale de la société, se retrouvait souvent dans les mœurs indigènes.

Ensuite, le plus âgé des garçons d'honneurs offre le vodi-ondry (litt. cul de mouton) aux parents de la jeune fille qui l'acceptent.

Autrefois le vodi-ondry consistait en un mouton offert aux parents de la future. Aujourd'hui, il est donné sous la forme d'un cadeau en argent, d'une valeur plus ou moins grande selon la fortune de l'époux.

Il est également d'usage de joindre une petite pierre au vodi-ondry. C'est un symbole de la durée du mariage, qui doit avoir la longévité de la pierre.

Le vodi-ondry donné et accepté, le mariage, selon la

(1) Il est curieux de constater que la même formule existait chez les Romains et les Grecs. « Ducere exorem liberûm querendorum causa ». « Παιδων επ'αροτω γνησιων ».

loi coutumière, était définitif et produisait tous ses effets civils. Jusqu'à ce moment les familles pouvaient reprendre leur parole ; mais après la dation et l'acceptation du vodi-ondry, le mariage ne pouvait plus être dissous que par un des moyens légaux (1).

Après que les parents et amis avaient offerts aux nouveaux époux des cadeaux de toute sorte (tsodrano), la cérémonie se terminait par un repas accompagné des divertissements les plus variés et par une visite au tombeau des ancêtres.

Nous avons vu que l'art. 53 du Code de **1881** a profondément modifié la coutume sur ce point. L'acceptation et la dation du vodi-ondry ne rendent plus le mariage définitif. Il faut, de plus, l'inscription du mariage sur les registres du Gouvernement.

Mariages des Andriana (nobles). — Les mariages des Andriana se contractaient et se célébraient de la même manière que ceux des Hova (roturiers), sauf quelques légères différences.

Ainsi, l'Andriana ne se rend pas dans la maison de la la fiancée. Il est remplacé par le plus âgé des garçons d'honneur.

Si la fiancée appartient à la famille royale ou à une des trois premières castes de la noblesse, elle a le droit d'être vêtue de rouge et de porter des ornements de corail sur la tête. On sait que le rouge était la couleur royale. Le tolotra, également, au lieu d'être donné en comestibles est offert en argent.

---

(1) Dans un Kabary, Andrianampoinimérina s'exprime de la façon suivante : « Si le vody-ondry n'a pas été offert et accepté, le mariage n'est pas définitif. Et si vous surprenez la femme avec laquelle vous vivez en flagrant délit d'adultère, vous n'avez pas le droit de la tuer, car elle n'est encore que votre maîtresse ». L'ancienne coutume autorisait le mari à donner la mort à la femme prise en flagrant délit d'adultère.

Dans les mariages d'Andriana, la dation du hasina à la souveraine était obligatoire (hasin-andriana).

CHAPITRE V

DEVOIRS ET OBLIGATIONS DES ÉPOUX

§ 1. — *De la condition de la femme malgache.*

La femme malgache est placée sous la puissance immédiate du mari qui, comme nous l'avons vu, commande en maître à tous les membres de la famille. Mais elle est loin d'avoir la condition secondaire qu'elle subissait chez les peuples primitifs et qu'elle a encore de nos jours chez les peuples orientaux. Elle est bien la compagne de son mari, associée à ses travaux et à ses intérêts. Elle a sa place dans les délibérations de la famille et on ne prend jamais aucune grave résolution sans son avis, dont on fait toujours cas.

La femme a la direction du ménage et l'emploi de l'argent destiné aux dépenses de la maison. Quoique les musulmans aient laissé dans les coutumes et dans les mœurs des traces nombreuses de leur passage, elle n'est astreinte à aucune servilité : elle peut sortir, faire des visites, en recevoir à peu près à sa guise. En un mot, elle possède, à peu de chose près, la condition de la femme française. Et même au point de vue de la capacité civile, elle a, comme nous le verrons plus bas, une situation plus libérale.

12

Nous ne nous dissimulons pas que cette condition de la femme paraît en contradiction avec la constitution familiale de la société malgache et avec les attributs accordés par la coutume à la puissance paternelle. Mais le fait est là, indéniable, et on ne peut que le constater. Il est probable qu'à l'origine la condition de la femme a été beaucoup plus rigoureuse et que ce n'est qu'à la longue, sous l'effet de la douceur des mœurs naturelle à ce peuple, qu'elle est arrivée à la situation avantageuse qu'elle occupe, aujourd'hui, dans la société.

§ 2. — *Devoirs des époux l'un envers l'autre.*

Comme en droit français, la femme doit obéissance à son mari. Celui-ci, en retour, lui doit aide, secours et protection. Le mari est astreint à l'obligation de lui fournir en nature ou en argent les choses nécessaires à la vie, de lui donner ou faire donner les soins nécessaires lorsqu'elle est malade, de la protéger et de la défendre. Il lui est défendu de se livrer sur elle à des actes de violence. Les mauvais traitements constitueraient un motif suffisant pour servir de base à une action en divorce.

Comme conséquence du devoir d'obéissance, le mari peut contraindre la femme à quitter la maison paternelle pour venir habiter avec lui, à le suivre partout où il juge à propos de résider, même à une grande distance du domicile conjugal, même en pays étranger. En retour, le mari est obligé de la recevoir dans une maison convenable.

Si la femme refusait de suivre son mari ou si elle abandonnait le foyer conjugal, pourrait-elle y être forcée par autorité de justice ? La loi est muette sur ce cas. Dans la pratique, en pareille occurrence, les familles des deux époux s'interposent et par leurs conseils, leur autorité font effort pour ramener la femme dans la voie du devoir. Mais, si elle persiste, le mari est désarmé. Il ne peut qu'invoquer la gravité de l'injure pour deman- der le divorce. Il en serait de même dans l'hypothèse où le mari refuserait de recevoir sa femme dans sa mai- son.

Les époux se doivent mutuellement fidélité.

La sanction de ce devoir se trouve dans l'article 58 du Code de 1881, qui est ainsi conçu : « Quiconque « commet un adultère (maka, litt. prend le mari ou la « femme d'autrui) avec le mari ou la femme d'autrui « (vadin'olona, expression générique qui désigne à la « fois le mari et la femme) est passible d'une amende « de 500 francs, dont le tiers payable par la femme et « les deux tiers par l'homme. A défaut de paiement, ils « seront mis aux fers pendant une année.

« Si quelqu'un commet un adultère avec la femme « d'un soldat parti en expédition, et si le soldat trouve « la mort dans cette expédition, l'homme et la femme « seront mis aux fers à perpétuité et leurs biens confis- « qués. »

L'article 58 est complété par l'article 60 du règlement des Sakaizambohitra (1878). En voici le texte : « Si un « ou une Malgache se rend coupable d'adultère avec le « mari ou la femme d'autrui, vous garrotterez l'homme « et vous amenerez les délinquants à Tananarive pour « le paiement de l'amende légale, alors même que le « lésé aurait pardonné. Ils seront tenus de payer une « somme de 2 francs 50 pour les Sakaizambohitra qui « les escortent ».

Il ressort de ces textes :

1° Qu'au point de vue pénal, l'adultère de l'homme et de la femme est puni d'une amende ;

2° Que l'adultère, commis indifféremment par

l'homme ou la femme, est puni quel que soit le lieu où
il ait été perpétré ;

3° Que la rigueur pénale est plus grande pour
l'homme que pour la femme, qu'il soit auteur principal
ou complice. On peut ajouter même que dans l'esprit
du législateur malgache, l'homme est toujours considéré
comme l'auteur principal. La femme, à ses yeux, est
un être faible qui n'a pu résister aux sollicitations et à
l'autorité de l'homme. Toutefois, il faut remarquer que
cette idée est relativement récente. Même au temps
d'Andrianampoinimérina, le mari avait le droit de donner la mort à la femme prise en flagrant délit d'adultère.

Le point de vue social auquel se place le législateur
français, c'est-à-dire l'introduction dans la famille d'enfants étrangers, pour estimer l'adultère de l'épouse
comme plus répréhensible, ne préoccupe pas le législateur malgache. L'enfant, d'où qu'il vienne, est toujours le bienvenu ;

4° Que, contrairement à notre droit, le mari ou la
femme ne peuvent arrêter les poursuites ou l'effet de la
condamnation à l'amende en accordant le pardon au
coupable ;

5° Que la femme adultère et le complice sont plus
grièvement punis si le mari est soldat parti en expédition et s'il trouve la mort dans cette expédition.

Comme sanction civile, l'adultère commis par l'un
des époux peut servir de fondement pour l'autre à une
action en divorce. L'article 56 du Code de 1881, en
effet, autorise le divorce lorsqu'il y a une raison sérieuse de séparation. Même en faisant la part de la
liberté des mœurs malgaches, on ne saurait nier que
l'adultère de la femme, aussi bien que celui du mari, est
une injure des plus graves et un motif sérieux de sépa-
tion.

Le ministère public, depuis l'occupation française, pourra-t-il poursuivre le délit d'adultère en dehors de toute plainte de la partie lésée, ou bien, comme en droit français, la plainte du mari ou de la femme sera-t-elle la condition *sine qua non* de la poursuite ?

Nous n'avons aucun texte formel. Toutefois, il semble qu'on pourrait induire des termes de l'article 60 du règlement des Sakaizambohitra, que nous avons cité plus haut, que le Ministère public a le droit de poursuivre ce délit d'office. Cet article dit, en effet, que les coupables seront amenés à Tananarive pour payer l'amende légale, alors même que la partie lésée aurait accordé son pardon.

Mais, il ne faut jamais perdre de vue que dans le Code de 1881 et les règlements qui ont suivi, l'amende était plutôt un impôt qu'une peine, ce qui expliquerait la rédaction du texte de notre article. D'autre part, il paraît certain que, dans la coutume, ce délit qui intéresse beaucoup plus l'intérêt privé que l'ordre public, n'était poursuivi que sur la plainte de l'intéressé.

Chez les Malgaches, d'ailleurs, c'était une règle générale, en matière d'intérêts privés, que le Gouvernement n'avait pas le droit d'être plus exigeant que la personne qui avait subi le préjudice : Ny andriana tsy sarotra alohan'ny tompany.

Dans ces conditions, nous pensons qu'il y aurait tout avantage, dans l'intérêt public comme dans l'intérêt privé, d'appliquer sur ce point les règles de notre droit.

Toutefois, il devrait en être autrement pour le cas visé par le second alinéa de l'article 58. Cette disposition, en effet, a été prise dans un but politique et social. Le législateur a voulu faciliter le recrutement des troupes pour les expéditions faites au-delà des frontières de l'Imérina et protéger la mémoire du soldat mort sous les drapeaux. Il y aurait là, par conséquent, une question d'ordre public, dont la conséquence serait la possibilité de l'intervention d'office du Ministère public. Mais il paraît inutile d'insister, car il est probable qu'avec le nouveau régime, établi depuis l'occupation française, le cas se présentera fort peu souvent.

§ 3. — *Obligations qui naissent du mariage.*

Les époux contractent ensemble, par le seul fait du mariage, l'obligation de nourrir, entretenir et élever leurs enfants. Ils sont tenus de leur donner tout ce qui est nécessaire à l'entretien et au bien-être de leurs personnes. Ils sont tenus également de les élever, c'est-à-dire de leur faire donner l'éducation et l'instruction.

Les articles 270 et suivants du Code de 1881 rendent l'instruction obligatoire. Notamment, l'article 273 dispose que quiconque négligera d'envoyer son enfant à l'école quand il aura atteint l'âge de 8 ans, ou dont l'enfant sortira sans motif de l'école avant d'avoir 16 ans révolus, subira une amende de 5 francs pour chaque enfant qui se trouverait dans ces conditions et l'enfant sera réintégré dans son école. A défaut de paiement de l'amende, les contrevenants seront contraints par corps à raison de 0 fr. 60 centimes par jour.

Les parents sont encore tenus envers leurs enfants à l'obligation alimentaire, comme nous allons le voir dans le paragraphe suivant.

§ 3. — *De l'obligation alimentaire.*

L'obligation alimentaire est prévue par les articles 110 et 111 du Code de 1881.

Art. 110. : « Les enfants sont tenus de vêtir et nourrir

leurs père, mère et ascendants (ray aman-dreny), si
« ces derniers sont dans l'indigence ou si la vieillesse
« les met hors d'état de gagner leur existence. Si quel-
« qu'un ne remplit pas ce devoir, le Gouvernement lui
« enlèvera ses biens pour en faire vivre ses parents ».

Art. 111 : « Les père, mère et ascendants sont tenus
« de nourrir et vêtir les enfants qui sont dans le besoin,
« même si ceux-ci ont quitté la maison. S'ils ne le font
« pas, leurs biens répondront de l'accomplissement de
« cette obligation ».

Il résulte du texte de ces articles :

1° Que l'obligation alimentaire existe réciproquement
entre les ascendants et les descendants à l'infini ;

2° Que les aliments ne sont dus qu'à celui qui est
dans le besoin, quand il ne peut pourvoir à sa subsis-
tance soit par son travail, soit par sa fortune personnelle ;

3° Que la dette d'aliments est limitée aux besoins
indispensables pour vivre, « nourrir et vêtir » ;

4° Que la pension alimentaire s'acquitte en nature.
Cette interprétation nous paraît résulter clairement des
termes particuliers dont s'est servi le législateur :
nourrir et vêtir. D'ailleurs, cela s'explique aisément. La
fortune des Malgaches consistait surtout en biens fonciers et en esclaves. L'argent était extrêmement rare. Il
aurait été impossible à la grande majorité des habitants
de payer la pension alimentaire autrement qu'en
nature.

5° Que dans le cas où le débiteur chercherait à se
soustraire à l'obligation de fournir la pension alimentaire, ses biens ou une partie de ses biens seraient affectés au paiement de la pension.

Comme on le voit, les articles 110 et 111 ne pré-
voient l'obligation alimentaire qu'entre les ascendants
et les descendants Mais la loi coutumière que le Code

de 1881, loin d'abroger, a, au contraire, expressément maintenue par l'article 263, qui prescrit « que les lois et coutumes antérieures continuent à avoir leur valeur et à être en vigueur, alors même qu'elles ne sont pas reproduites dans le Code de 1881 », la loi coutumière donne des bases beaucoup plus larges à cette institution de droit naturel.

Tous les proches parents (havana akaiky), comme les parents éloignés (havana tetezina) avaient droit aux aliments lorsqu'ils se trouvaient dans la nécessité. La même obligation existait également entre l'adoptant et l'adopté.

Quelle était la procédure à suivre pour obtenir l'acquittement de la pension alimentaire ?

Autrefois, si un parent tenu à la dette alimentaire refusait de l'acquitter de son plein gré, le réclamant portait sa plainte devant le Fokon'olona, qui invitait le débiteur à se conformer à la coutume des ancêtres. Le parent, le plus généralement, déférait à l'invitation ; car, c'était un déshonneur public de laisser un membre de la famille dans la misère. Mais, si le débiteur d'aliments persistait dans son refus, la question était portée devant le Gouvernement, qui ayant conservé toute l'autorité judiciaire, tranchait souverainement le litige, ou le renvoyait pour jugement devant le tribunal à qui il avait délégué son pouvoir.

Aujourd'hui, après l'annexion de Madagascar, le pouvoir judiciaire étant nettement séparé du pouvoir exécutif et législatif, les demandes en pension alimentaire seront portées devant les tribunaux établis.

La loi et la coutume, toujours incomplètes, n'ont pas déterminé dans quel ordre les débiteurs de la dette alimentaire seront tenus de la payer, ni comment on peut en fixer le montant, ni si elle est divisible et personnelle.

Sur tous ces points et sur toutes les difficultés qui peuvent se présenter, nous pensons, conformément à la méthode que nous avons suivie, qu'il y aura lieu de s'en référer aux prescriptions de la législation française, dont les principes en cette matière, d'ailleurs, sont identiques à ceux de la loi malgache.

———

CHAPITRE VI

RAPPORTS PÉCUNIAIRES DES ÉPOUX

§ 1. — *Capacité de la femme mariée.*

La coutume malgache reconnaît à la femme mariée une capacité égale à celle du mari. Elle est capable de tous les actes civils et judiciaires sans avoir besoin d'aucune espèce d'autorisation de son époux.

Il semble que ce soit là un non sens. La coutume, en effet, reconnaissant la puissance maritale et le devoir d'obéissance de la femme, il paraîtrait que, comme en droit français, l'incapacité de cette dernière devrait en être la conséquence naturelle et logique. Quoi qu'il en soit, il est certain qu'à ce point de vue, l'autorité du mari est à peu près nulle.

La femme mariée a pleine et entière capacité pour :

1º Ester en justice sans avoir besoin de l'autorisation maritale ;

2º Exercer toutes actions mobilières ou immobilières, possessoires ou pétitoires, et y défendre ;

3° Administrer, donner, aliéner, hypothéquer, acquérir à titre gratuit ou onéreux, payer, recevoir le paiement d'une créance, faire son testament, etc., sans le
concours ou le consentement de son mari.

En cette matière, comme on le voit, le droit malgache
diffère entièrement de notre législation. Chez nous, la
femme, quel que soit le régime matrimonial qu'elle ait
adopté, reste toujours sous la tutelle du mari. Chez les
Malgaches, au contraire, la femme est toujours maîtresse absolue de ses biens propres et peut en disposer, comme elle l'entend, directement en son nom, indépendamment du mari et sans lui demander aucun
consentement. La puissance maritale, sur ce point,
n'existe pour ainsi dire pas, et le mari n'a pas plus de
droits à l'égard de son épouse qu'il n'en aurait à l'égard
d'un étranger.

§ 2. — *Régime pécuniaire des époux.*

Les règles qui régissent la situation pécuniaire des
époux pendant le mariage sont très simples. Il est nécessaire de distinguer entre :

1° Les biens que chacun des époux possède en se mariant ;

2° Les biens acquis pendant le mariage.

1° *Biens que chacun des époux possède en se mariant.*
— Ces biens peuvent se composer soit des biens propres que les conjoints apportent au jour du mariage,
soit des biens qui leur ont été donnés en dot en vue de
l'union.

Les biens propres comprennent tous les biens mobiliers et immobiliers appartenant aux époux, de quelque
manière qu'ils les aient acquis, par succession, donation, testament, par leur travail personnel. On peut y

comprendre encore les donations assez fréquentes faites, en vue du mariage, soit par le mari à la femme, soit par la femme au mari, les cadeaux offerts par le futur, les bijoux et le trousseau apportés par la femme.

Ces biens demeurent propres à chaque époux, en capital et intérêts. Le propriétaire, que ce soit l'homme ou la femme, en conserve la jouissance et l'administration. Il en a la libre disposition. Il peut les aliéner à titre gratuit ou onéreux, faire un échange, les hypothéquer indépendamment de l'autre époux et sans son concours.

Toutefois, dans la pratique, quand un ménage est bien uni, c'est le mari qui, avec le consentement de la femme, fait valoir les biens de cette dernière. Mais ce n'est qu'un simple arrangement entre les époux, qui ne pourrait, le cas échéant, créer aucun lien de droit.

De la théorie que nous venons d'exposer, découlent les conséquences suivantes :

a) Chacun des époux, au moment de la dissolution de l'association conjugale, a le droit de reprendre tous ses apports. En principe, ils reprendront leurs biens en nature. Ce sera facile, les biens ne s'étant jamais confondus avec ceux de l'autre époux.

Mais, s'il s'agissait de choses mobilières qui se consomment par le premier usage, comme du riz, par exemple, le droit de reprise ne pourrait être exercé ; car elles sont censées avoir été consommées pour l'entretien du ménage ;

b) Si les immeubles de la femme avaient péri par la faute du mari, celui-ci pourrait être actionné en restitution. De même, si les immeubles du mari avaient péri par la faute de la femme, cette dernière serait dans l'obligation de payer le prix ;

c) Si, pendant le mariage, un des époux avait aliéné

un de ses immeubles pour venir en aide à l'autre, il aurait le droit d'exercer la répétition du prix, au moment de la dissolution du mariage ;

d) Si l'un des conjoints avait prêté de l'argent à l'autre, soit pour payer une dette, soit pour solder une amende, soit pour le tirer de prison, soit pour faire des réparations à un immeuble lui appartenant en propre, soit pour toute autre raison, l'époux débiteur serait tenu au remboursement, à la dissolution de l'union.

La constitution de la dot n'existe pas, à proprement parler, dans les mœurs malgaches. Toutefois, on trouve un certain usage, répandu surtout dans les familles riches, qu'on peut qualifier de ce nom. Ainsi, quelquefois, le père de famille, ou la mère, ou le grand'père, ou la grand'mère, ou l'oncle et la tante, individuellement ou conjointement, donnent au futur ou à la future, pour aider les époux à supporter les charges du mariage, un champ, une rizière, autrefois quelques esclaves.

La constitution de cette dot affecte tantôt la forme d'un usufruit. Le bénéficiaire n'en a que la jouissance. Il est obligé d'en faire le rapport à la succession du donateur, qui est resté propriétaire. Dans ce cas, si la chose qui fait l'objet de la donation périssait par la faute du donataire, il est évident que celui-ci serait obligé d'en restituer la valeur à la succession du constituant.

Tantôt la forme d'une véritable donation. Le bénéficiaire en possède non seulement la jouissance, mais encore la pleine propriété.

Les biens dotaux restent la propriété de celui des époux en faveur duquel ils ont été constitués. Il en a l'administration et la jouissance, et peut en disposer, au gré de son caprice, à titre onéreux ou à titre gratuit, si donation pleine et entière lui en a été faite.

Dans le cas contraire, si la dot ne lui avait été conférée qu'à titre d'usufruit, il va sans dire qus l'époux n'en aurait simplement que l'administration et la jouissance.

2° *Biens acquis pendant le mariage*. — Les biens acquis pendant le mariage peuvent comprendre :

a) Les biens échus aux époux à titre de succession, donation, testament, ou les biens acquis à titre onéreux avec leur argent propre ;

b) Les biens acquis par l'industrie ou le travail des époux.

a) Tous les biens mobiliers ou immobiliers échus ou acquis pendant le mariage à quelque titre que ce soit, sauf par l'industrie ou le travail des époux, les intérêts et les fruits de ces biens, les arrérages des rentes, demeurent propres à l'époux qui les a reçus ou acquis. Il en a l'administration, la jouissance et la libre disposition, comme pour les biens qu'il possédait en se mariant.

Comme on le voit, au point de vue des rapports pécuniaires, la coutume malgache considère les époux comme étrangers l'un à l'autre. Ainsi, ils peuvent acquérir, posséder, vendre, engager leurs biens, etc..., sans le concours de l'autre conjoint. Sans doute, dans la pratique, si les époux vivent en bonne harmonie, les deux conjoints, le cas échéant, se demanderont mutuellement conseil. Mais ce sera une pure condescendance. Le contrat serait valable par le seul fait du consentement et de la volonté de l'époux propriétaire.

Si une donation était faite, pendant le cours du mariage, conjointement aux deux époux, les biens donnés seraient propres par moitié à chacun d'eux. A la dissolution de l'union, chacun prendra sa part en nature ou en argent, suivant le cas. Pour l'aliénation à titre gratuit ou onéreux, il faudrait le consentement et le concours des deux conjoints, chacun agissant en sa qualité de propriétaire.

Pour nous résumer, le principe général, en droit malgache, est que tous les biens mobiliers ou immobiliers, à l'exception de ceux acquis pendant le mariage par l'industrie ou le travail des époux, restent propres à chaque conjoint, qui en conserve la jouissance et l'administration.

b) Biens acquis, pendant le mariage, par l'industrie ou le travail des époux. — Tous les biens acquis, pendant le cours de l'union conjugale, par l'industrie ou le travail communs des époux, ou de l'un d'eux seulement, tombent en communauté (Kitay telo an dalana). On remarquera que l'apport à la masse est obligatoire, et que la coutume ne distingue pas si les bénéfices proviennent de la profession ou du travail du mari seulement, ou des deux époux. La loi présume que la femme a contribué, alors même qu'elle n'a exercé aucune industrie, aux gains et aux économies réalisées en administrant sagement le ménage.

Après la dissolution du mariage soit par le divorce, soit par la mort, — la coutume n'établit aucune distinction, — le partage de cette communauté, en vertu d'un usage immémorial, s'opère de la façon suivante : deux tiers des biens sont attribués au mari et un tiers (Fahatelon-tanana), qu'on pourrait appeler le tiers coutumier, à la femme.

Les biens mis ainsi en commun portent le nom de Kitay telo an dalana. C'est une expression symbolique qui veut dire littéralement : trois monceaux de paille rangés l'un après l'autre. Après le travail des champs, la paille récoltée était formée en trois tas : le mari en portait deux, la femme un. De là, l'expression métaphorique de Kitay telo an dalana, qui signifie que le mari contribuant au travail pour deux parts, alors que la femme n'y participe que pour une, les biens acquis en commun doivent être partagés dans la proportion du travail fourni par chacun des époux.

A l'origine, le Kitay telo an dalana n'avait été institué qu'en vue de la répudiation possible de la femme,
qui était très fréquente. C'était une façon de la dédommager du temps passé avec son mari et une compensation de l'abandon. Aussi, comme nous l'avons vu plus
haut, la clause du tiers coutumier était toujours spéci-
fiée lorsqu'on discutait les conditions pécuniaires du
mariage projeté. Peu à peu, la coutume en a fait une
règle générale applicable à tous les cas de dissolution
du mariage.

Notons, encore, que dans l'ancienne coutume, les
biens acquis en commun, en cas de dissolution du
mariage par suite de répudiation, revenaient en totalité au mari, lorsque ce dernier faisait partie des 4 premières castes de la noblesse. La femme n'avait droit
qu'à ce qu'elle pouvait emporter sur elle. Cette distinction est, aujourd'hui, tombée également en désuétude.

Il faut bien remarquer que le Kitay telo an dalana ne
se compose que du produit de l'industrie ou du travail
communs des époux, ou de l'un d'eux seulement. Ainsi,
les créances mobilières ou immobilières, appartenant
aux conjoints pour des causes autres, les rentes viagères,
les intérêts ou les fruits de leurs propres, les acquisitions
à titre gratuit ou onéreux faites avec leur argent personnel, les droits d'usufruit mobilier ou immobilier constitués au profit de l'un des époux, ne font pas partie de la
communauté.

Le Kitay telo an dalana est le régime légal et obligatoire de toute association conjugale, le régime de droit
commun, qu'il y ait ou non de contrat écrit. Les époux
sont toujours censés l'avoir adopté.

Le tiers coutumier, le fahatelon-tanana, est un minimum en faveur de la femme auquel les parties ne peuvent
pas déroger. Ainsi, la stipulation que la femme n'aura
droit qu'à un cinquième des biens acquis pendant le

mariage ne serait pas valable. Mais, au contraire, les contractants auraient la faculté de convenir que le Kitay telo an dalana sera partagé en deux parties égales, ou même que la femme touchera deux parts, le mari une part seulement.

Toutefois, la dérogation au principe du tiers coutumier est extrêmement rare. Le régime de droit commun est presque toujours adopté dans la pratique. Lorsque le mari veut avantager sa femme, il a recours à l'adoption. La femme adoptée, en outre du fahatelon-tanana, a alors droit à une part d'enfant dans la succession du mari.

Administration du Kitay telo an dalana. — La coutume malgache, pour l'administration des biens composant le Kitay telo an dalana, considère les époux comme deux associés ordinaires. Le mari et la femme ont capacité égale pour administrer. L'un des conjoints ne peut accomplir un acte d'administrateur ou de propriétaire sans le concours de l'autre. Ainsi, il faudra le consentement et la présence à la convention des deux époux pour aliéner à titre gratuit ou onéreux, hypothéquer, acquérir, donner en bail, faire une donation ou un legs.

Si l'un des deux associés engageait les biens communs sans l'assentiment de l'autre, ce dernier aurait une action en restitution sur les biens propres du contrevenant.

Partage du Kitay telo an dalana. — A ce point de vue, la coutume ne nous donne aucune règle bien précise. Le partage se fait toujours à l'amiable, quels que soient l'âge et la capacité civile des parties en cause, en présence des membres de la famille, sans aucune intervention de la justice ou d'un officier public. C'est une conséquence naturelle et directe du régime familial, qui prédomine toujours dans toutes les situations de la vie malgache. Ce n'est que lorsque les parties ne peuvent se mettre d'accord que la justice est appelée à trancher le différent.

Voici comment l'on procède d'habitude pour le partage :

La première opération consiste à déterminer la masse partageable. C'est l'opération la plus difficile et celle qui amène le plus grand nombre de difficultés. En effet, quand les parties sont en mauvaise intelligence, elles prétendent souvent que certains biens leur sont propres alors qu'en réalité ils font partie de la communauté. Aussi, la coutume, pour mettre fin à des contestations de ce genre qui sont très fréquentes, admet comme présomption légale que tous les biens existants au moment de la dissolution du mariage, font partie du Kitay telo an dalana et qu'il incombe à l'époux qui se prétend propriétaire d'en fournir la preuve. Pour arriver à la détermination de la masse, les époux prélèvent d'abord les biens qui leur sont propres, le capital, par exemple, apporté pour créer une industrie. On retranche, également, ce qui pourrait être dû à l'un des époux ou à des tiers. On y ajoute, s'il y a lieu, les sommes dont un des conjoints serait débiteur envers la communauté. L'excédent constitue l'actif net à partager entre les parties. Alors le partage sera effectué soit suivant le régime de droit commun, soit suivant les conventions établies, si le régime adopté est plus favorable à la femme.

Quand l'actif consiste en argent comptant, le partage, grâce à l'influence de la famille, ne soulève aucune difficulté, si les parties sont d'accord sur le total de la masse à partager. Mais, il peut arriver que l'actif se compose d'un ou plusieurs immeubles. Dans ce cas, le partage se fait toujours en nature, que les immeubles soit facilement partageables ou non. Toutefois les parties peuvent convenir de les vendre, pour le prix qui en provient être

13

partagé entre les intéressés, ou bien, l'un des époux peut accepter de payer une soulte en argent à l'autre. Les conventions seront la loi des parties.

S'il était soulevé des difficultés que la loi coutumière ne prévoit pas, il y aurait lieu, pensons-nous, de s'en rapporter, comme raison écrite, aux règles du droit français.

Si le mariage s'est dissous par la mort de la femme ou du mari, les héritiers du *de cujus* exerceront les droits du défunt dans la mesure de leur part héréditaire. Mais, il échet de signaler ici une fin de non recevoir édictée par l'article 226 du Code de 1881 (1).

Aux termes de cet article, les héritiers sont tenus de revendiquer l'héritage conjointement et par le même acte. Si un des héritiers attend le gain du litige pour réclamer sa part, il est déchu de ses droits et encourt même une amende de cinq bœufs et de 25 francs, avec contrainte par corps à défaut de paiement.

§ 3. — *Formes des conventions matrimoniales.*

Dans la coutume malgache, les conventions pécuniaires du mariage n'affectent aucune forme solennelle. Bien plus, ces conventions sont presque toujours verbales, délibérées et établies par les familles des deux futurs,

---

(1) Art. 226, C. 1881 : « Si un associé dans une société commerciale ou un cohéritier dans un procès d'héritage ne prend point part à une revendication exercée par ses co-associés ou par ses cohéritiers et que ce ne soit que lorsque lorsqu'il voit le procès gagné qu'il dise : Ces biens sont notre héritage commun ; ou ce sont des marchandises qui nous appartiennent en commun ; dans ce cas celui qui n'a pas voulu prendre part au litige n'aura rien et sera même passible d'une amende de 5 bœufs et de 25 francs. A défaut de paiement de la totalité ou de partie de l'amende, il sera contraint par corps à raison de 0 fr. 60 par jour jusqu'à parfait paiement ».

hors la présence de ces derniers. Nous avons déjà dit, d'ailleurs, que les clauses de ces conventions sont à peu près immuables : les biens acquis, pendant le cours de l'union, par l'industrie ou le travail communs des conjoints, ou de l'un d'eux, tombent en communauté et, à la dissolution du mariage, sont partagés en trois tiers, dont deux reviennent au mari et un à la femme. D'autre part, ce régime est obligatoire. Il existe alors même que les parties n'auraient établi aucune convention sur ce point. Dans ces conditions, on s'explique l'inutilité d'un contrat écrit pour un peuple, d'ailleurs, qui ne connaît l'écriture que depuis une époque relativement rapprochée de nous.

Mais rien ne s'oppose à la rédaction d'un acte. Il est même à prévoir que dans l'avenir, à mesure de la pénétration des idées françaises et de l'augmentation des besoins, l'usage de l'acte écrit se généralisera.

Mais quelle forme donner à cet acte ? Entraînera-t-il des formalités particulières ?

Après l'occupation française, l'administration a pris un arrêté, à la date du 20 novembre 1896, pour régler les formalités relatives aux divers actes ou contrats. Voici les principaux articles de cet arrêté :

Art. 8 : « Les locations et les ventes à titre définitif ou « provisoire de terrains ou de maisons, les partages des « biens, les donations éventuelles, les reconnaissances « de dettes pour prêt d'argent avec ou sans intérêt, ou « pour tout autre motif, les testaments, les contrats d'a- « doption ou de répudiation, les constitutions et les « radiations d'hypothèques ou de gage mobilier, les « contrats d'associations, les annulations du contrat *et* « *d'une manière générale tous les contrats relatifs à* « *l'état des personnes ou des propriétés* devront être dé- « clarés aux Gouverneurs pour être inscrits sur leurs « registres. S'ils n'y sont pas inscrits, ils seront nuls de

« plein droit, même à l'égard des parties contractantes.
« Exception est faite, cependant, pour les actes qui
« seront passés d'après la loi foncière sur l'immatricu-
« lation ».

Cet article est général ; il vise tous les contrats relatifs
à l'état des personnes ou des propriétés. Il n'est, d'ailleurs, que la reproduction des lois et règlements malgaches, qui prescrivent l'inscription de tous les contrats,
à peine de nullité.

Art. 11 : « Les contrats qui concernent l'état des per-
« sonnes seront enregistrés dans toute circonscription où
« il y aura un gouverneur ; ceux qui concernent l'état
« des propriétés dans la circonscription où sont situés
« les biens.

« S'il arrive qu'un gouverneur ait à enregistrer des
« contrats relatifs à des biens situés dans une autre cir-
« conscription, il devra d'abord écrire au gouverneur de
« cette circonscription pour lui demander à qui appar-
« tiennent les biens, s'ils ne sont pas déjà loués et s'ils
« sont libres de toute garantie antérieure. Lorsqu'il
« aura reçu la réponse, il la fera connaître aux intéres-
« sés, rédigera le contrat et percevra le droit ; puis, il
« enverra la copie de ce contrat à son collègue de la
« circonscription où sont situés les biens, et celui-là le
« transcrira sur son registre dès qu'il l'aura reçue, en
« indiquant en marge la circonscription dans laquelle
« le droit a été perçu ».

Art. 12 : « Le droit d'enregistrement des contrats
« synallagmatiques sera dû solidairement par les parties
« contractantes, à moins de stipulation contraire dans
« le contrat ».

Art. 13 : « Le gouverneur ne pourra dans aucun cas
« inscrire un contrat sur son registre avant d'avoir reçu
« le droit. Les parties contractantes signeront sur le
« registre ainsi que les témoins qui pourront être appe-

« lés : 2 témoins devront signer à la place de chaque
« partie illettrée ».

Les prescriptions édictées par l'arrêté du 20 novembre ont été commentées et expliquées par deux circulaires du résident général, en date du 5 juin et du
20 juillet 1897, dont nous reproduisons les principaux
passages :

« Les gouverneurs doivent inscrire les conventions
« des parties telles qu'elles sont libellées, si les contrac-
« tants leur présentent un projet écrit, ou bien telles
« qu'elles sont formulées verbalement en leur présence.

« Ils doivent renvoyer les parties si l'accord n'est pas
« complètement établi, ne procéder à l'inscription que
« lorsqu'il est définitif, et il leur est défendu de s'im-
« miscer dans les discussions préliminaires ou dans la
« rédaction des conventions.

« Ils ne doivent inscrire aucun contrat dont les con-
« ventions seraient contraires à la loi, à peine de pour-
« suites ».

(Toutes ces prescriptions sont reproduites, d'ailleurs,
des règlements et coutumes malgaches en vigueur : —
Ordres aux gouverneurs de l'Imérina, — article 1 et
suivants).

Des différents textes que nous venons de citer, découlent, pour notre sujet, les conséquences suivantes :

1° Les conventions pécuniaires du mariage, dans le
cas où elles seraient rédigées par écrit, doivent pour être
valables, être inscrites sur les registres officiels. A défaut
d'inscription, le contrat est nul même à l'égard des parties contractantes.

La conséquence très rigoureuse résultant du défaut
d'inscription est bien dans l'esprit de la législation malgache. Les différents Codes et règlements exigent, en
effet, l'inscription de presque tous les contrats, à peine
de nullité.

L'arrêté du 20 novembre 1896, pour ne pas heurter de front les us et coutumes locales, a conservé cette disposition draconienne, qui rompt en visière avec toutes nos idées juridiques. Tout contrat, en effet, est parfait par la réunion de quatre conditions : consentement des parties, capacité de contracter, un objet certain et une cause licite. L'enregistrement n'a pour but que de donner date certaine. Il est à souhaiter que dans la suite la législation soit modifiée sur ce point. Car, si l'on veut pousser la pensée du législateur dans ses dernières limites, on sera forcé d'arriver à cette conclusion que tous les contrats, même les plus minimes, faits verbalement et qui sont d'un usage constant et d'une impérieuse nécessité pour les besoins journaliers de la vie, ne sont pas valables s'ils ne sont pas inscrits (1).

2° Les conventions pécuniaires du mariage ne sont soumises à aucune forme sacramentelle.

Les parties ont la faculté soit de les rédiger elles-mêmes par écrit ; le gouverneur, chargé de la tenue des registres, doit purement et simplement recopier sur le livre *ad hoc* le projet écrit des contractants ; — soit de déclarer verbalement leurs conventions, — et le gouverneur à l'obligation de les rédiger exactement telles qu'elles sont formulées.

3° Les conventions matrimoniales ne doivent renfermer aucune clause contraire à la loi. Le cas échéant, le gouverneur devrait refuser l'inscription.

4° Les conventions pécunaires du mariage doivent être inscrites en présence des parties, des parents, de deux témoins et de deux membres du Fokon'olona. Les parties contractantes doivent signer ainsi que les témoins:

_____

(1) Il est évident que la nullité ne serait encourue que dans le cas où le contrat de mariage s'écarterait des règles du régime du droit commun. Le régime de droit commun est obligatoire et existe en dehors de toute convention.

2 témoins devront signer à la place de chaque partie illettrée.

L'article 13 ne prévoyant pas le cas où les témoins ne sauraient pas signer, il semble en résulter qu'on ne pourra appeler que des témoins capables de donner leur signature.

A défaut de prescriptions indiquant à quelles conditions les témoins doivent satisfaire, les témoins produits pourront appartenir aux deux sexes, parents ou autres, sans distinctions de nationalité. Quant à l'âge, il est admis par la coutume que les enfants qui n'ont pas atteint l'âge de raison ne peuvent pas être témoins.

5° Une copie des conventions matrimoniales, certifiée conforme, doit être délivrée à chacun des époux par le gouverneur qui a reçu l'inscription (article 1er, Ordres aux gouverneurs de l'Imérina) (1).

On peut ajouter que depuis l'occupation française, rien n'empêcherait les indigènes de faire rédiger leurs conventions matrimoniales par un notaire français. En effet, l'article 16 du décret organique du 9 juin 1896, leur permet de déclarer dans un acte qu'ils entendent contracter sous l'empire de la loi française.

---

(1) Article premier. — Ordres aux Gouverneurs de l'Imérina : « Si des personnes après avoir fait une convention entre elles, vous l'apportent pour être enregistrée déjà rédigée par écrit, vous en donnerez lecture aux parties contractantes et vous la transcrirez ensuite sur les registres du Gouvernement, en leur présence. Si la convention était verbale, vous devrez la rédiger conformément aux dires des parties, et la transcrire ensuite sur votre registre en leur présence.

Vous donnerez, séance tenante, à toutes les parties contractantes, aussi bien à celles qui vous apportent le contrat déjà rédigé par écrit qu'à celles dont le contrat est rédigé en votre présence, une copie du contrat mise au net et revêtue du cachet officiel. A défaut par vous de vous conformer à ces prescriptions, vous serez passible d'une amende de 10 bœufs et 50 francs ».

§ 4. — *Des dettes des époux.*

Il est nécessaire de faire une distinction entre les dettes contractées par les époux avant le mariage et celles contractées pendant le mariage.

Dettes contractées par les époux avant la célébration du mariage. — Ces dettes restent à la charge du conjoint débiteur. C'est la conséquence logique du principe que chaque époux conserve l'administration et la jouissance de biens propres qu'il apporte en se mariant.

Dettes contractées par les époux pendant le cours du mariage. — Comme conséquence du principe que les biens échus ou acquis pendant l'union restent propres au bénéficiaire, qui en a seul l'administration et la jouissance, les dettes contractées pendant le mariage :

1° Par l'un des époux à l'insu de l'autre ;

2° Dans l'intérêt personnel de l'un des conjoints, par exemple pour achever ou réparer un immeuble lui appartenant en propre, — restent à la charge du conjoint du chef duquel elles proviennent.

La loi coutumière présume, dans ces deux cas, que la dette a été contractée dans l'intérêt seul du débiteur et qu'elle est, en quelque sorte, une charge de son patrimoine.

Par suite, les créanciers ne pourront poursuivre leur créance que sur les biens personnels de leur débiteur. L'autre époux n'est tenu à aucun moment du paiement de la dette sur ses biens propres. Les créanciers n'auraient, également, aucune action sur les biens faisant partie du kitay telo an dalana. Ce n'est qu'à la dissolution du mariage, après le partage, qu'ils auraient la faculté de poursuivre le recouvrement de leur créance sur la part revenant à leur débiteur.

Au contraire, pendant le mariage, les deux époux sont tenus solidairement et conjointement du paiement des dettes :

1º Lorsque la dette a été contractée d'un commun accord ;

2º Lorsque la dette a été contractée pour les besoins de leur industrie ou de leur commerce ;

3º Lorsque la dette a été contractée pour les besoins du ménage.

Dans ces divers cas, la loi présume que les dettes ont été faites dans l'intérêt commun des deux époux. Elles sont acquittées par la communauté, par le Kitay telo an dalana. Les créanciers exercent leurs poursuites à la fois contre l'un et l'autre des époux.

Si les biens acquis en commun étaient insuffisants, les biens personnels des conjoints répondraient de la dette, et l'un et l'autre pourraient être poursuivis pour le tout.

Si l'un des époux avait éteint la créance avec son argent personnel, il aurait un recours sur le Kitay telo an dalana, ou, si les biens composant ce dernier étaient insuffisants, sur les biens personnels de l'autre époux.

Après la dissolution du mariage, les dettes de même nature sont acquittées selon les mêmes distinctions. Mais, dans ce cas, la femme n'y contribue, que pour la part qu'elle recueille dans le partage des biens. Si, par exemple, elle reçoit, suivant le régime de droit commun, un tiers des biens, elle n'aura à payer qu'un tiers des dettes. De même, si le partage a entraîné des frais de liquidation ou autres, la femme ne les supportera que jusqu'à concurrence de son émolument.

Dans le cas où l'un des conjoints solde entièrement une dette pour laquelle il n'était tenu envers le créancier que pour partie, il aura un recours contre l'autre conjoint ou ses héritiers pour la portion due.

Le droit de poursuite des créanciers se divise et s'exerce contre chacun des époux pour la part qu'il détient des biens du Kitay telo an dalana.

CHAPITRE VII

DE LA DISSOLUTION DU MARIAGE

En droit malgache comme en droit français, le mariage est dissous :

1° Par la mort de l'un des époux ;

2° Par le divorce légalement prononcé.

L'absence de l'un des époux, si prolongée qu'elle fût, ne serait pas une cause de dissolution de mariage. Toutefois, d'après la coutume, l'absence prolongée pourrait servir de fondement à une action en divorce.

CHAPITRE VIII

DES SECONDS MARIAGES

Après la dissolution du lien conjugal, l'homme et la femme peuvent contracter un nouveau mariage. Pour l'homme, il n'existe aucun délai de viduité. La femme, au contraire, ne peut, suivant la loi coutumière, se remarier qu'un an après la mort du mari, après la fin de son deuil. C'est l'an de deuil de notre ancien droit.

Plusieurs raisons justifient ces prescriptions de la coutume. En premier lieu, les convenances sociales exigent que la femme ne montre pas trop d'empressement à contracter de nouveaux liens, alors que la cendre du défunt est à peine refroidie. En second lieu, il est nécessaire de s'assurer que la femme n'est pas enceinte afin d'éviter toute confusion de part.

Comme conséquence de cette règle, le gouverneur, chargé de la tenue des registres, aura le devoir de refuser toute inscription de mariage, si le délai de viduité de la femme n'est pas expiré.

Autrefois, lorsqu'il était d'usage que le frère ou un des frères du défunt épousât la veuve, la famille elle-même, après l'expiration du délai habituel, invitait la femme à quitter le deuil et à choisir un époux parmi ses beaux-frères.

LIVRE VII

Le divorce.

CHAPITRE PREMIER

DE LA RÉPUDIATION COUTUMIÈRE (FISAORAM-BADY)

La répudiation coutumière était le droit reconnu au mari de prononcer la dissolution du mariage par sa seule volonté, sans le concours d'une décision judiciaire ou d'un acte de l'autorité publique.

Cette institution qu'on retrouve dans plusieurs législations orientales, notamment chez les Musulmans et les Juifs, était très en honneur dans la société malgache. Elle n'était, d'ailleurs, qu'une nouvelle conséquence de la liberté des mœurs patriarcales, ainsi qu'en témoignent les adages populaires suivants : « Kibo tsy tia tsy asesika, le cœur dégouté ne peut continuer à aimer. » — « L'amour est comme les semis du riz ; quand on le repique, il pousse quand même ». — « Le taureau qui reste trop longtemps couché sur un côté se fatigue, et il se tourne de l'autre côté ».

En règle générale, le mari seul avait le droit de prononcer la répudiation. La femme, lorsque la vie en com-

mun devenait impossible, soit par suite d'incompatibilité d'humeur, soit par suite d'injures graves de la part
de son mari, si ce dernier refusait de dissoudre le lien
conjugal, n'avait que la ressource d'abandonner la maison maritale (misintaka, se retirer). Comme, d'un autre
côté, la loi n'accordait au mari aucun moyen coercitif
pour lui faire réintégrer le domicile conjugal, et que,
de l'autre, la fuite de l'épouse le mettait dans une situation équivoque qui le faisait tourner en ridicule par ses
concitoyens, le mari abandonné, de guerre lasse, prononçait la répudiation. C'était le moyen ordinairement
employé par la femme pour corriger l'injustice de la
coutume et obtenir la rupture de l'union.

La coutume, toutefois, admettait une exception : la
femme de caste Zanak'andriana avait la faculté de répudier son mari. C'était un privilège de la famille royale.

La répudiation était soumise à certaines formalités.

Le mari qui voulait répudier sa femme envoyait une
délégation de plusieurs personnes, — ordinairement des
parents, — informer la famille de son épouse de sa
résolution. Les mandataires, devant la famille et le
Fokon'olona, dont la présence était requise à peine de
nullité, exposaient les griefs pour lesquels leur mandant
répudiait sa compagne. Ils terminaient toujours par une
formule consacrée : Votre fille est libre, elle peut
prendre un autre mari au gré de son caprice, blanc ou
noir (manara zara na fotsy na mainty). Ce n'était qu'une
formule qui avait pour but d'indiquer que la femme
reprenait sa liberté pleine et entière.

Toutefois, lorsque le mari renvoyait sa femme pour
cause d'inconduite, ou en raison de son caractère difficile et autoritaire (akohovavy maneno; littéralement la
femme qui fait le coq, dit le Kabary d'Andrianampoinimerina ; on peut traduire par le dicton français : la
femme qui veut porter les culottes), il pouvait lui inter-

dire de se remarier (manantom bady). C'était alors,
selon l'expression malgache, une femme séparée qui, en
outre de l'impossibilité de pouvoir contracter un nouveau mariage, était tenue à certaines obligations. Ainsi,
dans la nuit du Fandroana, elle était obligée d'aller
coucher sous le toit conjugal en signe de soumission.
Cette coutume portait le nom de Alin-dratsy.

La prohibition de contracter mariage pouvait n'être
que temporaire et levée dans la suite par le mari.

Même dans le cas de répudiation sans condition, la
femme ne pouvait disposer de sa personne pendant un
délai de 12 jours. Jusqu'à l'expiration de ce délai, le mari
avait le droit de reprendre sa femme (mapody vady).

Si le mari laissait passer les douze jours sans exercer
son droit de reprise, le mariage était définitivement dissous. La puissance maritale cessait d'exister. Les époux
reprenaient leurs biens propres, et le Kitay telo an
dalana était partagé suivant les règles que nous avons
exposées au livre du mariage. La femme pouvait contracter un nouveau mariage.

Les enfants étaient, d'ordinaire, confiés au père qui
était chargé de leur entretien et de leur éducation. Mais
les parties pouvaient convenir qu'un ou plusieurs
enfants resteraient à la garde de la mère.

En résumé, la répudiation produisait tous les effets
ordinaires de la rupture de l'union conjugale.

L'étendue de l'exercice du droit de répudiation était
illimitée. Il n'y avait qu'une restriction relative à l'époque
où elle pouvait se produire. En vertu d'un usage assez
fidèlement suivi, c'était au temps du Fandroana (taom
pakania panariana) qu'on répudiait sa femme pour en
prendre une autre. A part cette légère réserve, le mari
pouvait répudier son épouse au gré de son caprice, par
le seul fait de son bon plaisir. De là, étaient nées une
licence effrénée et une facilité de mœurs qui avaient fini

par faire du mariage un rapprochement absolument temporaire. Ainsi, pour citer un exemple, en vertu d'une vieille coutume qui portait le nom de Sao dranto, le mari qui quittait l'Imérina pour quelque temps pouvait autoriser son épouse, sans autre forme de procès, à convoler en de nouvelles noces. Dans ce cas même, le fait seul de prendre un autre mari équivalait à une répudiation.

Dans la même occurrence, la femme pouvait également autoriser le mari, partant pour un pays lointain, à prendre une concubine (Tsindri-fé).

Quelquefois le mari, soit qu'il craignit les reproches de sa conscience, soit qu'il redoutât la vengeance de la famille de sa femme, n'osait pas prononcer la répudiation sans l'assentiment de son épouse. Il achetait alors le consentement de cette dernière (mividy saotra) et lui payait une indemnité en argent ou en biens fonciers (taha). C'était la répudiation par achat.

Cette liberté de mœurs que rien ne pouvait justifier rendait nécessaire, dans l'intérêt même de la famille, d'entourer la rupture du lien conjugal de certaines restrictions, de prescrire certaines formalités afin de mettre un terme aux nombreux abus qui se produisaient et de faire de la séparation, qui peut être parfois une nécessité, un acte serieux, réfléchi et non plus un acte résultant simplement, dans la plupart des cas, du caprice ou de l'inconstance du mari.

Aussi, le législateur de 1881, sous l'influence des Européens qui le guidaient de ses conseils, a, dans l'article 56, supprimé la répudiation coutumière et institué le divorce légal.

CHAPITRE II

DU DIVORCE

§ 1. — *Observations générales.*

L'article 56 du Code de 1881 est ainsi conçu : « La
« répudiation est interdite. Toutefois, s'il y a une raison
« sérieuse de séparation, l'un ou l'autre des époux
« pourra porter plainte à l'autorité. Les époux qui se
« sépareraient sans autorisation de l'autorité, seront con-
« damnés à une amende de 250 francs, payable un tiers
« par la femme et deux tiers par le mari. A défaut de
« paiement, ils subiront la contrainte par corps à raison
« de 0,60 centimes par jour jusqu'à parfait paiement et
« le mariage continuera à avoir toute sa force légale ».

Aux termes de cet article, la répudiation coutumière
est désormais abolie et remplacée par le divorce légalement prononcé par l'autorité compétente. Il établit
deux sanctions aux prohibitions qu'il édicte, une sanction pénale et l'autre civile.

Comme sanction pénale, les époux qui se séparent
sans décision de l'autorité sont passibles d'une amende
de 250 francs, dont un tiers à la charge de la femme et
deux tiers à celle du mari. De plus, en vertu de l'article 45 du règlement des Sakaizambohitra, il sont mis
en état d'arrestation et amenés à Tananarive (1).

(1) Article 45 du règlement des Sakaizambohitra : « Si un homme
marié répudie sa femme, il sera amené à Avara-drova (un des tri-

Comme sanction civile, la répudiation est considérée comme non avenue et le mariage continue à produire tous ses effets civils.

Comme on le voit, il existe plusieurs différences fondamentales entre la répudiation et le divorce :

1° Le mari seul avait le droit de prononcer la répudiation. Les deux époux, au contraire, peuvent former une demande en divorce ;

2° La répudiation était prononcée par le mari en dehors de tout contrôle de l'autorité. Le divorce n'est valable que s'il est prononcé par l'autorité publique, aujourd'hui par l'autorité judiciaire ;

3° La femme répudiée ne pouvait se remarier si le mari le défendait. Les époux divorcés peuvent toujours contracter un nouveau mariage sans aucun obstacle.

§ 2. — *Des causes du divorce.*

L'article 56 s'exprime en ces termes : « S'il y a une raison sérieuse de séparation, l'un ou l'autre des époux pourra porter plainte à l'autorité ».

Comme on le voit, notre article n'articule aucune cause précise du divorce. Il s'ensuit que les tribunaux ont un pouvoir souverain pour apprécier « les raisons sérieuses » susceptibles de faire admettre la demande en divorce.

Il échet donc de rechercher, d'après la coutume et les usages suivis, quels sont les faits qui le plus ordinairement seront de nature à faire accueillir une demande de ce genre.

D'abord, il ne nous paraît pas douteux qu'il faut ran-

bunaux de Tananarive) en compagnie de cette dernière. Il paiera 1 fr. 25 aux Sakaizambohitra chargés de l'escorter ».

ger dans cette catégorie les trois causes du divorce de notre droit : adultère, excès, sévices ou injures graves, condamnation de l'un des époux à une peine afflictive ou infamante.

Il faut ajouter à cette nomenclature la maladie de la lèpre, qui a toujours été chez les Malgaches un cas de répudiation. Cette maladie inspirait une telle crainte aux indigènes que lorsque les parents, avant l'union, discutaient les conditions du mariage, ils ne manquaient jamais de faire la réserve suivante : « boka ikoto tsy leon' ikala, boka ikala tsy leon' ikoto, si l'un des deux conjoints devient lépreux, l'autre a le droit de s'en séparer ». Autrefois, également, la stérilité de la femme était une cause de répudiation admise par la coutume.

Depuis l'institution du divorce, on a vu invoquer comme fondement de cette action : l'absence prolongée, l'incompatibilité d'humeur, l'ivrognerie, le vol, la débauche, l'adultère, la stérilité.

Mais les causes que nous venons d'énumérer ne sont pas évidemment limitatives. Toutes les fois que l'un des époux commettra un manquement grave aux devoirs conjugaux, que ce manquement sera de nature à rendre la vie en commun difficile, sinon impossible, à rompre la bonne harmonie du ménage, le juge devra apprécier, en tenant compte de la condition sociale des époux, de la fréquence des faits allégués, de leur publicité, en un mot de toutes les circonstances de la cause, s'il y lieu de prononcer le divorce.

La preuve des griefs invoqués par les époux ou par l'un d'eux se fera d'après les modes de droit commun, c'est-à-dire par témoins, par l'aveu de la partie défenderesse, par simples présomptions, par des écrits, des lettres missives, par un procès-verbal de constat d'un officier de la force publique.

§ 2. — *De la procédure du divorce.*

L'article 56, en ce qui a trait à la procédure, « l'un ou l'autre des époux pourra porter plainte à l'autorité », paraît conçu en termes vagues. Mais ce vague n'est qu'apparent. Pour bien en comprendre le sens, il suffit de se reporter à l'organisation politique malgache avant l'occupation française.

Nous savons, en effet, que le souverain, ou le premier ministre, qui était son représentant, réunissait dans sa personne tous les pouvoirs, le pouvoir législatif, exécutif et judiciaire. Toutes les plaintes lui étaient adressées. Tantôt, le premier ministre jugeait souverainement le litige, en faisant faire l'instruction par ses officiers et ses aides-de-camp, tantôt il renvoyait les parties devant le tribunal compétent.

Ce que nous venons d'exposer explique les termes employés dans notre article : « pourra porter plainte à l'autorité ». Toutes les demandes en divorce étaient transmises au premier ministre. Quelquefois, celui-ci statuait lui-même sans appel. Dans la plupart des cas, il saisissait le tribunal de Tananarive chargé de juger les affaires de cette nature. Le tribunal instruisait le procès, entendait les parties et rendait son jugement d'admission ou de rejet dans la forme ordinaire des procès civils.

Lorsque le divorce était prononcé, les parties étaient tenues de payer au Gouvernement un droit de 165 fr. Le jugement devait être inséré dans la *Gazette officielle* et inscrit sur les registres du gouverneur.

L'annexion de Madagascar par la France et l'abolition de la royauté ont modifié quelques points de la procédure du divorce. Les pouvoirs législatif, exécutif et

judicaire sont aujourd'hui nettement séparés. La justice
indigène a, d'abord, été réorganisée par un arrêté du
9 novembre 1896. Cet arrêté, après être resté en vigueur pendant environ deux années, a été abrogé par
le décret du 24 novembre 1898.

Le nouveau décret institue trois degrés de juridiction :

1° Les tribunaux de 1er degré, qui représentent à peu
près les justices de paix, sauf en ce qui concerne la
compétence qui est beaucoup plus étendue.

2° Les tribunaux du 2e degré, qui représentent à peu
près les tribunaux de 1re instance. Leur compétence est
celle, en matière civile, des tribunaux de 1re instance de la colonie et des justices de paix à compétence
étendue ;

3° La Cour d'appel de Tananarive qui connaît des
appels ou des demandes en annulation formés contre
les jugements des divers tribunaux.

Devant quel tribunal devra être portée la demande
en divorce ?

La demande en divorce est relative à l'état des personnes. Elle est de nature à modifier le statut personnel, puisqu'elle tend à faire prononcer la dissolution du
mariage. Il n'est donc pas douteux que le tribunal
compétent pour juger les litiges de ce genre sera le
tribunal du 2e degré, qui remplit le rôle de nos tribunaux de 1re instance, devant lesquels doivent être portées toutes les affaires concernant l'état des personnes.
En faveur de cette opinion, on peut encore invoquer
l'ancienne procédure malgache : les affaires en divorce
étaient soustraites à la compétence des tribunaux infé-
rieurs des Gouvernements et sous-Gouvernements.
Elles étaient toujours solutionnées à Tananarive soit
par le premier ministre, soit par le tribunal qu'il délé-
guait.

En résumé, à notre avis, le seul tribunal compétent en matière de divorce sera le tribunal du 2ᵉ degré.

L'appel sera porté devant la Cour de Tananarive.

Il y a, maintenant, lieu de se demander quel sera le tribunal du 2ᵉ degré compétent ? Aux termes de l'article 8 du décret, la procédure et le jugement des affaires civiles et commerciales soumises aux tribunaux indigènes du 1ᵉʳ et du 2ᵉ degré ont lieu sous la direction du président qui se conforme, autant que possible, pour la citation, l'instruction et le débat oral, à la procédure suivie devant les justices de paix de la colonie.

Or, il résulte de l'article 7 du décret organique du 9 juin 1896 que les résidents, investis des fonctions de juge de paix et assistés de leur secrétaire-greffier, connaissent, en matière civile et répressive, de toutes les affaires qui sont de la compétence des juges de paix en France, conformément à la législation métropolitaine.

Il s'ensuit que la procédure à suivre en matière de divorce sera celle suivie dans la métropole devant les justices de paix.

En conséquence, le tribunal compétent pour juger la demande en divorce sera, conformément à l'article 2 du Code de procédure civile, le tribunal du domicile du défendeur ; s'il n'a pas de domicile, le tribunal de sa résidence.

Il n'existe aucune procédure particulière pour les actions en divorce. Elles seront donc jugées en la forme ordinaire des instances.

D'après la loi malgache, qui est toujours en vigueur, le jugement ou un extrait du jugement prononçant le divorce devra être publié dans le *Journal officiel* de la colonie. Cette mesure est trop utile pour sauvegarder les intérêts des tiers pour qu'elle soit négligée.

De plus, des instructions touchant la procédure en

matière de divorce indigène, ont été données par une circulaire du résident général, en date du 5 juin 1897. Ces instructions, qui ne sont que la reproduction de l'ancienne coutume, doivent toujours être observées :

1° Les gouverneurs doivent transcrire le jugement autorisant le divorce sur les registres de l'endroit où aura été célébré le mariage ;

2° Cette transcription doit être faite à la diligence du tribunal qui a prononcé le divorce ;

3° Mention du divorce doit être faite en marge de l'acte d'inscription du mariage primitif.

Il faut remarquer que les parties n'ont pas la faculté, comme en droit français, en laissant écouler le délai imparti pour requérir la transcription, de rendre le divorce nul et non avenu. En droit malgache, le divorce produit tous ses effets légaux par le seul fait que le jugement qui l'a prononcé est devenu définitif. La transcription n'est prescrite que dans un intérêt d'ordre public, et c'est à la diligence du tribunal seul qu'elle doit être effectuée.

On remarquera aussi que la circulaire, pas plus, d'ailleurs, que l'ancienne coutume, ne fixe pas le délai dans lequel la transcription doit être faite. Il est à souhaiter que ce délai, pour éviter des contestations qui naîtront infailliblement, soit déterminé. Quoique aucune déchéance ne soit attachée au défaut de transcription, il est toujours imprudent que cette formalité, qui peut avoir un très grand intérêt pour les tiers et les parties elles-mêmes, soit laissée à l'arbitraire d'un tribunal, qui peut retarder indéfiniment la transcription.

Quoique les textes ni la coutume n'en fassent mention, il est certain que le défendeur pourra répondre à l'action principale par une demande reconventionnelle en divorce. Ces sortes de demandes sont de droit commun et ne sont, en quelque sorte, qu'une défense à l'action elle-même.

De même, malgré le silence de loi écrite ou coutumière, qui est toujours incomplète, comme nous l'avons maintes fois fait remarquer, les deux fins de non-recevoir, édictées par l'article 244 du Code civil, seront applicables. Elles sont, en effet, dans les mœurs et les usages. Ainsi, l'action en divorce sera éteinte :

1° Par la réconciliation des époux ;

2° Par la mort de l'un d'eux avant que le jugement ou arrêt soit devenu définitif.

Nous avons déjà fait remarquer, — nous y reviendrons plus bas, — que le divorce est irrévocable dès que le jugement qui l'a prononcé est devenu définitif.

§ 4. — *Des effets du divorce.*

1° *Le divorce dissout le mariage.* — A partir de quel moment le mariage est-il dissous ? Est-ce à dater du jour où le jugement ou arrêt qui l'a prononcé a acquis l'autorité de la chose jugée, ou bien à dater du jour de la transcription sur les registres de l'état-civil ?

Il est très important de fixer ce point délicat. Car, selon que l'on adoptera l'une ou l'autre de ces solutions, les conséquences au point de vue de la personne des époux ou de leurs biens seront bien différentes.

Après mûr examen, et quel que fut notre désir de nous rapprocher le plus près possible du droit français en reconnaissant à la transcription du jugement du divorce les mêmes effets que dans notre législation, nous pensons qu'en droit malgache, la dissolution du mariage a lieu à partir du jour où le jugement ou arrêt est devenu définitif. En effet, nous l'avons déjà dit, la transcription n'est requise que dans l'intérêt des tiers et de l'ordre public. Le législateur ne s'est pas préoccupé de la personne des époux ; la preuve en est dans ce fait que c'est

le tribunal lui-même qui rend le jugement, et non les
parties, qui a la charge de faire procéder à la transcription. En outre, le défaut de transcription n'entraine aucune déchéance ; aucun délai n'est déterminé. On ne
comprendrait pas que le législateur eut voulu laisser
ainsi les parties, pendant un temps qui peut se prolonger indéfiniment, dans l'indécision de savoir si elles sont,
ou non, divorcées.

2° *Le divorce entraîne certaines conséquences relatives à la personne des conjoints.* — Les divorcés n'ont
plus le titre d'époux. Ils ne sont plus tenus aux devoirs
engendrés par le mariage. Ainsi le mari ne devra plus
protection à sa femme, la femme obéissance à son mari.
De même, les devoirs réciproques de fidélité, secours
et assistance cessent d'exister... etc.

Les époux recouvrent leur liberté ; ils peuvent contracter un nouveau mariage. L'époux contre lequel le
divorce a été prononcé pour adultère peut même se
marier avec son complice, la loi et la coutume n'édictant aucune restriction.

En droit français, la femme ne peut contracter une
nouvelle union qu'après un délai de 10 mois après que
le divorce est devenu définitif. En droit malgache, cette
prohibition n'existe pas. La femme peut se remarier
quand elle veut.

Toutefois, les mariages des divorcés sont soumis à certaines formalités. Au terme de l'article 12 des Ordres
aux gouverneurs de l'Imérina (1889), lorsque, après le
divorce, un des conjoints veut contracter un nouveau
mariage, le gouverneur, chargé de l'inscription, doit se
faire représenter le jugement autorisant le divorce, ou
le numéro de la gazette officielle qui le reproduit, ou
tout autre justification valable de la réalité de la séparation. Si le gouverneur inscrit le nouveau mariage sans
cette justification préalable, il est passible d'une amende
de 3 bœufs et de 15 francs.

Comme en droit français, les époux divorcés peuvent se réunir de nouveau. Quoique le cas soit assez rare, on peut, cependant, en trouver des exemples. C'est surtout l'intérêt des enfants qui porte les divorcés à se rapprocher. Bien que le texte soit muet, il nous semble conforme aux principes d'exiger une nouvelle célébration et une nouvelle inscription du mariage. Celui-ci, en effet, est dissous. L'inscription a été annulée par la mention du divorce. Les époux sont donc devenus étrangers l'un à l'autre. En conséquence, il nous paraît de toute nécessité de procéder à une nouvelle célébration et à une nouvelle inscription, qui seules rendront le mariage valable.

La loi coutumière ou écrite n'admettant aucune restriction, les époux divorcés qui se sont remariés ensemble peuvent de nouveau demander le divorce.

3° *Conséquences relatives aux biens des époux.* — Le divorce rompant l'union, par ce fait même les conventions matrimoniales sont annulées.

Chaque époux reprend les biens propres qu'il possédait avant le mariage ou qu'il a acquis pendant le mariage à titre onéreux ou à titre gratuit. Cette reprise sera d'autant plus facile qu'en aucun moment les biens des conjoints n'ont été confondus, chaque époux ayant conservé l'administration et la jouissance de ses propres. Les biens de la communauté, le kitay telo an dalana, sont partagés suivant les règles que nous avons exposées. Cette liquidation s'opèrera à partir du jour où le jugement ou arrêt de divorce est devenu définitif.

Ni la loi coutumière ni la loi écrite ne décrètent aucune déchéance à l'égard de l'époux contre lequel le divorce a été prononcé. Il ne perd, non plus, aucun des avantages que l'autre conjoint lui avait faits soit en vue du mariage, soit pendant le mariage. Ainsi, si l'un des époux, ce qui est assez fréquent, avait fait une donation à l'autre, cette donation ne serait pas révoquée par le fait que le divorce a été prononcé contre lui. Il en serait de même si le conjoint, aux torts et griefs duquel le divorce aurait été ordonné, avait été adopté par l'autre conjoint. L'adoption produirait tout ses effets civils. Toutefois, l'adoptant aurait le moyen de briser les liens adoptifs en rejetant de la famille l'adopté, conformément à la coutume malgache.

4° Conséquences à l'égard des enfants. — Tout en rompant les liens qui unissent les époux entre eux, le divorce laisse subsister ceux qui unissent les parents aux enfants et les enfants entre eux. Le père porte toujours le nom de rain-janaka (père des enfants) et la mère celui de renin-janaka (mère des enfants). Les parents restent tenus envers leurs enfants et les enfants envers leurs parents de tous les devoirs que la coutume et la loi écrite, notamment les articles 110 et 111 du Code de 1881, leur imposent. Les enfants viennent à la succession de leurs père et mère, et ces derniers, suivant les cas, succèdent à leurs enfants, comme si le divorce n'avait pas été prononcé.

La puissance paternelle, également, avec tous les attributs qui en découlent, continue à subsister.

Quant à la garde des enfants, il n'y a aucune règle, ni aucune coutume bien précise. En vertu du régime familial, qui est la base du droit malgache, liberté pleine et entière est laissée aux époux comme aux enfants. Le plus ordinairement, ces derniers accompagnaient leur parent préféré. D'autres fois, la crainte de l'exhérédation et du rejet, les amenait à habiter successivement chez leur père et chez leur mère. Remarquons, cependant, que quel que soit le choix des enfants, ils restent toujours tenus des devoirs prescrits envers les père et mère.

A tous égards, la loi malgache ne contenant aucune prescription formelle, nous pensons qu'il n'y aurait aucune difficulté à ce que le juge, en présence de conclusions prises par les parties, fit application des articles 302 et 303 de notre code civil.

Nous avons déjà exposé, au titre de la filiation, les régles à suivre au cas où la femme se trouverait enceinte au moment de la prononciation du divorce. Il suffit de s'y reporter.

LIVRE VIII

L'adoption (Fananganam–jaza).

––––

CHAPITRE PREMIER

CARACTÈRES DE L'ADOPTION

L'adoption, en droit malgache, présente des différences essentielles avec l'adoption de notre droit français. Le Code civil n'admet cette institution que dans le but de créer entre deux personnes des relations artificielles de paternité et de filiation, pour donner la joie d'une paternité fictive à ceux auxquels la nature a refusé des enfants.

En droit malgache, l'adoption est une institution *sui generis* qui n'a pas, pensons-nous, d'équivalent dans aucune autre législation.

Si, comme chez nous, elle a pour but dans certains cas de remplacer l'enfant que la nature a refusé, ce but est loin d'être unique. En effet, elle a encore pour mobile l'augmentation du nombre des enfants, l'union plus étroite des liens de parenté, l'extension de la puissance et de l'influence de la famille. On se sert aussi de l'adoption pour corriger la rigueur des règles successorales, pour se prémunir contre toute spoliation ou confiscation autrefois toujours possibles de la part du Gouvernement, pour éteindre une dette. Malheureusement, car toute médaille a son revers, l'adoption était quelquefois aussi un moyen légal pour cacher certains actes dolosifs ou peu avouables. Ainsi, on employait l'adoption pour s'emparer d'une succession, pour surprendre une donation ou un legs, pour couvrir une aliénation ou une donation fictives.

On trouve l'adoption dans tous les événements de la vie indigène. Elle est d'un usage si fréquent qu'il serait difficile de trouver une famille qui ne compte pas dans son sein plusieurs enfants adoptifs.

Elle présente des formes si variées et si singulières qu'il paraît impossible de la définir dans une formule précise.

Le mieux, pour bien faire comprendre et déterminer le caractère de cette institution, est de passer en revue, autant que faire nous pourrons, les nombreux cas où cette pratique est admise par la coutume.

CHAPITRE II

DIFFÉRENTES ESPÈCES D'ADOPTION

§ 1. — *Observations générales.*

La faculté d'adoption est illimitée. Aucune règle n'en limite l'étendue ni les conditions. L'adoption, même la

plus contraire à la nature et la plus faite pour étonner
nos cerveaux européens, est valable, si les formalités
exigées par la loi ont été remplies.

A première vue, ce droit de pouvoir adopter sans
mesure peut paraître étrange. Mais, si on pénètre au
fond des choses, on s'aperçoit que toute adoption est
presque toujours un acte de sagesse, de prudence ou de
précaution contre les redoutables éventualités que le
Malgache avait à redouter tant du Gouvernement que
des puissants du jour.

On peut ramener les différentes espèces d'adoption à deux principales :

1° Adoption de membres de la famille ;

2° Adoption de personnes étrangères à la famille.

§ 2. — *Adoption de membres de la famille.*

La faculté d'adoption dans la famille ne comporte
aucune restriction. Ainsi :

1° Le père et la mère, séparément ou conjointement,
peuvent adopter un ou plusieurs de leurs enfants.

Ce cas d'adoption est assez rare. La plupart du temps,
en effet, elle ne serait qu'une superfétation, qu'une con-
firmation inutile de la parenté naturelle. Mais il est des
circonstances où elle trouvait son utilité, par exemple,
en cas de rejet d'un enfant. Nous verrons que l'enfant
rejeté est exclu de la famille et perd tous ses droits à la
succession. Si les parents veulent pardonner les fautes
passées et lui rendre ses prérogatives héréditaires, ils ne
peuvent le faire qu'en l'adoptant.

2° L'enfant peut adopter son père ou sa mère.

Au premier examen, ce cas d'adoption paraît étrange.
Mais il s'explique et se justifie même par un puissant
motif d'intérêt. Il peut arriver, en effet, que l'enfant en

bas-âge possède des biens propres, acquis soit par succession, soit par donation. S'il vient à mourir et qu'il appartienne à une caste maty nomba, c'est-à-dire à une caste dans laquelle les biens sont appréhendés par l'État lorsque le *de cujus* meurt sans postérité ou sans avoir fait de testament, ses biens reviennent au Gouvernement.

Notre adoption était un moyen d'éviter cette véritable spoliation, qui au fond n'était qu'un abus de fiscalité. Le père devenu fils adoptif de son enfant succède à ce titre à ce dernier.

Dans une autre occurrence, l'enfant devenu riche adopte ses père et mère pauvres afin que, dans le cas où il viendrait à mourir, ils aient dans sa succession une part d'enfant, qui les mettra à l'abri du besoin.

Ou bien encore, l'enfant, devenu chef de famille, adopte ses père et mère, en prévision d'une mort prématurée. Ses parents, fils adoptifs, auront une plus grande autorité sur ses propres enfants et surveilleront mieux leurs intérêts.

3° L'aïeul et l'aïeule, séparément ou conjointement, peuvent adopter un ou plusieurs de leurs petits-enfants.

Ce genre d'adoption est fréquent chez les Malgaches. Le père et la mère, au moment du mariage de leur enfant, surtout d'une fille, se réservent le droit d'adopter un ou plusieurs des enfants à naître. Dans ce cas, le petit-fils devient fils adoptif de ses grand-père et grand'mère avec toutes les conséquences légales attachées à cette qualité. Ces enfants portent le nom de manenti zaza et le plus souvent la cérémonie de l'adoption a lieu au moment de la circoncision, quand il s'agit de garçons.

4° Les petits-enfants peuvent adopter leurs aïeuls.

Ce cas d'adoption est très rare. Il ne se présente guère

que lorsque les petits-enfants sont orphelins. Le mobile est le même que dans l'adoption du père par son fils, pour éviter, en cas de mort, la main-mise de l'Etat sur les biens qu'ils possèdent.

5° Le frère peut adopter la sœur ; — la sœur peut adopter le frère. — Le frère et la sœur peuvent s'adopter réciproquement. — L'oncle et la tante peuvent adopter leurs neveux et nièces ; — les neveux et nièces peuvent adopter leurs oncle et tante. — D'une façon plus générale, tous les membres d'une même famille peuvent s'adopter entre eux sans aucune restriction.

C'est toujours la même précaution prise contre les exigences du fisc. Les biens du parent, mourant sans descendance ou sans avoir fait de testament, étaient dévolus à l'enfant adoptif au lieu de tomber en déshérence.

En outre, dans notre cas, l'adoption avait une portée bien plus haute. Elle avait pour but de resserrer les liens de la famille, d'en unir les membres entre eux aussi étroitement que possible. Le frère devenait le père de sa sœur ou de son frère ; l'oncle devenait le père de sa nièce ou de son neveu, et ainsi de suite pour tous les membres de la famille. Les Malgaches y trouvaient encore un autre avantage très précieux à leurs yeux, — car, pour ce peuple, la famille et les biens qui lui viennent des ancêtres ne sont qu'une seule et même chose, ou deux choses absolument inséparables, — les biens n'étaient pas dispersés et restaient dans le groupe familial.

Ce genre d'adoption est si profondément enraciné dans les mœurs que dans certaines familles et même dans certaines subdivisions de caste, l'adoption est obligatoire entre les frères et les sœurs et même entre leurs descendants. Par exemple, un ancêtre a ordonné dans son testament que, dans l'avenir, tous ses enfants et

leur postérité seraient tenus de s'adopter entre eux.
Cette clause oblige indéfiniment tous les descendants.
Ils ne peuvent s'y soustraire et les liens de l'adoption
les unissent alors même que les formalités légales n'auraient pas été remplies.

6° Le mari peut adopter sa femme ; la femme peut
adopter son mari. — La pratique de l'adoption entre
conjoints est assez commune, surtout l'adoption de la
femme par le mari. Elle est un moyen de corriger la
rigueur de la loi successorale. Nous verrons, en effet,
que la femme n'a aucun droit sur la succession du mari,
alors même qu'il décède sans postérité. Elle ne peut
réclamer que le tiers coutumier (Fahatelon-tanana),
comme nous l'avons déjà exposé. C'est souvent fort peu
de chose, et la femme se trouverait dans l'impossibilité
de vivre convenablement. Le mari remédie à cette
situation en adoptant sa femme, qui, alors, en outre de
son tiers, hérite d'une part d'enfant, si le mari laisse des
descendants, ou de toute l'hérédité, s'il décède sans postérité.

L'adoption conjugale a encore une autre but : la
femme malgache ne fait partie de la famille du mari
que tant que ce dernier est vivant. Au décès du mari,
si elle n'a pas d'enfant, elle est considérée comme une
étrangère à moins qu'elle n'épouse un de ses beaux-
frères. L'adoption est un moyen pour l'homme d'assurer à son épouse, pour le jour où il ne sera plus, une
place au sein de la famille.

§ 3. — *Adoption de personnes étrangères à la famille.*

La règle générale est que tout Malgache sans distinction d'âge, de sexe, de caste, de temps, peu tadopter un

15

autre Malgache sans distinction également d'âge, de
caste, de condition.

Ainsi : 1° Un Malgache peut adopter un enfant.

Dans ce cas, s'il n'a pas d'enfant légitime ou naturel,
l'adoption a pour but, comme dans notre droit, de lui
procurer les douceurs d'une paternité fictive en lui permettant d'élever un ou plusieurs enfants et de leur laisser son avoir.

En outre, l'adoption d'un enfant affecte, quelquefois,
un certain caractère religieux. Nous avons vu que la
seule religion des Malgaches était autrefois le culte des
ancêtres. Le tombeau de famille joue encore le plus
grand rôle dans la vie familiale. Toute sa vie, le Malgache songe à la place qu'il y occupera. Mais son bonheur ne serait pas parfait s'il ne laissait pas un enfant
qui viendra, après sa mort, offrir les sacrifices d'usage
et entourer son corps de lambamenas neufs. Au moyen
de l'adoption, il se procure un fils qui remplira tous les
devoirs funèbres.

Si l'adoptant possède déjà un ou plusieurs enfants
légitimes ou adoptifs, l'adoption est un moyen d'augmenter le nombre des membres de la famille. Nous
avons déjà dit que le Malgache n'avait rien tant à cœur
que d'avoir une nombreuse lignée. On comprend que,
dans un pays où la famille était l'unité sociale, c'était
une force et une puissance.

La reconnaissance d'un enfant naturel et la légitimation par mariage subséquent sont inconnues en droit
malgache. Mais l'indigène arrivait aux mêmes résultats
par l'adoption. Ainsi, a-t-il eu des enfants avec une
jeune fille qu'il épouse dans la suite, il les légitime, en
quelque sorte, en les adoptant.

Il arrive aussi, très fréquemment que la jeune fille,
au moment de son mariage, est mère d'un ou plusieurs
enfants naturels. Il n'est pas rare que le mari les adopte

et les fasse ainsi rentrer dans la famille. Pour le Malgache, surtout autrefois, un enfant était toujours le bienvenu, quelle que fût son origine.

2° *Le Malgache peut adopter un autre Malgache.* — Dans cette occurrence, l'adoption revêt un caractère particulier. Le désir d'augmenter la famille passe au second plan. Elle est surtout une affaire d'intérêt ou un sentiment de reconnaissance pour un service rendu.

Par exemple, l'indigène d'une condition sociale inférieure, adopte un ou plusieurs compatriotes hauts placés, riches et puissants. C'est une manière de s'acquérir un protecteur influent, qui le couvrira de sa puissance dans les mauvais jours. Avec l'arbitraire qui présidait à tous les degrés de l'administration malgache, ce protecteur était une nécessité. Et le Malgache, avec son esprit pratique, n'avait rien trouvé de mieux que de faire de l'adoption un instrument de préservation personnelle.

Ce genre d'adoption procurait encore d'autres profits. L'adopté, escomptant la part d'héritage qui lui reviendra un jour, donne à l'adoptant l'occasion et la possibilité de s'enrichir. Par exemple, s'il occupe une situation prépondérante, comme c'était le cas le plus souvent, il le nommera ou le fera nommer à des emplois rémunérateurs comme gouverneur de village ou de province.

Les adoptions de cette nature étaient extrêmement nombreuses. On cite l'ancien ministre, Rainilaiarivony, qui avait plus de cinquante pères adoptifs.

L'adoption d'un Malgache de condition à peu près égale n'a aussi presque toujours qu'un mobile d'intérêt matériel. Sans doute, on y rencontre bien, parfois, quelques-uns des sentiments plus nobles dont nous avons déjà parlé, accroissement de la famille, extension de sa puissance, relations civiles de paternité et de filiation. Mais, le but principal et non déguisé de l'adoption est

la vocation à l'hérédité, c'est de recueillir tout ou partie
de la succession. Aussi, dans ce cas, est-elle presque
toujours récipropre. Paul adopte Pierre, qui, à son
tour, adopte Paul.

L'adoption d'un Malgache par un autre Malgache est
motivée par les raisons les plus variées et trop souvent
par les moins avouables.

Tantôt, elle n'est qu'un moyen d'éteindre une dette.
Un débiteur se trouve dans l'impossibilité de payer ce
qu'il doit. Pour éviter des poursuites, il propose à son
créancier de l'adopter, sous la condition qu'il lui sera
donné quittance. S'il consent — et il consentira toujours, s'il y a intérêt — le créancier devient ainsi l'héritier pour tout ou partie de son débiteur.

Tantôt, l'adoption est un moyen de dissimuler une
aliénation ou une donation.

L'ancien gouvernement malgache percevait d'assez
forts droits de mutation sur les aliénations. Pour les
éviter, l'acheteur adoptait le vendeur, et spécifiait au
moment de l'adoption que le vendeur serait son héritier pour une somme égale ou un peu supérieure au
prix de la vente.

De même, au lieu de faire une donation pure et
simple, le donateur adoptait la personne à laquelle il
voulait donner un bien désigné ou une somme fixe, et
au moment de la cérémonie de l'adoption, il déclarait
que l'adopté recueillerait dans sa succession ce bien ou
la somme fixée.

Tantôt, l'adoption masquait des manœuvres captieuses de nature à spolier en tout ou en partie les héritiers
naturels. Ainsi, un étranger s'insinue dans la confiance
du père de famille, se fait adopter et en cette qualité
recueille une partie de l'héritage au détriment des
autres héritiers.

Ces manœuvres dolosives étaient très fréquentes.

Comme elles étaient surtout à craindre à la fin de la vie, lorsque l'esprit, sous l'effet de la vieillesse ou de la maladie, a perdu sa lucidité, l'article 235 du code de 1881 frappe de nullité toute adoption faite dans les huit jours qui précèdent la mort de l'adoptant.

Tantôt, l'adoption est un moyen de frustrer les créanciers.

Nous avons dit que lorsque l'adoptant désigne, au moment de l'adoption, le bien ou les biens qu'il donne à l'adopté, cette donation est irrévocable. Aussi l'indigène qui a des dettes, qui craint que ses biens ne deviennent la proie des créanciers, adopte une personne quelconque avec laquelle il s'entend, et si opposition n'est pas soulevée à temps, parvient par cette manœuvre à frustrer ses créanciers.

Tantôt, aussi, l'adoption est le paiement d'une dette de reconnaissance, lorsque par exemple, l'adopté a rendu de grands services à l'adoptant, qu'il lui a sauvé la vie, qu'il lui a donné des soins dans une grave maladie... etc.

3° *L'esclave pouvait adopter son maître ; le maître pouvait adopter l'esclave.* — Quoique l'esclavage ait été aboli par arrêté du 20 septembre 1896, cette question présente un grand intérêt pratique. Des litiges relatifs aux successions des adoptants se présentent et se présenteront encore assez fréquemment devant les tribunaux.

L'esclave adoptait son maître pour rendre sa situation meilleure. Le maître évidemment avait une considération plus grande pour l'esclave dont il était l'héritier. Il lui fournissait les moyens d'augmenter son avoir, l'autorisait à entreprendre un commerce ou une industrie.

Nous avons vu que la coutume ne reconnaissait à l'esclave la jouissance d'aucun droit civil.

La faculté d'adopter le maître semble, avec raison, en contradiction avec cette règle générale.

Mais, sous l'effet de l'adoucissement des mœurs et surtout de la crainte de voir les esclaves, qui représentaient un gros capital, s'enfuir, une tolérance commune
avait peu à peu fait admettre que l'esclave peut devenir
propriétaire et, comme palliatif, qu'il pouvait adopter son
maître. C'était un moyen, en effet, pour ce dernier de rat-
traper tout ou partie de ce qu'il perdait. Aussi, le maître
faisait-il flèche de tout bois pour devenir le fils adoptif de
son serviteur ou faire adopter son propre fils. La plupart du temps même, il ne consentait à l'affranchissement que sous condition d'adoption.

L'adoption de l'esclave par le maître était beaucoup
plus rare. Mais on voyait, cependant, le maître, surtout
lorsqu'il n'avait pas d'enfant légitime ou naturel, adopter
un esclave qui l'avait fidèlement servi pendant un
certain nombre d'années, ou qui l'avait accompagné
dans une expédition au delà des frontières de l'Imérina,
ou qui l'avait sauvé d'un grave péril. C'était une sorte
d'adoption rémunératoire, le paiement d'une dette de
reconnaissance.

Il n'était pas rare aussi de voir une femme sans enfants adopter un petit esclave, à qui elle avait donné
des soins dès l'âge le plus tendre et qu'elle avait pris en
affection.

§ 4. — *Exception à la règle de la liberté absolue d'adoption.*

On ne trouve qu'une seule exception à la liberté
absolue d'adopter. Elle est édictée par l'article 123 du
Code de 1881, qui est ainsi conçu : « Les Tompo-Mena-
« kely ne peuvent adopter des personnes étrangères à
« leur famille ou à leur caste, sans autorisation du Gou-
« vernement, ni leur léguer leur fief (Fanjakana, sei-
« gneurie).

« Dans le cas où une adoption ou un legs de ce genre
« auraient été faits, la terre Menakely devient menabe ».

Cette prohibition était de date relativement récente.
Le premier ministre, Rainilaiarivony, comme nous le
verrons dans la suite, avait multiplié les causes de révocation des privilèges seigneuriaux afin de les abolir pro-
gressivement. A partir de la publication du Code de
1881, un chef de Vodivona ne pouvait léguer son fief à
un fils adoptif qui n'appartenait pas à sa caste qu'avec
l'autorisation du Gouvernement.

Au surplus, la question ne peut plus aujourd'hui se
poser, les Vodivona, après l'occupation française, ayant
été supprimés par arrêté du 17 avril 1897.

CHAPITRE III

DES CONDITIONS REQUISES CHEZ L'ADOPTANT ET CHEZ L'ADOPTÉ

Une condition commune à l'adoptant et à l'adopté
était le consentement à l'adoption.

L'adoption est, en effet, comme en droit français, un
contrat synallagmatique qui exige le concours de deux
volontés.

Toutefois lorsque l'adopté était en bas âge, la coutume
admettait que son consentement fut suppléé par celui
des parents.

Nous trouvons une seule et unique condition requise
de la part de l'adopté n'ayant pas encore atteint l'âge

de raison : le consentement des parents de ce dernier. Et encore n'avons-nous pas trouvé unanimité d'opinion sur ce point. Quelques personnes prétendent que le père ne pouvait pas se refuser à consentir à l'adoption de son enfant par un tiers, et ils donnent cette raison bien malgache « que le père n'a pas le droit d'empêcher son enfant de s'enrichir ». Au demeurant, la question n'a pas un extrême intérêt. Ni la loi coutumière, ni la loi écrite, en effet, ne fixant l'âge auquel le Malgache est capable, d'un autre côté, l'usage admettant qu'on peut contracter valablement dès qu'on a atteint l'âge de raison, il se présentera peu de cas où le consentement du père sera absolument nécessaire. D'autre part, la pratique de l'adoption est si commune, elle est si intimement entrée dans les habitudes sociales qu'il serait peut-être impossible de trouver le cas d'un Malgache qui ait mis obstacle à l'adoption de ses enfants.

Telles sont les deux seules conditions qui existent en droit malgache. Et elles sont si peu précises qu'on peut dire que la faculté d'adoption s'exerce sans aucune restriction.

En résumé, l'adoption est permise à toutes les personnes de l'un ou de l'autre sexe, libres ou esclaves, mariées ou célibataires, ayant ou non des enfants légitimes, naturels ou adoptifs. De même peuvent être adoptées, toutes les personnes de l'un ou de l'autre sexe, sans condition d'âge, de caste, mariées ou célibataires, ayant déjà été adoptées ou non.

CHAPITRE IV

DES EFFETS DE L'ADOPTION

1° L'adopté a sur la succession de l'adoptant les mêmes droits que ceux qu'y aurait un enfant légitime. Si l'adoptant n'a pas de descendant légitime, il perçoit toute l'hérédité. S'il a d'autres enfants légitimes ou adoptifs, il vient en concours avec eux et reçoit une part égale.

Comme corrollaire, l'adopté, comme les autres enfants, était tenu de payer les impôts et de faire les corvées dus par leur auteur dans la proportion où il était appelé à l'hérédité.

Toutefois, en vertu de la vieille coutume, l'enfant adopté n'hérite pas des biens institués Ko-drazana (biens ancestraux frappés d'inaliénabilité). Les biens Ko-drazana, comme nous le verrons, ne pouvaient être transmis qu'aux enfants légitimes ou naturels, et, à défaut, aux autres parents par le sang.

Les enfants de l'adopté, après la mort de celui-ci, succèdent à l'adoptant soit de leur chef, soit par représentation.

L'adopté n'a aucun droit sur les biens des parents de l'adoptant, ni de son chef, ni par représentation de l'adoptant.

La coutume malgache, comme la loi française, n'accorde pas à l'adoptant le droit de succéder à l'adopté. Si l'adopté décédait sans postérité ou intestat, sa succession serait dévolue, suivant les règles ordinaires, soit à l'Etat, s'il est de caste hova, soit à la famille ou à la caste, s'il est de caste Andriana.

Le droit de retour légal des articles 351 et 352 du Code civil n'existe pas en droit malgache. Toutefois, la coutume admet que l'obligation du retour des biens, en cas de mort sans postérité, peut être stipulé dans l'acte d'adoption.

Le Malgache possède la liberté absolue de tester (masy mandidy). La loi ne stipule aucune réserve en faveur des enfants. Il en découle la conséquence que l'adoptant pourrait exhéréder et rejeter l'adopté de la famille. De même, rien ne s'opposerait à ce que l'adopté fut avantagé par testament au détriment des enfants légitimes ou naturels ou des autres enfants adoptifs.

Toutefois, d'après la coutume, il est un cas où l'adoptant ne pourrait exhéréder l'adopté. C'est lorsqu'il a désigné, au moment de l'adoption, les biens qui, après sa mort, doivent constituer la part héréditaire de ce dernier. Cette désignation est considérée comme une donation entre-vifs irrévocable.

2° L'adoption créant des relations fictives de paternité et de filiation, le père adoptif est tenu de pourvoir à la nourriture, à l'entretien et à l'éducation des enfants adoptés.

Cependant, quand il s'agit de l'adoption d'une personne majeure, l'adoptant n'est pas tenu de ces diverses obligations. D'ailleurs, nous avons vu que dans ce genre d'adoption, les contractants avaient surtout en vue la vocation à l'hérédité.

Conformément à la coutume malgache, lorsque l'adoptant ne portait pas déjà le nom d'un de ses enfants, il prenait celui de l'adopté. Nous avons déjà parlé de ce singulier usage au titre de la filiation.

3° Le lien de parenté civile qui se forme entre l'adoptant et l'adopté s'étend aux enfants de ce dernier. En conséquence, si l'adopté décède avant l'adoptant, laissant des descendants légitimes ou naturels, ceux-ci sont appelés à la succession de l'adoptant, comme le seraient des enfants légitimes, soit de leur chef, s'ils se trouvent seuls dans la ligne directe, soit par représentation, s'ils sont en concours avec des héritiers du premier degré.

4° L'adopté conserve tous ses droits dans sa famille naturelle. Comme corrollaire, il reste toujours tenu envers ses parents naturels de toutes les obligations édictées par la loi écrite ou coutumière. Ainsi, il est astreint à leur fournir, s'ils sont dans l'indigence, une pension alimentaire. S'il veut se marier, il devra également demander leur consentement, etc.

5° L'adopté est tenu de l'obligation alimentaire envers l'adoptant, et, réciproquement, ce dernier doit, le cas échéant, des aliments à l'adopté. L'adopté, en outre, doit à l'adoptant l'honneur et le respect dont tous les enfants sont tenus envers leurs parents.

A sa mort, il devra prendre soin du tombeau familial et procéder aux cérémonies d'usage envers les mânes des ancêtres. L'adopté, en revanche, a sa place marquée dans ce tombeau, et dans certains litiges, nous avons vu invoquer cette inhumation comme une preuve irréfragable de l'adoption.

6° L'adoption crée certains empêchements de mariage.

Ainsi, d'après la coutume, le mariage est interdit :

1° Entre l'adopté et les ascendants de l'adoptant ;

2° Entre l'adoptant et l'adopté ;

3° Entre l'adopté et le conjoint de l'adoptant et, réciproquement, entre l'adoptant et le conjoint de l'adopté.

Cette énumération est limitative. Le mariage est donc permis :

1º Entre les enfants adoptifs et les enfants légitimes de l'adoptant ;

2º Entre les enfants adoptifs ;

3º Entre l'adopté et les parents de l'adoptant ;

4º Entre l'adoptant et les parents de l'adopté.

Souvent l'adoptant n'avait en vue dans l'adoption que le mariage subséquent de l'enfant adoptif soit avec un de ses enfants légitimes, soit avec un autre enfant adoptif.

Il faut bien remarquer, toutefois, que le mariage n'est permis qu'à la condition qu'il n'existe pas déjà entre les conjoints aucun lien de parenté ou d'alliance prohibé par la loi.

CHAPITRE V

DES FORMES DE L'ADOPTION

Les formes de l'adoption diffèrent suivant que l'on se place avant ou après la promulgation du règlement des Sakaizambohitra (4 juillet 1878), qui a modifié les formes consacrées par la loi coutumière.

§ 1. — *Formes de l'adoption suivant la coutume.*

L'adoption paraît avoir été pratiquée de tout temps à Madagascar. Avant le règlement des Sakaizambohitra, l'adoption, comme les autres actes du droit privé, était une cérémonie familiale. L'Etat n'intervenait pas pour en régler la forme, les conditions et les conséquences. Il se contentait de percevoir l'impôt connu, le hasina. Pour la validité de l'adoption, il suffisait qu'elle fut contractée publiquement en présence de la famille et du Fokon'olona, qui était, pour ainsi dire, le témoin du contrat et en témoignait en cas de contestation.

Suivant l'usage, l'adoption des enfants avait lieu plus spécialement à certaines époques de la vie. Ainsi, on distinguait :

1° *Le fanalan-dratsiama, ou adoption de l'enfant avant sa naissance.* — Une femme non mariée étant enceinte, une personne quelconque qui désirait adopter l'enfant à naître se rendait chez elle, lui offrait à manger et, avec son consentement, lui disait : « l'enfant à naître sera mon fils ».

2° *Le manosomena, ou adoption au moment de la naissance.* — Un Malgache adopte l'enfant, avec l'autorisation de la mère, au moment de la naissance.

3° *Le manalavolo, ou adoption de l'enfant au moment de la première coupe de cheveux.* — L'adoptant, après la cérémonie de la première coupe des cheveux, qui avait lieu 3 mois après la naissance, adopte l'enfant avec le consentement des parents.

4° *Le famorana, ou adoption de l'enfant au moment de la circoncision.* — La cérémonie de la circoncision était l'époque la plus ordinairement choisie pour l'adoption. Il était même consacré par l'usage que le parrain et la marraine de l'enfant (rain-jaza et renim-jaza) à cette cérémonie adoptassent leur pupille. L'adoption avait lieu sous une forme solennelle. Elle se faisait dans le lapa (palais seigneurial ou demeure officielle du gouverneur). Les familles de l'adoptant et de l'adopté, ainsi que les membres du Fokon'olona, devaient être présents.

Après la circoncision, le parrain et la marraine, déclaraient publiquement qu'ils adoptaient l'enfant, et prenaient pour témoins du contrat tous les assistants. Le père faisait abandon de son enfant au père adoptif. Il lui disait : « Je n'en suis plus le propriétaire ; il vous appartiendra pour toujours ». Et avant de se séparer de lui, il lui donnait sa bénédiction.

Après la cérémonie, le père adoptif donnait le hasina d'usage, qui était comme la consécration de l'acte. Le hasina consistait dans le paiement du sikajy isan drain jaza ou du vola tsy vaky, suivant l'époque. C'était une somme de 0 fr. 60 centimes ou de 5 francs qui était payée par le parrain au Tompo-menakely et au souverain. En outre, le père adoptif faisait tuer un bœuf, dont la moitié (ila ombin tsaotra) était donnée aux personnes présentes, aux Fokon'olona. La culotte de bœuf (vodihena) était offerte, suivant l'usage ancien, au Tompo-menakely et au souverain, ainsi que le tohimitra, somme d'argent plus ou moins forte selon les moyens et la générosité du père adoptif.

L'adoption d'une personne ayant un certain âge (fananganan-jaza) pouvait avoir lieu à n'importe qu'elle époque. Elle devait être faite, également, en présence de la famille et du Fokon'olona. Les parties étaient astreintes au paiement du hasina, qui consistait en un vola tsy vaky (somme de 5 francs).

Le pouvoir central n'ayant aucun contrôle sur l'adoption, il arrivait que la liberté accordée à la population donnait naissance à certaines fraudes préjudiciables à l'Etat. Par exemple, lorsqu'une personne venait à mourir sans postérité légitime ou adoptive et sans avoir eu le temps de faire un testament, la famille pour éviter que son hérédité ne fut appréhendée par le Gouvernement, employait le moyen suivant : elle se concertait avec le Fokon'olona pour faire croire à une adoption qui n'avait jamais existé. De cette façon, on arrivait à tromper le fisc et on évitait la déshérence.

Sous le règne de Ranavalona Ire, le 1er ministre Rainiharo essaya de mettre fin à ces pratiques en ordonnant que toute adoption ne serait valable qu'après le paiement du hasina à la Reine sous la forme du vola tsy vaky et en astreignant désormais le Fokon'olona à accompagner l'adoptant pour la remise du hasina.

Comme des abus se produisaient encore, en 1852, après la mort de Rainiharo, le nouveau premier ministre, Rainivoninahitriniony, créa des registres sur lesquels était portée la perception de tous les droits régaliens, notamment du hasina. Cette mesure d'une utilité incontestable, qui commençait à mettre un peu d'ordre dans le chaos financier qui existait alors, avait aussi pour but de permettre à un moment donné de constater par une preuve certaine la réalité de l'adoption. Le cas échéant, les tribunaux pourraient y avoir recours.

§ 2. — *Formes de l'adoption suivant la loi écrite.*

L'article 46 du règlement des Sakaizambohitra est ainsi conçu :

« L'adoption ou le rejet doivent être inscrits sur « votre registre. Ils ne seront valables que s'ils sont en- « registrés. Il sera perçu un droit de 1 fr. 25 pour les « Sakaizambohitra avant tout enregistrement ».

Le Code de 1881 édicte la même prescription : article 229 : « Celui qui adopte ou rejette un enfant doit « faire inscrire l'acte sur le registre du Gouvernement. « Il sera perçu un droit de 1 fr. 25 (Kirobo) au profit « de l'Etat.

« A défaut d'inscription, l'adopté ne sera pas consi-

« déré comme enfant adoptif, et le rejet n'aura pas
« d'effet ».

Ces deux articles ont modifié profondément la forme
de l'adoption. Sous la poussée des idées modernes,
l'ancienne organisation familiale s'est peu à peu désa-
grégée. Le Gouvernement central, sous l'énergique
impulsion d'Andrianampoinimérina et de ses successeurs, a centralisé peu à peu tous les pouvoirs entre ses
mains et s'est substitué à l'autorité de la famille. Tous
les actes civils, dont le Gouvernement autrefois ne se
préoccupait pas, ont été soumis à son contrôle au
moyen de l'obligation de l'inscription. Ce n'est pas à
dire que l'observation de ces nouvelles prescriptions
ait été parfaite. On ne détruit pas en un jour les coutumes séculaires d'un peuple; même encore aujour-
d'hui, on trouverait beaucoup de familles qui prati-
quent toujours les anciens usages sans se préoccuper
des lois écrites. Mais les tribunaux malgaches, avant
l'occupation française, tenaient très sévèrement la main
à leur observation. Toutes les fois qu'un litige était
porté devant eux, si la formalité de l'inscription n'avait
pas été remplie, l'acte était déclaré nul. D'ailleurs, il
faut bien reconnaître que l'obligation de l'inscription
est d'une utilité incontestable. Elle donne au contrat
une forme matérielle. Elle mettra fin à une multitude
de contestations, si faciles lorsque l'administration de
la preuve est à la merci du souvenir plus ou moins con-
fus de témoins. Nous pensons qu'il est d'intérêt public
de tenir la main à l'observation ponctuelle de la formalité de l'inscription.

Il résulte donc des articles 46 et 229 précités que
l'inscription de l'acte d'adoption est obligatoire à peine
de nullité. Il ne s'agit pas dans l'espèce d'une nullité
relative, susceptible d'être couverte par l'acquiesce-
ment des parties, ou qui puisse être seulement soulevée

par les personnes intéressées. La nullité prononcée par les articles 46 et 229 est une nullité radicale. L'inscription est une condition essentielle à l'existence de l'adoption. Les termes de l'article 229 sont formels : « L'adopté ne sera pas considéré comme un enfant adoptif ». D'ailleurs, on le comprend bien, la théorie des nullités relatives et radicales est inconnue en droit malgache. Dans la jurisprudence malgache antérieure à notre occupation, les juges ne faisaient jamais de distinction.. Quand la loi prononce la nullité d'un acte, le juge annule l'acte purement et simplement, sans se préoccuper du droit des tiers ou des parties. Il considère l'obligation comme n'ayant jamais existé.

Nous avons maintenant à nous demander si l'inscription seule suffirait pour rendre l'adoption valable, en d'autres termes si l'adoption inscrite en dehors de toute participation de la famille et du Fokon'olona pourrait-être validée ?

La négative paraît certaine. En effet, il ne faut jamais oublier que le Code de 1881 n'est pas un Code complet, qu'il ne légifère que sur des cas particuliers qui abrogent l'ancienne coutume ou la complètent. Aussi, l'article 263 de ce Code spécifie que les lois et coutumes antérieures continuent à avoir leur valeur et à être en vigueur alors même qu'elles ne sont pas reproduites. Les articles 46 et 229 n'ont eu pour but que d'introduire la nouvelle formalité de l'inscription. Ni dans leur esprit, ni dans leur lettre, nous ne trouvons rien qui puisse seulement faire supposer que le législateur a eu l'intention d'abroger les conditions exigées par la coutume. Au surplus, les articles 53 du Code de 1868 et 236 du Code de 1881, qui sont identiques, nous en fournissent, en traitant un point particulier, la preuve incontestable. L'article 236 est, en effet, ainsi conçu : « Nul enfant recueilli par charité ne sera considéré

16

« comme ayant été adopté, si la formalité d'adoption
« n'a pas été accompagnée du versement du vola tsy
« vaky et du sikajy isan-drain jaza ; si la famille, le
« Fokon'olona et le Tompo-menakely n'ont pas eu
« connaissance de l'adoption, et si l'acte, n'est pas ins-
« crit sur les livres du Gouvernement. Si un enfant se
« trouvant dans cette situation réclamait la qualité d'en-
« fant adoptif, il sera passible d'une amende de
« 5 bœufs et de 25 francs. A défaut de paiement, il
« sera contraint par corps à raison de 0 fr. 60 centimes
« par jour jusqu'à concurrence du montant de
« l'amende ».

Cet article nous indique clairement que l'inscription
seule ne serait pas suffisante pour la validité de l'adoption, et qu'il faut encore qu'elle ait été faite, suivant la
loi coutumière, en présence de la famille, du Fokon'o-
lona et du Tompo-ménakely ; que le versement du Vola
tsy vaky ait été opéré, et, lorsque l'adoption a eu lieu,
au moment de la circoncision, que le Sikajy isan-drain
jaza ait été payé.

A ces diverses formalités, il faut ajouter le consentement de l'adoptant et de l'adopté et le consentement du
père de l'adopté, lorsque ce dernier est encore dans
l'enfance.

Mais ces divers consentements ne sont pas expressément prévus. Aussi, ni la coutume ni la loi écrite
n'exigent pas qu'ils soient exprimés formellement. La
présence des deux contractants et de la famille, requise
par la coutume et l'article 236 précité, suffit pour les
faire présumer. D'ailleurs, en cas de non consentement,
les intéressés pourraient poursuivre la nullité de l'acte
en faisant, comme nous allons le voir, opposition à l'enregistrement.

Il en serait de même si le consentement n'avait été
donné que par dol, erreur, ou par suite de la violence.

Toutefois la nullité de l'adoption ne pourrait être demandée que par les personnes dont le consentement était nécessaire ou par leurs héritiers.

Avant de terminer ce chapitre, nous devons faire remarquer que la circulaire du Résident général du 5 juin 1897, que nous avons déjà citée, a, également, prescrit, en ce qui concerne l'adoption, certaines formalités dont l'utilité ne saurait être contestée.

Conformément aux instructions de la circulaire, les actes d'adoption doivent mentionner :

1° Le nom, âge, domicile de l'adoptant et de l'adopté ;

2° La présence comme témoins d'au moins 4 membres du Fokon'olona de l'adoptant;

3° La signature de l'adoptant et de l'adopté, ou mention qu'ils ne savent ou ne peuvent pas signer.

Enfin, l'adoption pour être valable exige encore une dernière condition : elle doit avoir été faite, à peine de nullité, au moins 8 jours avant la mort de l'adoptant (art. 235, C. 1881) (1).

En résumé, si nous réunissons les formalités exigées par la coutume, les Codes et règlements écrits et les instructions de la circulaire précitée, l'adoption, pour être valable, doit remplir les conditions suivantes :

1° L'adoption doit être faite en présence de la famille et d'au moins quatre membres du Fokon'olona, tout au moins, il faut que le Fokon'olona et la famille aient eu connaissance de l'adoption, c'est-à-dire qu'elle n'ait pas eu lieu clandestinement.

---

(1) Art. 235, C. 1881 : « Si la personne qui adopte ou rejette un « enfant vient à mourir dans la huitaine qui précède l'adoption ou « le rejet, l'adoption ou le rejet seront considérés comme nuls, car cette personne est an-dohariana » (c'est-à-dire n'a pas conscience de ses actes). (An-dohariana est un mot figuré qui signifie : « se trouver sur le bord d'un torrent dont le courant vous entraîne fatalement).

2° Elle doit être accompagnée du paiement du Vola tsy vaky (pièce de 5 francs), et, lorsqu'il s'agit d'une adoption faite au moment de la circoncision, du versement supplémentaire du Sikajy isan-drain jaza (somme de 0 fr. 60 centimes).

3° L'adoption doit être inscrite sur les registres du Gouvernement. — L'acte doit mentionner le nom, l'âge et le domicile de l'adoptant et de l'adopté, — la signature de l'adoptant et de l'adopté, ou mention qu'ils ne savent ou ne peuvent signer.

4° Qu'il n'y ait pas d'opposition de la part des parents de l'adoptant;

5° Que le consentement des contractants ne soit pas douteux;

6° Que l'adoption ait été faite huit jours au moins avant la mort de l'adoptant.

§ 3. — De l'adoption testamentaire.

L'adoption peut-elle être faite par testament?

La coutume admet l'adoption par testament. Le testateur déclare dans l'acte de ses dernières volontés qu'il adopte telle personne, qui aura dans sa succession soit une part d'enfant, soit telle portion désignée. On trouve des exemples d'esclaves ainsi adoptés en récompense des services qu'ils avaient rendus au *de cujus* de son vivant.

Mais, le plus fréquemment, l'adoption par testament avait lieu en faveur des petits-enfants du testateur. C'était un moyen pour ce dernier de les avantager et de leur donner dans sa succession une part égale à celle de ses propres enfants.

————

CHAPITRE VI

DES OPPOSITIONS A L'ADOPTION

Nous avons vu que si l'adoption, en droit malgache, a, la plupart du temps, un but moral et honorable, il arrive quelquefois qu'elle n'est qu'un moyen légal de couvrir une fraude, une captation d'héritage ou de léser les intérêts d'un tiers. Il était donc nécessaire de fournir aux intéressés une arme pour se défendre en pareille occurrence. Cette arme est l'opposition à l'adoption.

L'article 5 des ordres aux gouverneurs de l'Imérina nous indique la forme et les effets de cette opposition.

« Si quelqu'un, dit cet article, s'oppose à l'adoption
« ou au rejet d'un enfant, ou à l'affranchissement d'un
« esclave, vous n'avez pas le droit (vous, gouverneurs)
« de percevoir le hasina et d'inscrire l'acte. Mais vous
« aurez soin de dire à l'opposant : Comme vous faites
« opposition à N...., on vous donne une semaine pour
« réfléchir. Ce délai écoulé, vous devrez, vous et votre
« adversaire, vous représenter, soit en personne soit
« par un mandataire, devant nous.

« Si vous persistez dans votre opposition, il vous sera
« donné une lettre pour les juges, parce qu'il n'est pas
« permis de prolonger indéfiniment une opposition, car
« les besoins d'un chacun sont multiples.

« Si, au contraire, vous, opposant, vous ne vous pré-
« sentez pas au jour fixé, votre opposition sera consi-
« dérée comme nulle et non avenue, et l'inscription de

« l'acte sur les registres du Gouvernement suivra son
« cours.

« Les gouverneurs qui contreviendraient à ces pres-
« criptions subiront une amende de 10 bœufs et de
« 50 francs ».

Cette procédure est simple. Si une opposition à l'a-
doption est formulée, le gouverneur chargé de la tenue
des registres, doit surseoir à l'inscription et renvoyer les
parties à la huitaine suivante, afin de leur permettre de
réfléchir et de se concilier s'il se peut.

Si l'opposant ne se présente pas au jour fixé, il est
censé y avoir renoncé et son opposition est considérée
comme nulle et non avenue. Il est procédé à l'inscription de l'acte.

S'il se présente et la maintient, le gouverneur doit
renvoyer les parties à se pourvoir dans les tribunaux
qui accueilleront l'opposition ou en ordonneront la
main-levée.

Il va sans dire que l'opposant, avant le jugement,
pourrait donner main-levée volontaire.

Cette procédure d'opposition, très simple et très peu
coûteuse, est suivie, comme nous le verrons, dans tous
les actes civils et dans tous les contrats. Elle est profondément entrée dans l'usage. Il nous paraît qu'il ne
peut y avoir qu'utilité à la conserver.

Nous avons maintenant à nous demander quelles sont
les personnes qui peuvent faire opposition.

Les codes et règlement écrits sont muets et la coutume ne nous fournit que des renseignements vagues. A
la vérité, il n'existe aucune règle précise. Les tribunaux
devront donc éclairer leur décision par les règles générales du droit malgache et du droit français, qui doit
toujours compléter l'insuffisance de la législation indigène.

Ainsi, en vertu de l'axiome de droit que l'intérêt est

la mesure des actions, il y aura lieu de rejeter l'opposition de ceux pour qui l'exercice de ce droit ne serait qu'un moyen de vexation.

A notre avis, on ne devra accueillir l'opposition que des personnes qui auront un intérêt moral ou pécuniaire : par exemple, les parents qui seraient frustrés d'une partie de la succession par le fait de l'adoption, ou dont le consentement nécessaire n'aurait pas été requis ; les créanciers, car l'adoption peut n'être parfois qu'un manteau destiné à couvrir une fraude, etc.

A tous égards, en l'absence de texte précis, les tribunaux auront un pouvoir souverain d'appréciation. Il leur appartiendra de déterminer, suivant les espèces et suivant les motifs invoqués, quelles sont les personnes dont l'opposition méritera d'être accueillie.

CHAPITRE VII

PREUVE DE L'ADOPTION

La preuve de l'adoption s'administrera d'une façon différente, selon que cet acte sera intervenu avant ou après la promulgation du règlement des Sakaizambohitra (1878).

Nous avons dit qu'avant la publication de ce règlement, aucun acte, ni inscription n'étaient exigés. L'adoption était un contrat familial qui n'avait besoin pour être valable que d'être fait publiquement en présence de la famille et du Fokon'olona. Nécessairement, il suit de là que pour les adoptions faites avant 1878, tous les modes de preuve sont admissibles : écrits, témoins, présomptions graves, précises et concordantes, par exemple, le fait que l'adoptant a été le parrain de l'adopté à la cérémonie de la circoncision ; que le Sika-jy isan-drain jaza et le vola tsy vaky ont été payés ; que l'adopté a été inhumé dans le même tombeau que l'a-doptant ; que l'adopté a toujours été considéré dans la famille et dans le Fokon'olona comme le fils adoptif, etc.

Il en est autrement depuis la publication du règle-ment des Sakaizambohitra. En effet, l'article 46 de ce règlement s'exprime de la façon suivante : « L'adoption doit être inscrite sur votre registre ; elle ne sera valable que si elle est enregistrée » ; et l'art. 239 du Code de 1881 dit : « A défaut d'inscription, l'adopté ne sera pas considéré comme fils adoptif ». Tous ces termes éner-giques montrent bien l'intention du législateur de ne pas admettre l'adoption, s'il n'y a pas d'inscription.

Par conséquent, le seul mode de preuve régulier et normal sera la représentation de l'acte inscrit sur les registres du gouvernement.

Ni la preuve par témoins, ni des présomptions graves, précises et concordantes, ni la possession d'état, ni aucune autre preuve écrite quelle qu'elle soit ne sau-raient y suppléer.

Toutefois, nous avons déjà fait remarquer que l'insti-tution de l'inscription et des actes de l'état civil n'était entrée que difficilement dans les mœurs, que les registres n'avaient été tenus par les fonctionnaires qu'avec une nonchalance coupable. Nous pensons donc que pour les adoptions faites avant l'occupation française, il y aura lieu d'user de la plus grande tolérance et de faire application dans la mesure la plus large des prescrip-tions de l'article 46 du Code civil.

LIVRE IX

Le rejet d'enfant.

CHAPITRE PREMIER

CARACTÈRES DU REJET D'ENFANT

Le rejet d'enfant est le pouvoir accordé au père, à la mère et, dans certains cas, à la famille, d'exclure l'enfant légitime, naturel ou adoptif du sein de la famille.

Le rejet malgache n'a pas, croyons-nous, de similaire dans aucune législation.

Il a une portée plus grande que le désaveu de notre droit, qui n'est qu'une dénégation judiciaire de la paternité du mari et qui ne peut être prononcé que sous certaines conditions et dans certains cas minutieusement précisés par le législateur.

Il ne serait pas, non plus, absolument exact de le comparer à l'indignité du Code civil, qui ne peut être prononcée qu'après la mort du *de cujus* et qui n'a d'autre résultat que d'exclure l'indigne de la succession *ab intestat* de celui à l'égard duquel il s'est rendu coupable dans certains cas limitativement déterminés (art. 927 du C. civil).

En réalité, le rejet malgache renferme certains caractères de l'un et de l'autre, mais en ayant une étendue
bien plus considérable.

Comme le désaveu, le rejet avait pour but, dans certaines circonstances, de faire sortir de la famille un
enfant né en dehors des œuvres du mari.

Comme l'indignité, le rejet était une peine sanctionnée
par de graves déchéances et pouvait s'appliquer à
toutes les personnes habiles à succéder.

Mais la faculté de rejet n'était pas limitée à des cas
nommément désignés. Les causes qui pouvaient l'entraîner étaient laissées, sous certaines conditions restric-
tives, à la volonté des père et mère et de la famille.

En outre, le rejet est irrévocable. Quand il a été prononcé suivant les formes légales, il est définitif; il ne
peut plus être annulé. Toutefois, comme ses conséquences sont très rigoureuses, qu'elles peuvent même
parfois être injustes, lorsque, par exemple, un enfant,
qui a été rejeté pour inconduite, s'amende et revient à
de meilleurs sentiments, l'usage a fait entrer dans les
mœurs un moyen indirect de rendre à l'enfant ses droits
et sa capacité successorale. Ce moyen est l'adoption.
L'adopté, conformément aux règles que nous avons
exposées, reprend sa place dans la famille et est appelé
à l'hérédité en sa qualité d'enfant adoptif.

CHAPITRE II

DES PERSONNES QUI PEUVENT PRONONCER LE REJET

D'après la coutume, le père et la mère, conjointement ou individuellement, avaient le droit de rejeter l'enfant. Il est probable que dans l'ancien temps, alors que la puissance paternelle accordait au père et au chef de la famille un pouvoir sans limites, ce droit s'exerçait selon le libre caprice du rejetant. Il paraît certain que le rejet a dû souvent couvrir des actes peu honorables et injustes, ou être motivé par des manœuvres captieuses destinées à faire exclure de la famille les héritiers légitimes au profit d'un étranger. Aussi, peu à peu, la coutume, grâce à l'adoucissement des mœurs et au progrès de la civilisation, a admis un tempérament au pouvoir arbitraire des parents. Ce tempérament, c'est le droit de faire opposition au rejet, qui est reproduit dans la loi écrite (art. 5 des ordres aux gouverneurs de l'Imérina). La loi moderne a encore atténué la rigueur de cette institution en décrétant que tout rejet fait dans la huitaine qui a précédé la mort du rejetant serait nul (art. 235 du Code de 1881, que nous avons déjà cité).

Quand les père et mère sont décédés, un enfant peut, également, être rejeté à la suite d'une délibération de la famille.

Il peut arriver, en effet, que l'enfant mène une mauvaise conduite, qu'il n'exécute pas les dernières volontés de ses père et mère, ce qui dans la coutume malgache

est une faute très grave. Souvent même, dans son testament, le *de cujus* prend la précaution de rejeter condi-
tionnellement l'enfant qui ne se conformerait pas à sa volonté testamentaire. Il peut arriver, aussi, que l'héritier
se rende coupable envers le défunt de certains faits qui
le rendent indigne de succéder. Ou bien encore, il peut
se présenter que l'enfant vienne au monde à une date
tellement éloignée du décès du mari qu'il soit matérielle-
ment impossible qu'il ait été conçu des œuvres du *de
cujus*.

Dans ces divers cas qui sont loin, comme nous le verrons, d'être limitatifs, la famille, après délibération,
peut rejeter l'enfant.

Nous avons maintenant à nous demander quelles sont
les personnes qui peuvent être rejetées ?

Peuvent être rejetés :

1° Les enfants légitimes ;

2° Les enfants naturels ;

3° Les enfants adoptifs.

En ce qui concerne le rejet de l'enfant adoptif, nous
ne pouvons nous empêcher de faire une remarque. L'a-
doption est un contrat synallagmatique entre l'adoptant
qui propose d'adopter et l'adopté qui consent soit par
lui-même, soit indirectement par les personnes sous la
puissance desquelles il se trouve. Juridiquement, l'a-
doptant a-t-il le droit de rompre lui-même le contrat au
gré de son caprice ou pour un motif futile ?

Quoi qu'il en soit, la loi coutumière est formelle.
Force sera donc d'en faire l'application. Toutefois, en
cas d'opposition, et il y en aura presque toujours, il
appartiendra au juge de se montrer plus ou moins
sévère dans l'admission des moyens qui auront été invoqués pour la prononciation du rejet.

CHAPITRE III

DES CAUSES QUI PEUVENT DONNER LIEU AU REJET

Il est regrettable que dans une matière aussi grave, la loi coutumière et écrite ne fixe pas d'une façon minutieuse et limitative les causes qui peuvent donner ouverture à rejet. Nous avons déjà dit que le droit malgache était un droit imparfait et incomplet, qui laisse beaucoup trop à l'arbitraire du juge. A notre avis, les tribunaux pour prononcer dans une matière aussi délicate devront s'inspirer des cas similaires que l'on peut trouver dans notre droit et des errements suivis par l'usage indigène. A tous égards, ils auront un plein pouvoir d'appréciation pour interpréter, suivant l'équité, le bien ou mal fondé d'une prononciation de rejet, dans le cas où ils auraient à statuer sur une opposition qui serait portée devant eux.

Cela dit, quelles sont les principales causes qui pourront légitimer le rejet ?

On peut citer : 1° La naissance de l'enfant survenue plus de dix mois après la mort du père ;

2° L'impossibilité physique de cohabitation entre les époux pendant la durée de la période normale de la gestation ;

3° L'impossibilité morale de cohabitation pendant le même temps ;

4° La condamnation de l'enfant pour avoir donné ou tenté de donner la mort à son père ou à sa mère ;

5° Le fait pour l'enfant d'avoir porté contre son père ou sa mère une accusation capitale jugée calomnieuse ;

6° Désobéissance aux ordres du père et de la mère, par exemple lorsque l'enfant aura contracté mariage en dehors de leur volonté, lorsqu'il n'aura pas obéi aux dernières volontés de ses parents, lorsqu'il contestera le partage testamentaire fait par le *de cujus*, qu'il refusera de délivrer des legs institués, etc...

7° Mauvaise conduite, débauche, prodigalité ;

8° Condamnation pour crime ou délit entachant l'honneur de la famille, etc., etc.

Mais cette énumération est loin d'être limitative. Dans l'usage, on admet que la faculté de rejet appartient aux parents lorsque les enfants se conduisent mal ou qu'ils ne respectent pas leurs père et mère. Ces expressions sont larges et pourraient amener de nombreuses injustices, si l'amour indéniable que les Malgaches portent à leurs enfants ne venait sur ce point corriger un peu la trop grande liberté laissée par la loi. D'ailleurs, les juges n'étant enchaînés par aucun texte, ayant toute latitude d'appréciation pour contrôler, en cas d'opposition, le rejet prononcé, il leur appartiendra, en prenant en considération le degré de gravité de la faute, les circonstances de temps et de lieu, la qualité et la situation sociale des parties, de restreindre, peu à peu, le pouvoir exorbitant accordé aux parents par la coutume, qui souvent n'est qu'un moyen de satisfaire des passions inavouables, et de le ramener dans de justes limites, de façon que le rejet, qui est une véritable peine, ne soit pas une arme destinée à servir le caprice d'un père dénaturé ou d'une famille qui cherche à spolier un enfant, mais bien une sanction effective d'un manquement grave.

CHAPITRE IV

EFFETS DU REJET

Les effets du rejet doivent être examinés aux divers points de vue relatifs :

1° A la personne du rejeté ;

2° Aux biens du rejeté ;

3° Aux enfants du rejeté ;

4° Aux donations faites au rejeté antérieurement au rejet ;

5° Aux liens qui unissent le rejeté aux divers membres de la famille.

§ 1. — *Effets relatifs à la personne du rejeté.*

L'enfant est exclu de la famille. Il devient un étranger pour ses parents. Ceux-ci ne sont plus tenus envers lui aux obligations qui naissent du mariage : nourriture, entretien et éducation.

L'obligation alimentaire, prévue par l'article 111 du Code de 1881, est également éteinte. L'enfant n'a plus droit, en outre, à être inhumé dans le tombeau de famille.

Réciproquement, le rejeté n'est plus soumis à la puissance paternelle et à ses différents attributs.

Il n'est plus tenu des devoirs de respect et d'obéissance, ordonnés par les lois et les coutumes, envers ses parents. Il n'est plus forcé de payer à ses ascendants la pension alimentaire édictée par l'article 110 du Code de 1881. Il peut se marier en dehors de leur consentement.

En un mot, le rejetant et le rejeté sont considérés comme étrangers l'un à l'autre. Remarquons, toutefois, que le rejet n'a d'effet qu'à l'égard du parent qui l'a prononcé. Ainsi, si le père seul avait rejeté l'enfant, ce dernier conserverait les liens de parenté qui l'unissent à sa mère et continuerait, en conséquence, à être tenu envers elle de tous ses devoirs filiaux. Mais, cette situation se présentera rarement, sauf le cas où la mère vivrait séparée du père. Car, d'ordinaire, le rejet ne sera prononcé que conjointement, après que toute la famille aura été consultée.

§ 2. — *Effets relatifs aux biens.*

Le rejeté perd tous ses droits à la succession du rejetant.

Si le rejet est prononcé par la famille, après la mort du père et de la mère, le rejeté est tenu de rendre tous les biens de l'hérédité qui seraient déjà entre ses mains. Sera-t-il astreint également à rendre tous les fruits et revenus qu'il a perçus depuis l'ouverture de la succession ? Oui, car il est considéré comme n'ayant jamais été héritier.

Toutefois, d'après les usages suivis, il en serait autrement à l'égard des tiers. Pour ces derniers, le rejeté est censé avoir été héritier jusqu'au jour de l'inscription de l'acte de rejet sur les registres du gouvernement. Par conséquent, toutes aliénations à titre gratuit ou onéreux, toutes les hypothèques, tous les contrats de Fehivava, les baux, en un mot tous les droits consentis, sauf le cas de dol ou de fraude, sur les biens héréditaires conserveront toute leur valeur.

§ 3. — *Effets relatifs aux enfants du rejeté.*

D'après la coutume, les effets du rejet s'étendent aux enfants du rejeté. Les enfants du rejeté sont donc exclus de la famille du rejetant. Ils ne viennent à la succession de ce dernier ni par représentation ni par tête.

Point n'est besoin de faire remarquer combien cette déchéance est profondément injuste. Les enfants sont condamnés à répondre de fautes qu'ils n'ont pas commises, dont les parents seuls sont coupables. Aussi, l'usage avait peu à peu suggéré un moyen de corriger la rigueur de la loi. Le grand'père adoptait les petits-enfants. De cette manière, les descendants du rejeté devenaient enfants adoptifs et en cette qualité étaient admis à la succession.

§ 4. — *Effets relatifs aux donations antérieures au rejet.*

Le rejeté est-il tenu de restituer les biens reçus du rejetant par suite d'une donation entre-vifs, antérieure au rejet ?

En principe, les donations entre-vifs, en droit malgache, sont irrévocables. Mais le cas qui nous occupe forme une exception prévue par l'article **233** du Code de 1881, dont voici la teneur : « Alors même qu'un « enfant légitime, naturel ou adoptif aurait déjà reçu « une donation, s'il ne respecte pas ses parents, ceux-ci « ont le droit le plus sacré (masy mandidy, saint dans « sa volonté) de disposer de leurs biens par testament. « De même, un petit-fils, dont les parents sont morts,

« ou un enfant légitime dont la mère est décédée ou
« divorcée, peut être exhérédé s'il ne respecte pas ses
« parents... »

Le sens de cet article pourrait paraître un peu obscur.
On pourrait se demander si le législateur n'a pas seulement voulu viser les biens possédés par le testateur au
moment de son décès. Mais, d'après la jurisprudence et
l'usage toujours suivis, les mots : « ceux-ci ont le droit
le plus sacré de disposer de leurs biens par testament »,
s'appliquent aussi bien aux donations entre-vifs qu'aux
biens laissés par le *de cujus*. Il s'ensuit donc que le
rejeté sera dans l'obligation de rendre les biens reçus
du rejetant par suite d'une donation antérieure au rejet.

Mais cette résolution n'a pas lieu de plein droit. Il est
nécessaire que le rejetant manifeste sa volonté à cet
égard dans son testament.

§ 5. — *Effets relatifs aux liens qui unissent le rejeté
aux autres membres de la famille.*

La règle générale est que le rejet ne produit ses effets
civils qu'entre le rejetant, le rejeté et ses descendants.
En conséquence, les liens de parenté qui existent entre
le rejeté et les autres membres de la famille continuent
à subsister avec toutes les suites de droit.

CHAPITRE V

DES FORMES DU REJET

§ 1. — *Forme du rejet suivant la loi coutumière.*

Comme l'adoption, le rejet paraît avoir été en usage chez les Malgaches depuis un temps extrêmement lointain. Avant la promulgation du règlement des Sakaizambohitra (1878), le rejet, comme tous les actes de la vie civile, était une cérémonie familiale. Il était fait publiquement, sous une forme solennelle, dans le lapa (palais seigneurial), en présence de la famille et du Fokon'olona. Le Fokon'olona, dans ce cas, était plus qu'un témoin de l'acte. Il avait le droit d'intervenir et de juger si les griefs reprochés à l'enfant étaient fondés. Il empêchait ainsi souvent une injustice de se commettre ou, si l'enfant était coupable, faisait un appel, parfois entendu, à la clémence des parents.

Mais, le Fokon'olona n'avait qu'un pouvoir de conciliation. Si les parents persistaient dans l'intention de rejeter l'enfant, il ne pouvait s'y opposer. Toutefois, dans ce cas, le Fokon'olona pouvait exclure les parents de la communauté, peine redoutable qui mettait les exclus au ban de leurs concitoyens et les forçait à s'exiler dans un autre Fokon'olona. Aussi la plupart du temps, les parents se soumettaient aux conseils du Fokon'olona et revenaient sur leur décision.

Pour la validité du rejet, en outre de la présence de

la famille et du Fokon'olona, il était nécessaire d'offrir
le hasina, qui consistait dans le versement d'un vola tsy-
vaky (pièce de 5 francs non coupée). L'orim-bato (petite
somme d'argent) était ensuite distribué aux Fokon'olona
présents à l'acte.

§ 2. — *Formes du rejet suivant la loi écrite (Règlement
des Sakaizambohitra, 4 juillet* 1878. — *Code de* 1881).

L'article 46 du règlement des Sakaizambohitra, dont
nous avons donné le texte quand nous avons étudié
l'adoption, dispose que le rejet d'enfant ne sera valable
que s'il est enregistré sur les registres du Gouvernement. L'article 229 du Code de 1881 reprend la même
disposition et décrète qu'à défaut d'inscription, le rejet
n'aura pas d'effet.

Il s'ensuit qu'aujourd'hui l'inscription de l'acte de
rejet est une formalité substantielle. Comme nous
l'avons déjà fait remarquer, l'obligation de l'inscription,
qui est devenue obligatoire pour presque tous les actes
et contrats, a révolutionné les us et coutumes indigènes. Autrefois, en vertu du système patriarcal qui
était la base du droit privé, tous les actes de la vie
civile échappaient à la surveillance du pouvoir central.
D'autre part, aucune inscription, ni écrit n'étaient exigés. Aussi, l'existence des actes les plus graves pour
les familles était soumise à l'aléa d'une preuve par
témoins, toujours si délicate, et peut-être encore plus
particulièrement délicate chez les Malgaches.

On ne peut donc qu'applaudir, dans l'intérêt général,
à la mesure de toute utilité qui a prescrit l'obligation
de l'inscription.

Mais, il faut bien remarquer qu'il s'agit simplement
d'une formalité nouvelle, qui n'abroge pas les condi-

tions de validité exigées par l'ancienne coutume. Nous avons déjà, à propos de l'adoption, donné les raisons qui militent en faveur de cette opinion, qui ne peut faire doute.

En conséquence, pour que le rejet soit valable, il faut la réunion des conditions suivantes :

1° Inscription sur les registres du Gouvernement ;

2° Présence la famille et du Fokon'olona ;

3° Versement du Vola tsy vaky.

4° Prononciation du rejet au moins huit jours avant la mort du rejetant.

Toutes ces conditions sont-elles prescrites à peine de nullité ?

En ce qui concerne la formalité de l'inscription, il n'est pas douteux que son omission entraînerait la nullité de l'acte. Il suit, en effet, des termes formels des articles 46 et 229 précités : « le rejet ne sera pas valable », « le rejet n'aura aucun effet », qu'il s'agit dans l'espèce d'une nullité radicale. L'inscription est une formalité substantielle, nécessaire pour l'existence de l'acte. A son défaut, quelques preuves qui fussent apportées, le rejet devrait être considéré comme inexistant.

La présence de la famille et du Fokon'olona sont encore des conditions essentielles de la validité du rejet. Le législateur malgache, en effet, a édicté ces formalités pour éviter des fraudes, dols et dissimulations qui étaient fréquentes. C'est une garantie de la sincérité de l'acte.

En ce qui concerne le versement du Vola tsy vaky, nous ne pensons pas que son omission, tout au moins depuis que l'acte de rejet est soumis à la formalité de l'inscription, put entraîner la nullité de l'acte. Autrefois, en effet, le hasina était le signe et la preuve de la conclusion d'un acte. Mais cette preuve aujourd'hui a été remplacée, suivant l'article 46 du règlement des Sakaizambohitra, par l'inscription sur les registres officiels. L'existence de l'acte, par conséquent, ne saurait être mise en doute.

Nous avons déjà dit que l'article 235 du Code de 1881 déclarait nul tout rejet d'enfant intervenu dans les huit jours qui ont précédé la mort du rejetant.

Le législateur, comme nous l'avons fait remarquer en étudiant l'adoption, a voulu protéger contre sa propre faiblesse l'individu arrivé au terme de la vie, que son manque de fermeté et de volonté aurait rendu une proie facile pour les spoliateurs de successions. Ces manœuvres dolosives étaient, paraît-il, assez fréquentes. Des parents ou même des étrangers noircissaient l'enfant aux yeux du père dont l'intelligence était obscurcie par la maladie et parvenaient ainsi à faire rejeter l'enfant et à se faire attribuer la succession.

Il va sans dire que la nullité de l'article 235 est une nullité radicale, d'ordre public.

Avant de terminer ce chapitre, nous devons signaler que la circulaire du résident général du 5 juin, que nous avons déjà plusieurs fois citée, a prescrit aux gouverneurs de porter sur l'acte de rejet les mentions suivantes d'une utilité indéniable :

1° Nom, âge, domicile du rejetant et du rejeté ;

2° Présence comme témoins d'au moins 4 membres du Fokon'olona du rejetant ;

3° Signature du rejetant ou mention qu'il ne sait pas signer.

La même circulaire prescrit encore aux gouverneurs de faire mention du rejet en marge de l'acte de naissance ou d'adoption du rejeté.

En résumé, aujourd'hui, pour être valable, le rejet doit réunir les conditions suivantes :

1° Être inscrit sur les registres du gouvernement.

L'acte doit mentionner le nom, l'âge et le domicile du rejetant et du rejeté ; la signature du rejetant ou mention qu'il ne sait pas ou ne peut pas signer ;

2° Etre prononcé en présence de la famille et d'au moins 4 membres du Fokon'olona, qui servent de témoins ;

3° Que le vola tsy vaky, ou tout autre droit déterminé par le législateur, ait été versé ;

4° Qu'il ait été prononcé huit jours au moins avant la mort du rejetant ;

5° Qu'aucune opposition légale n'ait été formulée contre le rejet, ou tout au moins qu'il en ait été donnée main-levée soit amiablement, soit judiciairement.

Le Vola tsy vaky paraît avoir été remplacée, aux termes de l'arrêté du 20 novembre 1896, par un droit fixe de 1 fr. 50.

———

CHAPITRE VI

DU REJET TESTAMENTAIRE

Le rejet testamentaire est une forme particulière du rejet. Il a une portée moins grande que le rejet ordinaire. L'enfant continue à faire partie de la famille ; mais il est en partie déshérité. Nous disons en partie, car il est d'usage que le rejeté reçoive toujours quelque chose, une petite somme, un esclave, une rizière. En somme, le rejet testamentaire ne paraît être autre chose qu'une sorte d'exhérédation.

L'enfant légitime, naturel óu adoptif et le successible·
quelconque peuvent être rejetés par testament.

La forme du rejet testamentaire est celle du testament
qui le contient. Nous verrons qu'en droit malgache, il
y a deux sortes de testaments : le testament secret et le·
testament public.

Le testament secret est celui qui est remis, sous
enveloppe, à un gouverneur, pour être gardé en dépôt
jusqu'au jour du décès du testateur. Ses dispositions
doivent rester secrètes jusqu'à ce moment. Il s'ensuit
que dans ce cas la formalité de l'inscription n'est pas
exigée. Il suffit que le testament soit valable pour que
le rejet le soit également.

Le testament public, qui est la vraie forme du testament malgache et la seule usitée pendant longtemps, est
celui qui, après avoir été prononcé devant la famille et
le Fokon'olona, est reçu pour être inscrit par le gouverneur chargé de la tenue des registres publics. Le
rejet, dans ce cas, est inscrit en même temps que le testament, et il suit le sort de ce dernier.

Pour donner un exemple de la forme du rejet testamentaire, nous citons, à titre documentaire, un testament public de 1877, contenant rejet :

　　　　Manjambohitra, 4 Alakaosy (septembre) 1877.

« Voici pourquoi, je vous ai convoqués, vous les
« Fokon'olona et, vous, les représentants des huit castes :
« Comme je m'avance en âge, je dois faire mon testa-
« ment. Aussi, je vous en donne connaissance à vous,
« les Andriana-Tompomenakely, les Fokon'olona et les·
« représentants des huit castes. Car, je ne veux pas que·
« mes héritiers aient des discussions au sujet de mes
« biens.

　« Voici quelles sont mes dernières volontés : En ce·
« qui concerne Ranangona et son frère, je leur donne
« les rizières sises à Ambarivondrona, mais je ne leur·

« donne que le part qui me revient, car ces rizières sont
« encore indivises. J'y ajoute l'esclave Ibaibozaka. Le
« frère et la sœur n'auront plus droit à rien sur le res-
« tant de mes biens, qu'ils proviennent de successions
« ou d'acquisitions personnelles. Ainsi, leur part est
« limitée à ce legs, de façon qu'ils ne puissent aller ni
« en aval, ni en amont. Ils ressemblent ainsi à l'estomac
« d'un ruminant qui ne peut aller ni en avant ni en
« arrière, et ne peut être augmenté ni diminué.

« Telle est l'expression de ma volonté. Je tiens à vous
« en informer, vous, les Andriana-Tompomenakely, les
« Fokon'olona et les représentants des huit castes.
« Ainsi, je rejette le frère et la sœur en versant le vola
« tsy vaky. Ils ne seront plus les héritiers des biens que
« je possède soit à la ville, soit à la campagne. En
« revanche, ils ne seront pas tenus des charges qui
« m'incombent. J'ai tué un bœuf pour l'Orim-bato ».....
Ainsi a dit Rahanja, 11 honneurs....
Suivent les autres dispositions testamentaires.

CHAPITRE VII

DE L'OPPOSITION AU REJET

En principe, le droit de rejet est absolu et sans limites
comme la faculté d'adopter et le droit de tester. Il paraît certain que dans l'origine ce droit était un des
attributs de la puissance paternelle et était exercé dans

toute sa rigueur. Mais l'exercice d'un droit de cette
nature ne pouvait manquer d'engendrer des abus considérables et des criantes injustices.

C'est pourquoi, la faculté d'opposition, grâce au concours du Fokon'olona, s'est peu à peu introduite et a
fini par devenir un droit absolu, reconnu et réglé par la
législation écrite.

Nous avons déjà donné le texte de l'article 5 des
ordres aux gouverneurs de l'Imérina, qui prévoit l'opposition au rejet et en indique la forme. Nous rappelons
brièvement les dispositions de cet article.

Si une opposition au rejet est formulée, le gouverneur
chargé de la tenue des registres, doit surseoir à l'inscription et renvoyer les parties à la huitaine suivante,
afin de leur permettre de réfléchir et de se concilier si
faire se peut.

A l'expiration de la huitaine, si l'opposant ne se présente pas, on suppose son désistement, et l'opposition
est considérée comme nulle et non avenue.

S'il se présente et la maintient, le gouverneur, — qui
n'est, aux yeux du législateur, qu'un simple receveur
d'enregistrement,— n'a pas qualité pour en apprécier les
mérites, il doit renvoyer les parties à se pourvoir devant
les tribunaux, qui accueilleront l'opposition ou en
ordonneront la main-levée.

Si l'opposition est validée par les tribunaux, il va sans
dire que le gouverneur ne peut procéder à l'inscription.
Si, au contraire, elle est rejetée, le gouverneur procédera à l'inscription sur le vu du jugement ou d'un
extrait du jugement.

Telle est la forme simple, méritant d'être conservée,
de l'opposition malgache.

Quelles sont les personnes qui pourront faire opposition ?

La réponse est assez délicate. Les Codes et règlements

écrits, en effet, ne contiennent aucune disposition à cet égard. Les juges devront décider d'après les règles générales du droit indigène et d'après l'usage généralement suivi. A tous égard, ils auront plein pouvoir d'appréciation.

Ainsi, en matière de rejet d'enfant, on devra se demander si l'opposant a un intérêt moral ou pécuniaire. Par exemple, il ne serait pas douteux, à notre avis, que l'opposition de la mère du rejeté, des enfants et des parents du rejeté, qui éventuellement peuvent être appelés à la succession de ce dernier, serait recevable. Même, nous admettrions, volontiers, dans certains cas, la recevabilité de l'opposition des créanciers du rejeté. Le Malgache, en effet, fait preuve d'une finesse rare pour la défense de ses intérêts matériels. Il peut arriver souvent que le rejet ne soit qu'un moyen pour frustrer les créanciers du rejeté, qui pouvaient raisonnablement compter sur l'héritage futur de leur débiteur.

En ce qui concerne le bien ou le mal fondé du rejet, il est impossible de donner aucune règle de nature à guider le juge dans son appréciation. Il leur appartiendra de décider dans la plénitude de leur conscience, si les griefs reprochés au rejeté paraissent mériter une peine aussi sévère que celle du rejet.

CHAPITRE VIII

DE LA PREUVE DU REJET

Comme pour l'adoption, on fera la preuve du rejet d'une façon différente, selon que cet acte sera intervenu avant ou après la publication du règlement des Sakaizambohitra (1878).

Avant la promulgation de ce règlement, le rejet, comme tous les actes du droit privé, était un acte familial qui n'avait besoin pour être valable que d'être prononcé devant la famille et le Fokon'olona. Aucun acte écrit, ni inscription n'étaient requis. Dans ces conditions, il est évident que tous les modes de preuve, pour les rejets intervenus avant 1878, seront admissibles.

Mais les articles 46 du règlement des Sakaizambohitra et 239 du Code de 1881 imposant l'obligation de l'inscription de l'acte de rejet à peine de nullité, il s'ensuit qu'aujourd'hui le seul mode de preuve régulier et normal sera la représentation d'un extrait de l'acte inscrit sur les registres officiels. Ni la preuve par témoins, ni des présomptions graves, précises et concordantes, ni aucune autre preuve écrite ne sauraient y suppléer.

LIVRE X

Les successions.

CHAPITRE PREMIER

NOTIONS GÉNÉRALES

Le système successoral malgache est régi par des règles simples, insuffisantes même souvent, que nous serons obligé de compléter, suivant la méthode que nous avons suivie, à l'aide du droit français.

D'une façon générale, on peut distinguer deux ordres de succession bien distincts :

1º Les successions ani maty nomba (ceux dont les biens sont appréhendés par l'État) ;

2º Les successions tsy ani maty nomba (ceux dont les biens ne sont pas appréhendés par l'Etat).

Les successions ani maty nomba sont celles des personnes dont les biens sont appréhendés par l'Etat, si elles meurent sans postérité légitime, naturelle ou adoptive et sans avoir fait de testament.

Les successions tsy ani maty nomba sont celles des personnes dont les biens, à défaut de descendants en ligne directe, sont déférés aux parents collatéraux.

La transmission successorale dans les castes maty nomba est instituée uniquement en faveur des descendants et de l'Etat; dans les castes tsy ani maty nomba, la dévolution des biens a lieu en faveur de la famille, suivant l'ordre présumé des affections du défunt.

Ainsi dans les castes maty nomba, qui comprennent toutes les castes roturières, sauf quelques exceptions comme nous le verrons dans la suite, et quelques castes nobles, c'est-à-dire la plus grande partie de la population, les descendants seuls succèdent. A défaut de descendants, la succession de l'intestat est recueillie par le souverain. On s'explique mal ce rigoureux principe qui exclut de l'hérédité tous les membres de la famille, qui est la base de l'organisation' malgache, l'unité sociale, vers laquelle tout se ramène et s'oriente. Il y a là un non sens en désaccord absolu avec les idées et les mœurs. Aussi, dans l'usage, cette règle a été, pour ainsi dire, annihilée par la liberté absolue de tester conférée à tous les Malgaches, sans distinction de caste ou de sexe. C'est ce qu'exprime avec force le vieux dicton : « Le Hova a le droit de donner ses biens à qui il lui plaît, même à un chien, même à un Sakalave ».

En droit malgache, on distingue deux espèces d'hérédité : l'hérédité *ab intestat* et l'hérédité testamentaire.

Comme nous le verrons, le testament est en très grande faveur, et on pourrait citer bien peu de cas de Malgaches décédés sans avoir manifesté leurs dernières volontés.

Malgré la constitution aristocratique de l'ancien gouvernement, le système successoral est essentiellement démocratique et égalitaire. En l'absence de testament, la loi n'admet pas de privilèges. Tous les enfants sont appelés à prendre une part égale dans la succession (art. 234, C. 1881).

De même, au point de vue du sexe, la loi malgache n'a pas gardé trace des principes des législations primitives, encore en vigueur chez les peuples orientaux, en vertu desquels, pour assurer la continuation de la puissance et de l'élévation de la famille, les droits des mâles primaient les droits des femmes. La femme ne subit aucune déchéance. Elle a droit au patrimoine des parents au même titre et dans la même proportion que les autres enfants mâles.

Toutefois, il convient de remarquer que, dans la pratique, le père, hanté par la préoccupation de la grandeur et de la prédominance de la famille, institue, presque toujours, par testament, un chef de famille, homme ou femme, avantagé au point de vue des biens, et que les autres parents considèrent comme leur soutien et leur protecteur. Ou bien encore, le père, dans le même esprit, constitue, dans l'expression de ses dernières volontés, tout ou partie de ses biens Ko-drazana. Les biens Ko-drazana sont par leur nature et leur affectation des biens indivis et inaliénables, qui, comme nous le verrons, sont le plus souvent transmis, de génération en génération, à l'aîné, de la famille sans distinction de sexe.

CHAPITRE II

DE L'OUVERTURE DES SUCCESSIONS

Il est nécessaire de déterminer d'une façon précise le moment de l'ouverture de la succession, parce que c'est à ce moment qu'il faut se placer pour fixer les personnes auxquelles appartient la qualité d'héritier et apprécier si les ayants droit ont les qualités requises pour succéder.

En droit malgache, la succession ne s'ouvre que par le décès du *de cujus*.

Le décès se prouve par l'acte de décès, qui, aux termes de l'article 109 du Code de 1881, doit être inscrit sur les registres du Gouvernement. Il se prouvera par témoins ou par tous autres modes de preuve pour les décès intervenus avant l'établissement de l'état civil.

Toutefois, comme nous l'avons déjà fait remarquer, les prescriptions relatives à l'état civil ayant été peu observées dans l'usage courant, il y aura lieu d'user d'une très large tolérance et de généraliser, pour le passé, l'application de notre article 46 du Code civil, qui permet la preuve par témoins toutes les fois qu'il n'aura pas existé de registres ou qu'ils auront été perdus.

La coutume malgache est muette sur le moment où s'ouvre la succession de l'absent. Suivant notre méthode, nous pensons que dans ce cas, il conviendra de faire application des règles du droit français.

De même, lorsque deux personnes, successibles l'une et l'autre, meurent dans une même catastrophe, sans qu'on puisse déterminer l'ordre dans lequel les décès se sont produits, chose essentielle pour connaître par qui aurait été recueillie la succession, ni la loi coutumière ni la loi écrite n'établissent aucune présomption de survie. En l'absence de toute règle, la matière, à notre avis, devra être régie par les articles 720 et suivants du Code civil.

Les héritiers, quels qu'ils soient, sont saisis de plein droit de la possession civile des biens héréditaires par la mort du *de cujus*. Ils ont, dès l'instant du décès, la saisine légale. Ils peuvent appréhender les biens de leur propre autorité et les administrer, sans avoir à en demander la délivrance ou l'envoi en possession au Gouvernement ou à la justice.

Toutefois, comme nous le verrons plus bas, l'article 28 du règlement des Sakaizambohitra astreint les héritiers à faire inscrire, comme pour tous les autres actes, l'ouverture de la succession. C'est une sorte de déclaration de succession.

Les héritiers sont saisis sous l'obligation d'acquitter toutes les charges de la succession, qui comprennent les dettes du défunt. Ils en sont tenus *etiam ultra vires hereditatis*, alors même que le passif est supérieur à l'actif.

Toutefois, en droit malgache, les héritiers, en cas d'insuffisance de l'actif héréditaire, ne sont pas tenus du paiement des legs. Ceux-ci sont réductibles proportionnellement aux charges ou dettes à payer.

CHAPITRE III

DES QUALITÉS REQUISES POUR SUCCÉDER

Pour être capable de succéder, il faut :

1° Etre vivant ou conçu au moment de l'ouverture de la succession ;

2° Etre uni au *de cujus* par un lien de parenté ou d'adoption déterminé par la loi ;

3° N'avoir pas été rejeté par le *de cujus* ;

4° (Avant l'abolition de l'esclavage), être de condition libre.

I. *Comme en droit français, en droit malgache nul ne peut acquérir un droit à la succession qu'à la condition d'être vivant au moment de l'ouverture de l'hérédité.* — Il n'est pas besoin d'insister. Les principes qui régissent ce point sont les mêmes que ceux de notre droit.

Le droit indigène admet également la règle *puer conceptus pro nato habetur quoties de commodis ejus agitur.* L'enfant conçu a donc un droit successoral virtuel. Mais pour qu'il se réalise, il faut qu'il naisse vivant. Peu importe, en droit malgache, que le nouveau-né ne soit pas viable. S'il est né vivant, la condition est accomplie, l'enfant a la qualité d'héritier avec toutes les conséquences légales, mourût-il quelques instants après.

Comment se fera la preuve que l'enfant était conçu au moment de l'ouverture de la succession ?

Nous avons vu, au titre de la filiation, que la coutume admet une durée maximum de gestation de 9 mois lorsqu'il s'agit d'une femme primipare, et une durée maximum de 10 mois lorsqu'il s'agit d'une femme multipare. Par conséquent, l'enfant né moins de 9 ou 10 mois après le décès du *de cujus* devra être compté parmi les héritiers. Si, au contraire, il vient au monde plus de 9 ou 10 mois après la mort du père, il pourra être rejeté de la famille dans la forme ordinaire. La mère aura évidemment le droit de faire opposition, mais ce sera à elle qu'incombera de prouver la légitimité de l'enfant. Le juge décidera d'après les règles que nous avons tracées au titre de la filiation.

II. *Pour pouvoir succéder, il faut être uni au de cujus par un lien de parenté ou d'adoption.* — La capacité se détermine au moment de l'ouverture de la succession. En cas de contestation, c'est évidemment à celui qui prétend avoir des droits à l'hérédité à prouver son habilité. La preuve juridiquement devrait s'établir par les actes de l'état civil, en ce qui concerne les droits consacrés après l'établissement de cette institution. Mais, nous répétons que l'usage de l'inscription, tant par la faute du Gouvernement que des particuliers, est médiocrement entré dans les mœurs ; si on appliquait le droit dans toute sa rigueur, on risquerait de jeter une profonde perturbation dans le pays et de commettre de grosses injustices. Aussi, pensons-nous, qu'il conviendra d'admettre, dans la plus large mesure, tous les modes de preuve.

III. *L'enfant rejeté de la famille n'est pas habile à succéder.* — Nous avons vu quelles sont les formalités à accomplir et les conditions de validité pour le rejet d'enfant. Nous n'y reviendrons pas. Le rejeté n'a aucun droit sur la succession du rejetant, mais du rejetant seulement. Par exemple, si le père seul avait prononcé le rejet, le rejeté conserverait tous ses droits dans la succession maternelle.

Les effets du rejet s'étendent aux enfants du rejeté. Comme dans notre ancien droit les enfants de l'indigne, les enfants du rejeté sont exclus pour la faute de leur père et ne viennent pas à la succession.

IV. *Avant l'abolition de l'esclavage, pour pouvoir succéder, il fallait être de condition libre.* — Cette disposition coutumière était la conséquence de l'incapacité légale qui frappait l'esclave. Nous avons vu, en effet, que l'esclave était privé de la jouissance des droits civils, que tout ce qu'il possédait, même sa personne, appartenait au maître. C'était là le droit pur. Dans la pratique, le maître, par une fiction qui n'était que la conséquence des mœurs patriarcales et probablement aussi de la crainte de voir l'esclave, qui était une grosse valeur, prendre la fuite, était censé l'autoriser et par la même l'habiliter à recueillir une succession, comme aussi à transmettre ses biens à ses propres enfants. Toutefois, ce n'était qu'une tolérance, qui s'était peu à peu enracinée dans les mœurs, et il était admis que le maître, en cas d'infortune, pouvait mettre la main sur l'avoir de l'esclave. D'ailleurs, ce point, depuis l'abolition de l'esclavage, n'a plus qu'un intérêt restreint, qui ira en diminuant de jour en jour.

L'esclave affranchi, qui était redevenu de condition libre, n'était frappé d'aucune incapacité successorale.

CHAPITRE VI

DÉS DIVERS ORDRES D'HÉRITIERS

En matière de succession *ab intestat*, la coutume établit une dévolution différente des biens, suivant qu'il s'agit de la succession d'une personne ani maty nomba, ou d'une personne tsy ani maty nomba.

§ 1. — *Dévolution ani maty nomba.*

Les personnes ani maty nomba sont celles dont les biens sont appréhendés par l'Etat, si elles décèdent *intestat* et sans postérité légitime, naturelle ou adoptive.

Sont soumis à cette déchéance :

1° D'une façon générale, tous les membres des castes et subdivisions de castes roturières, sauf quelques exceptions que nous indiquerons plus loin ;

2° La caste noble des Zanadralambo, à l'exception des Zanadralambo am'in Andrianjaka, les Zanadralambo descendants de Rambavy (Sisaony) et les Zanadralambo d'Ambodifahitra.

. 3° Les subdivisions de castes inférieures de la noblesse, telles que les Andriamanangoana, Zanadraondriana (Mangabe), Zanak'andriamitondra (est d'Alosora), Andohatanjona (Andohatanjona), Tahiamanangoana (Ambatomanana), Zanadramasoandro (Ivatonilaivy), Zanadramalama (ouest d'Ambohipiara), Zanadrambavy (nord d'Antongona), Andriambohitra (nord de Maharavoravo-Vonizongo), Ambohimamory (Ambohimamory), Amparafaravato (Amparafaravato), Ambohimiadana (Ambohimiadana), Faliarivo (Faliarivo ouest ou Ambodiafoutsy), Zanamangarira (ouest d'Antrahadinta), Zafimamy (Andriampamaky), Zanadramasoandro (Betafo ouest), etc.. etc..

4° La caste noire des mainty enin dreny (les noirs des six mères), à l'exception des mainty telo reny (noirs des trois mères).

Dans les castes ani maty nomba, les biens sont dévolus dans l'ordre suivant :

1ʳᵉ *classe*. — Les enfants légitimes, naturels ou adoptifs.

2ᵉ *classe*. — Les petits-enfants légitimes, naturels ou adoptifs.

3° *classe*. — L'Etat ou le Tompo-Menakely (seigneur) par moitié avec l'Etat, quand il s'agissait de la succession d'un Menakely.

La succession de la femme ani maty nomba était dévolue dans le même ordre.

Comme on le voit, dans ces diverses castes, la coutume
n'appelle à succéder que les descendants. Les ascendants et les collatéraux sont écartés. L'Etat s'est substitué à la famille dans un double but : d'abord pour
encourager la procréation. L'individu mort sans enfants
était puni par la perte de ses biens. Ensuite dans un but
de fiscalité, pour augmenter les ressources du trésor.

Mais ces deux motifs ne paraissent pas justifier la
rigueur et l'injustice de cette disposition. Il semblerait,
en effet, équitable que tout au moins les ascendants et
les collatéraux les plus proches fussent appelés à succéder. En somme, cette main-mise de l'Etat sur les biens
des personnes décédées sans postérité n'est qu'un abus
de fiscalité, qui paraît d'autant plus choquant qu'un certain nombre de castes, qui forment une notable partie
de la population, n'y sont pas soumises. S'il nous était
permis de faire un vœu, nous demanderions que toutes
les successions, sans exception, fussent dévolues dans
l'ordre fixé pour les castes nobles.

Hâtons-nous de dire, cependant, que le Malgache,
toujours habile à éluder les dispositions contraires à son
intérêt, a trouvé plusieurs moyens pour annihiler la
rigueur de la loi et la rendre illusoire. La coutume
admet, en effet, la faculté d'adoption illimitée. L'adopté,
quel qu'il soit, tient la place d'un enfant légitime. Elle
autorise, aussi, la liberté absolue de tester, et il est
extrêmement rare qu'un indigène, surtout mourant sans
enfants, ne laisse pas un testament. Le testateur peut
encore constituer ses biens Ko-drazana. Dès lors, ses
biens, suivant la coutume des ancêtres, devant rester
indivis et inaliénables, sont à l'abri d'une confiscation
de l'Etat.

L'article 234 du Code de 1881 est conçu dans les
termes suivants : « Si une personne décède sans avoir
fait de testament, ses biens seront partagés entre ses

enfants par portions égales. Toutefois, chacun d'eux conservera les donations qui lui auraient été faites antérieurement ».

La première partie de notre article règle la manière dont la succession *ab intestat* se partage entre les enfants. Ils succèdent par portions égales et par tête, sans distinction de sexe ni de primogéniture. La loi malgache, qui renferme un certain nombre de traces du droit musulman et des autres législations orientales, qui, presque toutes, en matière de succession, admettent la prépondérance du mâle, s'en est séparée sur ce point. Les enfants viennent à la succession par portions égales et sans distinction de sexe.

Les enfants utérins ou consanguins ne prennent part que dans leur ligne.

L'enfant adoptif a sur la succession de l'adoptant les mêmes droits que l'enfant légitime.

S'il existe des enfants légitimes, il vient en concours avec eux. S'il n'en existe pas, il recueille toute la succession.

L'enfant naturel ne subit aucune déchéance. Son droit de successibilité est le même que celui d'un enfant né en mariage. Il vient en concours avec lui et par portions égales. Comme conséquence, la succession de l'enfant naturel est dévolue comme celle d'un enfant légitime, sans aucune espèce de distinction.

Les enfants adultérins ne sont pas héritiers. Mais, la liberté des mœurs est si grande et le désir d'avoir des enfants si enraciné dans le cœur des Malgaches que ces derniers ont trouvé le moyen d'éluder la loi en adoptant l'enfant adultérin, qui, dès lors, en sa qualité d'enfant adoptif, vient à la succession comme un enfant légitime.

Les petits-enfants succèdent suivant les règles suivantes :

1re *règle*. — Si tous les enfants du *de cujus* sont décédés, tous les petits-enfants succèdent de leur chef, par tête et par portions égales.

Ainsi, un père de famille vient à mourir. Il avait deux fils, Primus et Secundus qui sont décédés avant lui. Primus laisse deux enfants ; Secundus, trois enfants.

Les deux enfants de Primus et les trois enfants de Secundus viendront à la succession directement de leur chef et sans le secours de la représentation. D'où la conséquence, que le partage aura lieu par tête et non par souche. L'hérédité se partagera en sept parties égales entre les sept petits-enfants. Il en serait de même si tous les petits-enfants étant morts, il n'existait que des arrières petits-enfants.

2e *règle*. — Si le *de cujus* laisse un ou plusieurs enfants et les descendants d'un enfant prédécédé, ces derniers viennent à la succession par représentation.

Les petits-enfants, dans notre cas, occupent la place laissée vacante par la mort de leur auteur. Ils prennent la part de succession destinée à ce dernier. Mais, dans cette occurrence, l'hérédité se partage par souche comme en droit français. Si une même souche a produit plusieurs branches, la subdivision se fait aussi par souche dans chaque branche, et les membres de la même branche partagent entre eux par tête.

La représentation en ligne directe a lieu à l'infini.

Remarquons que les descendants d'un enfant adoptif ou naturel prédécédé succèdent, suivant les règles ci-dessus tracées, soit de leur chef, soit par représentation comme les petits-enfants légitimes.

A défaut de descendants, l'Etat est appelé à recueillir la succession *ab intestat*. Nous avons déjà dit ce que nous pensions de cette disposition draconienne qui dépouillait la famille au profit du souverain. Quoi qu'il en soit, le droit existe tant qu'il ne sera pas abrogé. Sa situation sera celle d'un héritier ordinaire. Juridiquement, il viendra à l'hérédité sous l'obligation d'acquitter les dettes et charges de la succession.

Le vodivona et les privilèges du Tempo-menakely ont été abolis par arrêté du 17 avril 1897. Avant cette abolition, le Tompo-menakely recueillait la moitié de la succession des menakely décédés intestat et sans postérité, l'autre moitié revenant à l'Etat ou au souverain.

On remarquera que la coutume n'accorde aucun droit de succession au conjoint survivant sur la succession de l'époux prédécédé.

Toutefois, dans l'usage, lorsque le mari décède sans enfants, on admet que la femme, en outre de la part qui lui revient dans le Kitay telo an dalana, a droit à la jouissance des biens de son époux. L'Etat n'appréhende la succession qu'après sa mort. Mais, si elle se remarie, elle perd ses droits à l'usufruit.

Le mari a encore un moyen d'avantager sa femme. Il peut l'adopter, et alors elle a droit à une part d'enfant, si elle vient en concours avec les descendants, ou à la totalité de l'hérédité, s'il meurt sans laisser de postérité. La femme peut accorder le même avantage à son mari.

Ajoutons que les donations entre époux, surtout la donation du mari à la femme, avant et pendant le mariage, sont d'un usage fréquent. Ces donations étant irrévocables, c'est encore un correctif que la coutume apporte au droit exorbitant de l'Etat.

§ 2. — *Dévolution tsy ani maty nomba (ceux dont les biens ne sont pas appréhendés par l'Etat).*

Les personnes tsy ani maty nomba sont celles dont les biens, à défaut de descendants en ligne directe, sont déférés aux ascendants et aux parents collatéraux. Elles ne subissent pas la déchéance dont sont frappées les castes roturières et certaines subdivisions de castes nobles inférieures. A défaut d'enfants, les autres proches parents et la famille sont appelés à l'hérédité. L'Etat ne succède jamais. S'il n'y avait aucun parent au degré successible, le Fokon'olona de la caste, auquel appartient le défunt, recueille la succession.

Jouissent de ce privilège les castes suivantes :

1° Les six premières castes de la noblesse, savoir les Zanak'andriana, les Zazamarolahy, les Andriamasinavalona, les Zanatompo, les Andrianamboninolona et les Andriandranando :

2° Les Zanadralambo amin'Andrianjaka, les Zanadralambo descendants de Rambavy (Sisaony) et les Zanadralambo d'Ambodifahitra ;

3° Dans les castes roturières, les Antairoka, les Trimofoloalina, les Anosibe (à côté d'Ambohimanga), les descendants des 12 chefs qui ont contribué à l'élévation d'Andrianampoinimerina au trône (1), les Zanaminovola (descendants d'andriantsilavo, famille de l'ancien premier ministre, Rainilaiarivony), les Ambohimanambola (gardien autrefois de certaines idoles sacrées) ;

3° Dans la caste noire, mainty enim dreny, la subdivision de caste seule appelée les mainty telo reny, c'est-à-dire les habitants de Faliary, Manjakaray, Mangarano et Ambohipoloalina.

Dans les castes tsy ani maty nomba les biens sont dévolus dans l'ordre suivant :

1re *classe*. — Les enfants légitimes, naturels ou adoptifs ;

(1) Ces douze chefs portaient les noms suivants : Rabefiraisana, Andriambolaina, Rabefanonta, Andriandahimavo, Andriambako, Ralofika ; Andriantsandra, Rabevanga, Rabetsisahana, Tsingala, Andrianjorokely, Andriamiandramandrana.

La plupart de leurs descendants habitent encore Ambohimanga.

2° *classe*. — Les petits-enfants légitimes, naturels ou adoptifs ;

3° *classe*. — Les père et mère ;

4° *classe*. — Les frères et sœurs ;

5° *classe*. — Les enfants des frères et sœurs ;

6° *classe*. — La famille (mpianakavy) ;

7° *classe*. — Le Fokon'olona de la caste du *de cujus* (Folo-kely).

Comme on le voit, dans les castes tsy ani maty nomba, quand le défunt laisse des descendants, ceux-ci excluent tous autres héritiers.

Les autres parents viennent à la succession dans l'ordre fixé ci-dessus, chaque classe d'héritiers excluant la classe qui vient après. Ainsi, les père et mère ne succèdent qu'à défaut de descendants ; les frères et sœurs, qu'à défaut de descendants et des père et mère ; les enfants de frères et sœurs, qu'à défaut de descendants, des père et mère, de frères et sœurs. Ainsi de suite. Chaque classe n'est appelée à l'hérédité qu'à défaut de représentant dans la classe supérieure.

Toutefois si le père est décédé et que la mère seule soit vivante, cette dernière n'hérite que des biens personnels du *de cujus*, les biens de la ligne paternelle passent aux frères et sœurs ou aux enfants des frères et sœurs, suivant le cas.

Si, au contraire, la mère est décédée et que le père seul soit vivant, ce dernier n'hérite également que des biens personnels du *de cujus*, les biens de la ligne maternelle sont dévolus aux frères et sœurs ou, à défaut, aux enfants des frères et sœurs.

Les parents utérins ou consanguins ne prennent part que dans leur ligne. Les germains prennent part dans les deux lignes.

Les héritiers de la 1re, 3e, 4e et 6e classe viennent à la succession par tête et par portions égales. Ainsi, si le *de cujus* meurt sans descendants et laissant **3** frères et **2** sœurs, la succession sera partagée en cinq parties égales entre les **3** frères et les **2** sœurs, sans distinction de sexe.

Les petits-enfants viennent à la succession tantôt par représentation, et alors le partage se fait par souche, tantôt de leur propre chef, et alors le partage se fait par tête et par portions égales, suivant les règles que nous avons indiquées pour la dévolution des biens des personnes ani maty nomba.

Les descendants des frères et sœurs succèdent, comme les petits-enfants, tantôt par représentation et tantôt par tête, suivant les mêmes règles et dans les mêmes conditions.

Les remarques que nous avons faites plus haut, quand nous avons étudié la dévolution any maty nomba, sur les enfants adoptifs, naturels et adultérins s'appliquent également aux successions tsy ani maty nomba.

A défaut des parents dénommés dans les **5** premières classes, l'hérédité est dévolue à la famille (mpianakavy). Nous avons déjà dit comment était composée la famille malgache. Elle comprend tous les parents jusqu'au degré le plus éloigné sans aucune espèce de limitation. Il suit de là que les parents à un degré quelconque sont admis à succéder lorsqu'il n'existe pas de représentant des **5** premières classes. Toutefois, il faut en exclure la veuve et les parents par alliance. Ces derniers, au point de vue de la dévolution des biens, sont considérés comme des étrangers.

L'époux survivant, comme nous l'avons déjà fait remarquer, n'a aucun droit héréditaire sur la succession du conjoint prédécédé, à moins qu'il n'ait été adopté.

Nous avons dit, également, que lorsque le mari décède sans postérité, la coutume admet que la femme a un certain droit de jouissance sur les biens composant l'hérédité. Dans ce cas, le partage de la succession, sauf entente contraire, ne s'opère entre les ayants droit qu'après le décès de la femme ou après son mariage, si elle se remarie.

Remarquons, cependant, que ce droit d'usufruit est très mal défini, contesté et ne paraît pas d'un usage général. Il appartiendra à la jurisprudence de le consolider et de le réglementer. Car, il nous paraît équitable de conserver à la femme non divorcée ce droit de jouissance qui lui permettra souvent de continuer à tenir son rang social et quelquefois d'éviter la misère. La coutume qui refuse à l'époux tous droits sur les biens de l'époux prédécédé, même lorsque celui-ci ne laisse que des parents éloignés, qui donne même la préférence à l'Etat ou au Fokon'olona, nous paraît d'une dureté assez excessive pour qu'on consolide au moins ce droit d'usufruit, dont l'usage est à peu près entré dans les mœurs.

A défaut d'héritiers des six premières classes, la succession revient au Fokon'olona de la caste du *de cujus*, c'est-à-dire à l'ensemble des membres qui font partie de ce Fokon'olona.

Les biens alors deviennent collectifs jusqu'au moment où ils sont attribués, du consentement général, à un des membres de la collectivité.

On remarquera que deux principes dominent la dévolution des biens tsy ani maty nomba :

1º Les biens sont dévolus d'après l'ordre présumé des affections du défunt. Ce sont les descendants et les parents les plus proches qui succèdent ;

2º Le second principe est celui de la conservation des biens dans la famille. A défaut de proches parents, l'hérédité revient à la famille, à l'exclusion de la femme et des parents par alliance.

La succession de la femme tsy ani maty nomba est

dévolue de la même façon et suivant les mêmes principes que celle de l'homme.

CHAPITRE V

DE L'ACCEPTATION ET DE LA RÉPUDIATION DES SUCCESSIONS

§ 1. — De l'acceptation.

Sans être aussi expressément prévues et réglées qu'en
droit français, l'acceptation et la répudiation des successions sont admises par la coutume malgache.

L'article 28 du règlement des Sakaizambohitra est
conçu en ces termes : « Au décès d'une personne, ses
« héritiers doivent se présenter devant vous (Sakaizam-
« bohitra) pour faire inscrire le nom des co-partageants
« et la manière dont le partage devra s'effectuer. S'ils
« ne se présentent pas pour faire cette inscription, ils
« seront considérés comme n'étant pas héritiers, lors
« même qu'ils seraient enfants légitimes. Si l'enregistre-
« ment est ainsi obligatoire, c'est parce que le partage
« des successions est trop souvent la source de procès.
« Il sera perçu avant l'enregistrement un droit de
« 1 fr. 25 au profit des Sakaizambohitra ».

C'est des termes de notre article que nous déduisons
que la formalité de l'acceptation est nécessaire. En effet,
malgré la vocation de la loi qui l'appelle à l'hérédité,
l'héritier est obligé, depuis 1878, de manifester expressé-

ment sa volonté devant un officier public, qui doit dresser un acte constatant par l'inscription le fait de l'acceptation. Remarquons, toutefois, que l'article **28** ne reconnaît qu'une sorte d'acceptation, l'acceptation pure et simple et expresse.

En présence des termes formels de notre article, aucun autre moyen ne pourrait suppléer au défaut d'inscription. Ainsi, la qualité d'héritier prise dans un acte ou dans une lettre missive, le fait de l'héritier qui supposerait nécessairement son intention d'accepter et qu'il n'aurait droit de faire qu'en sa qualité d'héritier, ne pourraient remplacer la formalité de l'inscription. En effet, l'article **28** édicte que si les héritiers ne se présentent pas pour l'inscription, ils ne seront pas considérés comme tels, alors même qu'ils seraient enfants légitimes. Ils sont déchus de tous leurs droits héréditaires.

La loi, sur ce point, nous semble avoir dépassé le but. Pour éviter des procès problématiques, elle s'expose à commettre des injustices considérables. Heureusement que, dans la pratique, le juge aura la faculté de corriger la rigueur de ces dispositions. L'article 28, en effet, ne stipule pas le délai dans lequel l'inscription devra être opérée. Il sera donc loisible aux co-héritiers de réparer, en tout temps, la formalité qu'ils auraient omise.

Notre article **28** prescrit encore aux parties de déclarer la manière dont sera effectué le partage, c'est-à-dire dans quelles conditions les héritiers, ou ceux qui se prétendent héritiers, se partageront les biens.

En cette matière, il pourra se présenter plusieurs difficultés :

1° La qualité de l'héritier pourra être contestée par les autres co-héritiers. Dans ce cas, la procédure malgache d'opposition sera toute indiquée, et le gouverneur devra surseoir à l'inscription de la succession jusqu'à ce que les tribunaux compétents aient statué sur les mérites de l'opposition.

2° Les parties seront en désaccord sur la manière de partager les biens héréditaires. Dans ce cas, également, le gouverneur devra surseoir à l'inscription et renvoyer les parties devant les tribunaux pour solutionner la difficulté.

L'article 2 des ordres aux gouverneurs de l'Imérina, qui a une portée générale et s'applique à tous les cas où une inscription est requise, interdit aux gouverneurs de s'immiscer dans les affaires des parties, de leur donner des conseils, « d'intervenir dans leurs arrangements », dit le texte. En un mot, le législateur a voulu faire du fonctionnaire, chargé de procéder à l'inscription, un simple receveur d'enregistrement et non un officier ministériel.

L'acceptation faite dans la forme prescrite par l'article 28 est-elle irrévocable ? En d'autres termes, lorsqu'un héritier s'est présenté devant le gouverneur, qu'il a fait incrire sa qualité d'héritier et qu'il est d'accord avec les autres ayants droit sur la manière dont s'effectuera le partage, peut-il dans la suite renoncer à sa qualité d'héritier ?

D'après la coutume, car la loi écrite ne renferme aucune disposition sur ce point, l'héritier une fois inscrit comme tel, ne peut plus renoncer à cette qualité. C'est la maxime du droit romain : *semel heres, semper heres*.

Il en est différemment en ce qui concerne les conditions du partage. Si l'héritier peut prouver qu'il a été victime d'un dol ou de la violence, qu'il a été trompé par des manœuvres dolosives, qu'on a usé à son égard de menaces ou de voies de fait pour lui faire accepter des conditions de partage qui lui sont préjudiciables, il peut porter l'affaire devant les tribunaux et faire prononcer l'annulation.

§ 2. — *De la renonciation aux successions.*

La renonciation aux successions, quoiqu'elle ne soit pas nettement formulée dans aucun des Codes ou règlements écrits, n'est pas inconnue en droit malgache. Elle résulte de la coutume et des dispositions de certains textes. Disons, d'abord, que la renonciation est extrêmement rare. Ce serait une honte pour une famille de répudier, en quelque sorte, le nom de l'ancêtre, dont la mémoire est un véritable culte. Si la succession est insolvable, on se cotise pour éteindre le passif.

Toutefois, nous avons consulté des Malgaches bien au courant des coutumes et des usages, et ils nous ont déclaré que rien ne s'opposait à la faculté de renoncer à une succession par acte reçu par un gouverneur et inscrit, dans la forme ordinaire, sur les registres du Gouvernement. Il y aurait eu, d'après eux, des exemples d'héritiers répudiant une hérédité parce qu'elle était obérée.

Au surplus, à notre avis, nous trouvons dans l'article 28 du règlement des Sakaizambohitra précité, une sorte de renonciation tacite, si nous pouvons nous exprimer ainsi. Cet article, nous venons de le voir, prescrit que pour être héritier, il faut faire inscrire sa qualité d'héritier sur le registre officiel par l'officier public compétent, sous peine de déchéance.

Il s'ensuit logiquement que celui qui voudra renoncer à une succession, n'aura purement et simplement qu'à négliger d'accomplir cette formalité. La loi ne le considérant pas comme héritier, il sera en fait renonçant.

En droit malgache comme en droit français, l'héritier qui renonce est censé n'avoir jamais été héritier. Il est, par conséquent, dispensé de toutes les charges de

19

l'hérédité et de contribuer au paiement des dettes.
Toutefois, d'après la coutume et la jurisprudence des
tribunaux malgaches, l'enfant qui aurait poussé son
père à dissiper ses biens, à contracter des dettes, ne
pourrait pas renoncer à sa succession. Les tribunaux,
sur la poursuite des créanciers, auraient la faculté de le
déclarer acceptant.

La part du renonçant est dévolue aux autres héritiers
qui venaient en concours avec lui. S'il était seul successible. elle revient à l'héritier ou à la classe d'héritiers
qu'il excluait. Il n'est pas besoin d'ajouter que les bénéficiaires de sa part sont tenus des charges qui auraient
incombé au renonçant.

Tels sont les principes que l'usage semble avoir consacrés en matière de renonciation. On remarquera qu'ils
ne contiennent que des généralités. C'est le propre de
tout droit coutumier d'être incomplet et de ne créer les
règles de détail qu'à mesure des besoins. Mais, dans
l'espèce, comme ces principes généraux ne diffèrent pas
sensiblement de ceux de notre droit, il suffira de prendre ces derniers pour guide et d'en faire une application raisonnée aux cas qui se présenteront. Par exemple,
en ce qui concerne les règles de l'irrévocabilité de la
renonciation, les causes pour lesquelles la renonciation
peut-être attaquée, les dispositions relatives aux créanciers qui peuvent se faire autoriser en justice à accepter
la succession du chef de leur débiteur, en son lieu et
place, lorsque ce dernier renonce à la succession au préjudice de leurs droits, dans tous ces cas, la loi malgache étant muette, les principes du droit français qui
ne paraissent pas contraires aux us et coutumes, pourront être appliqués.

L'acceptation sous bénéfice d'inventaire est inconnue
en droit malgache. Au législateur d'examiner s'il n'y
aurait pas utilité d'étendre aux indigènes le bénéfice de

cette disposition, qui est souvent d'un si précieux secours. Elle serait, pensons-nous, très bien accueillie et entrerait vite dans les mœurs. Car, en fait, elle exite dans la pratique. Le Malgache avant d'accepter une succession l'inventorie d'une façon très minutieuse. Il se rend compte du passif et de l'actif, et il n'accepte qu'à bon escient.

En droit malgache comme en droit français, les pactes sur sucessions futures sont interdits. Un Malgache qui a ses parents vivants (Andriana belon-dray) ne peut ni renoncer à sa succession, ni aliéner les droits éventuels qu'il peut avoir à cette succession.

CHAPITRE VI

DU PARTAGE

§ 1. — *Notions générales.*

Le droit malgache admet la règle inscrite dans l'article 815 du Code civil : nul ne peut être contraint de demeurer dans l'indivision (lovabe). Chaque co-héritier peut réclamer et obtenir le partage, sauf pour certains biens, comme les biens Ko-drazana, frappés d'indivision par la volonté testamentaire du constituant, comme nous le verrons plus bas.

Mais, en fait, il faut bien reconnaître que l'indivision

est un état très fréquent dans la famille indigène. Les
membres d'un même groupe familial vivent ensemble,
sans songer à procéder au partage, quelquefois pendant
plusieurs générations, augmentant les biens de la communauté en même temps que leurs biens personnels, quand
ils en possèdent. Cela tient à ce que l'indivision présente
de sérieux avantages pour un peuple dont l'unité sociale
est la famille et où l'individu disparaît dans la fonction
familiale. La puissance et la considération de la famille
étaient, en effet, en raison directe de sa richesse. Comme
d'ordinaire, les enfants sont très nombreux, si on procédait au partage le morcellement de la propriété foncière aurait réduit à presque rien cette richesse. D'un
autre côté, la communauté de biens assure une large
existence à chacun, tandis que le partage n'attribuerait
à chaque co-partageant qu'une part infime et la plupart
du temps insuffisante.

L'indivision est encore favorisée par ce fait que les
parties peuvent convenir de rester dans cet état pendant
un temps plus ou moins long, la coutume ne fixant
aucune limite. Le père de famille peut, également, soit
par testament, soit par tout autre acte imposer à ses héritiers de vivre en communauté. On voit ainsi des héritages, qui remontent à une époque très lointaine, se
transmettre indivis dans la famille de génération en gé-
ration, tandis que les biens acquis personnellement par
les communs sont partagés par leurs divers héritiers.

§ 2. — De l'action en partage.

Quelles que soient les considérations que nous venons
d'émettre, il n'est pas douteux que chaque héritier, sauf
les réserves faites, peut toujours provoquer le partage.

Les créanciers de la succession n'ont pas la faculté

théoriquement de provoquer le partage. Mais, ils peuvent poursuivre les héritiers, qui sont tenus des dettes, comme nous l'avons vu, *ultra vires successionis,* et si ces derniers ne les désintéressaient pas, le partage des biens serait nécessairement la conséquence des poursuites.

La coutume admet encore que lorsque les héritiers déclarent renoncer à la succession, ou ne font pas la déclaration d'héritier prescrite par l'article 28 du règlement des Sakaizambohitra, dans la crainte que le passif ne soit supérieur à l'actif, les créanciers peuvent s'adres-. ser au Gouvernement, aujourd'hui aux tribunaux, et demander que les biens soient distribués proportionnellement à leur créance.

Si parmi les co-héritiers, il se trouve des mineurs ou plutôt des enfants qui n'ont pas manifestement un âge suffisant pour pouvoir contracter, le partage peut avoir lieu comme si tous les héritiers avaient l'âge de raison. Toutefois, dans ce cas, il est d'usage d'adjoindre à l'enfant une personne qui est chargée de suppléer à son inexpérience et de veiller sur ses intérêts. Cette personne est tantôt un proche parent, un oncle ou une tante, tantôt un esclave de confiance (andevo-am-patana ou andevon-drazana), né dans la maison, tantôt le père et la mère nourriciers, tantôt de sortes d'intendants qu'on appelle aides de camp. Ce protecteur remplit, en quelque sorte, le rôle du tuteur dans notre droit.

Si le mari meurt laissant sa femme en état de grossesse, d'ordinaire le partage est suspendu jusqu'à la délivrance. Mais ce n'est pas une obligation. Les autres héritiers ont le droit de demander le partage. Dans ce cas, la part de l'enfant à naître est mise en réserve, quitte à la répartir de nouveau entre les ayants droits s'il ne naît pas vivant.

En ce qui concerne la femme mariée, nous avons vu que tous ses biens, soit qu'elle les possédât au jour du

mariage, soit qu'elle les ait acquis pendant l'union à
titre gratuit ou onéreux, sauf les biens du Kitay telo an
dalana, lui restaient propres, le mari n'ayant sur eux
aucun droit d'administration ou de jouissance. Nous
avons vu, également, que la femme mariée avait pleine
capacité pour contracter et ester en justice, sans l'autorisation de son mari. La conséquence de ces principes
saute aux yeux. La femme mariée peut provoquer un
partage, sans le concours marital. Par réciprocité, les
co-héritiers de la femme ont le droit de provoquer le
partage, en la mettant seule en cause.

§ 3. — *Des diverses espèces de partage.*

En droit malgache, il n'existe qu'une seule espèce de
partage : le partage amiable ou conventionnel. Alors
même qu'il y a des enfants en cause ou des co-héritiers
qui ne sont pas présents, on doit procéder amiablement
au partage des biens. C'est encore une des nombreuses
conséquences du régime familial, qui est la base de ce
droit.

Ce n'est que lorsqu'un des co-héritiers refuse de consentir au partage, ou qu'il s'élève des contestations soit
sur le mode d'y procéder, soit sur la composition des
lots que, si les parties ne parviennent pas à se mettre
d'accord, on a recours aux tribunaux pour trancher la
difficulté. D'après la coutume, le juge même doit se
borner à solutionner le différent et renvoyer les parties
à procéder elles-mêmes au partage d'après les bases
fixées par le jugement.

Il existe encore une autre espèce de partage assez
fréquent. C'est le partage des biens fait par les père et
mère ou autres ascendants entre les cohéritiers.

Les ascendants peuvent partager leurs biens entre

leurs descendants soit par donation entre-vifs, soit par testament.

Comme nous le verrons, en droit malgache, la tradition, dans la donation, n'est pas une condition de la validité de l'acte. Le donataire devient propriétaire dès l'instant de son acceptation et indépendamment de toute mise en possession. Ainsi, dans la plupart des cas, le partage des biens est effectué par le père de famille entre ses enfants. Mais celui-ci en garde la jouissance et l'administration. Ce n'est qu'à sa mort que les héritiers prennent livraison effective du lot qui leur a été attribué.

Ce mode de partage offre l'avantage d'éviter les contestations et les procès que le partage fait naître si souvent dans les familles. Ny harena tsy mampihavana, dit l'adage malgache, littéralement : les biens ne rendent pas parents, c'est-à-dire que lorsqu'il s'agit de biens, on ne reconnaît plus de parents. Chaque héritier, en outre, connaissant la part qui lui a été assignée, mettra tous ses efforts à la faire prospérer et fructifier.

Le partage par testament, qui est également très fréquent dans l'usage, est une véritable donation testamentaire. On suivra quant au fond et à la forme, les règles du testament que nous exposerons plus loin.

Comme le partage fait pas donation, le partage testamentaire offre l'avantage de couper court aux contestations qui pourraient s'élever entre les co-héritiers. Il permet, aussi, au père de famille de donner à chacun des enfants le lot qui lui convient le mieux.

Notons que le père possédant la liberté absolue de tester (masy-mandidy), peut effectuer le partage selon son bon plaisir, avantager l'un au dépens des autres, sans tomber sous les coups d'une action en rescision.

Remarquons que ce mode de partage n'est pas limité aux ascendants. Tout autre personne, en droit malgache, peut y recourir. C'est ainsi que rien ne s'opposerait à ce qu'un oncle, par exemple, opérât entre ses neveux le partage de sa succession soit par donation, soit par dispositions testamentaires.

Avant de terminer ce paragraphe, il convient de citer un cas de partage provisoire, expressément prévu par la loi. L'article 33 des ordres aux gouverneurs de l'Imérina s'exprime ainsi : Lorsque des co-héritiers dans vo- « tre district se trouveront en procès pour une succes- « sion dans laquelle seront compris des rizières et des « champs de culture appartenant au défunt, si, à l'épo- « que des travaux des champs, le procès n'est pas solu- « tionné, les terrains en litige devront être provisoire- « ment partagés entre les héritiers qui prendraient « l'engagement de les mettre en culture, afin que les « terres ne restent pas en friche. Toutefois, à l'issue du « procès, le perdant devra restituer au gagnant la moi- « tié de la valeur de la récolte. Vous serez tenu d'assis- « ter au mesurage des récoltes. Si vous ne vous con- « formez pas à ces prescriptions, vous serez passible « d'une amende de 3 bœufs et 15 francs, pour chaque « mesurage auquel vous n'aurez pas assisté ».

§ 4. — De la forme du partage.

On ne trouve dans la loi écrite ni coutumière aucune règle concernant la forme du partage.

Les co-héritiers peuvent donc procéder au partage comme ils l'entendent, par acte sous seing-privé, par acte devant un officier public, même par simples conventions verbales.

Le partage verbal se fait publiquement en présence des intéressés, de la famille et du Fokon'olona, qui, en cas de contestation, fera la preuve des conventions. Une seule obligation est imposée aux parties, comme dans tous les contrats indigènes, l'inscription sur le registre du Gouvernement.

Le partage verbal a été longtemps le seul connu. Avant la création des Antily et des Sakaizambohitra (1878), il n'était pas soumis à la formalité de l'inscription. Il suffisait pour sa validité de la présence de la famille et du Fokon'olona.

Signalons un usage qui a acquis force de loi. Les biens de l'hérédité ne peuvent être partagés que lorsque le *de cujus* a été inhumé dans le tombeau familial, c'est-à-dire dans le tombeau définitif que sa dépouille ne doit plus quitter.

La loi écrite n'édicte pas la manière dont il doit être procédé au partage. Voici comment on procède d'ordinaire :

1° On établit la dévolution successorale par laquelle seule on peut connaître la qualité et le nombre des héritiers.

On dresse ensuite l'inventaire des forces de la succession au moyen de tous les renseignements qu'on peut se procurer. Souvent l'inventaire, qui devrait être fait immédiatement après l'ouverture de l'hérédité, ce qui serait alors facile, n'est dressé que longtemps après, lorsque les co-héritiers veulent sortir de l'indivision.

L'inventaire comprend la date du décès du *de cujus*, les noms et qualités des héritiers, l'actif immobilier, l'actif mobilier y compris les créances actives, enfin les dettes à la charge de la succession.

La coutume exige qu'à la mort du *de cujus*, les créanciers fassent connaître la nature et le montant de leurs créances aux héritiers au moment de l'inventaire.

Si des contestations s'élèvent sur la formation de l'inventaire et que les parties ne parviennent pas à se mettre d'accord, le litige sera porté devant les tribunaux qui trancheront la difficulté en la forme ordinaire.

Les charges de la succession sont acquittées dans l'ordre suivant :

1⁰ Les frais de funérailles et de sépulture ;

2⁰ Les dettes du défunt ;

4⁰ Les legs.

A notre avis, il faut ajouter aux dettes privilégiées de la première classe, les frais de dernière maladie. Les dettes ordinaires sont ensuite acquittées et enfin les legs.

Si des créanciers se révélaient après la clôture des opérations de partage, ils n'auraient plus d'action solidaire contre les co-héritiers, mais seulement une action personnelle contre chacun d'eux, au prorata de leur part dans la succession.

Comme conséquence de ce principe, si parmi les héritiers certains étaient devenus insolvables, le créancier n'aurait pas de recours contre les autres. Il perdrait la part de créance afférente à l'émolument reçu par l'insolvable. Car, la coutume malgache admet que les héritiers, par le fait du partage, sont devenus propriétaires de la quote-part qui leur a été attribuée, et par là même des débiteurs purs et simples d'une dette qui leur est devenue personnelle.

Il va sans dire que si la dette avait été révélée aux co-héritiers avant le partage, ils en seraient tenus solidairement, même après l'attribution à chacun d'eux de la part qui lui revient dans l'hérédité. Que si l'un ou plusieurs d'entre eux étaient devenus insolvables, les créanciers auraient alors un droit de poursuite contre tous les autres, qui seraient dans l'obligation de payer la part des insolvables.

Si l'un des co-héritiers avait éteint seul la dette, ou en avait payé une plus forte quotité que celle à laquelle il était tenu, il aurait un droit de recours contre les autres.

Nous avons dit que les legs étaient acquittés après les dettes. Les légataires particuliers sont-ils tenus des dettes proportionnellement à la valeur de leur legs ? Non. Toutefois, comme nous le verrons, dans le cas où le passif de la succession est supérieur à l'actif, les legs particuliers sont réductibles ou même peuvent devenir caducs, selon le montant des dettes et des charges.

2° Après le prélèvement des charges, dettes et legs, la masse active est établie. C'est cette masse qui constitue l'actif de la succession et qui doit être partagée entre les ayants droit.

Si un ou plusieurs héritiers sont débiteurs envers l'hérédité, ils remboursent leur dette en nature ou en moins prenant.

Avant de commencer la répartition des biens entre les ayants droit, on doit mettre à part le tombon-dahy. Le tombon-dahy est un avantage fait par le père à l'aîné de la famille par préciput et hors part. Mais alors même que le *de cujus* n'a pas manifesté sa volonté à cet égard, il est d'usage, en signe de déférence et de respect, de donner le tombon-dahy à l'aîné. Ainsi, par exemple, les co-héritiers conviennent de lui offrir un immeuble désigné ou un champ, qui est retranché de la masse à partager.

Le partage des biens se fait toujours en nature. La vente des biens n'est qu'une mesure absolument exceptionnelle. Elle n'a lieu que lorsque les parties, d'un commun accord et pour des raisons particulières, conviennent de vendre.

Les meubles sont partagés en nature entre les co-héritiers. Ce n'est que très rarement, lorsque, par exemple, il est nécessaire de se procurer de l'argent pour éteindre les dettes, qu'on procède à la vente.

Il en est de même pour les immeubles. Ils sont toujours partagés en nature. On compense l'inégalité du lot par une soulte en argent, après estimation de la valeur du bien. Bien entendu, rien ne s'opposerait à ce que les intéressés conviennent de vendre l'immeuble qui ne serait pas commodément partageable. Mais cette vente n'est nullement obligatoire, et il est très rare de voir les co-partageants recourir à cette mesure.

A tous égards, la vente a lieu dans telle forme qu'il plaît aux intéressés de choisir, alors même qu'il y aurait en cause des enfants ou des personnes incapables.

Quelquefois, même, l'immeuble, si difficile qu'en soit la division, est partagé quand même entre les cohéritiers. On attribue et on détermine une part pour chacun d'eux. Par exemple, une maison contenant trois pièces sera partagée entre trois héritiers qui recevront chacun une pièce. En fait, ce n'est que la continuation de l'indivision.

On fait autant de lots qu'il y a de co-partageants ou de souches co-partageantes. Les lots des souches co-partageantes se subdivisent entre les divers ayants droit.

Le tirage au sort des lots est inconnu. Les lots sont répartis par voie d'attribution entre les divers co-partageants, après entente des intéressés, alors même qu'il y aurait des enfants ou des incapables. Si des contestations s'élevaient, elles seraient portées devant les tribunaux compétents.

Toutes ces opérations sont faites en présence du chef et des principaux membres de la famille, en dehors de toute intervention d'un officier public et en dehors de toute prescription légale.

Les règles que nous venons d'exposer ne peuvent être considérées que comme un exemple indiquant la marche suivie le plus ordinairement. Les parties auraient la faculté de procéder au partage dans telle forme qu'elles jugeraient convenable. La seule règle obligatoire pour les co-partageants est que l'équité et la justice président à ces opérations, de façon qu'il soit attribué à chacun la valeur à laquelle il a droit.

D'ailleurs, il arrive souvent, dans les successions testamentaires, que le partage et l'attribution des parts sont faits très minutieusement par le *de cujus*. Dans ce cas, la seule règle à suivre est la volonté du testateur, qui est omnipotent pour disposer de ses biens (masy mandidy).

3° S'il s'élève des contestations soit dans la manière de procéder au partage, soit dans la formation de la masse partageable, soit dans la composition des lots, soit dans l'attribution des parts, et que les parties intéressées ne parviennent pas à se mettre d'accord, le litige est porté devant les tribunaux.

En matière de partage, le tribunal compétent est celui de la situation des biens ou de la plus grande partie des biens (Article 11 de l'arrêté du 20 novembre 1896, qui n'a fait que fixer par un texte précis ce qui était généralement admis par la coutume).

Conformément à la loi coutumière, le tribunal, saisi d'une difficulté relative au partage, devrait se contenter de trancher cette difficulté, et renvoyer les parties devant la famille pour effectuer le partage.

Toutefois, avec la nouvelle organisation judiciaire, nous pensons que le tribunal, sur les conclusions formelles des parties, pourrait, tout en tranchant le point litigieux, procéder subsidiairement au partage et déterminer les parts revenant à chaque co-héritier, surtout si cette manière de procéder paraissait plus avantageuse pour les co-héritiers.

Quant aux règles qui devraient présider à ce partage judiciaire, la loi n'en prévoyant aucune, le juge aura nécessairement un plein pouvoir de décision. Il devra s'inspirer des principes de notre droit, mais en les dégageant des formalités trop onéreuses et trop compliquées, et en suivant d'aussi près que possible les règles simples et familiales de la coutume malgache.

4⁰ Une fois les opérations du partage terminées, les intéressés ont une dernière formalité à remplir, celle de le faire inscrire sur le registre du Gouvernement.

L'inscription est prescrite à peine de nullité, même à l'égard des intéressés. Nous avons déjà donné les raisons pour lesquelles cette sanction si rigoureuse nous paraissait exorbitante. Quoi qu'il en soit, la loi malgache, antérieurement à notre occupation, exigeait l'inscription du partage à peine de nullité et cette prescription a été maintenue et renouvelée par l'article 8 de l'arrêté du 20 novembre 1896, dont nous avons déjà donné le texte.

En outre, aux termes de l'article 11 du même arrêté, le partage doit être inscrit dans la circonscription où sont situés les biens. S'il arrive qu'un gouverneur ait à enregistrer un partage comprenant des biens situés dans une autre circonscription, il doit écrire au gouverneur de cette circonscription pour s'enquérir du propriétaire de ces biens. S'il est certain que les immeubles font partie de la succession du *de cujus*, le gouverneur procède à l'inscription, dont il envoie copie au gouverneur de la situation des biens, qui, à son tour, transcrit le partage sur son registre.

L'inscription du partage, comme celle des autres actes, doit être faite en présence de deux témoins et de deux membres au moins du Fokon'olona de la localité où sont situés les biens.

Les co-partageants doivent signer l'acte d'inscription ainsi que les deux témoins appelés. Deux témoins doivent signer à la place de chaque partie illettrée (article 13, arrêté du 20 novembre 1896).

L'inscription de l'acte de partage est soumise à un

droit fixe de 1 fr. 50 (article 9, arrêté du 20 novembre 1896. Circulaire du résident-général du 20 juillet 1897).

§ 5. — *Des effets du partage.*

Comme en droit français, le partage est déclaratif de propriété. Chaque co-partageant est censé avoir été propriétaire dès le jour de l'ouverture de la succession. Chaque co-héritier est considéré comme étant seul héritier du défunt pour tous les objets mis dans sa quote-part.

On sait que ces principes ont une grande importance au point de vue des droits réels qui auraient pu être consentis pendant l'indivision par un héritier autre que celui à qui le lot aurait été attribué. Ainsi, par exemple, si un individu avait aliéné un immeuble de la succession, et qu'ensuite, par l'effet du partage, cet immeuble fut attribué à un autre co-héritier que le vendeur, cette aliénation serait nulle et non avenue.

Les co-partageants se doivent réciproquement la garantie à raison des troubles et évictions pouvant atteindre la part échue à l'un d'eux.

Mais, pour qu'il y ait lieu à garantie, il faut la réunion de trois conditions :

1º Que la cause de l'éviction soit antérieure au partage ;

2º Qu'elle ne provienne pas du fait de celui auquel elle préjudicie ;

3º Que lors du partage le danger d'éviction n'ait pas été prévu et n'ait pas été accepté à titre aléatoire par l'intéressé avec renonciation à l'exercice du droit de garantie.

Un co-partageant évincé de son lot a une action contre ses co-héritiers au prorata de leur émolument.

Dans le cas où l'un d'eux serait devenu insolvable, les autres seraient tenus de payer sa part.

Comme on le voit, les règles admises par la coutume en ce qui concerne les effets du partage sont les mêmes que celles de notre droit. Aussi, avons-nous cru utile de leur donner la précision, qui manque à toutes les règles coutumières, en les complétant par les principes édictés par le Code civil.

§ 6. — *De la rescission et de la nullité du partage.*

Le partage peut être rescindé pour cause :

1º De violence ou de dol ;
2º De lésion ;
3º Pour cause d'omission d'un co-héritier dans le partage ;
4º Pour cause de dissimulation d'une partie des biens.

Violence et dol. — Si le consentement au partage n'avait été obtenu que par l'effet de la violence, le co-partageant sur lequel elle aurait été exercée aurait une action en nullité qu'il pourrait porter devant le tribunal compétent. Il en serait de même, si un des intéressés n'avait été amené à accepter le partage qu'à la suite de manœuvres dolosives pratiquées par ses co-héritiers.

Lésion. — Si un des co-héritiers n'obtient pas par le partage ce à quoi il a droit, le partage est vicié. La coutume admet que le partage peut être annulé, mais sans déterminer la quotité de la lésion. Il appartiendra au juge d'arbitrer les cas où il y aura lieu de prononcer la nullité du partage. Il pourra même, — et ce sera peut-être plus conforme aux principes et à l'esprit du droit malgache, — ordonner que les autres co-partageants seront tenus de rembourser à la partie lésée ce dont elle aura été frustrée.

Omission d'un co-héritier dans le partage. — Lorsqu'un des co-héritiers n'a pas été appelé au partage et que ce dernier a été effectué à son préjudice, il a le droit de demander la nullité des opérations, ou de se faire rembourser sa part.

Dissimulation d'une partie des biens. — Si le partage n'avait pas porté sur tous les biens du *de cujus*, par suite de la dissimulation par un des co-héritiers d'une partie de l'hérédité, il y aurait lieu également à rescission du partage. Dans ce cas, encore, la nullité ne serait pas encourue de plein droit. Le juge pourrait se contenter de condamner le dissimulateur à la restitution des objets non représentés.

En outre, d'une façon générale, il ne faut jamais oublier que le droit malgache est un droit essentiellement familial. Le juge devra toujours faire tous ses efforts pour concilier les parties, selon les règles de l'équité.

———

CHAPITRE VII

DES BIENS KO-DRAZANA.

§ 1. — *Observations préliminaires.*

Les biens kodrazana ne suivant pas les principes de la dévolution successorale ordinaire, nous avons pensé qu'il convenait de rattacher aux successions l'exposé et le commentaire des règles qui concernent les biens de cette nature.

Il est difficile de donner une définition précise de
cette institution, que les Hova paraissent avoir rapportée
du berceau de leur race, de l'Orient. Dans le droit anna-
mite, on trouve, en effet, une institution à peu près identique : les biens Hu'o'ong hoa (biens du feu et de l'encens)
et les biens Dieû san (biens de maison), qui ont sensiblement les mêmes caractères que les biens ko-drazana.

Le mot ko-drazana signifie les privilèges, les coutumes, les usages des ancêtres. Par extension, il veut
dire aussi : biens venant des ancêtres, biens ancestraux.
On se sert encore dans l'usage d'une expression syno-
nyme : rohin-drazana (litt. chaîne des ancêtres).

Cette institution avait été créée dans un but multiple.
Ainsi, certains biens étaient institués ko-drazana soit
pour assurer l'entretien du tombeau familial et là célébration des cérémonies périodiques du culte des ancêtres, notamment l'achat des lambamenas que tous les ans
les parents, à la fête du Fandroana, doivent ajouter aux
anciens lambamenas qui recouvrent les corps des
ancêtres décédés, — soit pour venir en aide, à un
moment donné, aux parents nécessiteux, — soit pour
augmenter la richesse et la puissance de la famille, —
soit pour que la famille put échapper, le cas échéant,
aux coups d'une fortune contraire, — ces biens, en effet,
ne pouvant être aliénés et ne pouvant sortir de la
famille, leurs revenus sont employés à son entretien, si
elle vient à tomber dans la nécessité.

Tels sont les divers cas qui, le plus ordinairement,
dans l'usage, servent de fondement à la constitution
d'un ko-drazana.

Les biens ne peuvent être institués ko-drazana qu'en
faveur de la famille. En dehors de cette dernière, le
Malgache, en effet, ne connaît rien. C'est à elle qu'il
ramène tout. Les fondations de piété, de bienfaisance
ou d'intérêt public qui sont si en honneur chez les
peuples orientaux lui sont inconnues.

§ 2. — *Des formes de l'institution des biens ko-drazana.*

Le seul texte que nous possédions sur le ko-drazana est l'article 244 du Code de 1881.

Cet article est assez inintelligible et très difficile à traduire. En voici la traduction aussi littérale que possible :
« En ce qui concerne les biens indivis dits ko-drazana,
« institués sous Andrianampoinimerina, Lehidama
« (Radama 1er), Rabodoandrianampoinimerina (Rana-
« valona Ire), Radama II ou Rasoerimanjaka, sous la
« forme de biens transmissibles à l'aîné des enfants
« survivants, chargé de les gérer, si les héritiers
« veulent plaider, ils pourront plaider. Toutefois, si
« parce que vous voyez un parent riche ou occupant
« une situation importante, vous prétendez menson-
« gèrement qu'il possède des biens Ko-drazana, indivis
« avec vous, et que ni le Fokon'olona, ni la tribu, ni la
« famille, ni les Andriana du Vodivona n'en aient con-
« naissance, vous perdrez votre procès et serez puni
« d'une amende de 5 bœufs et 25 francs. A défaut de
« paiement de la totalité ou d'une partie de l'amende,
« vous subirez la contrainte par corps à raison de
« 0 fr. 60 centimes par jour jusqu'à parfait paiement ».

Cet article nous fait connaître la forme la plus ordinaire de la constitution des biens Ko-drazana.

Dans cette espèce, les biens Ko-drazana sont des biens légués par un père à l'aîné de la famille, sous la condition que celui-ci, à sa mort, les transmettra au plus âgé de la même famille, qui, à son tour, sera également tenu de la même obligation, et ainsi de suite jusqu'à extinction de tous les membres. Ces biens ne peuvent être ni partagés, ni aliénés. Si on voulait faire une comparaison plus ou moins juste, on pourrait comparer cette

forme de Ko-drazana au majorat de notre ancien droit.

Remarquons, toutefois, que dans ce Ko-drazana, ce n'est pas l'aîné des enfants de l'institué qui lui succède, mais l'aîné de la famille du constituant. Ainsi, quand celui-ci meurt, c'est son frère ou sa seur, le plus âgé après lui, qui est le chef du Ko-drazana.

Les biens Ko-drazana sont transmis, en vertu du testament ou de la volonté de l'ancêtre nettement formulée, par une sorte de substitution, qui toutes, comme nous le verrons, sont permises en droit malgache ; chaque titulaire successif est chargé d'administrer les biens et de les transmettre, à sa mort, au plus âgé de la famille.

L'institution du Ko-drazana peut affecter de nombreuses autres formes. Ainsi, le constituant peut décider :

1º Que les biens ancestraux resteront dans la famille, qu'ils ne pourront pas être aliénés ni à titre gratuit ni à titre onéreux en faveur d'étrangers, à moins que la famille n'ait contracté des dettes d'une nature particulière, par exemple une amende infligée par le Gouvernement. (Nous avons trouvé ce cas dans un procès).

2º Que l'institué ne pourra disposer des biens ancestraux, pour tout ou pour partie, que d'une façon déterminée.

3º Quelquefois, le constituant institue un bien ko-drazana, une maison par exemple, sous la condition que cette maison appartiendra en usufruit, de génération en génération, à ceux des membres de la famille qui l'habiteront.

4º D'autres fois, le constituant déclare que tous les biens qu'il possède dans tel village seront la propriété indivise, de génération en génération, des membres de la famille qui habiteront ce village.

5° On voit encore des ko-drazana institués en faveur de tels membres de la famille nommément désignés. Par exemple, un ancêtre lèguera telle rizière à tous les descendants en ligne directe de sa fille aînée. Dans ce cas, le ko-drazana prend plus particulièrement le nom de zazalava etc... etc...

On comprend, par ces exemples, ce qu'on entend, en droit malgache, par biens ko-drazana.

Aucune formalité spéciale n'est exigée pour la constitution d'un ko-drazana. Il suffit de la volonté et des conditions formulées par le constituant.

Autrefois, on manifestait cette volonté devant la famille et le Fokon'olona. Aujourd'hui, l'institution se fait, le plus généralement, par testament.

Remarquons que le constituant n'emploie jamais le mot ko-drazana. Ce mot serait, en effet, un non-sens dans sa bouche. Ce sont les conditions sous lesquelles il lègue ses biens qui font que ceux-ci, à sa mort, deviennent ko-drazana.

§ 3. — *Caractères et nature du Ko-drazana.*

Il est difficile de tracer des règles absolues sur le caractère et la nature des biens ko-drazana. La coutume, en effet, permet de les établir sous les formes les plus diverses, selon le bon plaisir, pour ainsi dire, de l'instituant. Le plus sage, toutes les fois que des biens de cette nature donneront lieu à contestation, sera de s'en rapporter à l'acte constitutif et d'y rechercher la volonté présumée du fondateur plutôt que de s'attacher à des principes qui ne présentent aucun caractère de fixité ni de certitude.

Néanmoins, deux traits distinctifs paraissent caractériser la nature des biens ko-drazana : l'indivision et l'inaliénabilité.

En principe, les biens ko-drazana doivent rester indivis. Aucun membre de la famille ne peut en provoquer le partage. Sous l'administration du membre de la famille, qui en a la direction et le gouvernement, les revenus sont affectés à la destination prévue par le constituant. Si tous les revenus ne sont pas employés, ils sont capitalisés ou partagés entre les Tompana-kodrazana, membres de la famille qui ont droit au ko-drazana.

Toutefois, le principe d'indivision n'est pas absolu. Il arrive toujours un moment, par exemple lorsque la destination à laquelle était affecté le Ko-drazana a cessé d'exister, où les biens sont partagés entre les ayants droit. Ainsi, dans le cas où le constituant a déclaré ko-drazana une maison pour servir d'habitation aux membres de la famille domiciliés dans le village où elle est située, si, à un moment donné, aucun des bénéficiaires n'a plus son domicile dans le dit village, la maison sera partagée entre les autres membres de la famille.

En principe, également, les biens ko-drazana sont inaliénables. Ils ne peuvent sortir de la famille. D'où la conséquence juridique qu'ils ne peuvent être vendus, donnés, saisis, hypothéqués. Ils ne peuvent pas, non plus, en vertu du même principe, tomber en déshérence. Le droit de l'administrateur dévolutaire est un droit viager qui lui est propre et prend fin au jour de son décès. A ce moment, il passe au dévolutaire suivant qui, juridiquement, ne venant pas à la jouissance du ko-drazana par succession, mais en vertu de la volonté ou de l'acte du constituant, qui lui a conféré un droit personnel, ne peut en rien être tenu des charges dont le précédent bénéficiaire aurait pu grever les biens. Car, les droits du dévolutaire ne sont pas un droit de propriété. C'est la famille qui est propriétaire. Il a seulement l'ad-

ministration et le gouvernement des biens. Son rôle
consiste à veiller à leur conservation, à employer les
revenus suivant l'affectation donnée par le constituant,
à répartir l'excédent entre les ayants droit et à faire en
sorte que la dévolution s'opère conformément aux inten-
tions du fondateur.

Toutefois, les biens ko-drazana ne sont pas frappés
d'une inaliénabilité absolue. La coutume autorise à les
aliéner, dans certains cas, en tout ou partie, pour des
motifs graves, par exemple dans l'intérêt de l'œuvre à
laquelle ils sont affectés. Mais, il faut l'assentiment de
toute la famille. Si un seul membre s'opposait à la vente,
l'aliénation ne pourrait avoir lieu.

Nous pensons aussi que l'aliénation pourrait être autorisée pour payer les dettes du défunt, dans le cas où la
succession ne posséderait pas d'autres ressources.

Les biens ko-drazana redeviendraient, également,
aliénables, si l'œuvre à laquelle ils avaient été affectés
cessait d'exister, ou si l'administrateur du ko-drazana et
les Tompana-Kodrazana étaient réduits dans l'indigence
et n'avaient pas d'autres ressources pour vivre.

La coutume admet, encore, que ces biens peuvent être
saisis pour des dettes contractées au profit de l'œuvre à
laquelle ils sont affectés. Mais, les dettes personnelles
de l'administrateur ou de l'un des ayants droit au ko-
drazana ne pourraient, en aucun cas, autoriser la saisie.

Les cas que nous venons de citer ne sont pas limitatifs. Il peut se présenter d'autres circonstances qui autorisent la vente des biens de cette nature.

§ 4. — *Des biens qui peuvent être constitués ko-drazana.*

On peut constituer ko-drazana tous les biens meubles
ou immeubles susceptibles de propriété privée, même

les esclaves, — avant l'abolition de l'esclavage. Ainsi, il était fréquent, autrefois, de voir un testateur instituer ko-drazana un ou plusieurs esclaves comme gardiens de son tombeau. On les désignait sous le nom de valala fiandry fasana. Ces esclaves étaient tenus d'habiter le village où était édifié le tombeau et les héritiers n'avaient le droit ni de se les partager ni de les vendre. Ces esclaves étaient considérés comme affranchis.

La constitution du ko-drazana comprend toutes les choses qui sont l'accessoire de l'immeuble principal ou qui servent à son exploitation.

Les choses illicites, qui ne sont pas dans le commerce, comme les forêts ou les terres incultes appartenant à l'Etat (art. 91, C. 1881), ne peuvent être constituées ko-drazana.

Il en est de même, cela va sans dire, des biens appartenant à autrui. Mais, en droit malgache, rien ne s'opposerait à ce que le testateur instituât ko-drazana des biens ne se trouvant pas dans son patrimoine, mais qu'il aurait ordonné à ses héritiers d'acheter, ou des biens donnés en fehivava (vente à reméré). Toutefois, dans ce dernier cas, il serait nécessaire que l'instituant laissât dans la succession une somme suffisante pour dégager l'immeuble. Le ko-drazana ne pourrait avoir d'effet qu'à partir du jour de la libération de cet immeuble, en vertu du principe qu'on ne peut préjudicier aux droits d'autrui.

§ 5. — *De la dévolution des biens ko-drazana.*

Nous avons dit que les biens ko-drazana ne suivaient pas les règles de la dévolution successorale ordinaire. La dévolution est fixée, non par la loi, mais par la volonté de l'instituant. Dans le cas le plus fréquent, les

biens de cette nature sont légués au fils ou à la fille
aînée, sous cette condition qu'à sa mort, ce ne seront
pas ses propres enfants, mais le membre de la famille
le plus âgé, sans distinction de sexe, qui en deviendra le
dévolutaire. Mais, le constituant pourrait fixer un autre
ordre de dévolution, au gré de son caprice.

Il arrive aussi que le constituant ne désigne expressément aucun ordre de dévolution. Il en est ainsi, par
exemple, dans le cas où une maison est instituée ko-
drazana pour servir d'habitation à tous les membres de
la famille qui auront leur domicile dans le Fokon'olona
où la maison est située. Les dévolutaires dans cette
espèce sont les parents qui remplissent les conditions
édictées par le fondateur.

Nous rappelons qu'on ne peut pas instituer un ko-
drazana au profit d'un étranger à la famille, ni d'une
personne morale ou en faveur d'une œuvre de bienfaisance. Le Malgache n'a qu'une seule préoccupation : sa
famille. Il n'a qu'un seul souci, celui de la rendre forte,
puissante et riche. Il professe pour toutes les autres
idées, si généreuses qu'elles soient, une profonde indifférence.

L'institution du ko-drazana est, également, une grave
dérogation au principe que nul ne peut être contraint
de rester dans l'indivision. Nous avons vu, en effet, que
l'indivision était un des principaux caractères de cette
institution et qu'aucun des ayants droit n'avait la faculté de provoquer le partage des biens tant que la
destination à laquelle ils avaient été affectés subsistait,
sauf les exceptions que nous avons exposées.

Nous avons fait effort pour donner un aperçu aussi
complet que possible de l'institution du ko-drazana. Nous
avons essayé d'en déduire les principes généraux et
d'en faire connaître l'économie et le fonctionnement.
Toutefois, nous ne nous dissimulons pas que la matière

est encore mal connue, que beaucoup de points ont
besoin d'être élucidés. Nous pensons en raison de
l'absence de toute règle dans les codes ou règlements
écrits, que ce n'est que par la pratique qu'on arrivera à
avoir une connaissance parfaite du sujet.

LIVRE XI

Donations (tolo–bohitra) et testaments (didim–panananana).

––––––

CHAPITRE PREMIER

DISPOSITIONS GÉNÉRALES

La coutume malgache reconnaît deux modes de disposer à titre gratuit : la donation entre-vifs et le testament.

Nous disons la coutume, car les différents codes ou règlements écrits qui ont été publiés sous les derniers règnes ne contiennent aucun principe sur la nature de ces actes, sur la capacité nécessaire pour recevoir par donation, sur les conditions essentielles à leur validité. On trouve seulement quelques règles fixes sur les formalités à accomplir pour leur inscription sur les registres du Gouvernement.

Les donations entre-vifs, telles que nous les entendons en droit français, sont relativement rares. Rien ne répugne plus à un Malgache que de se dépouiller de ses biens de son vivant.

Aussi, sous l'influence de cette idée, la donation entre-vifs n'a pas tout à fait les mêmes caractères que dans notre droit.

C'est un contrat qui exige la réunion de deux conditions : le consentement du donateur et l'acceptation du donataire.

Mais la troisième condition de notre droit : la tradition actuelle n'existe pas, ou du moins ne forme pas une condition *sine quâ non* de la validité de la donation. L'acceptation à elle seule transfère la propriété. La tradition n'est qu'une condition extrinsèque donnant à la donation un effet utile. Aussi, verrons-nous, dans l'usage, nombre de donations entre-vifs dont la tradition ne doit s'opérer qu'à la mort du donateur.

Nous nous sommes demandés si une donation ayant ces caractères n'était pas plutôt une donation à cause de mort. Mais le propre de la donation à cause de mort est d'être toujours révocable et de ne devenir définitive qu'au décès du donateur, tandis que nous verrons que la donation malgache, en principe général, est irrévocable.

En droit malgache, la donation est donc parfaite par le consentement du donateur et l'acceptation du donataire. A ces deux conditions, il faut, depuis la promulgation du règlement des Sakaizambohitra (1878), en joindre une troisième : l'inscription sur les registres du Gouvernement.

L'acceptation peut être tacite ou formelle. Si, par exemple, le donataire a pris livraison de la chose faisant l'objet de la donation, la réception de la chose donnée équivaudrait à une acceptation tacite.

La donation pourrait être acceptée par mandataire. Quant au mineur, ou plutôt quant à l'enfant en bas-âge, il est représenté pour l'acceptation et la tradition par ses parents.

D'après la coutume malgache, l'enfant qui aurait

atteint l'âge de discernement pourrait valablement accepter et recevoir une donation. Nous reviendrons, d'ailleurs, sur ce point qui est très grave.

Comme en droit français, la donation, en principe, est irrévocable, quoique le caractère d'irrévocabilité ne soit pas aussi tranché que dans notre législation.

La coutume, en effet, contient de nombreuses causes de révocation, notamment pour les donations familiales, les donations entre parents, qui sont le plus généralement usitées.

Cependant, le principe d'irrévocabilité n'est pas douteux. Nous en trouverons de nombreux exemples.

Le testament est un acte de dernière volonté par lequel le testateur dispose, en vue de la mort, de tout ou partie de ses biens et qu'il peut révoquer.

Le caractère principal du testament, en droit malgache, est d'être essentiellement révocable. Ce principe dérive aussi bien de la loi coutumière que de la loi écrite. Il est si enraciné dans les mœurs qu'il est l'objet de la préoccupation constante des indigènes, et dans tous les testaments, on trouve une clause finale par laquelle le testateur se réserve expressément le droit de modifier le sens de ses dernières volontés.

CHAPITRE II

DE LA CAPACITÉ DE DISPOSER PAR DONATION

Pour pouvoir disposer par donation, il faut :

1° Etre sain d'esprit ;

2° Avoir l'âge de discernement ;

3° Etre propriétaire de l'objet donné ;

4° (Avant l'abolition de l'esclavage), être de condition libre.

I. La personne en état de démence n'a pas capacité pour faire une donation entre-vifs. La donation faite par un dément serait nulle.

Cette incapacité s'étend au faible d'esprit et au prodigue. Quoiqu'il n'y ait aucune disposition spéciale dans les Codes écrits, la coutume malgache reconnaît aux parents le droit de provoquer une sorte d'interdiction des faibles d'esprit ou prodigues. Cette interdiction consiste dans la privation d'une partie des droits civils, notamment de la faculté de disposer à titre gratuit. La procédure était très simple. On portait plainte à la Reine, ou plutôt au premier ministre qui la représentait. Après examen des motifs invoqués, si le premier ministre faisait droit à la demande, le prodigue ou le faible d'esprit était frappé de certaines incapacités : il ne pouvait plus donner, hypothéquer, aliéner.

Nous pensons qu'aujourd'hui la demande en interdiction ou en conseil judiciaire devrait être portée devant

les tribunaux, où elle serait débattue contradictoirement avec les intéressés.

II. Nous avons déjà fait remarquer que l'âge de la
majorité n'était fixé ni par la loi coutumière ni par la
loi écrite. On admet que l'enfant qui a atteint l'âge de
discernement possède la jouissance des droits civils.
Avec l'esprit patriarcal qui caractérisait la société malgache, cette liberté si contraire à nos idées, n'offrait pas, dans l'usage, de très grands inconvénients.
Car, toutes les affaires en général, même les plus
minimes, étaient délibérées en famille. Cette dernière
était assez puissante, avait assez d'autorité sur l'esprit
de l'enfant, pour l'empêcher de commettre une faute.

Néanmoins, il est à peine besoin de le faire remarquer,
cette liberté laissée à l'enfant, qui peut, soit dédaigner
les conseils de ses parents, soit être orphelin et livré
entièrement à lui-même ou à la cupidité d'un semblant
de tuteur, sera souvent la source de sérieux inconvénients. Et puis, n'est-il pas dangereux, dans une matière
aussi grave, d'abandonner au juge le soin de déterminer l'âge auquel le contractant aura agi avec discernement ?

III. Le donateur doit être propriétaire de la chose qui
fait l'objet de la donation. C'est un principe de droit
naturel que l'on retrouve dans toutes les législations.
Les Codes écrits malgaches l'énoncent à plusieurs
reprises. Notamment, nous lisons dans l'article 232 du
Code de 1881 que si le testateur a disposé de là chose
qui ne lui appartient pas, le propriétaire pourra la
revendiquer.

Comme conséquence de ce principe, le donateur ne
pourrait se dépouiller au préjudice de ses créanciers.
Ceux-ci auraient le droit de faire opposition à la donation, suivant la forme ordinaire, et les tribunaux pourraient, si la donation était consentie en fraude de leurs
droits, déclarer l'opposition fondée.

IV. L'esclave, avant l'arrêté du **26** septembre 1896 portant abolition de l'esclavage, ne pouvait pas disposer par donation parce qu'il n'avait pas la propriété utile. Ses biens comme sa personne appartenaient au maître. Théoriquement, il n'avait pas la jouissance des droits civils. Un contrat où figurait un esclave n'était inscrit sur les registres du Gouvernement que si ce dernier était assisté de son maître, qui, par sa présence, était censé l'habiliter et couvrir son incapacité.

L'esclave donc, en droit, ne pouvait pas faire une donation sans l'assistance de son maître. Nous avons déjà dit qu'en fait, grâce à la douceur des mœurs et surtout grâce à la crainte salutaire qu'avait le maître de voir l'esclave prendre la fuite, on admettait que l'esclave pût donner à ses enfants, à sa femme, à ses proches parents. Mais, ce n'était qu'une pure tolérance. Ces donations n'avaient aucun caractère juridique et, en cas de réclamation du propriétaire, elles étaient susceptibles d'annulation.

CHAPITRE III

DE LA CAPACITÉ DE RECEVOIR PAR DONATION

Pour être capable de recevoir, il faut :

1º Etre vivant ou tout au moins conçu ;

2º Etre capable d'être propriétaire de la chose qui fait l'objet de la donation ;

I. *Pour pouvoir recevoir, il faut être vivant ou tout au moins conçu.* — Cette condition découle de ce principe que la donation étant un contrat, il est nécessaire, pour qu'elle soit valable, qu'il y ait en présence une personne qui donne un droit et une personne qui soit bénéficiaire du droit transmis.

On peut disposer par donation entre-vifs au profit d'un enfant conçu. Mais, la validité de l'acte est subordonnée à la condition qu'il naîtra vivant. En droit malgache, il importe peu que l'enfant ne vienne pas au monde viable. Il suffit qu'il soit né vivant pour que la donation produise tous ses effets civils.

En vertu du même principe, on ne pourait pas faire une donation à une personne décédée.

II. — *Pour pouvoir recevoir, il faut encore être capable d'être propriétaire de la chose qui fait l'objet de la donation.* — Ainsi, si un fief (vodivona) avait été donné à une personne ne faisant pas partie des trois premières classes de la noblesse, cette donation serait nulle, le donataire, aux termes de la loi, ne pouvant devenir propriétaire du bien faisant l'objet de la donation (article 123, C. 1881). (Nous avons déjà observé que les vodivona et les privilèges des Tompo-Menakely ont été abolis par arrêté du 17 avril 1897).

Il en serait de même dans le cas où des biens ko-drazana seraient donnés à toute autre personne que celle fixée par la loi ou la volonté de l'instituant. Le donataire ne pouvant être propriétaire, la donation serait nulle.

Le même principe était applicable autrefois aux esclaves. Ils ne pouvaient recevoir parce qu'ils étaient, en droit, incapables de posséder.

21

CHAPITRE IV

DE QUELQUES PARTICULARITÉS SUR LA CAPACITÉ DE DISPOSER ET DE RECEVOIR DONATION

1° D'après les principes de notre législation, les donations faites au profit d'un successible sont sujettes à rapport pour ce qui excède la quotité disponible. Il n'en est pas ainsi en droit malgache. Le rapport et la quotité disponible n'existent pas. Tout propriétaire peut faire donation entre vifs d'une partie ou de la totalité de ses biens au profit d'un de ses héritiers sans que, au moment de l'ouverture de la succession, les choses données soient sujettes à rapport. Il a une liberté sans limites pour disposer de son patrimoine ; il est, suivant l'expression malgache, masy mandidy (saint dans sa volonté).

2° Les femmes mariées, en droit malgache, peuvent faire une donation entre-vifs sans l'assistance ou le consentement du mari.

Elles peuvent également recevoir sans autorisation maritale.

———

CHAPITRE V

DES CHOSES QUI PEUVENT ÊTRE DONNÉES

Tous les biens meubles ou immeubles, sauf l'exception que nous verrons ci-après, peuvent faire l'objet d'une donation entre-vifs, à la seule condition que le donateur soit propriétaire de la chose donnée.

Il importe peu que la chose existe et soit nettement déterminée au moment de la donation. Ainsi, la coutume malgache admet la validité de la donation d'une récolte future, d'un maison à bâtir, d'un animal à naître.

De même, la donation portant sur un objet indéterminé, conçue, par exemple, en ces termes : je vous donne une de mes rizières, serait licite. La coutume décide que dans un cas de ce genre, le donataire aurait le choix entre les rizières possédées par le donateur.

Une chose illicite, contraire aux lois, ou dont la possession est défendue, ne peut pas faire l'objet d'une donation.

Ainsi, ne serait pas licite la donation :

1º D'une forêt, d'une terre inculte ou domaniale (art. 91, C. 1881) ;

2º D'un hetra (rizière qui paie l'impôt), si la donation était faite à une personne étrangère au Fokon'olona, à moins, suivant la coutume, que l'étranger ne fût admis au droit de cité par les autres membres de la collectivité ;

3º D'un fief (vodivona) et des privilèges de Tompo-

Menakely, si le donataire n'est pas membre d'une des trois premières castes de la noblesse (art. **123**, C. 1881).

4° D'un terrain sur lequel a été édifié un tombeau familial (art. **128**, C. 1881).

5° D'un bien ko-drazana. Ces biens, nous l'avons vu, ne peuvent être, en principe, aliénés à titre gratuit ou onéreux.

En droit malgache, la donation viagère ou pour un but déterminé est licite. Ainsi, nous verrons que certaines donations, faites par les parents à leurs enfants en vue du mariage, ne sont consenties que sous la condition qu'à la mort du donateur, les biens donnés rentreront dans la succession du *de cujus*. Cette sorte de donation a quelque analogie avec l'obligation du rapport de la dot de notre droit français.

La créance possédée sur un tiers peut faire l'objet d'une donation. Dans ce cas, c'est le donataire qui sera chargé des poursuites et du recouvrement de la somme due.

On peut donner sa part dans un bien indivis. Le donataire est alors subrogé aux droits du donateur.

Un bien mis en fehivava (sorte de vente à condition de rachat qui, dans l'usage malgache, joue le rôle de notre hypothèque) peut, également, faire l'objet d'une donation. Mais le donateur ne pourra transmettre que ses propres droits, sans porter préjudice à ceux du créancier. La tradition ne s'opèrera donc que lorsque la somme, en garantie de laquelle le fehivava a été consenti, sera remboursée.

CHAPITRE VI

DE LA FORME ET DE LA PREUVE DES DONATIONS ENTRE-VIFS

§ 1. — *De la forme de la donation*

Nous avons déjà dit que la donation était un contrat; mais, comme tous les contrats malgaches, il n'est pas parfait par le seul consentement des parties. Il faut encore l'inscription de la donation sur les registres officiels, qui est exigée à peine de nullité.

Ces prescriptions, cependant, sont relativement récentes. Autrefois, il suffisait pour la validité de la donation, que l'offre et l'acceptation fussent faites en présence de la famille et devant le Fokon'olona, ou le Tompo-menakely, lorsque les parties étaient menakely.

Depuis la publication du règlement des Sakaizambohitra (1878), l'inscription de la donation est requise à peine de nullité.

L'article 66 dudit règlement est ainsi conçu : « La « vente ou la donation de terres ne peuvent être faites, « même entre membres de la même famille, que par « devant vous (Sakaizambohitra) et les Fokon'olona. « Vous les enregistrerez sur votre livre. Car, elles ne « seront valables que si elles sont enregistrées. Il sera « perçu un droit de 0 fr. 60 pour les Sakaizambohitra « avant de procéder à l'enregistrement ».

Cet article ne vise que les donations de terre. L'article 35 du même règlement étend la formalité de l'inscription à toutes les donations.

Cet article est ainsi libellé : « Si une personne fait une
« donation, inscrivez là sur votre registre, en présence
« de sa famille. A défaut d'enregistrement, elle sera
« nulle et non avenue. Il sera perçu avant l'enregistre-
« ment un droit de 1 fr. 25 au profit des Sakaizambo-
« hitra ».

Après la conquête de Madagascar par la France, la
formalité de l'obligation de l'inscription a été maintenue
par l'article 8 de l'arrêté du 20 novembre 1896, qui,
d'une façon générale, ordonne l'inscription sur les
registres des gouverneurs de tous les contrats relatifs à
l'état des personnes ou des propriétés, à peine de nullité même à l'égard des parties contractantes. Un droit
fixe de 1 fr. 25 est dû pour toute inscription opérée sur
le registre.

L'inscription doit avoir lieu en présence de la famille,
des intéressés, de deux témoins et de deux membres au
moins du Fokon'olona. Le donateur et le donataire
doivent signer l'acte ainsi que les témoins qui sont
appelés ; deux témoins sont tenus de signer à la place
de chaque partie illettrée (art. 13, arrêté du 20 novembre 1896).

Si parmi les objets qui font partie de la donation se
trouvent des immeubles, la donation doit être inscrite
sur le registre du gouverneur de la situation des biens ou
de la plus grande partie des biens. Le gouverneur d'une
autre localité ne pourrait procéder à l'inscription qu'a-
près avoir écrit au gouverneur de la situation des biens
pour s'enquérir du vrai propriétaire des immeubles et
des droits réels dont ils pourraient être grevés. En outre,
quand, après l'accomplissement de ces formalités, l'inscription a été opérée, il a l'obligation d'en transmettre
une copie au gouverneur de la situation des biens, qui
la transcrit sur ses registres (article 11, arrêté du 20 nov.
1896). Toutes ces mesures sont prises pour sauvegarder
les droits des tiers.

Une copie de l'acte d'inscription de la donation doit être remise par le Gouverneur à chacune des parties (article 1er, Ordres aux Gouverneurs de l'Imérina).

Les personnes à qui préjudicie la donation ont le droit de faire opposition à l'inscription. Nous avons déjà donné la marche de la procédure d'opposition. Nous en rappelons, brièvement, les principaux traits.

Si une opposition est formée, le Gouverneur doit surseoir à l'inscription et renvoyer les parties à la huitaine suivante. Si, à cette date, l'opposant ne se présente pas, il est présumé l'avoir abandonnée, et le Gouverneur procède à l'inscription.

Si, au contraire, il se présente et la maintient, il ne peut procéder à l'inscription et doit renvoyer les parties à se pourvoir devant les tribunaux, qui déclarent l'opposition bien ou mal fondée.

En droit Malgache, la forme de la donation n'est soumise à aucune règle. Elle peut être faite soit par acte écrit, soit verbalement.

Si elle est faite par écrit, le Gouverneur est tenu de recopier textuellement sur son registre l'acte remis par les parties (Art. 1er, Ordres aux gouverneurs de l'Imérina).

Si elle est faite verbalement, le Gouverneur en relate les clauses et conditions sur son registre, sous la dictée des parties. Il lui est interdit de s'immiscer d'une façon quelconque « dans les arrangements des parties ». (Art 1er, même règlement).

Ces prescriptions s'appliquent aussi bien aux donations de biens immobiliers qu'à celles d'effets mobiliers. Dans les deux cas, la forme et les formalités à remplir sont les mêmes. La loi malgache n'exige pas qu'un état estimatif des effets mobiliers soit annexé au contrat de donation.

En droit Malgache, il n'y a pas intérêt à distinguer les donations indirectes des donations ordinaires. Qu'on fasse une donation indirecte en renonçant, par exemple, à une créance ou à un droit d'usufruit, l'inscription sera toujours obligatoire, à peine de nullité, sur le registre du gouvernement. Les droits des tiers seront, également, toujours sauvegardés, car ils auront la faculté, si leurs intérêts étaient lésés, de faire opposition.

Il en sera de même pour les donations déguisées sous forme d'un contrat onéreux. Le contrat, quel qu'il soit, est soumis à l'inscription sous la même sanction de nullité, avec faculté d'opposition des intéressés.

La coutume autorise le donateur à faire la réserve, à son profit ou au profit d'un tiers, de la jouissance des biens meubles ou immeubles faisant l'objet de la donations. C'est une donation de nu-propriété.

Le donateur peut encore stipuler le droit de retour des objets donnés, soit pour le cas de prédécès du donataire seul, soit pour le cas du prédécès du donataire et de ses descendants.

Toutefois, contrairement aux principes du droit français, si les biens, ou une partie des biens, avaient été aliénés, ou s'ils avaient été grevés de droits réels, l'aliénation et les droits réels consentis, conserveraient toute leur valeur, à moins qu'il n'y ait stipulation contraire de la part du donateur.

Si la donation consistait en une somme d'argent ou en effets mobiliers, ils ne feraient retour au donateur que s'ils existaient encore en nature dans la succession du donataire, ou, dans le cas d'une somme d'argent, si la succession pouvait rembourser la somme, en vertu du principe malgache : tsy mandoa hanin-kinana, on ne rend pas ce qui a été dépensé.

Avant de terminer, il convient de faire observer qu'en vertu des dispositions de l'article 16 du décret organique du 9 juin 1896, les indigènes peuvent faire une donation, selon les principes du droit français, devant le notaire européen. Il leur suffit de déclarer dans l'acte qu'ils entendent contracter sous l'empire de la loi française. Dès lors, en cas de contestation, les tribunaux français seront seuls compétents.

§ 2. — *De la preuve de la donation*

Une donation n'existe, avons-nous dit, que si elle a été inscrite sur le registre public.

Il suit de cette prescription que le seul moyen de faire la preuve d'une donation sera la représentation d'un extrait de l'acte d'inscription.

Evidemment, il y aura un tempérament à apporter à la rigueur de cette règle dans le cas où les registres auraient été perdus ou n'auraient pas existé, ce qui sera fréquent pour le passé.

Il appartiendra aux tribunaux de décider si, dans cette occurrence, il n'y aura pas lieu d'admettre tous autres moyens de preuve et notamment la preuve par témoins, conformément aux règles générales du droit commun.

Nous savons que la formalité de l'inscription ne date que de la promulgation du règlement des Sakaizambohitra (4 juillet 1878). En conséquence, les règles ci-dessus ne seront applicables qu'aux donations postérieures à cette date. La preuve des donations antérieures pourra être administrée de toute façon, par écrit, s'il a existé un écrit, par présomptions graves, précises et concordantes, par témoins.

CHAPITRE VII

DES DONATIONS IRRÉVOCABLES ET DES DONATIONS RÉVOCABLES

§ 1. — *Du principe de l'irrévocabilité de la donation.*

Nous avons dit que, par essence, en droit malgache, la donation est irrévocable. Quoique aucun texte ne précise cette irrévocabilité, le principe général ne nous paraît pas douteux. On le trouve exprimé, d'une façon incidente, dans plusieurs articles du Code de 1881 et dans la loi coutumière.

En effet, l'article 234 du Code de 1881 dispose que « si une personne meurt sans avoir fait de testament, « ses enfants se partageront ses biens par parties égales ; « que, toutefois, chaque enfant conservera les dona- « tions qui lui auront été faites antérieurement ».

La deuxième partie de cet article nous paraît péremptoire. Les biens laissés par un intestat sont partagés par portions égales ; mais les donations faites avant le décès du *de cujus* sont irrévocables. Le donataire en conserve le bénéfice sans aucune restriction, alors même que la valeur des objets donnés serait supérieure à la part qu'il doit recueillir dans la succession. La donation, en un mot, n'est sujette ni à rapport, ni à réduction, ni à révocabilité.

L'article 234 vise particulièrement les donations familiales, qui sont les plus fréquentes et les plus connues dans la société malgache. Mais ces principes, d'après le droit coutumier, s'appliquent à toutes les donations.

L'article **233** du Code de **1881** exprime d'une façon encore plus générale le principe de l'irrévocabilité de la donation. Il est ainsi conçu (1) : « Alors même qu'un « enfant légitime, naturel ou adoptif, aurait déjà reçu « une donation, s'il ne respecte pas ses parents, ceux-ci « ont le droit le plus sacré (masy mandidy) de disposer « de leurs biens dans leur testament.

« De même, un petit-fils dont les parents sont morts, « ou un enfant légitime dont la mère est décédée ou di-« vorcée, peuvent être exhérédés s'ils ne respectent pas « leurs parents. Mais si, au contraire, les petits-fils, « enfants d'un fils ou d'une fille décédée et les enfants « d'une mère décédée ou divorcée, remplissent leurs « devoirs envers leurs parents, on ne pourra révoquer « les donations qui leur ont été faites du vivant de leur « père et mère ».

La rédaction de cet article paraît un peu obscure. Mais, en l'étudiant de près et en le rapprochant des termes de l'article **234** précité et de la coutume suivie, le sens s'en dégage clairement.

Il résulte, en effet, de la première partie que les parents ont le droit de disposer par testament même des donations faites de leur vivant en faveur de leurs enfants légitimes, naturels ou adoptifs, si ces derniers ne les respectent pas. C'est un cas particulier de révocation. Il s'ensuit logiquement que si les enfants, au contraire, remplissent leurs devoirs envers leurs auteurs, la donation est irrévocable. Elle ne peut être révoquée que par l'avènement d'un fait particulier.

La seconde partie de notre article a le même sens. Seulement, il vise les petits-fils orphelins et l'enfant dont la mère est décédée ou divorcée. A leur égard, également, la donation qui leur a été consentie du vivant

(1) La traduction de l'article 233 est très difficile. Nous la donnons aussi littérale que possible.

de leur père est irrévocable. Mais elle devient révocable par le fait de l'ingratitude, nous pouvons employer l'expression du Code civil, du donataire.

D'article 54 du Code de 1881 nous fournit encore un exemple du principe de l'irrévocabilité. Voici le dispositif de cet article : « Lorsqu'un bien, mobilier ou immo-« bilier, aura été donné à une concubine, il ne pourra pas « être réclamé. Celui qui en poursuivrait la réclama-« tion serait passible d'une amende égale à la valeur « réclamée, et, à défaut de paiement serait contraint par « corps à raison de 0 fr. 60 cent. par jour ».

Il s'agit bien, dans l'espèce, d'une véritable donation, d'une donation d'une certaine importance, ainsi que le montrent les expressions employées par le législateur : « biens mobiliers ou immobiliers », et qui ne serait valable qu'en accomplissant la formalité de l'inscription.

En outre des dispositions de la loi écrite, la coutume nous offre de nombreux exemples de l'irrévocabilité de la donation.

Ainsi, les donations faites avant le mariage et pendant le mariage, soit par le mari à la femme, soit par la femme au mari, sont irrévocables, même au cas de dissolution du mariage par la voie du divorce.

Toutefois, il en serait différemment de la donation faite seulement pour un temps déterminé, sous la condition que les biens donnés seraient rapportés à la succession du donateur. Mais, dans cette espèce, il ne s'agit pas d'une véritable donation, mais plutôt d'une constitution d'usufruit.

La donation faite aux époux ou à l'un d'eux en faveur du mariage, que la donation ait été consentie avant ou pendant l'union, soit par les père et mère, soit par l'un d'eux seulement, soit par les autres ascendants, soit par les parents, soit même par des tiers, est aussi frappée d'irrévocabilité.

Il va sans dire que, dans le cas où une donation a été consentie en faveur du mariage projeté, si celui-ci n'avait pas lieu, la donation serait caduque.

§ 2. — *Des donations révocables.*

Le principe de l'irrévocabilité de la donation souffre des exceptions assez nombreuses que nous allons étudier.

1° Nous trouvons d'abord un cas de révocation dans l'article 233 du Code de 1881, dont nous avons donné le texte ci-dessus.

On se rappelle que cet article dispose que les parents peuvent révoquer les donations faites aux enfants légitimes, naturels ou adoptifs, aux petits enfants orphelins, aux enfants dont la mère est décédée ou divorcée, lorsque ceux-ci ne remplissent pas les devoirs qu'ils doivent à leurs parents, l'expression du texte porte littéralement : « lorsqu'ils n'aiment pas leurs parents ».

Cette dernière expression est vague et pourrait donner lieu, si on l'interprétait trop rigoureusement, à des conséquences injustes. Il faut, d'ailleurs, remarquer que le législateur malgache aime, dans presque tous les sujets qu'il aborde, à se tenir dans les expressions générales sans viser des cas particuliers. Il appartiendra aux juges d'en faire une saine application et de ne pas dépasser la pensée du législateur.

En somme, le cas visé par l'article 233 ne parle que des descendants. On pourrait croire, au premier examen, que les donations faites à des tiers ou à des collatéraux ne seraient pas révocables pour cause d'ingratitude. Il n'en est rien. Il ne faut pas oublier, en effet, que le législateur de 1881 ne s'est pas donné la tâche de reviser et codifier tous les usages et toutes les coutumes malgaches. Il a surtout pour but de modifier certains points du droit coutumier pour les mettre en harmonie avec les législations modernes, et il spécifie formellement, dans l'art. 263 de ce Code, que toutes les lois et coutumes antérieures continuent à avoir leur valeur et à être en vigueur alors même qu'elles ne sont pas reproduites dans le dit Code.

Or, la coutume étend la révocation pour cause d'ingratitude à toute les donations, qu'elles soient consenties au profit d'un parent ou d'un étranger. Ces dernières, d'ailleurs, sont très rares. Le Malgache, nous le répétons, ne connaît que sa famille. Si, par hasard, il se prend d'affection pour un étranger, il l'adopte pour pouvoir le compter parmi ses descendants.

Quant aux causes qui pourront donner lieu à cette révocation, nous n'en trouvons aucune énonciation dans aucun texte, sauf le cas précité de l'article 233. Les juges auront donc un plein pouvoir d'appréciation pour décider si l'espèce qui leur est soumise peut rentrer dans l'expression vague : « ne remplit pas ses devoirs envers ses parents », ou « n'aime pas ses parents », ou le donateur, si le donataire est un étranger.

Nous pensons, conformément à la méthode que nous avons constamment suivie, dans le cours de ce travail, qu'il y aura lieu de prendre pour guide, comme raison écrite, les principes de notre Code civil. Ainsi, il nous paraît hors de doute que les trois cas de révocation pour cause d'ingratitude, prévus par l'article 955 du Code civil : 1º attentat à la vie du donateur par le donataire ; 2º sévices, délits ou injures du donataire envers le donateur ; 3º refus d'aliments, pourraient être invoqués.

Mais, il faut bien remarquer qu'en droit malgache, cette énumération ne sera pas limitative. Il appartiendra au juge de décider si le motif invoqué présente un caractère assez grave pour rentrer dans les termes généraux de l'article 233.

La cause de révocation de l'article 233 peut atteindre

toutes les donations, même celles faites en faveur du mariage. L'article **233** est général et n'admet aucune exception.

L'action en révocation pour les causes prévues par notre article est personnelle au donateur. En conséquence, les créanciers de ce dernier ne pourraient pas l'exercer de son chef.

Toutefois, la coutume admet qu'elle n'est pas éteinte par la mort du donateur, et que ses héritiers peuvent intenter l'action en révocation.

Quid si le donataire est mort?

L'action est éteinte et ne peut plus être exercée contre ses héritiers.

La révocation pour cause d'ingratitude ne préjudicie ni aux aliénations faites par le donataire, ni aux droits réels qu'il aurait consentis antérieurement à la révocation. En un mot, elle ne produit aucun effet à l'égard des tiers, car le donataire est censé avoir été propriétaire jusqu'au jour de la révocation.

Quant au donataire lui-même, il n'est tenu qu'à la restitution des choses données, s'il les possède encore, ou à leur valeur, si elles ont été aliénées. Il conserve les fruits qu'il a retirés de la chose jusqu'au jour de la révocation.

2° La donation est encore révocable pour cause d'inexécution des conditions sous lesquelles elle a été consentie.

Ainsi, par exemple, si une donation avait été faite à la charge par le donataire d'entretenir un tombeau familial, de rendre aux mânes des ancêtres les devoirs prescrits par la tradition, elle devient révocable si ces conditions ne sont pas remplies.

3° L'article 1er du Code de 1881 nous fournit un cas particulier de révocabilité de la donation.

Cet article, spécial au droit malgache, que nous avons

déjà cité dans une note, prévoit les douze grands crimes, punis de la peine capitale et de la confiscation des biens, sans distinction de sexe. Ce sont presque tous des crimes de lèse-majesté et de rébellion contre le gouvernement.

Cet article ajoute, *in fine*, que toute personne, convaincue d'un des crimes prévus, sera punie de mort et de la confiscation des biens, même s'ils étaient passés en d'autres mains.

Cette expression « même s'ils étaient passés en d'autres mains » amène la déduction qu'au cas où un individu aurait essayé de se prémunir contre les dangers de la confiscation en faisant donation entre-vifs de ses biens ou d'une partie de ses biens, cette donation serait révocable, le législateur la considérant comme nulle et non avenue.

4° L'article 123 du Code de 1881 nous indique une autre cause de révocation.

Aux termes de cet article, le Tompo-Menakely ne pouvait adopter et donner son fief et ses privilèges qu'à un membre des trois premières castes de la noblesse. En cas d'infraction, la donation était caduque et le vodivona devenait terre menabe, c'est-à-dire retombait sous la suzeraineté de la reine.

Ce cas n'a plus qu'une importance rétrospective. Nous savons, en effet, que les privilèges des Tompo-Menakely ont été supprimés par l'arrêté du 17 avril 1897.

5° La donation de biens ko-drazana serait également caduque. Nous avons vu, en effet, que ces biens ne pouvaient être aliénés ni à titre gratuit ni à titre onéreux.

CHAPITRE VIII

DES DISPOSITIONS TESTAMENTAIRES

La faculté de disposer par testament parait connue des Malgaches depuis un temps très reculé, sans qu'il soit possible de préciser l'époque certaine. A tous égards, il est certain qu'aujourd'hui ce moyen de transmission des biens est universellement répandu et très en honneur. Il est extrêmement rare, en effet, de trouver un Malgache qui meure sans avoir exprimé ses dernières volontés. S'il est obligé d'entreprendre un long voyage, soit pour ses affaires, soit pour un service public, son premier soin, avant de se mettre en route, est de prendre ses dernières dispositions.

Comme en droit français, les dispositions testamentaires sont ou universelles, ou à titre universel, ou à titre particulier.

Le testateur peut disposer sous la dénomination d'institution d'héritier ou sous la dénomination de legs.

Le legs peut être de trois sortes :

1° Particulier, lorsqu'il a pour objet une chose déterminée ;

2° A titre universel, lorsqu'il comprend une quotité de l'hérédité ;

3° Universel, lorsqu'il comprend toute hérédité.

Mais ces formes qui sont, comme nous le verrons, le plus ordinairement employées, ne sont pas de droit étroit. Le testateur pourrait disposer de ses biens sous tout autre dénomination. Il suffirait que l'expression de sa volonté ne soit pas douteuse.

CHAPITRE IX

DE LA CAPACITÉ DE DISPOSER ET DE RECEVOIR PAR TESTAMENT

Pour pouvoir tester, il faut :

1º Etre sain d'esprit ;

2º Avoir l'âge de discernement ;

3º Etre propriétaire du bien légué ;

4º Avant l'abolition de l'esclavage, être de condition libre.

Pour pouvoir hériter, il faut :

1º Etre vivant ou tout au moins conçu au moment de l'ouverture de la succession ;

2º Etre capable d'être propriétaire ;

3º Avant l'abolition de l'esclavage, être de condition libre.

Nous avons déjà étudié en détail, au titre des donations, les divers cas de capacité nécessaires pour disposer ou recevoir à titre gratuit. Il paraît inutile d'y revenir, sauf quelques remarques que nous avons à formuler.

Comme en droit Français, la femme peut disposer par testament sans autorisation de son mari. Quant aux enfants, dès qu'ils sont parvenus à l'âge de discernement, ils ont pleine capacité pour tester. Nous avons déjà manifesté nos regrets que l'âge de la capacité civile ne soit pas fixé par la loi. Quoi qu'il en soit, en cas de contestation, il appartiendra aux tribunaux d'apprécier si l'enfant n'a pas agi dans sa pleine liberté ou si l'acte lui-même dénote des traces de non discernement.

En ce qui concerne les esclaves, l'incapacité de disposer et de recevoir par testament dont ils étaient frappés, doit s'entendre dans un sens très restreint. Nous en avons déjà donné les raisons. Par tolérance, il était généralement admis, dans l'usage, que l'esclave pouvait disposer de ses biens en faveur de ses enfants et de son conjoint, comme recevoir les biens provenant de la succession de leurs parents. Le maître les autorisait soit formellement, soit tacitement. Mais, nous le répétons, ce n'était qu'une pure tolérance. En droit strict, le propriétaire pouvait mettre la main sur ce qui appartenait à son esclave. D'ailleurs, aujourd'hui, la question ne peut avoir d'intérêt que si des questions relatives à des actes intervenus avant l'abolition de l'esclavage étaient portées devant les tribunaux.

CHAPITRE X

DE L'ÉTENDUE DU DROIT DE DISPOSITION TESTAMENTAIRE ET DES BIENS SUSCEPTIBLES D'ÊTRE LÉGUÉS

§ 1.— *De l'étendue du droit de disposition testamentaire.*

En droit malgache, l'homme et la femme ont la liberté la plus absolue de tester. Nous avons déjà cité l'adage

qui proclame que le Hova peut donner ses biens à qui il
veut, à un chien, même à un Sakalave. Mais, dans l'usage, il est extrêmement rare, sinon inconnu, de voir
un père exhéréder ses enfants, s'il n'a pas de graves
sujets de plainte contre eux ou s'il ne les a pas rejetés
de la famille. La liberté de tester se manifeste surtout
dans la façon dont il distribue son avoir entre ses descendants légitimes, naturels ou adoptifs. Il peut, au gré
de son caprice, avantager celui ou ceux de ses enfants
qu'il chérit le plus ou qui lui ont donné le plus de sujets
de contentement. Presque toujours, il donne à l'aîné,
par préciput et hors part, une petite part de la succession.
Mais tout dépend de sa volonté, et il pourrait léguer à
un seul de ses enfants, sans distinction de sexe ou d'âge,
l'universalité de la succession. Il arrive même souvent
qu'il institue un ou plusieurs de ses petits-enfants héritiers sur le même pied que ses propres enfants. Dans ce
cas, les petits-enfants viennent à la succession par tête
et par portion égale avec leur propre père ou leur propre
mère.

Presque toujours, le testateur institue un héritier
principal à qui il lègue une part léonine.

Cet héritier principal est, en quelque sorte, l'exécuteur de ses dernières volontés. Il porte le nom caractéristique de vato-namelan kafatra, ce qui littéralement
veut dire : pierre sur laquelle a été gravé un testament.
Ce n'est qu'une image qui exprime d'une façon saisissante la fidélité et la probité avec lesquelles l'héritier
principal doit accomplir sa mission.

Le vato-namelan kafatra est à la fois une sorte d'exécuteur testamentaire, mais avec des pouvoirs autrement
étendus que ceux de l'exécuteur testamentaire de notre
droit, et le nouveau chef de la famille, qui doit continuer
la personne du défunt. Tous les autres héritiers lui
doivent respect et obéissance. Il a un pouvoir absolu

pour administrer l'hérédité, faire tous actes nécessaires pour sa conservation, notamment agir en justice, tant en demandant qu'en défendant, interjeter appel, transiger, compromettre..... etc.

Il peut faire le partage de la succession, comme il l'entend et au moment qui lui paraît le plus propice, sans que les autres co-héritiers puissent faire la moindre opposition. Toutefois, si le testateur avait formellement prévu les parts à attribuer à chaque héritier ou avait imparti un délai pour le partage, il va sans dire que l'héritier principal ne pourrait se soustraire à l'exécution de la volonté du *de cujus*.

Le pouvoir exorbitant du vato-namelan kafatra sur l'hérédité est bien caractérisé par l'expression dont on se sert pour désigner les autres co-héritiers. Lorsque, dans un testament, il y a institution d'héritier principal, les autres co-héritiers ou légataires sont appelés : kofehy manara panjaitra, ce qui veut dire littéralement : le fil qui suit l'aiguille. Cette expression figurée indique que les co-héritiers ont à l'égard de l'héritier principal l'inertie et l'obéissance passive du fil qui est obligé de suivre l'aiguille et de passer par où elle veut.

Tels sont les pouvoirs, d'une façon générale, du vato-namelan kafatra. Il faut remarquer que dans la plupart des cas, le testateur énumère dans le testament l'étendue de ses droits sur l'hérédité et sur les autres héritiers. C'est, d'ailleurs, ainsi qu'on reconnaît s'il y a institution d'héritier principal, le Malgache employant rarement le mot et se contentant d'énumérer les attributions.

La fonction du vato-namelan kafatra s'explique par ce fait que l'héritier principal est censé, aux yeux du Malgache, continuer la personne du défunt comme homme et comme chef de la famille. Les autres parents lui doivent respect et déférence comme à lui-même. C'est encore, aussi, une conséquence de la constitution familiale de la société malgache. Riche et puissant, le chef de famille sera, en effet, plus à même de protéger et de défendre les divers membres qui la composent. Les autres enfants acceptent docilement cet héritier privilégié qui, dans les heures malheureuses, les couvrira de sa protection.

En outre, en droit malgache, toutes les substitutions sont permises.

Ainsi, le testateur peut désigner un autre héritier pour le cas où celui qu'il a institué en première ligne ne peut ou ne veut accepter l'hérédité.

Il peut, encore, charger une personne, qu'il gratifie en première ligne, de conserver pendant toute sa vie les biens faisant partie du legs, à la condition de les rendre, à sa mort, à une autre personne. gratifiée en seconde ligne, si celle-ci est vivante et capable à cette époque.

Les père et mère peuvent léguer leurs biens par testament à un ou plusieurs de leurs enfants avec la charge de rendre ces biens à leurs enfants nés ou à naître.

Ils peuvent, également, donner tout ou partie de leurs biens à leurs frères et sœurs, ou à d'autres membres de la famille, à la charge de les transmettre à leurs enfants nés ou à naître.

Le père a le droit d'ordonner dans ses dernières volontés que son fils ne pourra disposer des biens qu'il lui lègue que d'une façon qu'il fixe à l'avance. Les conditions de cette nature sont même fréquentes dans les testaments. C'est l'origine, comme nous l'avons vu, des biens institués Ko-drazana.

Il est loisible au testateur d'imposer telle condition qu'il lui plaît. Ainsi, nous avons trouvé dans un testament un legs institué de la façon suivante : « Je donne telle maison à Ravony, s'il consent à se marier avec une des filles d'Ingahibe. S'il ne veut pas s'allier avec cette famille, il n'aura aucun droit au legs ».

En résumé, dans la disposition de ses dernières volontés, le Malgache, suivant l'expression bien caractéristique, est : « Masy mandidy, saint dans sa volonté ». Autrement dit, sa volonté est sacrée. Nul n'a le droit de s'y opposer. Et toujours, dans les testaments, on trouve une clause finale dans laquelle le disposant déclare exhéréder ceux de ses héritiers qui s'opposeraient à ses volontés ou ne les exécuteraient pas.

Comme conséquence du droit illimité de disposer des biens, la loi malgache n'admet pas de réserve légale en faveur des descendants ou des ascendants. La volonté du testateur est supérieure aux liens du sang.

Autre conséquence à tirer de ce principe : les dispositions entre vifs ou testamentaires ne sont pas réductibles dans le sens où nous l'entendons en droit français.

Il existe, en droit malgache, un seul cas de réduction des legs et donations. C'est lorsque le passif dépasse l'actif de la succession. Dans cette occurrence seule, les legs sont réduits au marc le franc, c'est-à-dire proportionnellement, sans distinction entre les legs universels et les legs particuliers. Il peut même arriver, si les ressources de la succession sont nulles, que les legs deviennent caducs.

Si les legs ne suffisent pas à éteindre le passif, les donations sont réduites également. Mais, en droit malgache, la réduction ne s'opère que sur les donations, dont la chose qui en fait l'objet n'a pas encore été livrée au donataire. Si, au contraire, la tradition a été faite, la réduction ne peut avoir lieu. C'est une particularité du droit malgache.

§ 2. — *Des biens susceptibles d'être légués.*

Le testateur peut disposer de tous les biens meubles et immeubles, susceptibles de propriété privée, dont il est propriétaire.

Comme pour les donations, les choses illicites, qui ne sont pas dans le commerce, ne peuvent faire l'objet d'un legs. Ainsi, dans le cas d'un testament public, le Gouverneur devra refuser l'inscription d'un testament disposant d'une forêt ou de tout autre terrain faisant partie du domaine public (art. 91 du Code de 1881).

Si un legs de cette nature avait été fait dans un testament secret, il serait réputé non écrit.

Ne peuvent encore faire l'objet d'un legs : les choses que la loi écrite ou coutumière défend de léguer ou frappe d'inaliénabilité, comme le Vodivona qui ne pouvait être légué qu'à un membre des trois premières castes de la noblesse, — les biens Ko-drazana, dont la dévolution était fixée par des règles particulières, — les terres de tribu et les hetra, dont on ne pouvait disposer qu'en faveur des habitants de la tribu ou du Fokon'olona, etc.

On peut léguer une chose incertaine, qui ne se trouve pas dans la succession du disposant, mais à la condition que ce dernier charge les héritiers ou l'exécuteur testamentaire d'acheter ou de livrer la chose ou l'équivalent.

Le légataire doit prendre livraison des biens dans l'état où ils se trouvent au moment de l'ouverture de la succession. S'il y a des améliorations, depuis la confection du testament, il en profite. Si, au contraire, la chose a péri par cas fortuit ou même par la faute du disposant, il n'a droit à aucune compensation.

Toutefois, si la perte ou la détérioriation provenaient

de la faute des héritiers, ceux-ci en seraient responsables et seraient tenus d'indemniser le légataire.

Si, par accession, le legs s'est augmenté d'une valeur minime, l'augmentation profite au légataire. Si, au contraire, l'accroissement était d'une valeur considérable, il reviendrait à l'hérédité. Ainsi, par exemple, dans le cas où le testateur, après avoir légué un terrain nu, y construit une maison, cette dernière n'est pas censée faire partie du legs et est attribuée à la succession.

Le disposant peut disjoindre l'usufruit de la nu-propriété, et léguer la jouissance à une personne, la nu-propriété à l'autre.

Le testateur pourrait encore léguer le droit d'habitation d'une maison, ou les revenus qui en proviennent, tout en laissant la nu-propriété à d'autres personnes.

———

CHAPITRE XI

DE LA FORME DES TESTAMENTS

La forme des testaments est réglée par les articles **74** du réglement des Sakaizambohitra et **232** du Code de 1881.

Voici le texte de ces articles :

Art. 74 : « Si une personne fait un testament par écrit « et qu'elle vous le remette, recevez-le. Si elle vous le « dit verbalement, inscrivez-le dans votre registre et « donnez-en lecture à sa famille. Dans le cas où il se « présenterait une personne pour faire opposition, vous

« ne devez ni recevoir le testament écrit, ni inscrire sur
« votre registre le testament verbal. Vous conduirez les
« deux parties à Tananarive. Il sera payé par eux un
« droit de 1 fr. 25 pour les Sakaizambohitra avant de
« procéder à l'enregistrement ».

Art. 232 (Code 1881) : « Tout testament, après avoir
« été soumis à la famille, au Fokon'olona, au Tompo-
« Menakely, doit être écrit et remis au gouvernement.
« S'il s'agit d'un testament fait publiquement, il sera
« inscrit sur les registres du gouvernement. Mais si le
« testateur veut tenir secrètes ses dispositions testamen-
« taires, il enverra son testament sous enveloppe au
« gouvernement, qui le conservera.

« Dans tous les cas, si le testateur a disposé des biens
« appartenant à autrui, le propriétaire aura toujours le
« droit de les revendiquer.

« Le testateur aura toujours le droit de révoquer ou
« de modifier les legs qu'il aura faits, selon son bon
« plaisir ».

Du texte de ces articles, nous ne retenons, pour le
moment, que ce qui se rapporte à la forme du testament.

Comme on le voit, il existe, en droit malgache, deux
formes de testament :

1° Le testament secret ;

2° Le testament public.

§ 1. — *Des règles particulières du testament secret.*

Le testament secret est celui que le testateur écrit
lui-même ou fait écrire par un autre, et qu'il remet
ensuite sous enveloppe, pour être gardé en dépôt, à un
gouverneur qui lui en délivre un reçu.

Le testament secret peut être écrit soit par le testateur, soit par tout autre personne. Il pourrait même

être écrit en partie par le testateur et en partie par un tiers. La signature, également, peut être soit de la main du testateur, soit de toute autre personne. Il suffit qu'il ne soit pas douteux qu'il est l'expression de la volonté certaine de celui qui le dépose. Pour faire un testament secret, il n'est donc pas nécessaire de savoir lire et écrire.

Le testament secret n'a pas besoin d'être daté. Remis sous enveloppe au gouverneur qui en délivre un reçu au déposant, on admet que la date de ce reçu justifie suffisamment l'époque de sa confection.

L'article 232 dit que le testament secret doit être remis sous enveloppe au gouverneur. Il faut entendre que le testament doit être clos afin qu'on ne puisse pas lire son contenu. D'après la coutume, le défaut de clôture entraînerait la nullité de l'acte.

L'article 74 du règlement de Sakaizambohitra porte que le testateur doit remettre le testament au gouverneur. Mais le testateur peut, pour des motifs graves, par exemple dans le cas de maladie, se faire remplacer par un mandataire ou par un parent. Mais, dans cette circonstance, le gouverneur ou un de ses collègues, délégué par lui, doit se rendre au domicile du déposant pour s'assurer si le testament remis est bien son œuvre.

Nous avons dit que le gouverneur était obligé de donner reçu du dépôt effectué. Cette prescription ne se trouve pas dans le texte ; mais elle a été consacrée par l'usage, et elle est d'une utilité trop grande pour qu'il n'y ait pas lieu de la maintenir.

Dans l'usage, le titulaire, en outre du testament remis au gouverneur, faisait lui-même ou en faisait confectionner plusieurs copies, dont l'une était confiée à un membre influent de la famille, et l'autre laissée dans ses papiers.

Cette précaution peut être d'une certaine utilité au cas

où le testament est argué de nullité ou de faux, ce qui était très fréquent. Aussi la loi écrite le consacre, pour ainsi dire, dans l'article 153 du Code de 1881, qui s'exprime ainsi : « Tout testament ou contrat devra, si le « gouvernement a une raison quelconque de le demander, lui être remis à peine de 10 bœufs et 50 francs « d'amende. A défaut de paiement, le contrevenant « subira la contrainte par corps à raison de 0 fr. 60 par « jour jusqu'à la libération ».

Cet article a été rédigé pour le cas où une contestation s'élèverait sur un testament. Le législateur a voulu obliger les personnes qui en détiendraient une copie et qui, soit par intérêt, soit par indifférence, l'auraient gardée par devers elles, à la remettre aux autorités.

Telles sont les formes du testament secret. En résumé, la seule formalité exigée à peine de nullité est celle de la clôture du testament. Pour tout le reste, la loi écrite et la coutume laissent la plus grande liberté au disposant. La volonté du testateur est toujours considérée comme sacrée. Il suffit, pour la validité du testament, qu'il soit bien l'expression certaine, non équivoque, de la volonté du *de cujus*.

Pour donner une idée de la manière dont les Malgaches rédigent le testament secret, voici la copie des dernières volontés d'un illustre personnage qui a rempli Madagascar de son nom jusqu'à l'annexion. Nous avons simplement remplacé les noms propres par des lettres :

« Tananarive, 5 février 1896.

« Je, soussigné, certifie que ce qui est dit ci-dessous « sont mes ordres. Aucun de mes enfants ne pourra les « modifier sous peine d'être déshérité.

« Pendant le temps qui me reste à vivre, j'insti- « tue X... le dépositaire de tous mes biens. Je lui

« délègue le pouvoir de les administrer à sa conve-
« nance.

« Après ma mort, aucun de mes enfants ne pourra
« faire rendre compte de mes biens à X.... Tous mes
« enfants se partageront ce que X... leur donnera. Si,
« parmi mes enfants, il s'en trouvait qui voulussent lui
« faire rendre des comptes, ils seraient déshérités et
« n'auraient absolument rien de moi.

« Les enfants de A..., ceux de B... et ceux de R...
« n'hériteront pas de mes biens.

« R..., qui a tenté de me donner la mort, n'aura
« aucune part dans ma succession. Et T..., femme
« de R... n'héritera absolument de rien.

« Je n'ai pour héritiers que les enfants qui me sont
« nés de M..., à part ceux désignés ci-dessus.

« Mes petits-enfants qui me succèderont à l'égal de
« mes propres enfants sont : L..., N..., V..., K...

« Je lègue à X... ma propriété de Tananarive, mai-
« sons, meubles, etc.; la propriété que j'ai achetée
« à M..., et comprenant maisons, cours, meubles ; —
« ma propriété d'A... avec les maisons et tous les
« esclaves ; — enfin les rizières et les champs d'A...

« Mes autres biens, après qu'on aura prélevé ceux
« que je lègue à X..., seront partagés entre ceux de mes
« enfants que j'ai institués mes héritiers.

« Et quel que soit celui de mes enfants qui modi-
« fierait les volontés que je viens d'exprimer, celui-là
« sera déchu de ses droits à la succession.

« Malgré le présent testament, tant que je serais
« encore en vie, je me réserve le droit d'user de mes
« biens, comme je l'entendrai. Moi vivant, je pourrai
« toujours modifier les termes du présent dans le sens
« qu'il me plaira. Mais ceux qui modifieraient les pré-
« sentes dispositions seront déshérités.

« J'ai dit ».

Signé R...

§ 2. — *Des règles particulières du testament public.*

Le testament public est celui qui, après avoir été prononcé devant la famille et le Fokon'olona, est reçu, pour être inscrit, par le gouverneur chargé de la tenue des registres officiels, en présence du testateur, de sa famille, des témoins et des membres du Fokon'olona au nombre d'au moins 4 personnes.

Le testament public est le vrai testament malgache, le seul qui pendant très longtemps a été connu, même après la connaissance de l'écriture, qui, d'ailleurs, est de date relativement récente. Les biens, en effet, en vertu du régime patriarcal, appartenaient à la famille. Le testament était une dérogation à la loi des ancêtres. Aussi, il devait être fait publiquement pour que le peuple fut juge des dispositions prises par le testateur.

Autrefois, le testament public était fait sous une forme solennelle. Le testateur donnait publiquement connaissance de ses dernières volontés devant les membres de la famille réunis, en présence du Fokon'olona.

Le Fokon'olona était appelé comme témoin pour certifier, au besoin, en cas de contestation, les dispositions testamentaires. Dans l'ancien temps, même, son rôle devait être plus important. Il avait probablement le droit de faire des remontrances au disposant lorsque celui-ci s'écartait de la règle successorale imposée par les ancêtres.

Aucune autre formalité n'était requise, sauf la sanction traditionnelle de la distribution aux Fokon'olona de l'orim-bato.

En un mot, le testament connu de la famille et du Fokon'olona était considéré comme authentique.

Nous avons trouvé dans une vieille affaire, un testament public fait sous la forme de l'antique coutume. Nous le transcrivons, en le résumant, à titre de document historique.

On a assemblé le Fokon'olona, et en présence de tous les membres de la famille, le testateur s'exprime ainsi :

« Tous mes biens, situés soit en ville, soit à la cam-« pagne, seront partagés entre X... Z..,, mes enfants, « et C..., D..., mes petits-enfants....

« L'esclave N... m'a accompagné dans diverses expé-« ditions. Il m'a rendu de grands services, et, comme « on doit être reconnaissant des services rendus, je « l'affranchis, en présence du Fokon'olona et en votre « présence, ô mes enfants. — Je lui donne, en outre, « une somme de 25 piastres pour qu'il puisse avoir des « funérailles convenables... Et quiconque parmi vous « voudrait modifier les volontés que je viens d'exprimer, « sera exclu de la succession des biens dont je viens de « disposer ».

X..., un des fils, prend alors la parole, en présence du Fokon'olona et du testateur, et dit : « Que les biens « qui me sont donnés, me soient enlevés, si jamais je « cherche à violer ta volonté ». — Ce serment est également répété par les autres enfants et petits-enfants. Puis, le testateur sanctionne les dispositions qu'il vient de prendre en donnant le Orim-bato aux membres du Fokon'olona.

Depuis la promulgation du règlement des Sakaizambohitra (4 juillet 1878), la forme du testament public s'est sensiblement modifiée.

Aux termes de l'article 232 (C. 1881) précité, le testament public doit, conformément aux règles de l'ancienne coutume, être fait en présence de la famille et du Fokon'olona. Mais, de plus, comme tous les autres actes et contrats malgaches, il doit être inscrit sur les registres du Gouvernement.

. Quelle est la forme de cette inscription ?

. .En l'état, la forme de l'inscription est réglée par l'arrêté du 20 novembre 1896 et les instructions du Résident Général du 20 juillet 1897, documents, d'ailleurs, qui ne font que reproduire les formalités exigées autrefois par la coutume et les règlements et codes écrits.

1º Les testaments présentés aux Gouverneurs doivent être inscrits en présence du testateur, de sa famille, des témoins et d'au moins quatre membres du Fokon'olona.

Les testaments non inscrits sont nuls de plein droit (article 8 de l'arrêté du 20 nov., dont nous avons déjà donné le texte).

2º Le gouverneur compétent pour recevoir l'inscription est celui de la situation des biens ou de la plus grande partie des biens. Si des biens sont situés dans des circonscriptions différentes, le gouverneur requis doit en donner avis au gouverneur des localités où se trouvent ces biens (art. 11, même arrêté).

3º Le testateur et les intéressés doivent signer sur le registre ainsi que les témoins ; deux témoins doivent signer à la place de chaque partie illettrée (art. 13, même arrêté).

. Remarquons que la formalité de la signature est une innovation de l'arrêté précité. Aucun des Codes ou règlements malgaches ne l'exige. Il faut en conclure que tous les testaments inscrits avant la publication de l'arrêté du 20 novembre seront valables en dehors de cette formalité.

Toutes les formalités requises pour l'inscription des actes ou contrats, que nous avons déjà énumérées, sont également exigées en matière de testament. Nous n'y reviendrons pas.

Toutefois, l'article 3 des ordres aux gouverneurs de l'Imérina spécifie que le testament ne peut être inscrit que dans la maison du gouverneur, c'est-à-dire là où il a sa résidence officielle. S'il était inscrit dans tout autre endroit, par exemple dans la maison du testateur, il ne serait pas valable.

Si le testateur est malade, de telle sorte qu'il ne puisse pas se présenter devant le gouverneur, ce dernier, aux termes du même article 3, doit se rendre lui-même chez le disposant pour lui demander si le testament présenté est bien l'expression de ses dernières volontés. Dans le cas de l'affirmative, il est, ensuite, procédé à l'inscription, suivant la forme ordinaire.

Toutes ces formalités ont été prescrites dans le but d'éviter des fraudes faciles, qui sont, malheureusement, trop familières aux Malgaches.

La loi coutumière ou écrite ne prescrit aucune règle particulière pour la forme intrinsèque du testament public.

Il peut être fait verbalement ou par écrit.

Nous avons vu, en effet, que l'article 74 du règlement des Sakaizambohitra prescrit aux gouverneurs d'inscrire sur son registre tout testament qui lui est dicté. Cependant, la première partie de l'article 232 du Code de 1881, qui est postérieur, semble dire que tous les testaments doivent être écrits. On se rappelle du texte qui est ainsi libellé : « tout testament, après avoir été soumis à la famille et au Fokon'olona, doit être écrit et remis au gouverneur ». Mais, d'après l'opinion générale et d'après l'usage constamment suivi, il faut entendre l'article dans ce sens que les dispositions testamentaires doivent être relatées par écrit dans l'inscription. Le législateur de 1881 a voulu simplement défendre le testament verbal d'autrefois qui était valable en dehors de toute inscription.

Le testament peut donc être verbal en ce sens qu'il est dicté par le testateur au gouverneur, qui a pour

23

obligation stricte, comme dans tout contrat ou acte, d'en écrire les clauses telles qu'elles sont exprimées par le disposant (art.1. Ordres aux gouverneurs de l'Imérina).

Le testament public peut également être fait par écrit. Il n'est pas nécessaire que le testateur écrive lui-même ses dispositions. Il peut en charger un parent ou un tiers. Il n'est pas obligé, non plus, de le dater ou de le signer. La date de l'inscription et l'inscription elle-même étaient suffisantes, avant l'arrêté du 20 novembre 1896, pour en assurer la validité.

Remarquons, d'ailleurs, que dans l'espèce, le testament écrit n'est qu'un projet qui ne devient parfait, qui ne devient un véritable testament que lorsqu'il a été inscrit avec les formalités d'usage sur le registre public. Sans l'inscription, le testament public n'a aucune valeur, et on comprend que le législateur ne se soit pas préoccupé d'exiger un écrit.

L'arrêté du 20 novembre n'a apporté à ces règles que des modifications de forme. L'arrêtiste prescrit que l'acte d'inscription doit porter la signature du testateur et des parties intéressées, ou s'ils ne savent pas écrire, la signature de deux témoins pour chaque partie illettrée.

Le sourd-muet peut-il faire un testament public ?

Oui. Le sourd-muet par les moyens ordinaires qu'il emploie pour se faire comprendre, fera connaître ses dernières dispositions au gouverneur, qui les inscrira sur le registre public. S'il sait écrire, ce sera encore plus facile. Il remettra simplement son factum au gouverneur, qui le reproduira sur son livre.

Telles sont les règles du testament public.

Avant de terminer, pour mieux faire comprendre la forme de cette sorte de testament, nous donnons la copie d'un testament public, fait verbalement devant le gouverneur d'Ambohimanga, tel qu'il a été transcrit sur le registre public :

Ambohimanga, le 22 adimazana (juillet) 1891.

« Voici mes volontés, dit Rakotomanga, au sujet de
« la disposition de mes biens :

« 1° Je donne aux deux filles de R... la moitié de
« l'esclave B..., ainsi que la rizière située à Z..., ache-
« tée 11 piastres.

« Je donne à R... 5 piastres ; la moitié de la rizière
« située à M... ; la moitié des esclaves J... D..., et la
« rizière située à L...

« Sa part est arrêtée à ces legs, dit Rakotomanga

« 2° Je donne à X... ma part indivise sur l'esclave N...
« et sur une rizière située à D..., au sud de celle de R...,
« ainsi qu'une somme de 5 piastres et la moitié de la
« rizière qui se trouve au nord d'Ambohimanga.

« Sa part est limitée à ces legs, dit Rakotomanga.

« 3° Je donne à Z... la moitié de l'esclave B..., une
« somme de 16 piastres qui se trouve déjà en sa posses-
« sion et une rizière achetée 3 piastres qui est située au
« nord d'A...

« Sa part est limitée à ces legs, dit Rakotomanga.

« 4° Je donne à V... les esclaves S... T... N... P...,
« déduction faite du quart, ainsi que la moitié de la
« rizière, située à...

« Sa part est limitée à ces legs, dit Rakotomanga.

« 5° Je donne à S... 3 piastres et deux bœufs qu'il a
« déjà mangés.

« Sa part est limitée à ces legs, dit Rakotomanga.

« etc... etc...

« 6° Voici mes volontés : si je n'échappe pas à la
« mort, je donne un lamba à A..., un à R..., un à X...
« et un à D... On emploiera à leur achat une somme de
« 25 piastres.

« 7° Je donne à M... 25 piastres qu'il me doit, dit
« Rakotomanga.

« Si parmi ceux à qui j'ai fait un legs, il s'en trouvait

« qui ne fussent pas contents de la part que je leur attri-
« bue et qui élèvent des réclamations, le legs serait
« annulé et reviendrait à R... et P..., dit Rakotomanga.

« 8° Tous mes autres biens, soit en ville, soit à la
« campagne, je les lègue à R... et P.... Ce sont eux
« qui me remplaceront dans toutes les charges, oné-
« reuses ou rémunératoires, dont je me suis acquitté
« moi-même à Ambohimanga.

« 9° Si Dieu veut me continuer la vie, je me réserve
« le droit de disposer de nouveau de mes biens comme
« bon me semblera.

« Si, au contraire, je viens à mourir, une somme de
« 70 piastres sera dépensée pour mes funérailles.

« Si mes héritiers, R.., et P..., ne s'acquittaient pas
« de cette disposition, je charge les Fokon'olona de leur
« réclamer cette somme pour que ma volonté soit exé-
« cutée.

« Fait en présence de R.., J.., L.., M.., etc.., tous
« membres de la famille ; — de L.., N.., P.., K.., T..,
« membres du Fokon'olona ; — R.. mpiadidy, J..
« 5ᵉ honneur ; — R.. et V..., gouverneurs ».

Telles sont les deux seules formes de testament prévues par la loi et la coutume. On ne connaît pas de
règles spéciales pour les testaments faits par les militaires, pour les testaments faits en mer ou à l'étranger.
Nous pensons que les règles ordinaires seraient applicables à ces sortes de testaments.

§ 3. — *Des oppositions aux testaments.*

L'article 74, *in fine,* du règlement des Sakaizambohitra
est conçu dans les termes suivants : « Dans le cas où
« une personne se présenterait pour faire opposition,
« vous ne devez ni recevoir le testament écrit, ni trans-

« crire sur votre registre le testament verbal. Vous
« conduirez les deux parties à Tananarive ».

Cet article ne vise évidemment que le testament public,
écrit ou verbal, puisque c'est le seul dont on puisse connaître les dispositions.

L'opposition est faite dans la forme ordinaire que nous
avons déjà décrite.

En ce qui concerne le testament secret, qui est remis
au Gouvernement sous enveloppe close et qui ne doit
être ouvert qu'à la mort du disposant, avant notre occupation, il n'était pas soumis à la formalité de l'inscription. Le Gouvernement se contentait de conserver la
minute qui était entre ses mains. Rien, cependant, n'empêchait les héritiers d'élever opposition au moment de
son ouverture.

Aujourd'hui, en présence de la généralité des termes
de l'arrêté du 20 novembre 1896, le testament secret, à
notre avis, doit, comme le testament public, être inscrit
lorsqu'il est ouvert et que ses dispositions sont connues.

Si opposition était faite à l'inscription, le Gouverneur
devrait surseoir, conformément à la procédure que nous
avons exposée.

Si le testament secret est déposé après le décès
du disposant, les intéressés, même avant l'occupation
française, pouvaient faire opposition. C'est ce qui résulte des dispositions de l'article 9 des ordres aux
Gouverneurs de l'Imérina, qui est conçu en ces termes :
« Si l'on vient vous dire : une telle personne est morte
« et voilà son testament, et que, parmi les héritiers, il
« se trouve des opposants, vous ne pouvez pas recevoir
« cet acte comme testament, car il est litigieux. Si vous
« l'inscrivez, vous êtes passibles d'une amende de
« 500 francs pour chaque inscription d'acte, et cet acte
« ne sera pas considéré comme un vrai testament ».

Quelles personnes peuvent faire opposition ?

La coutume reconnaît à tous ceux qui auraient intérêt à demander la révocation du testament le droit de faire opposition, c'est-à-dire aux héritiers qui seraient venus en ordre utile à la succession, si le *de cujus* n'avait point fait de testament.

CHAPITRE XII

DE LA RÉVOCATION, DE LA CADUCITÉ ET DE LA NULLITÉ
DES TESTAMENTS

§ 1. — *De la révocation des testaments.*

Nous avons vu que l'article **232** du Code de **1881**, *in fine*, s'exprimait de la façon suivante : « Le testateur « aura toujours le droit de révoquer ou de modifier les « les legs qu'il aura faits, selon son bon plaisir ». Ce texte ne fait que reproduire la coutume ancienne, qui a toujours admis que le disposant a le droit de révoquer ou de modifier les clauses de ses dernières dispositions.

La révocation du testament peut être expresse, tacite ou judiciaire.

1º Elle est expresse, lorsque le disposant fait une déclaration formelle, par exemple s'il déclare dans un nouveau testament qu'il révoque les dispositions testamentaires prises antérieurement.

Dans l'usage malgache, comme conséquence du principe que le testament doit être connu de la famille et du

Fokon'olona, le testateur doit informer la famille et le Fokon'olona de ses nouvelles dispositions. Le second testament, sans cette formalité qui est prescrite d'une façon générale pour tout testament public, ne serait pas valable.

Le testament secret peut être révoqué par un testament public, et réciproquement.

La révocation d'un testament par acte inscrit sur le registre du gouvernement serait licite.

Le testateur ayant le droit de modifier ses dernières volontés jusqu'à son décès, il faut en conclure qu'il pourrait révoquer sa rétractation et faire revivre le premier testament, s'il ne prenait pas de nouvelles dispositions.

La rétraction sera faite dans la même forme que la révocation elle-même.

2° La révocation tacite est celle qui s'induit des circonstances qui impliquent la volonté chez le testateur de revenir sur ses premières dispositions.

La coutume considère que cette volonté est suffisamment manifestée par certains faits incompatibles avec les premières dispositions prises, par exemple, si le testateur fait un nouveau testament dont les clauses sont contraires à celles du premier.

Il en serait autrement, si les deux testaments n'étaient pas incompatibles, si chacun, par exemple, s'appliquait à des biens différents. Dans ce cas, les deux seraient valables, leurs dispositions pouvant s'appliquer simultanément.

On pourrait encore induire la révocation tacite du fait de l'aliénation de l'objet légué. L'aliénation fait présumer l'intention de révoquer. Si l'aliénation n'était que partielle, le testament s'exécuterait pour la partie non aliénée.

Quid au cas où le testateur serait redevenu propriétaire de l'objet aliéné ?

En droit malgache, contrairement au droit français, le retour dans la main du testateur de la chose aliénée fait revivre le legs ; on suppose que le disposant a eu l'intention de rapporter sa révocation, en achetant de nouveau l'objet aliéné.

De même, si le testateur retire le testament secret déposé entre les mains de l'autorité, on peut induire de ce fait qu'il a entendu le révoquer.

4° La révocation judiciaire est celle qui, à la demande des intéressés, est prononcée par les tribunaux, après la mort du testateur.

Parmi les causes qui, en droit malgache, sont susceptibles d'entraîner la prononciation de la révocation par les tribunaux, on peut citer :

1° L'inexécution des charges ou conditions imposées par le testateur.

Par exemple, si le disposant impose la charge d'affranchir un esclave, après sa mort, les tribunaux peuvent prononcer la révocation du legs dans le cas de non accomplissement de la condition (arrêt de la Cour d'appel mixte de Tananarive).

2° Le fait des héritiers qui modifieraient ou s'opposeraient aux dernières volontés du *de cujus*.

En droit malgache, les dernières volontés d'un défunt sont sacrées. Nul n'a le droit de déroger à ce principe, qui est une conséquence naturelle du régime patriarcal, qui est la base de la législation coutumière. Aussi, tout héritier qui éluderait les prescriptions du testament, ou qui chercherait à en empêcher l'exécution directement ou indirectement, pourrait être actionné devant les tribunaux en révocation de son legs. Ce principe est entré si avant dans les mœurs que presque tous les testaments portent une clause qui exhérède ceux des héritiers qui n'observeraient pas strictement les ordres du *de cujus*.

3° L'indignité du légataire.

Ainsi, tout héritier ou légataire qui a donné ou tenté de donner la mort au défunt, qu'il ait été condamné ou non pour ce fait, qui s'est rendu coupable envers lui de sévices, délits ou injures graves de son vivant ou envers sa mémoire, etc., peut être poursuivi devant les tribunaux par les autres héritiers à fin de révocation de legs.

On remarquera que la coutume malgache ne détermine pas limitativement les causes d'indignité ou d'ingratitude. Les tribunaux auront pleine liberté d'appréciation pour se prononcer sur les cas où cette grave déchéance pourrait être encourue.

Contrairement à notre jurisprudence, l'indignité n'est jamais encourue de plein droit. Elle ne peut être prononcée que par les tribunaux, sur la demande des intéressés, c'est-à-dire des co-héritiers qui ont intérêt à exclure l'indigne pour prendre la part qui lui est léguée.

La révocation pour cause d'indignité peut être poursuivie non seulement contre l'indigne, mais encore, après sa mort, contre ses héritiers auxquels il aurait transmis le legs, même contre ses enfants.

Si les causes de l'indignité sont survenues du vivant du *de cujus*, elles ne produisent, d'après la coutume établie, aucune déchéance, si celui-ci, avant sa mort, a pardonné, soit dans son testament, soit sous tout autre forme, au coupable.

La coutume admet encore que si le *de cujus*, au moment où il a fait son testament, avait connaissance des causes d'indignité encourues et que, nonobstant, il institue cette personne comme son légataire, ce dernier ne peut pas être poursuivi. On suppose qu'il y a eu pardon tacite.

Au cas où le legs est révoqué par décision judiciaire, la chose qui fait l'objet du legs profite aux autres héritiers et est partagée entre eux, à moins que le testateur n'ait prévu une substitution.

§ 2. — *De la caducité des testaments et des legs.*

On peut citer, en droit malgache, plusieurs causes de caducité des testaments et des legs :

1° *Prédécès du légataire.*— Il est évident que les donations testamentaires, étant personnelles à l'institué, tombent, si celui-ci n'existe plus au moment où le droit s'ouvre.

2° *Non acceptation dn légataire.* — Le légataire, c'est la raison même, ne peut pas être forcé d'accepter un legs malgré lui,

3° *Perte de la chose léguée.* — Si pendant la vie du testateur, la chose léguée a péri, le legs devient caduc. Mais, si elle n'avait péri que partiellement, le legs serait valable pour la partie qui subsisterait.

4° *Lorsque le passif de la succession dépasse l'actif* — Nous avons déjà vu plus haut comment, dans ce cas, s'opère la réduction des legs. Si la réduction ne permet pas de couvrir entièrement les dettes successorales, le legs devient caduc.

§ 3. — *De la nullité des testaments.*

Il y a nullité lorsque le testament n'a pas été fait suivant les formes légales, ou que le testateur n'avait pas la capacité requise pour disposer des objets qu'il a légués.

Ainsi le testament sera nul :

1° Si le disposant n'a pas les qualités requises pour pouvoir tester que nous avons énumérées au chapitre IX, savoir : esprit sain, âge de raison, propriété des objets légués et avant l'abolition de l'esclavage, qualité d'homme libre.

2° Si le testateur n'avait pas le droit de disposer des objets légués.

Nous connaissons déjà plusieurs cas de ce genre de nullité, comme le fait du Tompo-menakely qui aurait légué son fief à une personne ne faisant pas partie des trois premières castes de la noblesse (art. 123. C. 1881), ou de tout autre personne qui aurait, sans autorisation, légué une forêt ou des terrains en friche, qui, aux termes de l'article 91 du même code, appartiennent au domaine public.

On peut encore citer le legs d'un terrain où est édifié un tombeau de famille. Ce terrain est immobilisé. Il ne peut être vendu même entre enfants (art. 128 du C. de 1881). Par conséquent, il ne peut faire l'objet d'une donation testamentaire. Il reste la propriété collective des membres de la famille.

3° Si le testament n'a pas été inscrit sur les registres publics (art. 94, règlement des Sakaizambohitra et 233, C. 1881. Arrêté 20 nov. 1896).

4° Si le testateur dispose de biens ko-drazana, qui sont, comme on sait, inaliénables.

5° Si le testateur dispose d'un objet compris dans une succession encore indivise, dans le cas où l'objet ne tombe pas dans le lot du disposant.

LIVRE XII

La propriété.

CHAPITRE PREMIER

DE LA DISTINCTION DES BIENS. — DE LA PROPRIÉTÉ. —
DES DROITS D'USUFRUIT, D'USAGE ET D'HABITATION

En droit malgache, comme en droit français, tous les biens sont meubles ou immeubles.

Les biens immeubles sont ceux qui sont fixes, immobilisés, comme les terres, les maisons. Par opposition, les biens meubles sont ceux qui peuvent se transporter d'un lieu dans un autre, par exemple, une chaise, un lit.

Cette définition générale convient de tout point au droit indigène.

Quant à la distinction des immeubles en immeubles par leur nature, par leur destination et par l'objet auquel ils s'appliquent, et des meubles par leur nature ou par la détermination de la loi, elle n'est pas connue, au moins explicitement.

Mais nous pensons, à cause de la nécessité où l'on se trouve de compléter la coutume indigène, qu'il n'y aura aucun inconvénient à ce que les tribunaux fassent application, sur ce point, des principes de notre droit, sauf les particularités qui pourraient être expressément prévues par la coutume locale.

En droit malgache, la distinction des biens en meubles et immeubles est de la dernière importance. Nous verrons, en effet, que si, en ce qui concerne les objets mobiliers, la propriété, selon la définition de l'article 544 du Code civil, est bien le droit de jouir et de disposer des choses de la manière la plus absolue, il est loin d'en être de même pour les immeubles.

Les droits d'usufruit, d'usage et d'habitation sont de pratique constante chez les Malgaches.

On pourrait en citer de nombreux exemples. Mais les règles qui les régissent sont peu précises et mal définies. Ici, encore, on ne retirera que des avantages à les compléter par notre législation, qui, en ces matières, n'est nullement contraire aux dispositions de la coutume indigène.

Cette méthode nous paraît d'autant plus sage à suivre que par l'effet du décret du 16 juillet 1897, sur la propriété foncière, que nous étudierons dans la suite, toutes ces matières sont destinées, dans un temps plus ou moins long, à être régies par la loi française.

Ce décret, qui s'applique aussi bien aux immeubles appartenant aux indigènes qu'à ceux appartenant à des Européens, édicte, en effet, sur la distinction des meubles et immeubles, sur le droit d'accession, sur l'usufruit, l'usage et l'habitation, des dispositions identiques à celles de notre droit civil. De plus, l'article 2 du décret prescrit que les dispositions du Code civil, non contraires à celles du décret lui-même, ni au statut personnel malgache ou aux règles des successions des indigènes titulaires de droits réels immobiliers, s'appliquent aux immeubles immatriculés et aux droits réels sur ces immeubles.

Nous laissons de côté, pour le moment, la question des servitudes. Car, cette matière, à cause de la nature du sol et des héritages, présente de si profondes différences avec notre droit qu'il nous paraît utile d'y consacrer une étude spéciale.

CHAPITRE II

DU DROIT DE PROPRIÉTÉ IMMOBILIÈRE.

En droit malgache, le droit de propriété immobilière ne doit pas s'entendre dans un sens aussi large que dans notre droit. D'après la coutume, en effet, le souverain était considéré comme le propriétaire virtuel de toute la terre. « Ahy ny tany », la terre est mienne, dit Andrianampoinimérina. De même, la Reine Ranavalona II s'exprimait ainsi dans le Kabary où elle promulguait devant le peuple le code de 1881 : « Dieu m'a désignée, « moi, pour être souveraine de ce pays et de ce « royaume avec un pouvoir et une souveraineté qui « doivent s'exercer sans faiblesse, car la terre et le « royaume sont à moi ». Plus récemment encore, la dernière Reine, Ranavalona III, promulguait, après notre prise de possession et sous nos auspices, une loi sur la propriété foncière du 9 mars 1896, sur laquelle nous reviendrons. L'article 1er de cette loi exprime la même idée sous une forme, il est vrai, moins personnelle : « le sol du royaume appartient à l'Etat ».

Sans doute, c'était une fiction plutôt qu'une réalité. Car, malgré cette restriction, les Malgaches avaient le droit d'aliéner et d'hypothéquer leurs propriétés et de les transmettre par succession ou testament. Mais cette clause résolutoire devait toujours être sous-entendue. Car, le cas échéant, soit pour cause d'utilité publique, soit pour tout autre raison, même la plus futile et la plus arbitraire, le souverain, bien que le fait fut assez rare, usait de son droit.

Chez les Malgaches, la propriété a subi les modifications et les transformations que l'on retrouve chez tous les peuples. Nous avons peu de renseignements sur son origine. Il est probable qu'au début elle affectait un caractère féodal. Le sol appartenait au seigneur ou roitelet qui le distribuait soit gratuitement, soit pécuniairement à ses sujets. Ce qui ferait adopter cette manière de voir, c'est que ce système foncier existe encore aujourd'hui chez presque toutes les peuplades de Madagascar, Tanosy, Bares, etc...

Ce fut Andrianampoinimérina, le plus grand roi de l'Imérina, dont les Malgaches ont conservé un vivant souvenir et qu'ils appellent toujours Ombalahibemaso, taureau aux grands yeux, qui le premier, au commencement du xviii° siècle, organisa la propriété foncière sur des bases certaines.

Comme nous l'avons déjà dit, il divisa l'Imérina en 6 tribus, et partagea les terres entre elles.

Dans la tribu, la terre fut répartie entre les divers Fokon'olona. Enfin, dans le Fokon'olona chaque famille eut un lot, qui pouvait se transmettre par héritage, qui pouvait même être aliéné, mais à des membres seulement du Fokon'olona, qui restait toujours propriétaire.

Aussi, au cas d'accroissement de la population, si quelques habitants ne possédaient pas de terrain, certaines terres étaient remises en commun et un nouveau

partage était opéré. De même, si le détenteur décédait
sans postérité et sans avoir fait de testament, la terre
retournait à la collectivité. Comme on le voit, il ne s'a-
gissait pas d'une véritable propriété, mais plutôt d'un
usufruit d'un genre particulier.

Cette propriété collective qui, à cette époque, était
une nécessité politique et fiscale, existe encore de nos
jours. Mais, elle a subi de graves atteintes et tend à disparaître. En vertu de cette loi inéluctable, qui a présidé
à la formation de la propriété dans toutes les nations,
elle se transforme lentement, mais sûrement, en propriété individuelle. Nous en trouvons la preuve dans les
maisons d'habitation. A l'origine, quand le Fokon'olona
eut opéré le partage des terres, chaque individu se bâtit
une maison, entourée, selon l'usage, d'un mur en terre
(tamboho) et édifia un tombeau. La construction des
maisons et des tombeaux avait même été faite avec
l'assistance collective des autres membres du Fokon'-
olona. « S'il s'agit, lisons-nous dans le Kabary d'Andrianampoinimérina, de construire un tombeau, un
homme seul ne peut pas en venir à bout... Si même,
avec l'aide de sa famille, il est impuissant à traîner les
grandes pierres plates, tout le Fokon'olona doit l'aider... Il sera tenu, en revanche, de vous rendre le
même service à l'occasion. S'il s'agit de bâtir une maison, un homme seul ne peut pas en venir à bout. Il faut
que vous l'aidiez tous. L'ayant aidé à élever sa maison,
vous exigerez de lui qu'il vous aide à élever la vôtre. S'il
refusait, jetez à terre sa maison, qui est votre œuvre ».
Au début, la maison, œuvre collective, appartenait virtuellement au Fokon'olona. Ainsi, il était interdit de la
vendre à un Malgache étranger au Fokon'olona.

Cette restriction a complétement disparu. Les maisons
d'habitation sont devenues, et depuis longtemps, la propriété individuelle de leur maître, qui peuvent en disposer comme bon leur semble.

De même, les terres dites lohimbintany (litt. terre tête de bœuf. Propriété immobilière donnée par le souverain à un de ses sujets en récompense de services rendus.) sont des propriétés individuelles au sens le plus absolu. Le propriétaire peut les aliéner à titre gratuit ou onéreux, comme il l'entend.

En somme, aujourd'hui nous assistons à la transformation de ce qui reste de la propriété collective en propriété individuelle. Il nous appartient d'accélérer ce mouvement, car il nous paraît incontestable que la constitution de la propriété individuelle sera un puissant stimulant de nature à améliorer l'état social des indigènes.

Au demeurant, il ne restait, au moment de l'occupation française, de la propriété collective d'autrefois que les hetra (rizière qui paie l'impôt) et les vodivona (fiefs). Nous savons que ces derniers ont déjà été supprimés par arrêté du 17 avril 1897. Quant aux hetra, il est nécessaire d'étudier si on peut sans inconvénient enlever aux Fokon'olona ce reste de propriété collective. Pour nous, nous sommes persuadés que ce serait un acte de justice qui ne soulèverait aucune difficulté. Comment, en effet, « les porteurs de hetra » pourraient-ils se plaindre d'un accroissement de leurs droits ? Nous disons que ce serait un acte de justice, car le hetra est cultivé individuellement par les membres d'une même famille depuis un temps très long. Ils ont fécondé ces terres par de durs travaux. Ils ont enrichi ces terres en friche par des plantations ; quelquefois, même, ils les ont achetées de leurs propres deniers. Cette longue possession n'a-t-elle pas créé une sorte de droit et ne serait-il pas équitable de transformer cet usufruit en une propriété incommutable ?

Le domaine éminent du souverain, aujourd'hui de l'Etat, nous paraît également destiné à disparaître. Ce

24

principe, qui ne peut se comprendre que sous un Gouvernement absolu, est en contradiction avec la véritable nature du droit de propriété, qui a été si admirablement défini dans la déclaration des droits de l'homme du 24 juin 1893 dans les termes suivants : « Le droit de propriété est celui qui appartient à tout citoyen de jouir et de disposer à son gré de ses biens, de ses revenus, du fruit de son travail et de son industrie ». (Art. 16). « Nul ne peut être privé de la moindre portion de sa propriété sans son consentement, si ce n'est lorsque la nécessité publique, légalement constatée, l'exige évidemment, et sous la condition d'une juste et préalable indemnité ».

D'ailleurs, un pas a déjà été fait dans le sens que nous indiquons. L'article 6 de la loi foncière du 9 mars 1896, promulguée avant l'annexion définitive de Madagascar, dispose que toute propriété immatriculée est inviolable. Mais, il nous paraît nécessaire d'aller plus loin. L'annexion a fait de Madagascar un prolongement de la France. Il est juste d'asseoir la propriété sur des bases aussi solides que dans la métropole.

———

CHAPITRE III

TERRES DE TRIBU

§ 1. — Système foncier d'Andrianampoinimérina.

Nous avons dit qu'avant l'avènement d'Andrianampoinimérina, il n'existait aucune organisation bien déterminée de la propriété foncière. On suppose, par analogie avec ce qui existe encore chez les autres peuplades de Madagascar, que les petits princes ou seigneurs étaient les maîtres du sol qu'ils cédaient à leurs vassaux moyennant une redevance. Mais, on n'a aucune certitude sur ce point.

Andrianampoinimérina ayant soumis, tant par les armes que par la diplomatie, tous les petits peuples qui habitaient l'Imérina et les frontières, songea à organiser le pays et établit un système foncier qui dure encore de nos jours.

Voici en quels termes, Andrianampoinimérina, dans un Kabary solennel, institua le nouveau régime :
« Je vous le déclare, Mérinas (habitants de l'Imérina),
« la terre et le royaume sont à moi ; mais je les parta-
« gerai entre vous, car je n'ai pas assez d'argent, ni de
« troupeaux de bœufs. Je vous attribuerai des terrains
« pour vous entretenir, parce que la terre et le royaume
« sont à moi.
« Je donne une part à chacun et je veux que vos ven-
« tres soient égaux (atako mitovy kibo), car je m'inté-
« resse également aux petits et aux grands ».

Il divisa l'Imérina en 6 parties, qui portent chacune le nom de tribu. Nous rappelons le nom de ces tribus :
1° Avaradrano (ceux du nord du fleuve), au nord-est.
2° Sisaony, au sud.
3° Maravatana, au nord-ouest.
4° Ambodirano, au sud-ouest.
5° Vonizongo, au nord.
6° Vakinankaratra, plus au sud encore.

Les terrains que renferme chaque tribu portent le nom générique de Xanim-perenena.

Dans chaque tribu, les terres furent partagées entre les divers Fokon'olona. Ainsi, par exemple, les terres de la tribu d'Avaradrano furent réparties entre les

Tsimahafotsy (Ambohimanga), les Tsimiambolahy (Ilafy) et les Mandravato. Pour déterminer nettement les limites et éviter les contestations futures, on posa solennellement des bornes en pierre (orim-bato).

On remarquera que la répartition a été faite entre les tribus et les Fokon'olona, et non entre les individus. La répartition individuelle eut été pratiquement impossible, à cause des difficultés et de la longueur de temps qu'elle aurait présentées.

Pour donner une idée de la manière dont l'attribution a été faite, voici comment Andrianampoinimérina fixe le terrain qu'il donne aux Tsimiambolahy : « On plante une borne à Lazaina, au milieu du village ; tout ce qui est au Sud appartient aux Tsimiambolahy ; — ce qui est au Nord, aux Tsimahafotsy ». — « On plante une borne au milieu d'Anosimerina : tout ce qui est au Sud est la propriété des Tsimiambolahy et quand ils vont dormir, le soir, après le travail, ils se rendent à Ilafy et à Namehana ». — Dans la grande rizière de Betsimitatatra, les limites sont ainsi fixées : « Manampitra. à l'Est de la digue d'Andriambolanandro, sera la rizière des Tsimiambolahy ». Ainsi de suite. On voit le procédé employé.

Dans le Fokon'olona, le terrain fut ensuite partagé entre les familles qui le composaient. Mais ce partage, pour certaines terres, n'était, comme nous allons le voir, que conditionnel. Le détenteur n'était qu'une sorte d'usufruitier Le Fokon'olona, restant nu propriétaire, pouvait les reprendre à un moment donné.

§ 2. — *Des différentes formes de la propriété dans les tribus.*

Dans la tribu, la propriété était soit individuelle, soit collective.

Les terres incultes, qui portaient le nom tany lava vola (litt. terres à longues herbes), appartenaient à la tribu ou au Fokon'olona.

La propriété portait des dénominations différentes, suivant le mode dont elle avait été acquise. Il est très utile de les distinguer, car les droits des détenteurs différaient essentiellement suivant leur origine.

Les différentes sortes de propriété étaient les suivantes :

1° *Le zara-tany (litt. terre partagée).* — On appelle de ce nom les terrains concédés par la tribu ou le Fokon'olona à certains habitants pour y bâtir des maisons d'habitation ou y créer des tanim-boly, c'est-à-dire des cultures autres que le riz, telles que légumes, patates, manioc, etc.

Les zara-tany sont de véritables propriétés individuelles. Le détenteur peut les aliéner à titre gratuit ou onéreux, ou les hypothéquer, sans aucune restriction.

Toutefois, au temps d'Andrianampoinimerina, le propriétaire ne pouvait en disposer qu'en faveur d'un membre de la même tribu. C'était une conséquence du régime collectif établi par ce roi. Les membres de la tribu avaient, à l'exclusion de tous autres, le droit de jouir de la terre. Mais, le sentiment de la propriété individuelle est tellement puissant que peu à peu cette restriction a disparu. L'article 85 du Code de 1881 proclamait déjà que les terres de Madagascar pouvaient être vendues entre sujets malgaches. Il ne faisait de distinction que pour les étrangers. Cette dernière clause a, également, été abrogée depuis la conquête.

2° *Le hétra (rizière qui paie l'impôt).* — Dans chaque tribu, les rizières furent partagées par le Fokon'olona entre tous les membres de la collectivité. Chacune de ces divisions porte le nom de hétra. Le détenteur du hétra se nomme Mitondra-hétra, litt. celui qui porte le hétra.

Le hétra était à la fois l'unité de l'impôt foncier et l'unité de la corvée (Isan-Ketra), dus au souverain.

Ainsi, celui qui cultive un hétra doit un impôt de la moitié d'un vary (trois mesures de riz). Celui qui en cultive deux, un vary entier, soit six mesurse de riz, deux fois l'unité de l'impôt. Ainsi de suite.

De même, celui qui detient un hétra est astreint à la corvée d'une personne. S'il en possède deux, il doit faire la corvée de deux personnes, etc.

L'impôt et la corvée sont dus en raison du nombre de hétra possédés.

En dépit de sa culture individuelle, le hétra était la propriété collective de la tribu ou du Fokon'olona.

Toutefois, la coutume reconnaissait au mitondra-hétra, au porteur du hétra, le droit de le transmettre à ses enfants par succession. Il pouvait même en disposer par testament ou l'aliéner, mais seulement en faveur d'un membre de la tribu. Un étranger ne pouvait en faire l'acquisition, que si la tribu ou le Fokon'olona lui accordait droit de cité et s'il prenait l'engagement de fixer sa résidence dans la localité.

Le détenteur du hétra, qu'il l'eut acquis par succession, par testament ou par achat, n'était pas un véritable propriétaire. Il n'avait que la jouissance et la détention sous condition résolutoire. En effet, comme nous l'avons déjà dit, au cas de l'augmentation de la population, si quelques habitants ne possédaient pas de hétra, la tribu ou le Fokon'olona pouvaient le reprendre pour procéder à un nouveau partage qui permit de donner satisfaction à tous les intéressés. Ou encore, si le détenteur venait à mourir intestat et sans postérité, ou s'il quittait la tribu ou le Fokon'olona pour s'établir dans une autre localité, le hétra revenait à la collectivité, qui en disposait en faveur d'un de ses membres.

Le hétra, avec les règles que nous venons de formuler,

a survécu à la conquête. Ce n'est, d'ailleurs, que difficilement qu'on pourra toucher à cette organisation, qui est la base de l'impôt foncier.

3° *Le sola pangadin drayaman dreny, litt. terre défrichée par le coup de bêche des père et mère.* — Lorsqu'un individu demandait à défricher un morceau de terrain, pris dans les terres à longues herbes (tany lava vola) qui étaient la propriété collective de la tribu, pour y créer un champ de culture ou une rizière, la tribu pouvait accorder l'autorisation.

Ce champ ou cette rizière était terre sola pangadin drayaman dreny.

Cette terre rendue propre à la culture et transformée par le travail personnel devenait la propriété individuelle du concessionnaire. La tribu ou le Fokon'olona ne pouvaient, sous aucun prétexte, la lui reprendre. Il avait le droit de l'aliéner à titre gratuit ou onéreux, selon son bon plaisir, sauf, toutefois, la restriction qui était, autrefois, générale à toutes les terres : un étranger à la tribu ne pouvait devenir propriétaire que s'il obtenait l'agrément des autres membres de la collectivité et s'il faisait soumission d'habiter, dans l'avenir, dans la tribu.

4° *Le tany-vidina, litt. terre acquise par achat.* — Tout membre de la tribu ou du Fokon'olona pouvait acheter une terre, une rizière, une maison d'habitation à tout autre co-habitant. On ne pouvait vendre à un étranger et celui-ci ne pouvait acheter qu'avec l'autorisation de la tribu ou du Fokon'olona. Toutefois lorsqu'il s'agissait d'un betra ou de tout autre terrain appartenant à la collectivité, l'aliénation n'avait lieu que sous la réserve de la clause résolutoire dont nous avons parlé plus haut. C'est l'application de la règle que personne ne peut transmettre plus de droits qu'il n'en possède lui-même.

5° *Le Tanin-drazana, terre patrimoniale.* — La terre

des ancêtres, quelle qu'en soit l'origine, sola pangadin, hetra, zara tany, acquise par achat, peut toujours être transmise par succession aux enfants, ou, à défaut de postérité, par testament. Mais, dans l'ancienne coutume, le champ, la maison ou la rizière du père ne pouvaient pas être vendus. Ils étaient, comme nous l'avons vu, Ko-drazana. En outre de la nullité de la vente, une sorte d'infamie restait attachée au nom de l'enfant qui aurait aliéné la terre patrimoniale.

De même, nous le rappelons, le terrain sur lequel se trouve un tombeau de famille ne peut être aliéné, même entre co-héritiers (art. 128 du Code de 1881).

6° *La terre Fehivava, litt. terre liée par la bouche.* — On appelle de ce nom la terre vendue sous condition de rachat.

Le contrat de Fehivava a quelques analogies avec la vente à réméré et avec l'antichrèse de notre droit français.

Nous l'étudierons au titre des obligations, mais nous pouvons, d'ores et déjà, en faire connaître les principes généraux.

Le Fehivava joue, pratiquement, dans la vie malgache, le rôle de l'hypothèque. Une personne est-elle dans la nécessité de se procurer une certaine somme, elle vend ou donne en garantie une propriété foncière, en se réservant le droit de la reprendre, dans un certain délai, moyennant le remboursement de la somme avancée.

Le contrat doit stipuler le délai dans lequel le remboursement devra être effectué. Mais, en ce qui concerne la durée de ce délai, les parties ont une liberté absolue. Elles peuvent convenir que le remboursement aura lieu dans un an, dans dix ans ; la coutume n'édicte aucune restriction.

Si, à l'expiration du délai, l'emprunteur ne rembourse pas la somme, il peut se présenter deux cas :

1° Le prêteur manifeste la volonté de rentrer en possession de son argent, et alors, au cas où le débiteur ne peut pas s'exécuter, il peut le forcer à lui vendre le bien foncier ou à le vendre à une autre personne. La somme provenant de la vente sera la garantie de sa créance. Quelquefois, l'obligation de Fehivava porte qu'en cas de non remboursement à l'échéance, l'immeuble deviendra la propriété du créancier.

2⁰ Le prêteur garde le silence, ne fait aucune réclamation. — Dans ce cas, d'après la coutume, le contrat, par une espèce de tacite reconduction, continue entre les parties pour un temps égal à celui qui avait été primitivement fixé.

En vertu du contrat de fehi-vava, l'immeuble est remis à l'acheteur, qui dès lors en a la jouissance pleine et entière. Il perçoit les fruits pour son compte. En compensation, la somme avancée n'est pas productive d'intérêts.

Le Fehivaviste est tenu de payer l'impôt et toutes les charges dont l'immeuble est grevé. Il doit également pourvoir à l'entretien de l'immeuble et aux dépenses et réparations utiles et indispensables. Le débiteur, à l'expiration du contrat, n'est pas tenu au remboursement de ces dépenses.

Le Fehivaviste répond de la perte ou des détériorations qui seraient survenues à l'immeuble par sa faute.

Les meubles ne peuvent pas faire l'objet d'un contrat de Fehi-vava. Il était même d'usage de ne placer sous ce régime que certains immeubles déterminés, tels que les champs à culture, les rizières, les hetra. Ainsi, d'après les renseignements qui nous ont été donnés, il n'existerait pas d'exemple de maison d'habitation placée en féhi-vava. Nous avons essayé de connaître les raisons de cette particularité. Mais vainement. On nous a répondu que ce n'était pas dans les mœurs, mais que, toutefois, rien ne s'opposait ni dans la coutume ni dans la loi, à ce qu'une maison soit placée en Féhi-vava.

La conclusion à en tirer serait que tous les immeubles — mais les immeubles seuls — peuvent être donnés en Féhi-vava.

L'immeuble placé en féhi-vava, pendant toute la durée du contrat, ne peut pas faire l'objet d'une vente ni de la part du propriétaire, ni de la part du Féhiva-viste. Il va sans dire que si les deux parties étaient d'accord pour l'aliéner, l'aliénation serait valable.

Si à la mort du Féhivaviste, le délai de remboursement n'est pas encore expiré, l'immeuble fait partie de la succession de ce dernier. Mais les héritiers sont tenus aux mêmes obligations que leur auteur. Ils ne peuvent aliéner l'immeuble ni à titre gratuit, ni à titre onéreux, le débiteur ayant le droit d'exercer son droit de reprise jusqu'à l'expiration de l'obligation.

Si le débiteur meurt, son droit de reprise fait partie de son hérédité. Ses héritiers peuvent forcer le féhiva-viste à la rétrocession du gage en remboursant le montant de la somme avancée.

§ 3. — *Considérations générales sur les terres de tribu.*

Les terres de tribu, qu'elles soient collectives ou individuelles, sont toujours soumises à l'autorité et à la surveillance des Fokon'olona. Ceux-ci ont le devoir de veiller à ce que les coutumes des ancêtres sur l'acquisition et la transmission des terres soient fidèlement observées.

En règle générale, aucun membre de la tribu ne peut les vendre ni les donner à bail (hofa) à un étranger. Cette règle, qui était autrefois de rigueur absolue, s'est peu à peu transformée, à mesure que les relations sont devenues plus fréquentes entre les diverses tribus. On admettait déjà, avant l'occupation française, qu'une terre de tribu pouvait être vendue à un autre Malgache, à quelque Fokon'olona qu'il appartînt, à la condition que ce dernier obtînt l'autorisation des intéressés.

L'étranger, qui a ainsi obtenu droit de cité, est traité sur le même pied d'égalité que les autres membres de la collectivité. Il peut cultiver le sol, construire une maison, édifier un tombeau, transmettre ses biens à ses enfants, en disposer par testament ou même les aliéner suivant les règles que nous avons exposées. En revanche, il est tenu des mêmes charges, recensements, impôts, corvées, service militaire que les autres habitants du Fokon'olona.

Mais, ces droits ne lui sont acquis que tout autant qu'il habite dans la tribu. Si lui-même, ou ses héritiers, abandonnent le pays et vont élire domicile dans une autre localité, ils perdent tous leurs biens, qui retournent à la collectivité. Ils ne peuvent emporter que l'argent comptant et les biens mobiliers.

Comme conséquence de ce principe général, un membre de la tribu ne peut adopter et léguer ses biens à un étranger qu'avec l'autorisation de la collectivité. S'il obtient cette permission, qui, dans l'usage, n'était guère jamais refusée, l'adopté a les mêmes droits que ses nouveaux compatriotes, sous la réserve de supporter les charges communes.

Dans certaines tribus Andriana, il était défendu d'adopter des étrangers. L'autorisation ne pouvait jamais être accordée.

CHAPITRE IV

DU VODIVONA

Dans l'organisation politique malgache, les terres se divisaient en terres menabe et en terres menakely (tanim-menakely).

Les terres menabe étaient celles qui étaient placées sous l'autorité immédiate du souverain, auquel les impôts et la corvée étaient dûs. Les habitants menabe avaient la liberté de résidence ; ils n'étaient pas astreints à demeurer dans un endroit déterminé.

Les terres menakely étaient celles qui faisaient partie d'un vodivona, sorte de fief donné en apanage à des membres des trois premières castes de la noblesse. Les habitants ou vassaux portaient le nom de menakely. Le chef du vodivona ou seigneur s'appelait Tompo-Menakely (maître ou seigneur des menakely). Le menakely, comme nous allons le voir, partageait l'impôt et la corvée entre le souverain et le Tompo-Menakely. Il était astreint à résider dans le Vodivona.

Le Vodivona et les privilèges du Tompo-Menakely ont été supprimés par arrêté du 17 avril 1897. Cette institution n'a donc plus qu'un intérêt historique. Toutefois, elle a joué un si grand rôle dans l'histoire du peuple malgache, elle avait jeté de si profondes racines dans les mœurs, qu'il nous paraît utile de l'étudier avec quelque développement.

§ 1. — *Origine du Vodivona.*

L'institution du Vodivona est née de la nécessité où
se sont trouvés, à un moment donné, les souverains de
l'Imérina de doter les princes d'origine royale. Ces
princes, par leur nombre, par leur naissance qui leur
permettait d'aspirer au trône, et aussi par leur turbu-
lence, — nous savons, en effet, par la tradition, que
parfois ils ont suscité de véritables guerres civiles, —
constituaient pour la royauté un danger politique, qu'il
était nécessaire d'écarter. Il fallait, de plus, leur procurer les moyens de vivre et de tenir leur rang. Peut-être,
aussi, les créateurs de cette institution ont-ils eu pour
but de disséminer dans l'Imérina des princes royaux qui
devaient être, dans leur pensée, les intermédiaires entre
le peuple et la royauté et les fermes soutiens de cette
dernière.

C'est probablement pour toutes ces raisons, — et
peut-être, aussi, pour d'autres qui nous échappent, —
que les rois Ralambo, Andriamasinavalona, Andrianampoinimérina et Radama Ier instituèrent des Vodivona en
faveur des princes de la famille royale. Andrianampoinimérina étendit même cette institution. Il avait soumis
à sa suzeraineté les princes du Betsileo, du Vakin-Anka-
ratra et de l'Imamo. Il était sage et politique de se les
attacher par des bienfaits et de profiter de l'influence
qu'ils avaient sur leurs anciens sujets. Dans ce but, il
leur concéda des Vodivona, qui étaient en quelque sorte
une minuscule royauté, le souverain leur déléguant une
partie de ses droits régaliens.

§ 2. — *Nature du Vodivona.*

Comme on l'a vu par ce qui précède, le vodivona était une sorte de fief, octroyé par le souverain dans un but politique et comme apanage aux descendants des rois de l'Imérina et à certains princes étrangers dépossédés. Le kabary d'Andriamasinavalona, lorsqu'il fit de ses enfants des Tompo-Menakely, montre bien le but poursuivi : « Voici mes enfants. Vous autres, Mérina (habi-« tants de l'Imérina), vous êtes la terre ; eux, ils sont « le tsimbotsy (larves de sauterelles). Ils resteront au « milieu de vous et se nourriront de vous comme la « larve se nourrit de la terre ».

Dans l'Imérina, les trois premières classes de la noblesse, les Zanak'andriana, les Zazamarolahy et les Andriamasinavalona, pouvaient seules obtenir un vodivona.

Toutefois, la tradition rapporte que les deux dernières classes de la noblesse, les Andrianteloray et les Zanadralambo possédaient dans l'ancien temps des Vodivona. Elles les auraient perdus à la suite des guerres civiles.

Deux éléments constituaient le Vodivona :

1° Un terrain nettement délimité, — en général une tribu ou fraction de tribu telle qu'elle avait été formée par la pose des Orim-bato (bornes plantées solennellement). —

2° Les habitants de cette tribu ou fraction de tribu.

Le Vodivona était héréditaire, mais seulement entre les parents au degré successible. Pour toute autre transmission en dehors de la parenté naturelle ou adoptive, l'autorisation royale était nécessaire. Même, l'enfant adopté ne pouvait succéder aux privilèges du Tompo-Menakely que s'il appartenait à une des trois premières castes de la noblesse (art. 123 C. 1881).

En principe, le Vodivona était perpétuellement trans-
missible dans la famille du premier institué, mais le
Code de 1881 a édicté de nombreuses causes de révocation. Elles étaient la conséquence de la politique suivie
depuis quelques années par le premier ministre, Rainilaiarivony, de caste roturière, qui a fait tous ses efforts
pour détruire, ou tout au moins modifier, les privilèges
des seigneurs féodaux, qui lui portaient ombrage.

Les causes de révocation des privilèges du Tompo-
Menakely étaient les suivantes :

1° Le fait d'avoir vendu ou donné en garantie le
fief (art. 122 C. 1881).

2° Le fait d'avoir dissipé les biens des Ménakely sans
motifs ou par une mauvaise administration (art. 121,
même code).

3° Le fait d'exiger de l'argent des Menakely sans
autorisation du Gouvernement (art 124, même code).

4° Le fait d'avoir commis des exactions sur les Menakely (art. 124, même code).

5° Le fait d'avoir retenu ou empêché les habitants de
se présenter quand ils étaient appelés par le Gouvernement (art. 116, même code).

6° Le fait des parents du Tompo-Menakely d'avoir,
à la mort de ce dernier, exigé des Menakely une somme
d'argent pour les funérailles, sans en avoir fait déterminer le montant par le Gouvernement (art. 125, même
code).

§ 3. — *Droits et obligations du Tompo-Menakely.*

Le souverain avait attaché au Vodivona un certain
nombre de privilèges, qui portaient le nom de Tongoa
mihonkon-drazana tsy alain'ny andriana. D'une façon
générale, le Tompo-Menakely était investi d'une partie

des droits régaliens. Plus particulièrement, on peut citer les droits suivants :

1° Les Menakely étaient astreints à fournir à leur seigneur le riz nécessaire à son existence.

La prescription était vague et devait donner lieu à de nombreux abus. Aussi Andrianampoinimérina en fixant l'impôt foncier payé en riz (isam-pangady) à 3 mesures de riz par hétra, limita la quantité qui devait revenir au Tompo-Menakely de la manière suivante : il percevait la moitié de l'impôt versé au souverain, s'il était Andriamasinavalona ; un tiers ou un cinquième, suivant le cas, s'il était Zanak'andriana.

2° Comme le souverain, le seigneur avait droit à la corvée. Les Menakely étaient tenus de fournir leur travail pour ses cultures ou ses entreprises personnelles.

3° Comme au souverain, on devait lui réserver un morceau (vodihena, la culotte) de tous les bœufs abattus dans le vodivona.

4° Le Tempo-Menakely percevait encore :

a) La moitié des biens en deshérence (maty nomba), c'est-à-dire la moitié des biens des personnes mortes sans postérité légitime, naturelle ou adoptive, ou sans avoir fait de testament.

b) La moitié des biens confisqués après exécution capitale ou après exécution d'un sorcier malfaisant.

5° De même qu'à la mort du souverain, les sujets payaient un petit impôt destiné à acheter le lakambola (le cercueil d'argent), de même les Menakely, si le Gouvernement en accordait l'autorisation (art. 125 C. 1881), étaient astreints à verser une légère somme pour subvenir aux funérailles du Tompo-Menakely.

6° Si le seigneur manifestait l'intention d'édifier une maison ou un tombeau, le menakely ne pouvait refuser de lui céder gratuitement l'étendue de terrain qui lui était nécessaire.

Toutefois, ce droit ne pouvait s'exercer qu'en payant la récolte, si le terrain était planté en manioc, légumes, patates, etc. Si le terrain était en rizière ou si une maison d'habitation était bâtie dessus, il n'avait pas le droit d'y toucher.

7° Le Tompo-Menakely avait encore droit aux biens ou à une partie des biens provenant de la confiscation prononcée aux dépens du Menakely qui désertait le Vodivona. « Quand un Menakely s'en ira, dit Andrianampoinimérina dans un de ses kabary, je lui défends de vendre la maison et son champ... La maison et le champ sont à moi, je les abandonne à mes parents... » Dans l'usage, il n'était considéré que comme le dépositaire de ces biens. Il devait les transmettre à un autre Menakely ou à un autre indigène étranger qui, par ce fait, devenait Menakely.

Comme corrollaire des droits que nous venons d'énumérer, le chef du Vodivona avait de nombreuses obligations, dont les principales étaient les suivantes :

1° Il était le représentant du souverain. A ce titre, il était chargé de transmettre au peuple et de faire exécuter les ordres du pouvoir central, de distribuer la corvée, d'opérer le recensement, de faire la levée des troupes, etc.

2° Il était officier public, avant l'institution des Sakaizambohitra, chargé de tenir les registres, de percevoir le hasina, de présider aux actes de la vie civile, etc.

3° Il rendait la justice dans les petites affaires concurremment avec les Fokon'olona. Nous savons que ce pouvoir judiciaire, établi par Andrianampoinimérina, a été peu à peu modifié, et que l'article 250 du Code de 1881 l'a rendu tout à fait illusoire en édictant que les Tompo-Menakely ne pouvaient plus connaître d'un litige qu'avec l'autorisation du pouvoir central.

4° Le Tompo-Menakely était responsable de la rentrée

des impôts. « Et vous autres, dit Andrianampoimérina, s'adressant aux chefs. de Vodivona, veillez soigneusement à ce que les impôts rentrent. Je vous en rends responsables ».

Cette fonction leur avait été, également, enlevée par le premier ministre, Rainilaiarivony, qui, dans un but de centralisation, avait institué des fonctionnaires, qui ont successivement porté le nom de Sakaizambohitra, Antily, Gouverneur, nommés par le pouvoir central. qui remplissaient le rôle dévolu autrefois aux chefs de caste et aux seigneurs.

5° Le seigneur devait administrer son fief en bon père de famille. Il lui était interdit d'exiger de l'argent des Menakely sans autorisation, de commettre des exactions, de vendre ou d'hypothéquer le Vodivona, sous peine de perdre ses privilèges et de voir les terres menakely devenir terres menabe (art. 121 et 124, C. 1881).

§ 4. — *Droits et obligations des Menakely.*

L'énumération des droits et privilèges du Tompo-Menakely, que nous venons de donner, nous indique les obligations auxquelles étaient tenus les Menakely.

Il faut y ajouter une obligation d'un genre particulier, prévue par l'article 126 du Code de 1881. Aux termes de cet article, les Menakely doivent dénoncer au Gouvernement les exactions commises par leur seigneur, sous peine d'amende. C'est la consécration de la politique suivie par Rainilaiarivony à l'égard des Tompo-Menakely, politique qui tendait à la suppression de cette institution.

Le Menakely était astreint à résider dans le Vodivona. Il lui était défendu d'abandonner le champ qu'il cultivait, sous peine de perdre tous ses droits à la propriété;

à l'origine, il était même réduit en esclavage. « Si quelqu'un, dit Andrianampoinimérina, ne veut pas rester où
je l'ai placé, s'il cherche une terre qui soit plus facile à
retourner (littéralement : plus douce à la bêche), s'il veut
abandonner mes hétra, qu'on me l'amène, je le vendrai
en esclavage ».

A côté de ces dures obligations, aggravées encore
dans la pratique, le Menakely possédait certains droits
sur la terre qu'il cultivait et habitait.

Pour bien comprendre la nature de ces droits, il faut
distinguer :

1° La maison d'habitation ;

2° Les champs de culture autres que les rizières
(tanimboly) ;

3° Les hétra.

1° *Maison d'habitation*. — La maison d'habitation,
ainsi que le sol sur lequel elle était bâtie, appartenait au
Menakely en toute propriété, mais sous la condition de
résider dans le Vodivona. S'il le quittait pour aller
habiter une autre localité, il perdait tous ses droits. Sa
maison était confisquée au bénéfice du seigneur, qui
devait la transmettre soit à un autre Menakely, soit à
tout autre Malgache qui acceptait de devenir Menakely.

La maison d'habitation faisait partie de la succession
du Menakely. Il pouvait, également, en disposer par
testament, mais seulement en faveur d'un Menakely. Si
l'institué était un étranger, le legs n'était valable qu'à
condition qu'il devint Menakely.

Le Menakely pouvait l'aliéner, la donner en échange,
en garantie, etc. Mais ces différents contrats ne pouvaient intervenir qu'entre Menakely, ou bien entre un
Menakely et le seigneur. Un étranger au Vodivona ne
contractait valablement que s'il se mettait au nombre
des vassaux. En un mot, le propriétaire de la maison,
quelle que fut la façon dont il l'eut acquise, devait toujours
rester soumis aux charges du fief.

2⁰ *Champs de culture autres que les rizières*. — Les
champs de culture étaient, également, la propriété du
Menakely. Il pouvait les transmettre à titre gratuit ou
onéreux de la même façon et sous les mêmes conditions
que la maison d'habitation.

3⁰ *Hétra*. — Dans le Vodivona, comme dans les terres
Ménabe, les rizières constituées en hétra, c'est-à-dire
soumises à l'impôt, étaient la propriété collective du
Fokon'olona.

Comme nous l'avons dit, le hétra était à la fois l'u-
nité de l'impôt foncier et l'unité de la corvée, dus au
souverain et au Tempo-menakely.

Ainsi, celui qui cultive un hétra doit la moitié d'un
vary (trois mesures de riz), qui se partage entre le souverain et le chef du Vodivona, etc.

De même, le « porteur d'un hétra » devait la corvée
d'une personne que, théoriquement, il aurait dû diviser
entre le roi et le seigneur, etc.

En un mot, le hétra, dans le Vodivona, suivait la
même condition et était régi par les mêmes règles que
dans les terres de tribu, sauf que les charges étaient
partagées entre le souverain et le Tompo-menakely.

§ 5. — *Nature des droits et privilèges du Tompo-Menakely*.

Il ressort des principes que nous venons d'exposer
que le Tompo-menakely n'avait aucun droit de propriété sur l'ensemble des terrains constituant le Vodivona. En vertu de la fiction dont nous avons parlé plus
haut, le souverain était virtuellement propriétaire du
sol entier. Les Menakely avaient la propriété de leur
maison d'habitation et des champs cultivés. Les hétra
appartenaient à la collectivité. Le seigneur, lui-même

était propriétaire, à titre particulier, de certaines portions déterminées.

Nous avons vu que les droits du Tempo-menakely s'exerçaient à la fois sur les personnes et sur les choses. Ils portaient tantôt sur le sol, — droit à l'emplacement d'une maison d'habitation, d'un tombeau, droit au terrain provenant d'une confiscation, etc. ; — tantôt sur les personnes, — droit à la corvée, à certaines redevances, etc.

Il suit de là, pensons-nous, que le droit du Tompo-menakely était un droit mixte, à la fois réel et personnel.

Mais l'institution elle-même était, avant tout, surtout à l'origine, un rouage politique et administratif.

C'est, en effet, dans le but d'écarter du trône des compétiteurs, d'annihiler un ferment de discorde, et aussi, pour mieux tenir dans la main les populations, que le Vodivona fut créé par le pouvoir royal.

Evidemment, l'institution n'a pas tout à fait répondu au but qu'on s'était proposé. Au lieu d'un aide, elle est souvent devenue pour le Gouvernement un grave embarras par les difficultés de toute sorte que soulevait le Tompo-ménakely. Comme les seigneurs féodaux du moyen-âge, le chef du Vodivona affichait une sorte d'indépendance et le pouvoir central n'avait qu'une médiocre autorité sur lui.

Quant à la population, elle était en butte à tous les abus et à toutes les exactions. On peut dire des Ménakely, sans craindre de farder la vérité, qu'ils étaient taillables et corvéables à merci. Aussi, Rainilaiarivony s'était-il imposé la tâche de détruire cette institution surannée. Nous avons vu que le législateur de 1881 avait multiplié les causes de révocation ; c'était un acheminement vers la suppression complète.

Quant à la France, il lui était impossible, après l'annexion, de conserver une institution aussi incompatible avec nos mœurs, nos principes et le droit naturel, qui, de plus, était un danger permanent. On sait, en effet, que c'est surtout des Vodivona qu'est sortie l'insurrection de 1896. Des fiefs entiers se sont levés à l'appel du Tompo-Menakely. Aussi, est-ce avec raison que l'arrêté du 17 avril 1897 a supprimé cette institution, qui, d'ailleurs, au point de vue politique, n'avait plus sa raison d'être, la royauté étant abolie et un nouveau mode d'administration étant organisé.

En vertu de cet arrêté, les Vodivona sont devenus terres Ménabé, c'est-à-dire que, désormais, ils sont placés sous le régime commun. L'impôt et les prestations ne sont plus dus qu'à l'Etat. Les habitants ne sont plus astreints à la résidence forcée, et les propriétés peuvent faire l'objet de toutes transactions avec n'importe quelle personne. Toutefois, les hétra, à défaut de texte contraire, restent soumis au régime collectif et subissent, encore, tous les inconvénients de ce genre de propriété. Nous pensons qu'il serait juste et politique d'aller plus loin et d'individualiser ce restant de la propriété collective d'autrefois. On mettrait ainsi un abîme entre le présent et le passé et on attacherait des milliers d'hommes au nouvel état de choses par le plus fort des liens, celui de l'intérêt.

CHAPITRE V

TERRES LOHIMBIN-TANY (LITT. TERRES TÊTE DE BŒUF)

On appelle Lohimbin-tany un terrain concédé par le souverain ou par un Andriana, chef de Vodivona, à une personne en récompense de services rendus.

Le propre du Lohimbin-tany, une des plus anciennes formes de la propriété, est d'être une propriété individuelle, définitive, complète.

Le propriétaire peut en disposer au gré de son caprice, l'aliéner à titre gratuit ou onéreux, sans aucune restriction.

La tribu et le Fokon'olona n'exercent aucune autorité sur le Lohimbin-tany. Il peut faire l'objet de toutes transactions même entre membres de tribus différentes.

Une autre particularité de cette catégorie de terres est de ne pas être soumise à l'impôt foncier.

Telles sont la nature et la forme du Lohimbin-tany ordinaire.

Mais, sous les derniers souverains, à partir de Ranavalona Iʳᵉ, il a été créé des Lohimbin-tany d'un genre particulier.

Les souverains voulant récompenser des personnages, appartenant à des castes roturières, qui leur avaient rendu de grands services, et ne pouvant leur concéder des Vodivona qui étaient réservés aux trois premières castes de la noblesse, instituèrent en leur faveur des Lohimbin-tany *sui generis*, qui par l'étendue et les privilèges accordés étaient de véritables Vodivona.

Ainsi Rainiharo, premier ministre de la reine Ranavalona Ire, et père de Rainilaiarivony, obtint des pro
vinces entières, Sahatorendrika, Ambatofanghana, etc.

Faut-il considérer ces propriétés comme des lohimbin-
tany ou comme des Vodivona ?

La question est très importante. Le Lohimbin-tany
ordinaire, en effet, confère un droit de propriété absolu.
Le Vodivona, au contraire, comme nous venons de le
voir, ne concédait que certains droits et privilèges
essentiellement révocables. De plus, ils ont été supprimés.

Pour nous, nous pensons que les Lohimbin-tany
nouvellement créés ne sont que des Vodivona déguisés
et qu'ils doivent en subir le sort.

En effet, à la différence des Lohimbin-tany d'autrefois, qui étaient toujours de dimension restreinte, les
Lohimbin-tany de récente création sont immenses. Ils
portent sur des provinces entières. De plus, tandis que
les premiers étaient la propriété individuelle et incommutable du détenteur, dans le second le titulaire
n'avait, comme le Tompo-Menakely, qu'un usufruit et le
droit de percevoir certaines redevances, comme l'impôt
du riz et la corvée. La seule différence que l'on puisse
trouver entre le Vodivona et ce Lohimbin-tany, c'est
que les cas de révocation dont abonde le Code de 1881
ne lui sont pas applicables. On en comprend facilement
la raison. Rainilaiarivony ne pouvait pas prendre une
mesure qui n'aurait à peu près été dirigée que contre
lui-même. Il entendait bien supprimer les Vodivona, qui
étaient l'apanage de la noblesse, mais non les Lohimbin-
tany concédés à des roturiers, qui, dans sa pensée,
étaient destinés à remplacer le fief seigneurial.

CHAPITRE VI

TERRES DE VOANJO (LITT. TERRES OÙ L'ON PLANTE DES
PISTACHES)

On appelait tanim-boanjo (terres de voanjo), des terres
où étaient placés, par ordre du souverain, dans un but
politique, social ou économique, un certain nombre
d'habitants qui étaient astreints désormais d'y résider.
Le détenteur d'une terre de cette catégorie portait le
nom de Voanjo (pistache).

C'était une sorte de colonisation forcée.

Le Gouvernement créait des terres de Voanjo dans
trois circonstances :

1º *Lorsqu'il voulait augmenter la population de la
capitale ou d'un grand centre.* — Si, dans certaines
circonstances, il apparaissait au souverain qu'il y avait
nécessité d'augmenter la population de la capitale ou
d'un centre important, il ordonnait à une tribu de désigner un certain nombre d'habitants. La population de
la tribu s'assemblait et choisissait les Voanjo tenus d'aller
habiter avec leur famille la capitale ou l'endroit désigné.

Nous avons vu que c'est au moyen de Voanjo que
Tananarive a été repeuplée par Andrianampoinimérina.
Il en est de même d'Ambohimanga.

Les voanjo ainsi désignés, appartenant tous à une
même tribu, ne cessaient pas, en dépit du changement
de domicile, de faire partie de leur tribu originaire.
C'était, en quelque sorte, un prolongement de la tribu.

Les terres voanjo étaient soumises à l'autorité et à la surveillance de la tribu, ou même étaient sa propriété, dans certains cas, suivant les principes que nous avons exposés.

2° *Lorsque le souverain voulait repeupler une contrée ou un village.* — Ce mode de création de terres voanjo était destiné surtout à repeupler les villages sur la frontière ouest et sud-ouest de l'Imérina. Ces localités, exposées aux excursions des Sakalaves, étaient souvent abandonnées par les habitants. Par ce moyen, non seulement on repeuplait la contrée, mais aussi on créait une première barrière contre les envahissements des bandes de voleurs et pillards qui, à époques périodiques, venaient ravager le pays.

Comme le repeuplement d'une contrée ou d'un village exigeait un assez grand nombre de familles, on recrutait ce genre de Voanjo dans différentes tribus.

Comme conséquence, le Voanjo, ainsi délégué, perdait la qualité de membre de sa tribu originaire. En revanche, la nouvelle terre qui lui était concédée lui était acquise sans réserve. C'était un véritable Lohimbin-tany. Il pouvait en disposer à titre gratuit ou onéreux, comme il l'entendait.

3° *Lorsque le Gouvernement envoyait des fonctionnaires, officiers ou soldats dans une contrée, ville ou village pour un service public (fanompoana).* — Les fonctionnaires, officiers ou soldats envoyés dans un pays étranger ou une localité pour faire un service public étaient réputés Voanjo. Le terrain sur lequel était bâtie leur habitation et les champs qu'ils cultivaient étaient terres voanjo. Elles portaient aussi le nom de tanim-dapa, terre dépendante du palais royal.

Mais, comme leurs fonctions étaient essentiellement temporaires, ces terres ne leur appartenaient pas. Ils n'en avaient que la jouissance pendant le temps que durait la mission, dont ils étaient chargés. Elles restaient la propriété du Gouvernement ou du Fokon'olona.

Toutefois, s'ils avaient eux-mêmes construit ou acheté leur maison d'habitation, elle restait évidemment leur propriété. Si, au contraire, la maison avait été bâtie par le Fokon'olona, c'est ce dernier qui était propriétaire.

————

CHAPITRE VII

TERRES DU SOUVERAIN

Le souverain avait pour son usage deux genres de domaines :

1o Le domaine particulier qui se composait de tous les biens qu'il possédait avant son avènement au trône, lorsqu'il n'était que simple Zanak'andriana.

2o Le domaine de la couronne qui comprenait un certain nombre de propriétés, dont la jouissance était affectée au souverain.

Le domaine particulier ne se confondait jamais avec le domaine de la couronne. Il restait la propriété particulière du souverain, qui pouvait en disposer comme tout autre Malgache. A sa mort, ces biens faisaient partie de sa succession ou il pouvait les transmettre par testament comme un simple particulier.

Le domaine de la couronne comprenait notamment :

1° Les palais et maisons destinés à l'habitation du souverain, de ses officiers et de sa suite ;

2° Les maisons de campagne, sises dans différentes parties de l'Imérina ;

3° Les propriétés rurales, composées de champs à culture, de rizières, de marais à jonc ;

4° Certaines parties de rivières, où les écrevisses étaient abondantes. La pêche lui en était réservée.

5° Certains marais très giboyeux, avec droit de chasse réservé ;

6° D'immenses troupeaux de bœufs.

Tous ces biens étaient destinés à pourvoir à l'entretien du souverain. Il n'en avait que la jouissance. Il ne pouvait les aliéner ni à titre gratuit ni à titre onéreux. Ils devaient rester toujours affectés à leur destination.

Au cas de mort ou d'abdication du souverain, ils étaient dévolus au nouveau souverain, sous les mêmes conditions.

Le domaine de la couronne jouissait d'une complète franchise d'impôt.

La royauté ayant été abolie, tous ces biens font, aujourd'hui, partie du domaine privé de la colonie.

CHAPITRE VIII

TERRES DU ROYAUME (AUJOURD'HUI DOMAINE DE L'ÉTAT)

§ 1. — *Terres du royaume avant l'annexion de Madagascar.*

Avant l'annexion, le domaine du royaume comprenait :

1° Le domaine éminent de tout le sol du royaume, qui, en vertu de la tradition, appartenait au souverain. Il faut ajouter que le régime établi étant un gouvernement absolu, l'Etat se confondait avec le souverain ;

2° Les terres vacantes et en friche (tany lava vola), les forêts (art. 91, C.1881), les biens en déshérence, les biens confisqués à la suite d'une condamnation judiciaire, les biens acquis à titre onéreux ou gratuit, etc. Tous ces biens faisaient partie du domaine privé du royaume. Le Gouvernement pouvait les aliéner à titre gratuit ou onéreux, les donner en bail, en concession ;

3° Les biens affectés à un service d'utilité générale ou à un usage public.

Ces biens comprenaient : 1° Les palais affectés au service de l'Etat ;

2° Les maisons destinées au logement des gouverneurs dans les villages, lorsqu'elles n'appartenaient pas au Fokon'olona, dans l'Imérina et en dehors de l'Imérina (rova) ;

3° Les locaux destinés au service judiciaire ; les prisons ; les casernes ; les forts, disséminés surtout sur les frontières de l'Imérina et dans les pays conquis.

§ 2. — *Domaine public après l'annexion.*

La loi du 6 août 1896 ayant déclaré Madagascar colonie française, les règles applicables au domaine public ou privé, en vigueur dans les autres colonies, sont également applicables à notre nouvelle conquête.

On sait que le domaine se divise en domaine de l'Etat, domaine colonial et domaine communal.

Le domaine public de l'Etat a été fixé à Madagascar par un décret du 16 juillet 1897.

Aux termes de l'article 1 de ce décret, font partie du domaine public :

1° Tous les cours d'eau, ainsi que la zone de passage qui devra être réservée sur leurs bords. Ces dispositions sont renouvelées d'un décret de 1870 applicable à toutes les colonies.

On sait que, dans la métropole, les articles 644 et 645 du Code civil distinguent entre les cours d'eau navigables et flottables et entre les cours d'eaux non navigables ni flottables. Les premiers appartiennent au domaine public, les seconds sont susceptibles d'appropriation privée. A Madagascar, comme dans toutes les colonies, tous les cours d'eau sans distinction, à cause de leur importance au point de vue de la colonisation, appartiennent au domaine public. Bien plus, toutes les contestations relatives aux demandes en concession de prises d'eau et les questions de répartition et de mode de jouissance qui s'y rattachent sont soustraites aux tribunaux civils et portées devant le conseil du contentieux administratif (ordonnance des Antilles : art. 176, § 6. — Décret du 5 août 1881. art. 3).

2° Le rivage de la mer ainsi que la zone des pas géométriques.

Les pas géométriques consistent dans une bande de terrain, large de 50 pas, prise sur le bord de la mer à partir du dernier flot, ou plutôt des premières herbes qui croissent au delà et que le flot n'atteint pas. La dimension des pas géométriques n'est pas la même partout. Les anciennes ordonnances fixaient le pas à trois pieds et demi. A la Réunion, un arrêté du gouverneur le fixait à 5 pieds.

La réserve des pas géométriques ne soulèvera aucune difficulté dans les endroits encore inoccupés. Mais dans les ports, où des maisons et des magasins ont été édifiés avant la promulgation du décret, qu'arrivera-t-il ? Les détenteurs de ces maisons sont devenus propriétaires, et cela depuis longtemps, soit par l'achat, soit par l'oc-

cupation. Pourra-t-on attribuer au décret un effet ré
troactif ? Pourrait-on au cas de nécessité, prévu par
l'art. 2, poursuivre le délaissement sans indemnité ? Ce
sont des difficultés qui surgiront certainement un jour,
et il eût été utile que le décret les résolût.

3⁰ Les voies de communication par terre, les ports,
les rades, les sémaphores, les ouvrages d'éclairage ou
de balissage, ainsi que leurs dépendances ;

4⁰ Les lacs, étangs, lagunes, canaux, sources, puits,
digues, ayant un caractère d'utilité générale, avec leurs
dépendances.

5⁰ Tous les terrains de fortifications des places de
guerre ou des postes militaires, et généralement toutes
les portions de territoire qui ne sont pas susceptibles
d'être propriétés privées.

Aux termes de l'article 2, des autorisations d'occuper
le domaine public peuvent être accordées par le Gouverneur général en conseil d'administration. Mais ces
concessions sont essentiellement précaires et sont révocables à toute époque, sans indemnité, pour le cas où
l'intérêt de l'Etat ou des services publics en nécessiterait
le retrait.

Les portions du domaine public, qui seront reconnues
sans utilité pour l'Etat ou ses services publics, peuvent
être aliénées dans les formes prévues par les dispositions
en vigueur, après qu'un décret, rendu sur la proposition
du ministre des colonies, en aura prononcé le déclasse-
ment et les aura fait sortir des dépendances du domaine
public.

Aux termes de l'article 3, le domaine public est délimité, quand il y a lieu, par des décisions de l'administrateur local, rendues après avis de l'agent local des
travaux publics. Si des particuliers se trouvent lésés, ils
peuvent porter leur appel devant le Gouverneur général, qui statue après avis du directeur des travaux
publics.

En ce qui concerne les terrains militaires, la délimitation est faite par décision du Gouverneur général, rendue sur la proposition du directeur du génie, après avis du général commandant le corps d'occupation.

Telles sont les dispositions du décret du 16 juillet 1897.

Une question de principe se pose : ce décret énumère les choses qui font partie du domaine public. Mais de quel domaine public a-t-il voulu parler ? Est-ce du domaine public colonial ou du domaine public national ?

On sait que sur ce point, il existe une très grave controverse entre les colonies et la métropole. Les colonies prétendent que l'Etat, qui autrefois possédait, en vertu du droit de conquête, toutes les terres vacantes, leur en a fait abandon en mettant à leur charge toutes les dépenses qu'elles occasionnaient. Elles s'appuient sur l'article 3 de l'ordonnance du 13 juin 1825 ainsi conçu ; « Les établissements publics de toute nature et les propriétés domaniales existant dans nos diverses colonies leur seront remis en toute propriété, à la charge de les réparer et entretenir et de n'en disposer que sur notre autorisation. Sont également remis aux colonies les noirs et objets attachés aux différentes branches du service ».

Aux termes de l'article 4 de la même ordonnance, les bâtiments militaires, à l'exception des hôpitaux, les fortifications, les batteries, forts et ouvrages demeurent réservés et continuent, par conséquent, à faire partie du domaine public national.

Ces textes ne paraissent pas prêter à ambiguïté. Ils sont généraux. Aussi, pendant longtemps, ils ont été interprétés en ce sens qu'aux colonies le domaine public ou privé, sauf en ce qui concerne le domaine militaire, est colonial et non national.

L'opinion contraire a été soulevée par M. Dislère dans son traité de législation coloniale. Il a prétendu que l'ordonnance de 1825 avait seulement entendu parler des exploitations rurales, et non des cours d'eau, des étangs, des forêts et des terrains vacants. Le département des colonies a adopté cette manière de voir et dans le décret du 16 août 1884, relatif à la Nouvelle-Calédonie, il affirme nettement son droit de propriété sur les terres du domaine public.

La question en est là. Une loi a été présentée à la Chambre par M. Leveillé. Il serait à désirer qu'elle fut votée le plus tôt possible afin de sortir de l'indécision où on se trouve en ce moment.

En ce qui concerne Madagascar, le décret du 16 juillet 1897, sans s'expliquer aussi nettement qu'il serait nécessaire, semble attribuer au domaine public de l'Etat toutes les parties du domaine énumérées dans l'article 1er. Le mot « Etat » revient, en effet, à plusieurs reprises. Ainsi, l'article 2 dispose que des particuliers peuvent être autorisés à occuper le domaine public ; mais que ces concessions sont révocables pour le cas où l'*intérêt de l'Etat* en nécessiterait le retrait. On lit encore dans le même article : les portions du domaine public qui seraient reconnues *sans utilité pour l'Etat...* Il semblerait donc que la question ne peut faire doute, et que toutes les parties du domaine public classées dans l'article 1er appartiennent au domaine public national.

Mais remarquons que l'énumération de l'article 1er ne comprend qu'une portion du domaine public. Ainsi, il ne fait pas mention des édifices, palais, maisons consacrés à un service public, ni des bois et forêts, des terrains sans maîtres, des terres vacantes. Il ne cite que certaines choses nommément désignées « et généralement toutes les portions de territoire qui ne sont pas susceptibles d'être propriétés privées ».

Faut-il en conclure que, ce faisant, le décret a entendu laisser toutes les autres parties du domaine public à la

26

colonie ? Nous le pensons. Mais, en présence des divergences qui se sont manifestées sur cette question depuis une vingtaine d'années, il serait à souhaiter qu'il intervint un acte du législateur qui, pour écarter toutes les difficultés futures, trancherait définitivement la question.

A proprement parler, le domaine communal n'est pas encore constitué à Madagascar. Cependant il faut dire que des municipalités ont été créées à Diégo-Suarez, Nossi-Bé, Tamatave et Majunga. L'administration leur a accordé certains immeubles nécessaires à la marche des services publics et quelques terrains vacants formant le périmètre de la ville. C'est le commencement de la création d'un domaine communal.

CHAPITRE IX

DE L'ÉTAT DE LA PROPRIÉTÉ FONCIÈRE APRÈS L'ANNEXION

Par le fait de la conquête, le régime de la propriété a subi de graves modifications. On sait qu'aux termes de l'article 85 du Code de 1881, les terres indigènes ne pouvaient être vendues ni hypothéquées à des étrangers. Le Malgache qui avait consenti la vente était condamné aux fers à perpétuité. L'obligation était considérée comme inexistante et la terre retournait à l'Etat. Cet article n'était, d'ailleurs, qu'une arme éventuelle entre les mains du Gouvernement local. Car, un traité de 1868, conclu entre la France et le Gouvernement

hova, permettait aux Français d'acquérir des terres
dans la grande île et de les transmettre à leurs héritiers. Le premier ministre, Rainilaiarivony, voulant
s'emparer de la succession Laborde, ne trouva rien de
mieux que d'opposer l'article 85 à notre traité de 1868.
Il prétendait que si les Français avaient le droit d'acquérir, les Malgaches n'avaient pas celui de vendre. Ce
sont ces divergences de vue qui amenèrent, en partie, la
guerre de 1883, et, à la suite, le traité du 17 décembre
1885, en vertu duquel nous renoncions, pour nos nationaux, au droit de propriété. Ce traité, au fond, était un
recul et un échec.

Cet état de choses a persisté jusqu'à la dernière
guerre de 1895, qui s'est terminée par l'annexion définitive de Madagascar.

Après la campagne, une des premières préoccupations
du Gouvernement français a été la question de propriété.
Aussi, l'article 1er du protocole annexe au traité que le
général Duchesne fit signer à la reine Ranavolona, le
1er octobre 1895, était libellé de la façon suivante :

« L'article 4 du traité du 8 août 1868 et l'article 6 du
« traité du 17 décembre 1885 feront l'objet d'une révi-
« sion ultérieure destinée à assurer aux nationaux
« français le droit d'acquérir des propriétés dans l'île
« de Madagascar. »

Cette révision annoncée a été opérée par deux lois,
édictées toutes les deux le 9 mars 1896 par la reine
Ranavalona III, visées pour exécution par le résident
général de France.

La première concerne la propriété foncière indigène.
La seconde, qui porte le titre de loi sur les concessions
de terre, établit de quelle façon et dans quelles conditions les étrangers et nos nationaux peuvent posséder à
Madagascar.

§ 1. — *Loi sur la propriété foncière (9 mars 1896)*

Voici le texte de cette loi, qui quoique promulguée
sous le protectorat, n'a pas été abrogée et conserve toute
sa force :

« Moi, Ranavalona Manjaka III, ayant succédé au
« trône de mes ancêtres et, sous la puissance de la
« République française, reine de Madagascar et protec-
« trice des lois de mon pays, voici ce que je vous dis,
« ô peuple :

« Mon désir est de développer notre pays afin de nous
« rapprocher des nations civilisées, cela pour votre
« tranquillité et votre bonheur, ô peuple. Pour atteindre
« ce but, il est indispensable d'opérer bien des réfor-
« mes. Ce que je veux d'abord, c'est établir l'inviolabi-
« lité de la propriété, afin que vous en jouissiez en
« paix. Car, sans cela, vous ne pourriez ni développer
« vos cultures ni faire les dépenses nécessaires pour les
« perfectionner. Vous ne seriez pas assurés, en effet, de
« récolter les fruits de vos travaux et de vos dépenses.

« Vous savez qu'autrefois des abus ont existé, abus
« qui ont jeté le trouble et l'inquiétude parmi vous au
« sujet de vos biens. A l'avenir cela n'existera plus,
« car chaque propriétaire pourra se procurer un titre
« avec un plan constatant les limites de sa propriété, et,
« quand le propriétaire aura le titre, personne au
« monde, pas même moi, votre reine, ne pourra toucher
« à vos biens. Vous pourrez donc, désormais, dévelop-
« per en toute sécurité vos travaux de culture.

« Ainsi, je vous invite tous à essayer de faire des
« récoltes plus abondantes, non seulement pour vos
« besoins, mais encore pour vous permettre d'avoir des
« excédents que vous vendrez, afin d'augmenter votre
« avoir.

« Ceux qui désireront obtenir des titres de propriété
« n'auront qu'à s'adresser au Gouvernement. Il ne leur
« en coûtera rien que les frais indispensables pour lever
« des plans et rédiger des titres.

« Afin de vous donner confiance et comme gage de ce
« que je viens de vous dire, je promulgue la loi sui-
« vante :

Art. 1er. — Le sol du royaume appartient à l'Etat,
sauf les réserves contenues dans les articles 2, 4 et 6
ci-après.

Art. 2. — Les habitants continueront à jouir des parcelles sur lesquelles ils ont bâti et de celles qu'ils ont
l'habitude de cultiver jusqu'à ce jour.

Art. 3. — Il est institué à Tananarive, une conservation de la propriété foncière de Madagascar. Le conservateur de la propriété foncière est chargé, dans les
formes qui seront déterminées par une loi ultérieure :

1° De l'immatriculation des immeubles ;

2° De la constitution des titres de propriété ;

3° De la conservation des actes relatifs aux immeubles immatriculés ;

4° De l'inscription des droits et charges sur ces immeubles.

Art. 4. — Il est institué à Tananarive un service
topographique chargé de mesurer les terres et de
dresser les plans qui doivent accompagner les titres de
propriété.

Art. 5. — Les habitants qui voudront acquérir des
titres de propriété réguliers sur les parcelles qu'ils ont
bâties ou qu'ils ont jusqu'à ce jour l'habitude de cultiver,
pourront le faire sans autre dépense que les frais de
constitution du plan par le service topographique et des
titres par la conservation de la propriété foncière. Ils
adresseront, dans ce but, une demande au Directeur de
la conservation foncière en consignant à l'avance, entre

ses mains, les frais présumés de l'opération. Le Directeur de la conservation foncière fera procéder à l'immatriculation et, après que les droits des demandeurs
auront été établis, il fera établir gratuitement un acte
de propriété en leur faveur au nom de la reine.

Les parcelles dont la jouissance est garantie aux
habitants par l'article 2 ne pourront désormais être vendues ou louées pour plus de trois ans qu'autant qu'elles
auront été immatriculées, afin d'éviter toute contestation
sur la propriété.

. (Ce 2e alinéa a été abrogé par arrêté du 25 septembre
1896 ainsi libellé : « Le 2e alinéa de l'article 5 de la loi
du 9 mars 1896 est abrogé.

L'immatriculation des propriétés bâties et non bâties
reste facultative »).

Art. 6. — Toute propriété immatriculée est inviolable.
Le propriétaire ne peut être dépossédé de la moindre
portion que pour cause d'utilité publique légalement
constatée, et moyennant une juste et préalable indemnité ».

Les deux premiers articles de cette loi ne sont que la
reproduction du système foncier institué par Andrianampoinimérina. La reine ne dit plus « la terre est à moi »;
mais elle se sert d'une formule qui, tout en étant plus
moderne, est équivalente : le sol du royaume appartient
à l'Etat. Les habitants, comme autrefois, continuent à
avoir la jouissance des parcelles sur lesquelles ils ont
bâti et de celles qu'ils ont l'habitude de cultiver, mais à
titre précaire et toujours révocable.

On aurait peut-être pu s'attendre à mieux. Est-il bien
utile de conserver à l'Etat le domaine éminent sur les
propriétés cultivées ou bâties? Etait-ce aux représentants
de la République française de consolider un état de choses
qui ne peut se comprendre qu'avec une royauté absolue
et héréditaire ? Nous pensons qu'il eût été juste et poli-

tique de déclarer les détenteurs du sol propriétaires
incommutables des terres qu'ils cultivent, de père en fils,
depuis un temps immémorial.

Les articles 3, 4, 5 et 6 modifient du tout au tout le
système foncier indigène.

Une conservation de la propriété foncière et un service topographique sont créés. Les habitants, en faisant
immatriculer leurs propriétés, acquièrent un titre de
propriété régulier et définitif. Ils deviennent propriétaires incommutables. L'Etat ne peut plus se prévaloir
du droit éminent qu'il s'est réservé à l'article 1er. La
propriété est inviolable (art. 6). Le propriétaire a,
désormais, la libre disposition de son bien, sans aucune
restriction. Il peut le vendre et le louer tant aux
autres indigènes qu'aux étrangers et il ne peut être
dépossédé de la moindre portion que pour cause d'utilité publique légalement constatée, et moyennant une
juste et préalable indemnité.

Tout en regrettant que le législateur n'ait cru devoir
attribuer des titres réguliers de propriété qu'aux détenteurs de terres immatriculées, nous devons remarquer
que cette deuxième partie fait faire un grand pas à l'assiette de la propriété foncière.

La terre immatriculée, en effet, n'est plus à la merci
du caprice de l'Etat. Le détenteur en a la véritable propriété avec toutes ses conséquences, notamment la principale, la liberté absolue d'en disposer. Nous n'insistons
pas davantage, pour le moment. Les dispositions relatives à l'immatriculation ont été renouvelées par le
décret du 15 juillet 1897, que nous étudierons ci-après.

Toutefois, avant de terminer ce paragraphe, nous
devons faire connaître une grave objection, qui pourra
être la source de nombreuses difficultés.

Nous avons vu que dans certains cas la propriété indigène affectait la forme collective.

Par exemple, les hétra sont la propriété collective de
la tribu ou du Fokon'olona, qui ont le droit strict de les
reprendre dans certains cas pour procéder à une nouvelle répartition. D'un autre côté les hétra sont cultivés
individuellement par les membres du village. Ils se
transmettent de père en fils et peuvent même faire l'objet de certaines transactions.

Je suppose qu'un détenteur demande à faire immatriculer son hétra? Sa demande pourra-t-elle être accueillie?
Et si elle est accueillie, le hétra deviendra-t-il sa propriété individuelle et incommutable?

La raison de douter vient de ce que la loi du 9 mars,
qui est une loi indigène, il ne faut pas l'oublier, ne
parle que « des parcelles qu'ils ont bâties ou qu'ils ont
eu jusqu'à ce jour l'habitude de cultiver ». Or, dans la
coutume malgache, le hétra est un genre de propriété
à part, qui se différencie absolument de toute terre.
Dans le langage courant, on n'emploie jamais le mot
terre pour désigner le hétra. De plus ici, nous devons,
en outre du droit éminent de l'Etat, tenir compte du
droit collectif du Fokon'olona.

Or, la loi du 9 mars ne parle ni du hétra, ni de la
propriété collective de la tribu. Que peut-on en conclure, sinon que le législateur n'a pas voulu toucher à
ce genre de propriété, qui continue à subsister dans les
mêmes conditions et sous les mêmes formes que du
temps d'Andrianampoinimérina.

§ 2. — *Loi sur les concessions de terres (9 mars 1896)*.

Texte de la la loi du 9 mars 1896 :

« Moi, Ranavalona Manjaka III, ayant succédé au
« titre de mes ancêtres et, sous la puissance de la
« République Française, Reine de Madagascar et pro-

« tectrice des lois de mon pays, voici ce que je dis à
« mon peuple :

« De grandes étendues de terrain sont incultes dans
« l'île. C'est autant de perdu pour la richesse publique.
« Plus il y a de cultures, plus le pays est prospère.

« C'est pourquoi, je désire que quiconque veut
« mettre en valeur des terres du domaine puisse le faire
« sans difficulté.

« On pourra donc à l'avenir acquérir ces terres de
« trois manières :

« *Soit par concession gratuite*. — Mais afin que les
« terres ainsi données ne tombent pas entre les mains
« de gens qui continueraient à les laisser incultes, il faut
« que les demandeurs prouvent qu'ils ont les ressources
« nécessaires pour les mettre en valeur, et des précau-
« tions sont prises pour qu'elles fassent retour au
« domaine si elles ne sont pas exploitées.

« *Soit par location*. — Chacun pourra, moyennant
« une rente payée à l'Etat, s'établir sur sont lot, et si
« son entreprise est heureuse, acheter ce lot en toute
« propriété au bout de 15 ans, à un prix déterminé à
« l'avance.

« *Soit par achat immédiat*. — Chacun pourra, au prix
« fixé par la loi, acquérir tout de suite en toute pro-
« priété le lot qu'il aura choisi. Il est à présumer que,
« sur la côte est, où des cultures riches comme le café,
« le cacao, la vanille réussissent et dans le haut pays où
« la population est nombreuse, la terre acquerra vite
« une plus grande valeur. C'est pourquoi, pour éviter
« qu'elle soit accaparée par des spéculateurs, l'étendue
« que la même personne peut acquérir est limitée à
« 2.000 hectares.

« Dans les pays du nord et de l'ouest qui paraissent
« surtout propres à l'élevage pour lequel de plus
« grandes étendues sont nécessaires, une précaution
« semblable a paru inutile.

« Afin qu'aucune contestation ne puisse jamais s'éle-
« ver sur les terres provenant du domaine de l'Etat,
« aucune d'elles ne pourra être louée ou vendue avant
« d'avoir été immatriculée.

« Que mon peuple travaille ! Le Gouvernement lui
« assurera la jouissance paisible des droits de ses tra-
« vaux. C'est dans cette intention que je promulgue la
« loi suivante :

Art. 1. — Les terres du domaine peuvent être aliénées par voie de concession gratuite, de location ou de
vente. Le directeur de l'agriculture et du domaine a
qualité pour opérer ces aliénations qui devront être
approuvées par le Résident général en conseil de résidence.

Art. 2. — Les concessions gratuites sont réservées
aux personnes qui justifient par un dépôt dans une
banque, soit en France soit à Madagascar, d'un capital
pour les mettre en valeur, qui ne saurait être inférieur à
5.000 fr.

Elles ne peuvent dépasser une étendue de 50 hectares.
La même personne ne peut en obtenir qu'une.

Art. 3. — Toute personne qui désire une concession
gratuite doit en adresser la demande à la direction de
l'agriculture et du domaine à Tananarive, en l'accom-
pagnant de la justification de sa qualité de citoyen, sujet
ou protégé français, d'un certificat constatant qu'elle a
fait le dépôt exigé par l'article ci-dessus, et d'une déclaration par laquelle elle s'engage à employer la somme
déposée à la mise en valeur de la concession.

Le Directeur de l'agriculture et du domaine attribue
au demandeur le lot que celui-ci a choisi, et lui délivre
un titre de propriété provisoire, qui sera transformé en
un titre de propriété définitif lorsque le demandeur se
sera établi sur la concession, et qu'il aura dépensé la
somme qu'il aura déposée en banque à y bâtir et à la
mettre en culture.

Les concessions gratuites ne seront définitives qu'au bout de cinq ans. Si, dans les deux premières années, qui suivront la concession provisoire, le demandeur ne s'est pas établi sur son lot et n'a point commencé à le mettre en valeur, la concession sera annulée. Si, au cours des trois années suivantes, le demandeur, après un commencement d'installation, abandonne son lot, ou cesse d'y travailler ou d'y résider, la concession sera annulée également.

L'annulation ne pourra avoir lieu qu'après la visite d'une commission composée du résident ou de son délégué, d'un délégué de la direction de l'agriculture et du domaine et d'un représentant du concessionnaire qui constatera l'état de la concession. Si le concessionnaire avait quitté l'île ou s'il ne veut pas se faire représenter à l'expertise, il sera passé outre.

Art. 4. — Des locations ou des ventes seront consenties aux personnes qui ne désireront ou qui n'obtiendront pas de concession gratuite. Les personnes qui auront obtenu une concession gratuite pourront prendre en location ou acheter des terres domaniales au même titre que les autres.

Art. 5. — L'étendue des locations est déterminée au gré des demandeurs dans les limites des terres domaniales disponibles. Elles sont faites par baux de 15 ans au maximum, au prix fixe de 0 fr. 25 cent. par hectare et par an, payable à l'avance, dans les régions de l'ouest et du nord, — et de 0 fr. 50 cent. par hectare et par an, payable à l'avance, sur la côte est et dans le haut pays.

On entend par haut pays, les parties de l'île situées à plus de 500 mètres d'altitude ; — et par côte est, les parties de l'île comprises entre le haut pays et la mer, de la rivière Onibe, près du cap Angontry, à l'embouchure de la rivière Mandrary au delà de Fort-Dauphin.

Art. 6. — Les ventes sont faites au comptant et au

prix de 5 francs par hectare dans les régions de l'ouest et du nord, — et de 10 francs par hectare sur la côte est et dans le haut pays.

Les terres vendues à la même personne sur la côte est et dans le haut pays ne pourront pas dépasser une étendue de 2.000 hectares d'un seul tenant.

Pendant la durée de son bail, le locataire d'une terre aura le droit de préemption pour l'acquérir au prix indiqué ci-dessus. La vente aura lieu au comptant. Si l'étendue louée est située sur la côte est ou dans le haut pays et dépasse 2.000 hectares, le locataire ne pourra acheter qu'un lot de 2.000 hectares d'un seul tenant qu'il déterminera à son choix dans l'étendue louée. Si le locataire n'use pas de son droit d'achat, à l'expiration de son bail, le Gouvernement reprendra possession de la terre pour en mettre la location ou la vente en adjudication.

Art. 7. — Quand un locataire aura laissé écouler six mois sans payer le prix annuel, payable à l'avance, de son bail, le bail sera annulé de plein droit et le domaine reprendra possession de la terre.

Art. 8. — Aucune terre domaniale ne sera louée ou vendue avant d'avoir été immatriculée. Les frais de l'immatriculation sont à la charge du locataire ou de l'acheteur. Toute personne désirant acheter ou prendre en location des terres domaniales adresse au directeur de l'agriculture et du domaine une demande dans laquelle il spécifie, soit l'étendue de terre qu'il désire, soit les limites du lot qu'il a choisi, et consigne entre ses mains le montant des frais présumés d'immatriculation.

Le directeur de l'agriculture et du domaine fait mesurer le lot et en fait lever par le service topographique le plan qui est joint au contrat de location.

En cas de vente, il délivre à l'acquéreur un titre de propriété immatriculé.

Art. 9. — Si, parce qu'ils sont situés dans un lieu

habité ou pour toute autre raison, des terrains vacants ont une valeur exceptionnelle, le Gouvernement se réserve le droit de ne point leur appliquer la présente loi et de les mettre en adjudication. »

Nous avons donné le texte en entier de cette loi à titre de document historique. Elle a été, en effet, remplacée par un arrêté du 2 novembre 1896, qui, d'ailleurs, en a conservé l'économie générale et les principales dispositions.

Il convient, toutefois, de remarquer que la loi du 9 mars marque une étape importante dans l'histoire de la propriété à Madagascar. Elle tranche le vieux procès historique, pour la solution duquel le Gouvernement malgache était toujours resté intraitable. Désormais, les étrangers peuvent acquérir des terres soit par concession gratuite, soit par achat.

§ 3. — *Arrêté du 2 novembre 1896 abrogeant et remplaçant la loi sur les concessions de terres du 9 mars 1896.*

Voici le texte de cet arrêté :

Le Général, etc...

Vu la nécessité d'assurer aux Français qui veulent s'établir à Madagascar l'entrée en jouissance immédiate des terrains qu'ils désirent acquérir.

Arrête :

La loi foncière du 9 mars 1896 est abrogée et remplacée par les dispositions suivantes :

Art. 1. — Les terres du domaine peuvent être aliénées par voie de vente ou de concession gratuite. L'aliénation en est opérée par le Résident général, sur la proposition du chef du service des domaines et après avis du conseil d'administration de la Colonie.

Art. 2. — Les ventes sont faites au prix minimum de 2 francs par hectare dans les régions de l'ouest et du nord et de 5 francs par hectare sur la côte est et dans le haut pays. Le haut pays comprend les parties de l'île situées à plus de 500 mètres d'altitude, et la côte est, les parties de l'île comprises entre le haut pays et la mer, de la rivière Onibe, près du cap Angotsy, à l'embouchure de la rivière Mandrary, au delà de Fort-Dauphin.

Art. 3. — Les concessions gratuites sont réservées au Français. Elles ne peuvent dépasser 100 hectares et la même personne ne peut en obtenir qu'une.

Art. 4. — Aucune terre domaniale ne sera vendue ou concédée gratuitement, à titre définitif, avant d'avoir été immatriculée. Toute personne désirant une concession de terre domaniale adresse au chef de la province une demande dans laquelle elle spécifie, soit l'étendue de terre qu'elle désire, soit les limites du lot qu'elle a choisi, et consigne entre ses mains le prix afférent à la contenance demandée. Le service du domaine avisé par le chef de la province requiert l'immatriculation dont les frais sont à la charge du concessionnaire et fait ensuite délivrer à l'intéressé le titre définitif de propriété.

Art. 5. — Cependant, tout Français qui aura demandé une concession et qui aura consigné le prix dans les conditions indiquées ci-après, s'il s'agit d'une concession à titre onéreux, pourra se faire délivrer un titre provisoire par le chef de la province et exploiter immédiatement à ses risques et périls.

Le chef de la province se fera remettre ou fera lever lui-même le plan de la concession demandée et procédera à une enquête sommaire. Le titre provisoire réservant expressément tous droits antérieurs des tiers sera délivré au requérant si cette enquête n'a pas fait paraître d'opposition. Le prix afférent à la contenance demandée sera versé moitié lors de la délivrance du titre provisoire et l'autre moitié lors de la délivrance du titre définitif.

Art. 6. — Lorsque les terrains auront été mis en valeur, l'immatriculation sera opérée aux frais du demandeur et le titre provisoire remplacé par un titre définitif.
Si la concession n'a pas été mise en valeur suivant l'usage
du pays et l'immatriculation demandée dans un délai de
3 ans, la concession pourra être annulée et faire retour
aux Domaines.

Art. 7. — L'annulation ne pourra être prononcée que
par le Résident général, le conseil d'administration de
la colonie consulté, après la visite d'une commission,
composée du chef de province ou de son délégué, d'un
délégué du chef du service des domaines et d'un représentant du concessionnaire, qui constatera l'état de la
concession.

Si le concessionnaire n'a pas consenti dans un délai
de 6 mois à se faire représenter à l'expertise, dont les
frais sont à sa charge, il sera passé outre.

Art. 8. — Les terres du domaine peuvent être louées
par baux de 15 ans au maximum, au prix minimum de
0,25 cent. par hectare et par an, payable à l'avance,
dans les régions de l'ouest et du nord, et de 0,50 cent.
par hectare et par an, payable à l'avance, sur la côte
est et dans le haut pays. Pendant la durée de son bail,
le locataire d'une terre aura le droit de préemption pour
l'acquérir au prix indiqué à l'article 2.

Quand un locataire aura laissé s'écouler 6 mois sans
payer le prix annuel, payable à l'avance, de son bail, le
bail sera annulé de plein droit et le domaine reprendra
possession de sa terre.

Art. 9. — Si, parce qu'ils sont situés dans un lieu habité ou pour tout autre raison, des terrains vacants ont
une valeur exceptionnelle, le gouvernement se réserve
le droit de ne point leur appliquer la présente loi.

Si plusieurs compétiteurs se disputent un même lot
et qu'il soit impossible d'établir quel est le premier

demandeur, le gouvernement aura recours à l'adjudication. »

Cet arrêté réglemente aujourd'hui les concessions de terre à Madagascar.

Avant de l'étudier, nous devons faire remarquer une inexactitude qui se trouve dans le titre. Il est intitulé : « Arrêté abrogeant et remplaçant la loi foncière du 9 mars 1896 ». C'est une erreur matérielle. L'arrêté du 2 novembre remplace et abroge la loi du 9 mars 1896 « sur les concessions de terre ». Il suffit, en effet, de lire l'un et l'autre de ces documents pour s'en rendre compte. L'arrêté du 2 novembre et la loi du 9 mars 1896 « sur les concessions de terre » traitent tous les deux de la manière dont les concessions de terre peuvent être accordées. La loi foncière du 9 mars 1896 vise, au contraire, la propriété immobilière indigène, les conditions pour posséder le sol et en jouir, et institue l'immatriculation.

Comme la loi du 9 mars, l'arrêté du 2 novembre reconnaît deux modes d'acquisition des terres : l'achat et la concession gratuite.

Concession à titre onéreux. — La vente des terres du domaine est consentie par le gouverneur général, sur la proposition du chef du service des domaines, après avis du conseil d'administration.

Les ventes sont consenties au prix minimum de 2 francs par hectare dans les régions de l'ouest et du nord — et de 5 francs par hectare sur la côte est et dans le haut pays.

Toutefois, si les terrains vacants, soit à cause de leur situation, soit pour tout autre raison, ont une valeur exceptionnelle, le gouvernement se réserve la faculté d'établir des prix spéciaux.

Au cas où plusieurs compétiteurs se disputeraient le même lot, il serait attribué au demandeur le premier en date ; s'il était impossible d'établir cette priorité, l'attribution définitive serait tranchée par la voie de l'adjudication.

La vente des terres du domaine peut être consentie à toute personne sans distinction de nationalité.

La vente n'est définitive qu'après l'immatriculation de l'immeuble, qui a surtout pour but de faire connaître les droits antérieurs des tiers, dont la propriété pourrait être grevée. L'immatriculation est toujours opérée aux frais du concessionnaire, qui est tenu de verser préalablement entre les 'mains du chef de la province le prix afférent à la contenance demandée

Toutefois. un Français peut, en consignant la moitié du prix, se faire délivrer un titre provisoire et exploiter immédiatement à ses risques et périls. Ce titre provisoire réserve expressément les droits des tiers. Il ne peut être consenti qu'en faveur d'un concessionnaire de nationalité française. Le titre provisoire est converti en titre définitif lorsque les terrains ont été mis en valeur et immatriculés. L'autre moitié du prix doit être versée au moment de la délivrance du titre définitif.

Si les terrains ne sont pas mis en valeur suivant l'usage du pays et si l'immatriculation n'est pas demandée dans un délai de trois ans, la concession provisoire peut être annulée par le gouverneur général, après avis du conseil d'administration et après constatation de l'état de la propriété par une commission *ad hoc*, composée du chef de la province, d'un délégué des domaines et d'un représentant du concessionnaire. L'expertise est à la charge de ce dernier.

Si dans un délai de six mois le concessionnaire n'a pas consenti à se faire représenter à l'expertise, on procède à cette dernière en son absence.

Une question peut se poser. En cas d'annulation, la moitié du prix déjà versé est-il acquis à l'Etat ou fait-il retour au concessionnaire ? L'arrêté est muet. Nous

27

pensons qu'il serait nécessaire de fixer ce point qui, dans la pratique, pourra soulever de nombreuses contestations.

Avant de terminer, il convient de faire connaître que les titres de concession provisoire portent toujours la clause suivante : « L'Etat se réserve pendant dix ans, à partir du jour de la prise de possession, le droit de faire ouvrir sur la parcelle, objet du présent acte, sans autre indemnité que le remboursement du prix, à raison de 5 francs ou 2 francs par hectare, et à la seule condition de ne pas toucher aux arbres et aux constructions, les routes, chemins de fer ou canaux dont l'établissement serait décidé par mesure d'utilité publique, dans l'intérêt de la viabilité générale de la contrée.

En cas d'expropriation, pendant ce même délai, de parties complantées ou construites, la valeur représentative du sol ne sera pas comptée, dans le total de l'indemnité due, à plus de 5 francs ou 2 francs par hectare. »

Ces réserves sont faites en vue des travaux d'utilité publique qui peuvent être entrepris. Il n'est pas besoin de faire remarquer combien elles sont sages et prudentes.

Concessions gratuites. — Les concessions gratuites ne peuvent pas dépasser 100 hectares par personne. Le titre définitif ne peut être délivré qu'après immatriculation de la propriété.

Remarquons que la condition imposée par la loi du 9 mars 1896 de faire la preuve de ressources suffisantes pour mettre la propriété en valeur n'a pas été reproduite par l'arrêté.

Aucune terre domaniale ne peut être concédée gratuitement qu'en faveur des Français. Les titres définitifs de concessions gratuites portent la même réserve que les concessions onéreuses, relative aux travaux d'utilité publique qui peuvent être entrepris par la colonie.

Location des terres du domaine. — Les terres du

domaine peuvent être louées à toute personne sans
distinction de race ou de nationalité. Les baux ne peuvent pas dépasser une durée de 15 ans.

Le prix minimum de la location, dans les régions de
l'ouest et du nord, est de 25 centimes par hectare et par
an, payable à l'avance ; de 50 centimes par hectare et
par an, payable à l'avance, sur la côte est et dans le
haut pays.

Pendant la durée de son bail, le locataire a un droit
de préemption pour acquérir le terrain suivant les conditions prévues plus haut pour la vente des terres du
domaine.

Si un locataire laisse écouler six mois sans payer le
prix annuel, qui est payable à l'avance, le bail est résilié
de plein droit, et le domaine reprend possession de la
propriété.

§ 4. — *De différentes autres mesures prises dans le but
de consolider la propriété foncière.*

Afin de faciliter l'œuvre de colonisation entreprise à
Madagascar, l'administration française suivant une
méthode appliquée avec succès dans certains pays
étrangers, entreprit de créer des territoires de colonisation. « Cette méthode consiste, dit une circulaire du Gouverneur général du 21 avril 1897, à déclarer ouverts à
la colonisation certains territoires choisis judicieusement,
fertiles, salubres, situés près des centres habités ou sur
des grandes voies de communication et d'une étendue
variable, depuis une centaine jusqu'à plusieurs milliers
d'hectares ».

Les territoires sont partagés en lots, immatriculés avec
un titre de propriété pour chacun d'eux. La concession
de chaque lot est ensuite attribuée aux personnes qui
désirent les coloniser.

Une grosse difficulté s'est présentée au moment de la promulgation du décret du 16 juillet 1897, portant règlement sur la propriété foncière, que nous allons étudier au titre suivant.

On sait que l'article 6 du traité du 17 décembre 1885 avait reconnu aux citoyens français le droit de louer aux Malgaches, pour une durée indéterminée, par bail emphytéotique, renouvelable au seul gré des parties, toute propriété immobilière. C'était un dédommagement pour le préjudice causé à nos nationaux par l'article 85 du Code de 1881 qui, en violation du traité de 1868, défendait aux Malgaches de vendre des terres à des étrangers.

Un bail de courte durée, en effet, aurait rendu impossible toute entreprise d'agriculture ou d'industrie. Il importait aux colons, qui voulaient créer de grands établissements ou faire des travaux considérables sur le sol, d'avoir un droit réel et de longue durée qui leur permit de se procurer des capitaux, en cas de besoin, et de recueillir les bénéfices de leur entreprise.

Le bail emphytéotique répondait, dans une certaine mesure, à ces nécessités.

Aussi, ce genre de bail a été très fréquent, surtout sur la côte est de Madagascar.

Généralement, il était consenti sous les conditions suivantes :

1° La durée du bail était de 25 à 50 ans, moyennant un prix ferme payé en une seule fois ;

2° Il était renouvelable, au gré du locataire ou de ses héritiers, pour une seconde période et moyennant la somme primitivement fixée ;

3° A l'expiration du bail, les travaux, plantations et constructions revenaient au propriétaire sans que ce dernier fut dans l'obligation d'indemniser le locataire.

Quelle était, après l'annexion, la situation des Euro-

péens détenteurs d'immeubles en vertu de baux emphytéotiques de ce genre, consentis soit par des indigènes,
soit par le Gouvernement malgache ?

Il est certain que le Gouvernement français, s'étant
substitué, aux termes d'une jurisprudence généralement
suivie, au Gouvernement malgache tant au point de vue
actif qu'au point de vue passif, aurait le droit d'exiger
l'exécution pleine et entière des conventions emphytéotiques.

Mais c'étaient là des mesures extrêmes qui auraient
grandement préjudicié à la prospérité de la colonisation.

En ce qui concerne les baux emphytéotiques consentis
par des indigènes, il était possible à l'emphytéote
d'acquérir, avec le nouveau régime, la propriété pleine
et entière de l'immeuble. Mais une nouvelle difficulté a
alors surgi. Dans la plupart des cas, l'emphytéote n'a
pu parvenir à retrouver le signataire du contrat, soit qu'il
fut décédé sans laisser d'héritiers, soit qu'il eut disparu
de tout autre façon. Il avait pu arriver, aussi, que le bail
eut été consenti par une personne qui n'était pas propriétaire, laquelle, aujourd'hui, de crainte de voir sa
fraude dévoilée, se dissimule soigneusement. On cite
comme exemple, les gouverneurs malgaches d'autrefois,
envoyés sur la côte, qui n'hésitaient pas à battre monnaie en donnant en bail, sans autorisation, les terres
appartenant à l'Etat.

Cette situation mettait les emphytéotes dans un grave
embarras. Ils ne pouvaient ni acquérir la pleine propriété, ni même faire immatriculer le fonds en qualité
de locataires, parce qu'ils ne pouvaient pas retrouver
leur bailleur.

Pour couper court à toutes ces difficultés et régulariser
définitivement la situation des détenteurs d'immeubles
en vertu de baux emphytéotiques, l'administration française prit l'arrêté du 10 mars 1898, qui depuis a été
converti en décret.

Il résulte des dispositions de ce décret :

1° Que les détenteurs d'immeubles, en vertu de baux emphytéotiques consentis par le Gouvernement malgache, peuvent, sous réserve des besoins de la colonie, et après assentiment du Gouverneur général, demander la transformation de leurs baux en contrats de vente définitive ;

Que les immeubles seuls qui auront été mis en valeur pourront bénéficier de cette faveur (article 1ᵉʳ) ; qu'une commission, composée du chef de la province ou de son délégué, d'un délégué du chef du service des domaines et d'un représentant du locataire, sera chargée de constater la mise en valeur et d'évaluer le prix qui représente la compensation due à la colonie en échange de l'abandon de ses droits de propriétaire (art. 2) :

2° Que toutefois, tout détenteur qui sera de nationalité française pourra obtenir la concession gratuite de l'immeuble, après avis du conseil d'administration, s'il justifie de la mise en valeur ; que les frais de constitution du plan par le service topographique et des titres par la conservation de la propriété foncière seront seuls à sa charge (art. 4) ;

3° Que les détenteurs d'immeubles en vertu de baux emphytéotiques consentis, soit par des indigènes qui ne peuvent justifier de leurs droits de propriété, soit par des indigènes qui ont disparu sans laisser d'héritiers au degré successible, suivant les coutumes malgaches, ou dont les héritiers sont inconnus, peuvent également, sous réserve des besoins de la colonie, et après assentiment du gouverneur général, se faire délivrer des titres de vente définitifs des propriétés mises en valeur (art. 5) ;

4° Que, dans ce but, les détenteurs doivent adresser une demande à l'administration, qui, après avoir fait une enquête publique pour rechercher le propriétaire, ses héritiers ou ses ayants droit, pourra accorder la concession définitive de l'immeuble au locataire soit à titre gratuit, s'il est de nationalité française, soit à titre onéreux.

LIVRE XIII

L'immatriculation (Décret du 16 juillet 1897 portant règlement sur la propriété foncière).

————

NOTIONS PRÉLIMINAIRES

La promulgation du décret du 16 juillet 1897 sur l'immatriculation des immeubles a couronné l'œuvre du régime de la propriété foncière à Madagascar.

Ce décret a été élaboré par une commission locale présidée par le Procureur général, chef du service judiciaire, et composée de magistrats, du chef du service des domaines, du chef du service topographique et du chef du service de l'enseignement (1).

La commission avait pris pour guide, dans son travail, la loi foncière tunisienne du 5 juillet 1885, qui elle-même est basée sur les principes de l'Act Torrens (7 août 1861).

Elle a conservé un grand nombre d'articles de cette loi, en élaguant ceux qui ne pouvaient trouver leur application à Madagascar. Elle a fait effort pour modifier

————

(1) Voici la composition de cette Commission :
MM. Dubreuil, procureur général, Président ;
    Sourd, président de la Cour ;
    Cahuzac et Carreau, conseillers à la Cour ;
    Bartholomé, chef du service des domaines ;
    Bourdier, chef du service topographique ;
    Gautier, chef du service de l'enseignement.

les parties de la loi qui avaient donné lieu à de justes critiques. D'autre part, elle a introduit certaines innovations que nous ferons ressortir dans cette étude, qui réalisent des progrès réclamés depuis longtemps par les hommes compétents.

La création d'un bon système foncier était à Madagascar une des conditions essentielles de la colonisation.

Nous avons dit plus haut quel était l'état de la propriété dans la colonie avant notre occupation. Il aurait été difficile pour l'Européen de se débrouiller au milieu des formes multiples que revêtait la propriété indigène, et qui toutes avaient des règles particulières, quelquefois assez obscures. D'un autre côté, l'absence presque générale de titres écrits, la forme collective qu'affectaient certaines terres, l'indivision qui existe dans un grand nombre de familles, la nature des biens institués ko-drazana, auraient causé maintes déconvenues aux étrangers qui se seraient hasardés à acheter des biens immobiliers. La plus extrême prudence et la plus minutieuse précaution auraient été même souvent impuissantes à sauvegarder les droits du contractant.

Les indigènes eux-mêmes n'avaient qu'une propriété précaire, qui consistait en un droit de détention et de jouissance. La Reine s'attribuait le domaine éminent du sol.

Il fallait donc établir un système foncier qui permit aux Européens d'acquérir avec facilité une propriété sûre et stable. Il était non moins nécessaire, dans un but économique et social facile à comprendre, pour préparer l'assimilation des races et des personnes et activer la circulation des biens, de fournir aux indigènes un moyen de constater et consolider leurs droits de propriété.

On aurait pu promulguer purement et simplement la législation en vigueur dans la métropole. Mais, on connaît ses imperfections et les critiques qui sont justement formulées contre elle. Elle n'aurait certainement pas répondu au but qu'on se proposait.

Le législateur a essayé de réaliser pratiquement tous ces desiderata par le décret du 16 juillet 1897.

Les principes généraux qui l'ont guidé sont les suivants :

1º Donner à la propriété foncière une base certaine et définitive, en la purgeant de tous les droits réels antérieurs, qui ne seraient pas révélés en temps utile, et en lui donnant un titre désormais inattaquable.

2º Favoriser le crédit foncier en rendant aussi simple que possible la transmission des immeubles, la constitution des hypothèques et la réalisation du gage.

L'étude du décret va nous montrer par quels moyens le législateur est arrivé à la réalisation pratique de ces principes.

TITRE Ier (1)

Des immeubles. — De leur immatriculation. — Du titre de propriété.

———

CHAPITRE PREMIER

DES IMMEUBLES

Le décret du 16 juillet 1897 ne régit que les immeubles immatriculés et les droits réels sur ces immeubles (art. 1er).

Les cas non prévus par des dispositions spéciales du décret sont régis par les règles édictées par le Code civil, sous la réserve, lorsqu'il s'agira de propriétés indigènes, que ces règles ne soient pas contraires au statut personnel des Malgaches ou à leurs ordres de succession (art. 2).

Tous les litiges relatifs aux immeubles immatriculés doivent ressortir aux juridictions françaises. Si même il s'élève une contestation sur les limites ou les servitudes d'un immeuble immatriculé contigu à un

———

(1) Pour plus de clarté, nous suivrons, autant que possible, dans cette étude, la division des chapitres adoptée par le décret.

immeuble non immatriculé, cette contestation ne pourra être tranchée que par les tribunaux français, qui doivent faire application des règles du décret (art. 3).

Le décret adopte la distinction des immeubles telle qu'elle est établie par le Code civil.

Il déclare immeubles par l'objet auquel ils s'appliquent :

1° Les droits réels immobiliers ;

2° Les actions qui tendent à revendiquer un immeuble (art. 6).

Aux termes de l'article 7 les droits réels immobiliers sont :

La propriété immobilière ;

L'usufruit des immeubles ;

L'usage et l'habitation ;

L'emphytéose ;

La superficie ;

Les servitudes foncières ;

L'antichrèse ;

Les privilèges et les hypothèques.

CHAPITRE II

DE L'IMMATRICULATION DES IMMEUBLES

SECTION I. — DISPOSITIONS GÉNÉRALES

L'immatriculation a pour objet de placer l'immeuble qui y a été soumis sous le régime du décret du 16 juillet 1897 (art. 8).

Les principes généraux qui caractérisent l'immatriculation sont les suivants :

1° Les fonds de terre et les bâtiments sont seuls susceptibles d'immatriculation (art. 12).

2° Tous les droits réels existant sur l'immeuble au moment de l'immatriculation sont inscrits sur un titre de propriété qui forme leur point de départ unique à l'exclusion de tous les droits antérieurs qui n'ont point été révélés en temps utile (art. 9).

3° Tout droit réel immobilier et les baux de plus de 3 ans n'existent à l'égard des tiers que par le fait et du jour de leur inscription à la conservation de la propriété foncière (art. 13).

4° L'immatriculation est définitive. Une fois opérée, on ne peut y renoncer pour retourner sous l'empire du droit commun (art. 15).

5° Peuvent seuls requérir l'immatriculation :

a) Le propriétaire et le co-propriétaire ;

b) Les bénéficiaires des droits réels suivants : usufruit, usage et habitation, emphytéose, superficie, antichrèse ;

c) Le créancier hypothécaire non payé à l'échéance, huit jours après une sommation infructueuse ; le locataire ayant un bail de plus de 3 années ;

d) Avec le consentement du propriétaire ou co-propriétaire, les détenteurs des droits réels suivants : servitudes foncières, hypothèques (art 16) ;

e) Préalablement à l'adjudication, en matière de saisie, le créancier poursuivant ; en matière de licitation, l'un des co-licitants ;

f) Postérieurement à l'adjudication, l'adjudicataire (art. 224) ;

g) Pour les biens des mineurs, le tuteur ou le subrogé tuteur avec l'autorisation du conseil de famille (art. 217).

6° Les frais de l'immatriculation sont toujours avancés et supportés, sauf convention contraire, par le requérant (art. 16 et 217).

7° L'immatriculation est facultative.

Exceptionnellement, l'immatriculation est obligatoire :

a) Dans tous les cas de vente, location ou concession de terrains domaniaux.

Cette obligation, qui existe dans l'act Torrens, a été édictée dans une pensée d'intérêt général. On a voulu assurer sans frais la confection d'un cadastre, qui sera formé à mesure que l'immatriculation gagnera du terrain.

Dans l'intérêt des particuliers, également, il était nécessaire de ne concéder que des terrains parfaitement délimités et à l'abri de toute contestation, de façon à éviter toute revendication ultérieure et en même temps tout dommage qu'on aurait pu involontairement causer aux droits des indigènes.

Toutefois, il y avait un écueil à éviter. Les frais d'immatriculation étant à la charge du concessionnaire, on pouvait craindre que cette obligation ne fut trop onéreuse pour un colon qui commence et qui, presque toujours, n'a pas de grands capitaux à sa disposition. Pour remédier à cet inconvénient, qui aurait pu nuire au progrès de la colonisation, l'article 14, § 4 du décret accorde, dans tous les cas de vente, location ou concession de terrains domaniaux, un délai de 3 ans pour procéder à l'immatriculation.

A notre avis, ce moyen n'est qu'un palliatif. Qu'adviendra-t-il, en effet, si, au bout de 3 ans, alors que le colon aura commencé à mettre sa concession en valeur, il se présente des tiers détenteurs de droits réels sur l'immeuble et qu'il soit évincé ? Nous eussions préféré l'adoption des mesures prises sur ce point en Tunisie. Aux termes d'un décret de 1892, en effet, les frais d'immatriculation, dans cette colonie, sont supportés à forfait par le budget, sauf remboursement échelonné au trésor par le concessionnaire.

b) Dans tous les cas où des Européens ou assimilés se rendront acquéreurs de biens appartenant à des indigènes.

Cette obligation a son origine dans une dépêche ministérielle qui prescrivait au gouverneur général de n'autoriser les indigènes à vendre leurs propriétés à des Européens qu'après la formalité de l'immatriculation.

La prescription était sage et avantageuse à la fois pour les Européens et les indigènes. D'un côté, en effet, l'Européen avait la certitude d'acquérir une propriété partaitement délimitée et à l'abri de toute revendication. De l'autre, les droits des indigènes ne pouvaient être lésés.

Mais, il a paru à la commission que cette mesure présenterait peut être un danger plus grand que l'avantage qui en serait retiré : celui d'arrêter la circulation des biens, et par ce fait même, le progrès de la colonisation, qui était le but à atteindre. Bien peu de Malgaches, en effet, soit par manque d'argent, soit par indolence naturelle, soit par crainte d'une chose nouvelle et inconnue, auraient fait immatriculer leurs immeubles.

La commission a cru remédier à ces difficultés, et donner satisfaction à la fois aux justes appréhensions du département et à l'intérêt de la colonisation en laissant la libre faculté aux indigènes de vendre leurs immeubles à des Européens, mais en astreignant ces derniers à faire immatriculer toute propriété acquise d'indigènes.

Qu'arriverait-il si un Européen acquéreur d'un immeuble appartenant à un indigène refusait de le placer sous le régime de l'immatriculation ? La vente serait-elle nulle de plein droit ou les tribunaux pourraient-ils en prononcer l'annulation ?

Autant de questions bien délicates, en l'état, et bien difficiles à résoudre. L'article 14, en effet, n'édicte aucune sanction pour assurer l'observation de cette obligation.

A notre avis, devant le silence du législateur, il y aura lieu de trancher la question par les règles du droit commun. On se demandera si l'obligation de faire immatriculer l'immeuble est d'ordre public, auquel cas la vente serait nulle de plein droit. Mais nous doutons qu'on puisse pousser le principe à cette extrême conséquence. A tous égards, nous pensons que la vente serait annulable par les tribunaux sur la demande des tiers intéressés. Mais il est à présumer que, dans la pratique, la question se posera rarement. En effet, l'article 14 n'ayant pas, non plus, imposé de délai dans lequel l'immatriculation devait être opérée, il sera toujours loisible à l'acheteur menacé d'une éviction de remplir la formalité exigée par le décret.

SECTION II. — DE LA PROCÉDURE D'IMMATRICULATION

§ 1. — *Du rôle du conservateur.*

Le fonctionnement de l'immatriculation est assuré au moyen d'une conservation de la propriété foncière, instituée à Tananarive et de deux sous-conservations, créées après la promulgation du décret, qui ont leur siège à Tamatave et Majunga (art. 10).

A la tête de la conservation de la propriété foncière est placé un conservateur, qui est chargé :

1° De l'immatriculation des immeubles ;

2° De la constitution des titres de propriété ;

3° De la conservation des actes relatifs aux immeubles immatriculés ;

4° De l'inscription des droits et charges sur ces immeubles (art. 11) ;

5⁰ De l'établissement des titres de propriétés distincts lorsqu'un immeuble est divisé soit par suite de démembrement, soit par suite de partage (art. 41).

Comme on le voit les attributions du conservateur sont extrêmement étendues. Il remplit à la fois le rôle du conservateur des hypothèques et du notaire.

Les sous-conservateurs, dans la limite de leur compétence territoriale, ont les mêmes attributions que le conservateur, qu'ils remplissent sous la haute direction de ce dernier.

§ 2. — *Formalités à remplir pour procéder à l'immatriculation d'un immeuble.*

La procédure d'immatriculation traverse deux phases bien distinctes :

1⁰ La phase des formalités administratives ;

2⁰ La phase des formalités judiciaires.

I. — Phase des formalités administratives

Première formalité. — *Déclaration.* — Si une des personnes dénommées à l'article 16 veut faire immatriculer un immeuble, elle doit :

1⁰ Remettre au Conservateur de la propriété foncière une déclaration, établie en malgache et en français, portant sa signature ou celle d'un fondé de pouvoirs, porteur d'une procuration spéciale et authentique.

Toutefois, si la personne requérant l'immatriculation ne peut ou ne sait pas signer, le Conservateur est autorisé à signer en son nom.

La déclaration doit contenir :

a) Les nom, prénoms, surnoms, domicile et état civil du requérant ;

28

b) Election de domicile dans une localité de Madagascar ;

c) Description de l'immeuble, valeur vénale et valeur locative, situation, contenance, nom sous lequel il sera immatriculé, tenants et aboutissants, constructions et plantations qui peuvent s'y trouver ;

d) Le détail des droits réels immobiliers existant sur l'immeuble avec la désignation des ayants droit.

2° Déposer, en même temps que la déclaration, entre les mains du Conservateur, tous les titres de propriété, contrats, actes publics ou privés, documents quelconques ayant rapport à l'immeuble et aux droits réels dont il est grevé.

Le dernier titre de propriété doit être traduit *in extenso*. Pour tous les autres actes ou écrits, un relevé sommaire peut suffire (art. 17).

3° Déposer une somme égale au montant présumé des frais d'immatriculation (art. 18).

Deuxième formalité. — Publicité donnée à la demande en immatriculation. — Dans le plus bref délai possible après le dépôt de la réquisition, le Conservateur fait insérer au *Journal officiel* de la colonie un extrait de cette réquisition en malgache et en français.

Il transmet ensuite un placard, extrait du *Journal officiel* reproduisant cette insertion, à l'autorité française de la localité dans laquelle se trouve l'immeuble. S'il n'existe pas dans cette localité de fonctionnaire français, il envoie ce placard à l'administrateur ou résident le plus rapproché. Ce dernier est tenu de le faire parvenir sans retard au Gouverneur, sous-gouverneur ou chef de village de la situation de l'immeuble.

Ces autorités font afficher le placard dans le lieu destiné aux annonces officielles, où il reste jusqu'à la date du procès-verbal de bornage, et le font publier dans tous les marchés du territoire (art. 19).

Troisième formalité. — Bornage provisoire de l'im-

meuble. — Le Conservateur envoie, également dans le plus bref délai possible, un placard extrait du *Journal officiel* reproduisant l'insertion au chef du service topographique.

Aussitôt, celui-ci, après avoir prévenu les autorités, mentionnées plus haut, du lieu de la situation de l'immeuble, délègue un géomètre assermenté pour procéder au bornage provisoire, qui doit être opéré en présence du requérant l'immatriculation ou lui dûment appelé.

La date fixée pour le bornage doit être portée à la connaissance du public au moins 20 jours à l'avance.

Le procès-verbal doit constater l'accomplissement de cette formalité, ainsi que des formalités de l'affichage et des publications dans les marchés du territoire.

Toutes les protestations et oppositions formulées par des tiers doivent être consignées au procès-verbal, mais elles ne peuvent arrêter l'opération. Elles sont inscrites sur le registre des oppositions par les soins du Conservateur.

Le bornage provisoire terminé, le procès-verbal est transmis par le chef de service topographique au Conservateur de la propriété foncière.

La date de la clôture est, en outre, publiée sommairement à l'*Officiel* de la colonie (art. 20, 21, 22).

La publicité donnée à la réquisition d'immatriculation et aux opérations de bornage ont pour but de porter la demande à la connaissance des tiers et de les mettre à même, le cas échéant, de sauvegarder leurs droits.

Quatrième formalité. — *Oppositions à l'immatriculation et réclamations contre le bornage.* — Les oppositions et les réclamations contre le bornage sont reçues par le Conservateur et inscrites sur un registre *ad hoc.* Elles peuvent être formulées par lettre missive (art. 22).

Les oppositions sont reçues depuis le jour de l'insertion au *Journal officiel* de l'extrait de la réquisition en

immatriculation jusqu'à l'expiration d'un délai de deux
mois, à dater du jour où l'avis de clôture du procès-
verbal de bornage est inséré à l'*Officiel* de la colonie
(art. 21).

Les deux mois écoulés, les oppositions ne sont plus
accueillies. La propriété est définitivement acquise au
requérant. Le tiers évincé n'a plus aucun recours contre
l'immeuble. Il peut seulement, en cas de dol, intenter
une action personnelle en dommages-intérêts contre
l'auteur du dol (art. 35).

Cinquième formalité. — *Etablissement d'un plan
conforme au procès-verbal de bornage* (art. 23). — Le
chef du service topographique est tenu de faire dresser
par un géomètre assermenté un plan conforme au bornage effectué. Il le remet au Conservateur qui doit l'an-
nexer au titre. Ce plan a pour but de fixer les limites
de l'immeuble d'une façon définitive et de faciliter,
quand le moment sera venu, la confection du cadastre.

Sixième formalité. — *Protection des incapables et des
non présents.* — Le décret confie la protection des incapables et des non présents au président du tribunal de
première instance. Le Conservateur a l'obligation de lui
adresser, dès que l'insertion initiale a paru à l'*Officiel*,
l'original de la réquisition en immatriculation ainsi que
toutes les pièces fournies à l'appui.

Le président du tribunal a pour mission de veiller à
ce qu'aucun droit immobilier des incapables ou des personnes non présentes ne soit lésé. Pendant le cours de
la procédure d'immatriculation, il a un pouvoir discré-
tionnaire pour faire toutes enquêtes et vérifications nécessaires. Il peut proroger le délai d'opposition en faveur
des incapables ou non présents par un simple avis donné
au Conservateur (art. 25).

En outre, toujours dans l'intérêt des incapables ou
non présents, l'article 26 accorde aux tuteurs, représen-

tants légaux, parents ou amis, ainsi qu'au Procureur de la République, le droit de faire opposition à l'immatriculation. Cette opposition ne peut être faite que dans le délai ordinaire, c'est-à-dire depuis l'insertion initiale à l'*Officiel* jusqu'à l'expiration des deux mois qui suivent la publication de l'avis de clôture du procès-verbal de bornage au *Journal officiel*.

II. — Phase des formalités judiciaires

Quand toutes les formalités administratives énumérées ci-dessus ont été accomplies, le Conservateur transmet le dossier relatif à l'immatriculation, avec les pièces à l'appui, le plan et les oppositions, s'il en existe, au greffe du tribunal de première instance ou de la justice de paix à compétence étendue du lieu de la situation de l'immeuble (art. 27).

Première formalité. — Juridiction compétente. — Trois juridictions concourent au fonctionnement de l'immatriculation.

1° Le président du tribunal de première instance (ou juge de paix à compétence étendue) du lieu de la situation de l'immeuble (juridiction gracieuse);

2° Le tribunal de première instance ou la justice de paix à compétence étendue du lieu de la situation de l'immeuble (juridiction contentieuse);

3° La Cour d'appel de Tananarive.

a) Si la demande en immatriculation ne soulève aucune opposition, le président du Tribunal (ou le juge de paix à compétence étendue) procède comme agent vérificateur du travail du conservateur et du chef du service topographique. Sa mission est plutôt administrative que judiciaire. Il se borne à examiner si la demande est régulière, si les formalités de bornage et autres, prescrites par le décret, ont été observées. Il précise la nature et l'étendue des divers droits réels dont l'im-

meuble est grevé et rend une ordonnance d'immatriculation.

b) Si, au contraire, la demande en immatriculation
a donné lieu à des oppositions, la procédure devient
contentieuse. C'est, alors, le tribunal de première instance (ou la justice de paix à compétence étendue) du
lieu de la situation de l'immeuble, qui est compétent et
qui doit trancher la difficulté par un jugement.

c) Lorsque le revenu de l'immeuble, déterminé soit
en rente soit par prix du bail, dont l'immatriculation
est requise, est supérieur à la somme de 150 francs, les
parties peuvent faire appel devant la Cour de Tananarive.

Aux termes de l'article 34, les décisions en matière
d'immatriculation ne sont pas susceptibles de recours en
cassation. Les demandes en immatriculation, tant dans
l'intérêt public que dans celui des particuliers, devant
être solutionnées dans le plus bref délai possible, on a
voulu éviter les lenteurs qu'occasionnerait ce recours.

*Deuxième formalité. — Procédure devant les tribu-
naux en matière d'immatriculation.* — L'article 36 institue une procédure administrative, simple et peu coûteuse.

Dès que le dossier est parvenu au greffe, le greffier
par l'intermédiaire des administrateurs ou des fonctionnaires malgaches, suivant le cas, met en demeure la
personne qui a formulé une opposition de lui faire parvenir, dans un délai de 15 jours, augmenté des délais
de distance, sa requête introductive d'instance. Ce délai
part du jour de la réception de la mise en demeure, qui
est constatée par un récépissé, qui doit être joint au
dossier.

La requête introductive d'instance doit contenir tous
les moyens invoqués par l'opposant et être accompagnée
des pièces à l'appui.

Si dans le délai indiqué, la requête n'est pas produite, le tribunal, à la diligence du demandeur en immatriculation, prononce la déchéance de l'opposition. Il en serait de même dans le cas où la requête aurait été produite après l'expiration du délai de quinzaine, qui est de rigueur.

Si, au contraire, la requête introductive d'instance est remise dans le délai prescrit, le président du tribunal de première instance (ou le juge de paix à compétence étendue) invite le réquérant en immatriculation à prendre connaissance des pièces au greffe et à répondre dans un délai de 8 jours.

Les parties sont ensuite averties par simple lettre du greffier du jour où l'affaire doit venir à l'audience.

Les parties peuvent présenter leurs observations orales soit en personne, soit par mandataire.

Le tribunal statue au fond sur les oppositions dans la forme des autres affaires. Si des droits réels sont révélés, il en ordonne l'inscription sur le titre de propriété. Il ordonne la rectification du plan et du bornage, s'il y a lieu. Il prononce l'admission en tout ou en partie de l'immatriculation, ou la rejette (art. 30).

Le greffier donne avis aux parties de la décision du tribunal dans la forme administrative, par l'intermédiaire des administrateurs, gouverneurs ou chefs de village. C'est à partir de cette notification que court le délai de deux mois pour interjeter appel (art. 33).

Egalement, toutes les autres notifications à transmettre aux parties intéressées par les magistrats ou fonctionnaires sont faites administrativement par l'intermédiaire des administrateurs ou fonctionnaires malgaches. Le récépissé signé par les personnes notifiées fait retour à l'auteur de la notification. Ce récépissé et la minute de la notification sont joints au dossier. ,

Les notifications des parties aux magistrats, fonctionnaires et officiers ministériels peuvent être faites par lettre recommandée.

Les notifications que les parties ont à se faire entre elles sont remises au greffier, qui procède administrativement par les intermédiaires indiqués ci-dessus.

Le décret n'instituant aucune procédure particulière devant la Cour et ne faisant aucune restriction, il nous paraît évident que la même procédure devra être suivie devant la juridiction d'appel.

CHAPITRE III

DU TITRE DE PROPRIÉTÉ

SECTION I. — DE L'ÉTABLISSEMENT DU TITRE DE PROPRIÉTÉ

Quand toutes les formalités administratives et judiciaires, que nous venons d'exposer, sont terminées, le conservateur procède à l'immatriculation et à la confection du titre de propriété en prenant pour base la décision judiciaire intervenue, et après avoir fait rectifier le bornage ou le plan, s'il y a lieu.

Le titre de propriété doit contenir (art. **39**) :

1° Un numéro d'ordre ;

2° La description de l'immeuble, sa contenance, les plantations et constructions qui s'y trouvent ;

3° Les droits réels immobiliers et les charges qui grèvent l'immeuble ;

4º L'âge du mineur et la nature de l'incapacité, s'il est établi au nom d'un mineur ou d'un incapable (art. 43).

Lorsque l'état de minorité ou d'incapacité a pris fin, l'intéressé peut obtenir la rectification de son titre.

Le plan reste annexé au titre.

Lorsqu'un immeuble est divisé, soit par suite de démembrement, soit par suite de partage, un géomètre assermenté procède au bornage de chacun des lots et rapporte le résultat de cette opération sur une expédition du plan.

On établit un titre et un plan distincts pour chacune des divisions de l'immeuble.

Ce titre de propriété est définitif et inattaquable. Il forme devant les juridictions françaises le point de départ unique de la propriété et des droits réels qui l'affectent à l'exclusion de tous les autres droits non inscrits (art. 39).

Toutefois, si une partie du domaine public se trouvait comprise dans une propriété immatriculée, l'immatriculation n'aurait aucun effet sur cette partie, dont l'Etat conserverait toujours la propriété (art. 38). C'est une conséquence du principe d'inaliénabilité et d'imprescriptibilité du domaine public.

Les inscriptions portées ultérieurement sur le titre font foi devant les mêmes juridictions dans les limites fixées par le décret.

Le titre de propriété et les inscriptions conservent le droit qu'ils relatent, tant qu'il n'a pas été annulé, rayé ou modifié (art. 42). Dans le système du Code civil, au contraire, l'effet des inscriptions hypothécaires cesse si elles n'ont pas été renouvelées avant l'expiration de dix années (C. c. art. 2154).

SECTION II. — DES COPIES DE TITRES DE PROPRIÉTÉ

Le propriétaire seul a droit à une copie nominative, exacte et complète du titre de propriété (art. 45).

L'authenticité de cette copie est certifiée par la signature du conservateur et le timbre de la conservation.

Les autres intéressés ne peuvent obtenir que des certificats d'inscription.

Toutefois, si l'immeuble devenait indivis, des duplicata authentiques du titre de propriété doivent être remis à chaque co-propriétaire (art. 46).

SECTION III. — DES OPPOSITIONS CONSERVATOIRES

L'article 47 donne la faculté de faire inscrire conservatoirement sur le titre, avant qu'elle ne soit portée devant le tribunal, la mention sommaire de toute demande tendant à faire prononcer l'annulation ou la modification de droits réels ou immobiliers.

Cette inscription ne peut avoir lieu qu'après autorisation du président (ou juge de paix à compétence étendue), accordée sur requête à charge de lui en référer.

Cette inscription a pour résultat de faire remonter, à l'égard des tiers, l'effet du jugement à intervenir au jour de l'inscription conservatoire. A défaut d'inscription conservatoire, le jugement n'a d'effet à l'égard des tiers qu'à partir du jour de l'inscription.

Il va sans dire que si le demandeur était débouté, l'inscription conservatoire tomberait d'elle-même et serait considérée comme non avenue.

TITRE II

CHAPITRE PREMIER

DE LA PROPRIÉTÉ IMMOBILIÈRE (ART. 48 A 52)

La propriété immobilière est le droit de jouir et disposer d'un immeuble par nature ou par destination de la manière la plus absolue, pourvu qu'on n'en fasse pas un usage prohibé par les lois ou par les règlements (art. 48).

C'est la définition de la propriété donnée par l'article 544 du Code civil.

Comme dans le droit métropolitain, nul ne peut être contraint de céder sa propriété que suivant les règles édictées pour l'expropriation pour cause d'utilité publique.

Le droit d'accession est réglé par les articles 547 à 565 du Code civil.

Toutefois, aux termes de l'article 52 du décret, les îles, îlots et attérissements qui se forment dans les lits des fleuves, des rivières ou des cours d'eau navigables ou flottables, ou non navigables et non flottables appartiennent à l'Etat.

Cette dérogation à la législation métropolitaine est la

conséquence du principe posé, dans l'intérêt de la colonisation, par un décret de 1870, aux termes duquel dans les colonies tous les cours d'eau appartiennent au domaine public. Remarquons que le décret du 16 juillet 1897, qui fixe le domaine public à Madagascar, reproduit le même principe.

———

CHAPITRE II

DU DROIT DE PRÉEMPTION

L'article 53 définit la préemption de la façon suivante : la préemption est le droit reconnu à tout copropriétaire indivis d'un même immeuble, à tout co-héritier sur les immeubles de la succession, à tout co-propriétaire divis d'une maison d'habitation, au superficiaire pour l'acquisition du sol et au propriétaire du sol pour l'acquisition de la superficie, d'acquérir la portion vendue à un tiers, en se substituant à cet acquéreur, moyennant le remboursement du montant de la vente avec le prix des améliorations et les loyaux coûts du contrat.

Le droit de préemption existe dans notre législation sous un autre nom et avec une application plus limitée. Nous voulons parler du retrait. Le retrait, en effet, d'après Pothier, est le droit de prendre le marché d'un autre et de se rendre acheteur à sa place. Cette définition peut parfaitement s'adapter au droit de préemption.

On sait que le Code civil n'admet que trois retraits : le retrait successoral (art. 841), le retrait litigieux (art. 1699 à 1701) et le retrait d'indivision (art. 1408, § 2).

L'article 53, sous un nom différent, étend ce droit au co-propriétaire indivis d'un immeuble, au co-propriétaire divis d'une maison d'habitation, au superficiaire, au propriétaire du sol.

On peut se demander quel a été le but de cette innovation. Le retrait, en effet, a été vivement critiqué par les jurisconsultes. On a dit avec raison qu'il était une grave dérogation au principe fondamental du droit de propriété, en vertu duquel nul ne peut être contraint de céder sa propriété que pour cause d'utilité publique. Or, le droit de préemption n'est au fond qu'une expropriation pour cause d'utilité privée.

Il est probable que les auteur du nouveau système foncier, en établissant le droit de préemption, ont été guidés par le désir de consolider la propriété sur la même tête, de façon à rendre l'immeuble plus facilement mobilisable. Il n'est pas douteux, en effet, que la cessation de l'indivision et la réunion du sol à la superficie sont de nature à favoriser la circulation des propriétés immobilières.

§ 1. — Cessions soumises au droit de préemption

Les cessions soumises au droit de préemption sont :

1° La cession à un tiers de la portion d'un immeuble indivis ;

2° La cession à un tiers d'un immeuble faisant partie d'une succession non encore partagée ;

3° La cession à un tiers d'une portion de maison d'habitation divise entre co-propriétaire ;

4° La cession de la superficie à une autre personne que le propriétaire du sol ;

5⁰ La cession du sol à une autre personne que le superficiaire.

Remarquons : 1⁰ que le droit de préemption étant une grave dérogation au droit commun, l'article 53 doit recevoir une interprétation restrictive. Ainsi, il ne pourra pas s'exercer en dehors du cas et des personnes spécifiés par la loi : immeubles indivis, immeubles faisant partie d'une succession, maison d'habitation, sol et superficie ; co-propriétaire, co-héritier, superficiaire et propriétaire.

2⁰ Qu'il est nécessaire que la cession ait été faite à titre onéreux. Notre article dit, en effet « vendu ». Une cession à titre gratuit ne pourrait donc donner lieu à l'exercice du droit.

3⁰ Qu'il est nécessaire que la cession ait été faite à un tiers. Si la portion d'immeuble ou l'immeuble avait été vendu à un autre co-propriétaire ou à un autre co-héritier, le droit de préemption ne saurait s'exercer.

§ 2. — *Des personnes admises à exercer le droit de préemption.*

Sur un même immeuble, le droit de préemption s'exerce, par voie de préférence, dans l'ordre suivant (art. 54) :

1⁰ Le propriétaire du sol à l'égard du superficiaire ;

2⁰ Le superficiaire à l'égard du propriétaire du sol ;

3⁰ Les co-héritiers ;

4⁰ Les co-propriétaires divis ou indivis.

Si plusieurs co-héritiers ou plusieurs co-propriétaires divis ou indivis se trouvaient en concours pour exercer le droit de préemption, celui qui possède la part la plus considérable est préféré à celui qui possède une part moindre.

S'ils possèdent des parts égales, le sort décide quel sera le bénéficiaire de la préemption. Le tirage au sort est opéré par les soins du greffier du tribunal de première instance (ou de la justice de paix à compétence étendue), qui dresse procès-verbal.

Il peut arriver qu'il y ait contestation sur l'importance de la part de chaque co-héritier ou des co-propriétaires divis ou indivis. Dans ce cas, elle est déterminée par un expert nommé par ordonnance du président (ou juge de paix à compétence étendue) (art. 55).

§ 3. — *Des conditions à remplir pour pouvoir exercer le droit de préemption.*

Celui qui veut exercer le droit de préemption doit rembourser :

1º Le prix de la vente ;

Il s'agit du prix véritable, réel de la vente. Si le prix porté dans l'acte avait été frauduleusement exagéré, et que la fraude pût être prouvée, il n'y aurait lieu qu'au remboursement du prix effectivement payé.

2º Le prix des améliorations ;

C'est une application du principe que nul ne peut s'enrichir aux dépens d'autrui. Ainsi, si l'immeuble ou portion d'immeuble qui fait l'objet de la cession a augmenté de valeur, celui qui veut exercer le droit de préemption doit rembourser la valeur de cette augmentation. Cette condition nous paraît absolument fondée. C'est la moindre des choses, en effet, que le propriétaire évincé, qui subit cette expropriation anormale, ne souffre aucune perte.

3º Les loyaux coûts du contrat, c'est-à-dire les frais d'acte et d'enregistrement, s'il en existe (art. 53).

§ 4. — *Procédure pour exercer le droit de préemption.*

Le co-héritier, le co-propriétaire, le propriétaire du
sol et le superficiaire qui veulent exercer le droit de
préemption doivent notifier leur volonté à l'acquéreur de
l'immeuble.

Cette notification doit contenir offres réelles de rembourser le prix d'acquisition, le prix des améliorations
et tous les coûts accessoires.

Elle doit être faite, à peine de déchéance, dans le
délai de huitaine à partir du jour où le notifiant a eu
connaissance de la vente, sauf le délai des distances,
qui, d'ailleurs, ne peut jamais dépasser deux mois
(art. 56).

Dans tous les cas, le droit de préemption se prescrit
par six mois à partir du jour de la vente (art. 58).

Si l'acquéreur veut faire courir immédiatement le
délai de la déchéance, l'article 57 l'autorise, après l'inscription de la vente sur le titre de propriété, à faire notifier son contrat d'acquisition à tout ayant-droit à la
préemption. Dès lors, si l'ayant droit laisse passer le
délai de huitaine, augmenté des délais de distance,
comme il a été dit ci-dessus, il est forclos.

TITRE III

CHAPITRE UNIQUE

DE L'USUFRUIT DES IMMEUBLES

SECTION I. — DISPOSITIONS GÉNÉRALES

Le titre III traite de l'usufruit des immeubles (articles 59 à 71). Le décret s'approprie les principes édictés par le Code civil sur cette matière. Pour ne pas nous exposer à des longueurs inutiles, il suffira d'y renvoyer.

Toutefois, il convient de marquer les points suivants, qui s'écartent des règles de notre législation.

Aux termes de l'article 62, l'usufruit peut être établi :

1° Sur la propriété immobilière ;
2° Sur l'emphytéose pour le temps de sa durée ;
3° Sur la superficie ;
4° Sur l'antichrèse ;
5° Sur les hypothèques.

Section II. — Des droits et des obligations de l'usufruitier (art. 63).

Les droits et les obligations de l'usufruitier sont réglés par les articles 582 à 617 du Code civil.

Section III. — Comment l'usufruit prend fin (art. 64).

L'usufruit s'éteint :

1° Par la mort de l'usufruitier ;

2° Par l'expiration du temps pour lequel il a été accordé ;

3° Par la consolidation ou la réunion sur la même tête des deux qualités d'usufruitier et de propriétaire ;

4° Par le non-usage du droit pendant 20 ans ;

5° Par la perte totale de l'immeuble sur lequel l'usufruit est établi ;

6° Par l'abus que l'usufruitier fait de sa jouissance, soit en commettant des dégradations sur le fonds, soit en le laissant dépérir faute d'entretien.

La seule dérogation au Code civil consiste à avoir réduit à 20 ans, au lieu de 30, la cause d'extinction par le non-usage. Le délai a été abrogé dans le but de favoriser l'extinction des charges qui grèvent l'immeuble, afin de le rendre plus facilement mobilisable.

TITRE IV

De l'usage et de l'habitation (art. 72).

———

Les droits d'usage et d'habitation s'établissent et se perdent suivant la même manière que pour l'usufruit.

———

TITRE V

De l'emphytéose.

———

L'article 73 définit ainsi l'emphytéose : « l'emphytéose est un droit réel immobilier qui consiste à avoir la pleine jouissance d'un immeuble appartenant à autrui sous la condition de lui payer une redevance, soit en argent, soit en nature, en reconnaissance de son droit de propriété ».

L'emphytéose était très-fréquente dans notre ancien droit. Elle était tantôt perpétuelle, tantôt temporaire.

L'emphytéose perpétuelle a été abolie par les lois du 4 août et 21 septembre 1789, 19-29 décembre 1790.

Quant à l'emphytéose temporaire, il y a controverse

sur le point de savoir si elle a été reconnue comme droit réel par le Code civil. Aujourd'hui, cependant, l'affirmative paraît admise par un grand nombre de jurisconsultes et par la jurisprudence (Cass. 4 août 1880 ; 22 juin 1885).

Le nouveau système foncier de Madagascar n'a donc fait que consacrer par un texte formel ce qui existait dans la pratique.

On peut ajouter que, dans notre colonie, la reconnaissance de l'emphytéose comme droit réel s'imposait. Nous avons vu, en effet, qu'aux termes de l'article 6 du traité du 17 décembre 1885, les Français, avant l'occupation, avaient la seule faculté de louer le sol par bail emphytéotique. Aussi un grand nombre de contrats de ce genre, qu'il est nécessaire aujourd'hui de protéger, avaient été passés entre nos nationaux et les indigènes.

Dans un autre ordre d'idées, on peut dire encore que l'emphytéose est plus favorable que le simple bail au développement de l'agriculture et de l'industrie. Pour créer de grandes exploitations dans des terrains incultes, comme c'est le cas dans les colonies, il est nécessaire d'avoir un droit de longue durée, qui puisse permettre de recueillir les bénéfices de l'entreprise.

Quel est le caractère du contrat d'emphytéose ?

L'emphytéose est une convention *sui generis* qui tient à la fois du bail, de la propriété et de l'usufruit.

Comme le locataire, l'emphytéote est tenu de payer une redevance au propriétaire et le contrat n'est consenti que pour un temps limité.

Comme le propriétaire, l'emphytéote a un droit réel sur l'immeuble ; il exerce toutes les actions pétitoires et possessoires ; il peut aliéner son droit, l'hypothéquer, constituer un usufruit.

Comme l'usufruitier, il peut jouir de la chose et en

recueillir les fruits ; il lui est défendu de rien faire pour
diminuer le fonds et il existe un propriétaire auquel il est
tenu de rendre le fonds à l'expiration du contrat.

§ 1. — *Constitution de l'emphytéose* (art. 74).

L'emphytéose ne peut pas être établie pour une durée
de moins de 20 ans et de plus de 99 ans.

Tout bail d'une durée de 20 ans est présumé bail emphytéotique, à moins de stipulations contraires soit dans
le bail, soit dans un acte séparé.

§ 2. — *Droits de l'emphytéote* (art. 75).

D'une façon générale, l'emphytéote exerce tous les
droits attachés à la propriété du fonds.

Ainsi :

1° Il exerce toutes les actions possessoires et pétitoires.

2° Il peut aliéner son droit à titre gratuit ou onéreux.

Mais il va sans dire qu'il ne peut transmettre que les
droits qu'il possède lui-même. En conséquence, le ces-
sionnaire sera tenu des mêmes obligations que l'emphytéote.

3° Il peut encore hypothéquer son droit, le grever de
servitudes, le donner en usufruit.

4° L'emphytéote a le droit de jouir de toutes espèces
de fruits, naturels, industriels ou civils.

5° Il jouit de tous les droits de servitude, de passage
et généralement de tous les droits dont le propriétaire
peut jouir, et il en jouit comme le propriétaire lui-même.

6° Il jouit, de la même manière que le propriétaire, des
mines et carrières déjà en exploitation ou de celles qui

viennent à être découvertes et dont l'exploitation n'est pas encore commencée, sauf les restrictions apportées par les lois et règlements sur les mines.

7° Il a également droit au trésor qui pourrait être découvert sur le fonds, etc.

En un mot, suivant l'expression générale employée par l'article 75, l'emphytéote exerce tous les droits attachés à la propriété du fonds.

§ 3. — *Obligations de l'emphytéote.*

1° L'emphytéote doit payer la redevance convenue au propriétaire. Cette redevance peut être stipulée soit en argent, soit en nature (art. 73).

2° Il doit jouir en bon père de famille.

L'article 75 dit, en effet, qu'il ne pourra rien faire pour diminuer la valeur du fonds.

3° Comme corollaire du droit d'exercer tous les droits attachés à la propriété du fonds, l'emphytéote est tenu de supporter tous les impôts et de faire toutes les réparations, même les grosses.

§ 4. — *Comment l'emphytéose prend fin.*

L'article 76 énumère deux causes d'extinction de l'emphytéose :

1° La confusion.

La confusion est, comme on sait, la réunion sur la même tête des deux qualités d'emphytéote et de propropriétaire, par exemple lorsque l'emphytéote se rend acquéreur du fonds.

2° La destruction du fonds.

Il s'agit de la destruction du fonds par cas fortuit. Si

la destruction résultait de la faute ou même du fait de l'emphytéote, il serait responsable envers le propriétaire, conformément au principe que nous avons déjà cité, en vertu duquel il ne peut rien faire pour diminuer la valeur du fonds.

Le décret dit : « la destruction du fonds », sans ajouter aucun correctif. Il faut donc entendre ce mot dans le sens de destruction totale. Au cas de destruction partielle, l'emphytéose subsisterait sur la partie qui a été conservée.

3° A cas deux causes d'extinction prévues par le décret, il faut en joindre une troisième, qui découle de la définition même du contrat : l'expiration du temps pour lequel l'emphytéose a été concédée.

TITRE VI

De la superficie.

L'article 77 est conçu dans les termes suivants : « Le droit de superficie est un droit réel immobilier qui consiste à avoir des bâtiments, ouvrages ou plantations sur un fonds appartenant à autrui ».

Le droit de superficie est une sorte de droit de propriété limité à la surface.

Quels sont les caractères de ce droit ?

Le droit de superficie est un droit réel de même nature que le droit de propriété. D'où il suit, que tous les éléments qui composent le droit de propriété doivent être appliqués au droit de superficie.

Notons, en outre, que le droit du superficiaire est absolument distinct de celui du propriétaire du fonds.

Il en résulte qu'aucune indivision n'existe entre le propriétaire du fonds et le superficiaire (Cass. 16 décembre 1873).

Quels sont les droits du superficiaire ?

Le superficiaire a les mêmes droits que le propriétaire. Il peut donc jouir et disposer de tout ce qui fait l'objet de son droit de la manière la plus absolue, à condition qu'il n'en fasse pas un usage prohibé par les lois ou par les règlements. Ainsi, il peut l'aliéner, l'hypothéquer, le grever de servitudes, mais, bien entendu, dans les limites de son droit (art. 78).

Aux termes de l'article 79, le droit de superficie s'éteint :

1° Par la confusion ;

2° Par la destruction du fonds.

TITRE VII

Des servitudes foncières (art. 80 à 92).

Le décret emprunte au Code civil tout le système des servitudes. Il nous suffit de renvoyer aux nombreux commentaires qui sont entre toutes les mains. Nous avons, cependant, à signaler quelques points qui sont particuliers au nouveau système foncier :

1º Nous avons vu que tout droit réel n'existe sur l'immeuble que s'il est inscrit sur le titre de propriété. Toutefois, par exception, aux termes de l'article 81, les servitudes qui dérivent ou de la situation naturelle des lieux, ou des obligations imposées par la loi ne sont pas assujetties à l'inscription.

2º L'assiette et le mode de servitude de passage pour cause d'enclave sont déterminés par 20 ans d'usage continu, au lieu de 30, comme dans le Code civil (article 85).

3º Les servitudes ne peuvent s'établir que par titre (art. 87).

Le décret proscrit l'établissement des servitudes par la prescription de 30 ans. Nous avons vu et nous verrons encore par la suite que le décret écarte la prescription comme moyen d'acquisition de la propriété ou d'un de ses démembrements. C'est l'application du principe, qui est la base fondamentale du nouveau système foncier, qu'il ne doit exister aucun mode occulte d'acquisition de droits réels, afin que le titre de propriété fasse connaître d'une façon exacte la situation juridique de l'immeuble.

4º Les servitudes sont éteintes par le non-usage pendant 20 ans (art. 91).

TITRE VIII

De l'antichrèse (art. 93 à 103).

———

L'antichrèse, suivant la définition de l'article 93, est la remise d'un immeuble par le débiteur à son créancier pour la sûreté de sa dette.

Les articles 83 à 103 ne sont que la reproduction des articles du Code civil. Il suffit de renvoyer aux commentaires, qui ont traité la matière beaucoup mieux que nous ne saurions le faire.

———

TITRE IX

Régime hypothécaire.

———

L'organisation du régime hypothécaire était la partie la plus difficile du projet. Il fallait, en effet : 1° créer un système de publicité qui permette aux intéressés de connaître facilement et exactement la situation juridique de l'immeuble, c'est-à-dire la nature et l'étendue des droits réels dont il est grevé.

2° Rendre la constitution de l'hypothèque et la réalisation du gage aussi simples et rapides que possible, de façon à procurer aux propriétaires fonciers une facilité de crédit sensiblement égale à celle que peut donner un objet mobilier.

Le décret, comme nous l'avons déjà dit, a résolu le problème en empruntant sur ce point les principales dispositions de la loi Tunisienne sur la propriété foncière. Cette loi avait elle-même adopté les grandes lignes de l'act Torrens, qu'elle a essayé de concilier avec l'ensemble des principes de notre Code civil.

Toutefois, notre décret a élagué certaines dispositions qui ont paru contradictoires avec le but poursuivi et en a ajouté certaines autres que lui a paru réclamer l'état de la propriété à Madagascar.

Voici les principes généraux sur lesquels se base le décret :

1° Tout droit réel n'existe à l'égard des tiers que par le fait et du jour de son inscription sur le titre de propriété ;

2° Tous les actes entre-vifs ou après décès qui sont de nature à modifier la situation juridique de l'immeuble doivent être inscrits ;

3° Spécialité de l'hypothèque ;

4° Suppression des privilèges et hypothèques généraux et occultes ;

5° Suppression des hypothèques judiciaires.

La mobilisation de la propriété et le crédit foncier sont obtenus au moyen des dispositions suivantes :

1° Une copie du titre de propriété se trouve entre les mains du propriétaire. Celui-ci est obligé de le représenter au conservateur toutes les fois qu'il veut effectuer une transaction. A défaut de représentation, s'il s'agit d'une stipulation synallagmatique, le conservateur refuse désormais toute inscription. Dans les autres cas,

il refuse toute nouvelle inscription jusqu'à concordance
du titre et de la copie. Il suit de ces diverses obligations, que la copie du titre, concordant avec le titre
original qui est gardé par le conservateur, montrera
exactement la situation juridique de l'immeuble. Le
prêteur, sans être obligé de se livrer à des recherches
multiples et souvent infructueuses comme dans le
système hypothécaire français, connaîtra aussi fidèlement que possible les droits et charges qui grèvent la
propriété. Il sera d'autant plus disposé à avancer des
fonds qu'il n'aura aucune crainte d'être primé par des
hypothèques ou privilèges antérieurs. Quant à l'avenir,
il lui est également facile de s'en garantir complètement
en se faisant livrer par l'emprunteur la copie du titre de
propriété. Le propriétaire, en effet, étant désaisi de son
titre, ne peut plus consentir ni aliénation ni hypothèque.

2° La créance hypothécaire peut être rédigée sous-
seing privé. Après avoir été transcrite sur le titre, rien
ne s'oppose à ce qu'elle soit transmise par la voie de
l'endossement. Il suffira de l'inscription de l'endos sur le
titre de propriété pour le régulariser.

On comprend que les capitalistes, pouvant céder leur
créance par voie d'endossement et réaliser ainsi facilement leur argent, seront plus enclins à confier leurs
capitaux aux propriétaires fonciers.

3° En cas d'expropriation de l'immeuble hypothéqué,
les formalités lentes et coûteuses de la saisie immobilière du Code de procédure civile sont supprimées. Le
décret permet une expropriation facile et rapide de
l'immeuble au moyen d'une procédure calquée sur celle
des sociétés de crédit foncier (Décr. 28 février 1852).

TITRE X

Des privilèges (art. 104 à 106).

———

Le décret n'admet que les privilèges énumérés dans l'article 2101 du Code civil, auxquels il ajoute le privilège du trésor de l'article 2098 (Code civil).

Par conséquent, les privilèges reconnus sont :

1° Les frais de justice ;

2° Les frais funéraires ;

3° Les frais du trésor ;

4° Les frais de dernière maladie, concurremment entre ceux à qui ils sont dus ;

5° Les salaires des gens de service pour l'année échue et ce qui est dû de l'année courante ;

6° Les fournitures de subsistances faites au débiteur et à sa famille, savoir : pendant les 6 derniers mois, pour les marchands en détail, tels que boulangers, bouchers et autres ; et, pendant la dernière année, pour les maîtres de pension et marchands en gros.

Ces privilèges s'exercent suivant l'ordre où ils sont nommés.

Par une grave dérogation au principe fondamental du nouveau système foncier, ils ne sont pas astreints à l'inscription. On a considéré que ces privilèges, portant presque toujours sur des sommes très modiques, répondent à des nécessités pratiques qui en rendent la conservation nécessaire. A tous égards, ils ne s'exercent sur le prix des immeubles qu'à défaut de mobilier.

Tous les autres privilèges admis par notre Code civil sont supprimés.

Ainsi, sont abolis :

1° Le privilège du vendeur d'immeubles ;

2° Le privilège de ceux qui ont fourni les deniers pour l'acquisition d'une maison ;

3° Le privilège des co-héritiers sur les immeubles de la succession pour la garantie du partage ;

4° Le privilège des architectes, entrepreneurs, etc..., pour édifier, reconstruire ou réparer des bâtiments, etc.

5° Le privilège de ceux qui ont prêté les deniers pour payer ou rembourser les ouvriers.

Nous verrons dans la suite les mesures que prend le décret pour sauvegarder les droits de ces diverses personnes.

TITRE XI

Des hypothèques.

CHAPITRE PREMIER

DISPOSITIONS GÉNÉRALES

L'hypothèque, dans notre décret, a la même nature et les mêmes caractères que dans le Code civil (art. 107).

Elle est indivisible et subsiste en entier sur tous les immeubles affectés, sur chacun et sur chaque portion de ces immeubles. Elle les suit dans quelques mains qu'ils passent. Elle n'a lieu que dans les cas et suivant les formes autorisés par la loi (art. 108).

Sont seuls susceptibles d'hypothèques (art. 109) :

1° La propriété immobilière qui est dans le commerce ;

2° L'usufruit des immeubles pour le temps de sa durée ;

3° L'emphythéose pour le temps de sa durée ;

4° La superficie.

Le décret admet quatre sortes d'hypothèques :

1° L'hypothèque forcée ;

2° L'hypothèque volontaire ;

3° L'hypothèque testamentaire ;

4° L'hypothèque conventionnelle.

Ces quatre modes d'hypothèques peuvent être ramenés à deux : l'hypothèque forcée et l'hypothèque volontaire, qui comprend l'hypothèque testamentaire et conventionnelle.

Aux termes de l'article 112, l'hypothèque ne s'acquiert que par l'inscription. Le décret, sur ce point, s'écarte entièrement du système hypothécaire français qui admet que les droits réels se transmettent par le consentement des parties. La transcription et la publicité ne sont exigées que dans l'intérêt des tiers et pour fixer la date certaine à laquelle ces droits commencent à produire leurs effets.

Dans le système du décret, le consentement ne suffit pas. L'hypothèque n'est valable, même à l'égard des intéressés, que par l'inscription sur le titre de propriété.

Le même article 112 ajoute : les inscriptions prises auront la même durée que l'hypothèque. C'est encore une dérogation au système hypothécaire français qu'il faut noter. On sait, en effet, qu'aux termes de l'article 2154 du Code civil, l'inscription de l'hypothèque est soumise à un renouvellement décennal. D'après les dispositions de l'article 112, au contraire, l'inscription reste valable tant quelle n'a pas été radiée suivant les formes légales.

———

CHAPITRE II

DES HYPOTHÈQUES FORCÉES

L'hypothèque forcée est celle qui est acquise en vertu d'une décision de justice, sans le consentement du débiteur, dans les cas et aux personnes ci-après déterminés :

1° Aux mineurs et aux interdits, sur les immeubles des tuteurs et de leurs cautions ;

2° A la femme, sur les immeubles de son mari, pour sa dot, ses droits matrimoniaux, l'indemnité des obligations du mari dont elle est tenue et le remploi du prix de ses biens aliénés ;

3° Au vendeur, à l'échangiste ou aux co-partageants, sur l'immeuble vendu, échangé ou partagé, quand il n'a pas été réservé d'hypothèque conventionnelle pour le payement du prix ou de la soulte d'échange ou de partage (art. 113).

L'hypothèque forcée est limitée aux cas que nous venons d'énumérer. Dans l'esprit du décret, elle doit remplacer les privilèges du vendeur, de l'échangiste ou du co-partageant et l'hypothèque générale sur les biens des tuteurs et des maris, qui ont été supprimés.

Ce n'était pas tout, en effet, de supprimer. Il était nécessaire d'organiser la protection des incapables et des femmes mariées et de garantir le vendeur, échangiste ou co-partageant contre toute éviction.

C'est dans ce but qu'a été instituée l'hypothèque forcée. Nous allons maintenant examiner de quelle façon le décret fait application de l'hypothèque forcée à ces divers cas.

§ 1. — *Incapables.*

A l'ouverture d'une tutelle ou d'une interdiction, le conseil de famille, contradictoirement avec le tuteur, détermine le ou les immeubles qui seront frappés d'hypothèque et la somme pour laquelle l'inscription sera prise (art. 114).

Si dans le cours de la tutelle, l'inscription devenait insuffisante ou était reconnue excessive, le conseil de famille peut l'augmenter ou la diminuer (art. 115).

Dans tous les cas, si le tuteur n'acquiesce pas à la délibération du conseil de famille, la délibération doit être homologuée par le tribunal, et l'hypothèque est prise en vertu de la décision judiciaire (art. 116).

Le tuteur peut toujours être dispensé de l'hypothèque en constituant un gage mobilier ou une caution. Mais, il est nécessaire que la valeur du gage ou de la caution soit reconnue suffisante par un jugement. L'acceptation du conseil de famille ne suffirait pas (art. 119).

§ 2. — *Femmes mariées*.

La femme doit, dans le contrat de mariage, stipuler une hypothèque à son profit. Le contrat doit indiquer le ou les immeubles qui seront grevés et la somme jusqu'à concurrence de laquelle l'inscription sera prise (article 117).

S'il n'a pas été stipulé d'hypothèque dans la convention matrimoniale, ou si l'hypothèque consentie était devenue insuffisante, la femme peut, pendant le mariage, pour toutes les causes de recours qu'elle peut avoir contre son mari, soit à raison des obligations par elle souscrites, ou d'aliénation de ses biens propres, ou de donations ou de successions auxquelles elle est appelée, requérir l'inscription d'une hypothèque à son profit sur les immeubles de son mari.

Si le mari acquiesce, l'inscription est opérée purement et simplement par le conservateur.

Si le mari résiste, la femme s'adresse au tribunal qui ordonne l'inscription de l'hypothèque et détermine l'immeuble qui sera grevé et la somme pour laquelle l'inscription sera prise.

Si la garantie est devenue excessive, le mari peut obtenir la diminution de l'inscription, mais seulement par décision de justice. Le consentement de la femme serait insuffisant. Le décret a voulu protéger la femme contre sa propre faiblesse (art. 118).

Comme le tuteur, le mari peut toujours être dispensé de l'hypothèque en constituant un gage mobilier ou une caution reconnus suffisants par jugement (art. 119).

§ 3. — *Vendeur d'immeuble.*

Le vendeur d'immeuble jouit de la même faculté que la femme mariée. Il peut, dans l'acte de vente, stipuler une hypothèque pour garantir le paiement total ou partiel du prix. Il peut également stipuler l'action en résolution en cas de revente de l'immeuble par l'acheteur, avant le paiement total ou partiel du prix (art. **120**).

S'il a négligé de prendre ces précautions, il peut arriver au même résultat en obtenant un jugement, en vertu duquel il prendra inscription. Le jugement pourra également l'autoriser à conserver son action en résolution en cas de nouvelle transmission par l'acheteur de l'immeuble, avant le paiement total ou partiel du prix (art. **121**).

Mais, il y aura intérêt pour le vendeur à ne pas négliger ces formalités dans l'acte de vente. Car tous les droits réels, inscrits avant le jugement qu'il prendrait dans la suite, primeront son hypothèque, conformément aux règles de droit commun.

De même, à défaut d'inscription de la clause de la conservation de l'action résolutoire, la résolution de la vente ne pourra, en aucun cas, être opposée aux tiers (art. **122**).

En outre des mesures destinées à sauvegarder les droits des mineurs, des incapables, des femmes mariées, du vendeur, de l'échangiste et du co-partageant, l'article **123** du décret autorise, en cas d'urgence, le président du tribunal de première instance (ou le juge de paix à compétence étendue) à ordonner toutes inscriptions conservatoires, valables jusqu'au jugement définitif. Si, ce jugement maintient tout ou partie de l'inscription, celle-ci prend rang à la date de l'inscription prise conservatoirement.

Telles sont les mesures adoptées par le décret pour la
protection des incapables et de la femme mariée. Nous
pensons que le nouveau système hypothécaire présente
de réels avantages sur celui du Code civil. Nous savons,
en effet, que dans le Code civil, les biens des maris et
tuteurs sont grévés d'une hypothèque légale, qui est
générale et occulte, à moins de conventions contraires
ou de décisions de justice. Il faut une vérification souvent très difficile pour arriver à connaître la véritable
situation juridique d'un immeuble, et la réalisation du
gage n'est obtenue qu'à l'aide d'une procédure lente,
coûteuse et compliquée. De là, une entrave au crédit du
propriétaire, qui, dans ces conditions, trouve difficilement des capitaux.

Notre système hypothécaire fait disparaître tous ces
inconvénients signalés depuis bien longtemps. Grâce à
la publicité, on connaît la situation juridique de l'immeuble sans qu'aucun doute puisse s'élever. En effet, comme
il n'existe pas d'autres droits réels que ceux qui sont
inscrits, il suffit de s'adresser au conservateur de la
propriété foncière, qui est tenu de faire connaître la
situation exacte des charges qui grèvent l'immeuble.
Grâce à la spécialité, l'hypothèque ne frappe les biens
du tuteur ou du mari que dans la mesure strictement
nécessaire pour sauvegarder les intérêts de la femme ou
des incapables.

CHAPITRE III

Section I. — Des hypothèques volontaires et conventionnelles

Les hypothèques volontaires et conventionnelles sont régies, à peu de chose près, par les mêmes règles que l'hypothèque conventionnelle dans le Code civil.

5 conditions sont exigées pour leur validité :

1° Il faut que le constituant soit propriétaire de l'immeuble ;

2° Qu'il ait la capacité de l'aliéner ;

3° Que l'hypothèque soit spéciale ;

4° Qu'elle soit inscrite ;

5° Que la somme pour laquelle elle est consentie soit déterminée dans l'acte (articles 124, 128, 130).

Les biens des mineurs et des interdits et ceux des absents, tant que la possession n'en est déférée que provisoirement, ne peuvent être hypothéqués que pour les causes et suivant les formes établies par les articles 457, 458 et 509 du Code civil (art. 126).

L'article 131 admet expressément la validité de l'hypothèque conférée pour garantie d'un crédit ouvert jusqu'à concurrence d'une somme déterminée. Elle prend rang à la date de son inscription, sans égard aux époques successives de la délivrance des fonds (art. 131). La jurisprudence française avait déjà admis la validité d'une hypothèque de ce genre (cassation 26 janv. 1814 ; — 8 mars 1853).

Remarquons que l'article 2127 du Code civil, qui dis-

pose que l'hypothèque ne peut être consentie que par
acte authentique devant notaire, n'étant pas reproduit
par le décret, il s'ensuit que les obligations hypothécaires sont valablement consenties par acte sous-seing privé.

SECTION II. — DE L'HYPOTHÈQUE TESTAMENTAIRE

L'hypothèque testamentaire n'est qu'une forme de
l'hypothèque volontaire.

L'article 127 la définit : celle qui est établie par le testateur sur un ou plusieurs immeubles pour garantir les
legs qu'il a faits.

Cette innovation nous semble très utile et de nature
à rendre de grands services dans la pratique.

Trois conditions sont exigées pour sa validité. Il faut :

1° Que le testateur détermine la valeur de l'hypothèque ;

2° Qu'elle soit spéciale à un ou plusieurs immeubles ;

3° Qu'elle soit consentie pour garantir le ou les legs
consentis par le testateur.

CHAPITRE IV

DU RANG DES HYPOTHÈQUES ENTRE ELLES

Nous avons déjà vu que l'hypothèque n'existe à l'égard
des tiers qu'à la condition d'être inscrite. C'est égale-

ment l'inscription qui détermine le rang des hypothèques entre elles (art. 132).

En cas d'expropriation, les créanciers sont payés
d'après l'ordre des inscriptions, en commençant par la
plus ancienne.

Toutefois, tous les créanciers inscrits le même jour,
alors même qu'une différence d'heure serait marquée
par le Conservateur, occupent le même rang et exercent
concurremment leurs droits.

CHAPITRE V

DE L'EFFET DES HYPOTHÈQUES CONTRE LES TIERS DÉTENTEURS

Les articles 134 à 146, qui traitent de l'effet des
hypothèques à l'égard des tiers détenteurs, ne sont que
la reproduction à peu près complète des articles du Code
civil sur la matière.

Notons, toutefois, que l'article 2170 du Code civil aux
termes duquel le tiers détenteur, qui n'est pas personnellement obligé à la dette, peut s'opposer à la vente de
l'héritage hypothéqué qui lui a été transmis, s'il est
demeuré d'autres immeubles hypothéqués à la même
dette dans la possession du principal ou des principaux
obligés, et en requérir la discussion préalable, n'a pas
été reproduit dans le décret.

Le motif saute aux yeux. L'article 2170 n'est et ne
peut être applicable qu'au cas d'une hypothèque géné-

rale. Or, nous savons que le but fondamental du décret
est de supprimer les hypothèques générales et de n'admettre que des hypothèques spéciales. La disposition de
cet article était donc contraire à l'esprit général du nouveau système foncier; sa suppression s'imposait.

————

CHAPITRE VI

DE L'EXTINCTION DE L'HYPOTHÈQUE (ART. 146)

Les hypothèques s'éteignent :
1º Par l'extinction de l'obligation ;
2º Par la renonciation du créancier ;
3º Par la purge.
Comme on le voit, le décret supprime l'extinction par
la prescription.

Comme nous l'avons déjà fait remarquer, les auteurs
du nouveau système hypothécaire ont voulu supprimer
toute cause occulte d'acquisition et d'extinction du droit
réel, afin que la situation juridique de l'immeuble pût
être exactement connue par la représentation du titre
de propriété.

On a voulu aussi éviter les nombreuses difficultés
soulevées dans la pratique par la cause d'extinction des
hypothèques par la prescription.

————

CHAPITRE VII

DU MODE DE PURGER LES IMMEUBLES DES HYPOTHÈQUES
(ARTICLES 147 A 159)

Le nouveau système foncier, en même temps qu'il donne à la propriété un point de départ fixe, une délimitation exacte et une constitution certaine par un titre public, procure le moyen par la purge d'affranchir l'immeuble des hypothèques qui le grèvent.

La procédure de purge admise par le décret est la même que celle du Code de procédure civile, sauf quelques légères dissemblances rendues nécessaires par certaines dispositions particulières du nouveau système foncier.

Le nouveau propriétaire, le co-échangiste ou le donataire qui veulent purger l'immeuble doivent, soit avant toute poursuite exercée contre eux en leur qualité de tiers détenteur, soit dans le mois au plus tard à compter de la première sommation qui leur est faite de payer la dette exigible ou de délaisser l'immeuble, notifier aux créanciers inscrits, au domicile élu, et dans l'année de l'inscription de leur droit de propriété :

1º Un extrait de l'acte transmissif de propriété contenant sa date et sa qualité et la désignation des parties ;

2º Le prix de l'acquisition et les charges faisant partie du prix, l'évaluation de ces charges, celle du prix, même s'il consiste en une rente viagère ou perpétuelle ou en toute autre obligation que celle de payer un capital fixe ;

enfin, l'évaluation de l'immeuble, s'il a été donné ou cédé à tout autre titre que celui de vente ;

3° Un certificat d'inscription de toutes les hypothèques qui pèsent sur l'immeuble, y compris celle du vendeur pour garantie du paiement de l'immeuble (articles 148-149).

Cette notification doit contenir déclaration que le nouveau propriétaire est prêt à acquitter les dettes et charges hypothécaires jusqu'à concurrence du prix porté dans l'acte de vente, ou jusqu'à concurrence d'un prix qu'il fixe, s'il a acquis l'immeuble par échange ou donation, sans déduction aucune au profit du vendeur ou de tout autre.

Si les créanciers acceptent, toutes les créances sans distinction deviennent immédiatement exigibles, jusqu'à concurrence du prix offert, à l'égard du nouveau propriétaire, et, pour le tout, à l'égard du débiteur (art. 150).

Il peut arriver qu'un vendeur possède à la fois sur l'immeuble une hypothèque pour garantie du paiement total ou partiel du prix et un droit en résolution de vente, stipulé pour le cas de non paiement (articles 120 et 121).

Dans ce cas, aux termes de l'article 151, le vendeur aura un délai de 40 jours à partir de la notification pour opter entre l'un ou l'autre de ces droits.

Il peut se présenter trois hypothèses :

1e Il laisse passer le délai de 40 jours sans répondre.

Dans ce cas, il est déchu de son action en résolution et ne conserve plus que son hypothèque.

2° Il opte pour la résolution du contrat.

Alors, le vendeur est tenu dans le même délai de 40 jours, à peine de déchéance, d'en faire la déclaration au greffe du tribunal de première instance (ou de la justice de paix à compétence étendue) devant lequel l'ordre doit être poursuivi.

Le greffier est tenu de prévenir immédiatement le conservateur de la propriété foncière, qui fait mention de la notification sur le titre de propriété.

Dans les 10 jours qui suivent le délai de 40 jours spécifié ci-dessus, le vendeur est tenu de porter sa demande en résolution devant le tribunal.

L'option pour la résolution de la vente a pour effet de suspendre la purge. En effet, de deux choses l'une : le vendeur renonce à son action ou le tribunal l'en déboute, et alors la procédure de la purge pourra suivre son cours — ou bien, le tribunal accueille l'action en résolution, et alors, il n'y a plus lieu à purge, l'immeuble retournant à son ancien propriétaire.

3° Le vendeur opte pour l'hypothèque inscrite pour la garantie du paiement total ou partiel du prix.

Dans ce cas, il sera désintéressé suivant son rang d'inscription (art. 151).

Si le prix offert par le nouveau propriétaire paraît insuffisant, tout créancier inscrit a le droit de requérir la mises aux enchères de l'immeuble (art. 152, 153, 154, 155, 156, 157, 158).

Les articles 152 à 159 du décret, qui déterminent les conditions à remplir par le créancier qui requiert la mise aux enchères, sont littéralement la reproduction des articles 2185 à 2193 du Code civil. Pour ne pas allonger outre mesure cette étude, nous nous contentons de renvoyer aux nombreux commentaires qui existent sur cette matière.

TITRE XII

De l'expropriation forcée.

——

Comme dans le système du Code civil, lorsque le débiteur ne remplit pas ses obligations, le créancier peut saisir ses biens et les faire vendre en justice.

Aux termes de l'article 159, le créancier peut poursuivre l'expropriation des droits réels immobiliers suivants :

1° La propriété immobilière ;

2° L'usufruit des immeubles ;

3° L'emphytéose ;

4 La superficie.

Les articles 161 à 171 reproduisent à peu près textuellement les dispositions du Code civil.

Les articles 171 à 182 règlent la forme de la saisie immobilière.

Le décret, sur ce point, nous paraît avoir réalisé une heureuse innovation.

En France, depuis longtemps, on critique avec raison les formalités, les lenteurs et les frais exorbitants qu'entraînent les formes de la poursuite sur l'expropriation. D'un autre côté, ce serait un non sens de conserver à côté d'une loi foncière procédant des principes de l'act Torrens, dont le but essentiel est la mobilisation du sol, une procédure surannée dont les lenteurs et les frais, d'un avis unanime, rendent extrêmement difficile la réalisation du gage, et par là même portent un grand obstacle au crédit agricole.

Pour toutes ces raisons, le décret a adopté une procédure spéciale, plus rapide que celle du Code de procédure, calquée sur celle dont en France jouissent les sociétés de crédit foncier (Décret du 28 février 1852). Cette procédure est trop connue pour qu'il y ait utilité à en exposer les divers rouages.

Remarquons, encore, que dans le même but de rendre le gage plus facilement réalisable, l'article 172 permet d'introduire dans l'obligation la clause de voie parée. On sait que cette clause était autrefois permise. Les parties pouvaient stipuler dans l'acte d'emprunt que le créancier, en cas de non paiement à l'échéance, pourrait faire vendre l'immeuble par adjudication devant un notaire. La Cour de cassation avait reconnu la légitimité de ce mode de procéder par trois arrêts successifs.

La loi du 2 juin 1841, dans sa disposition qui est devenue l'article 742 du Code de procédure civile, prohibe cette convention.

Mais cette prohibition a été vivement critiquée par beaucoup de jurisconsultes. Un député, M. Dupuy-Dutemps, a même déposé le 29 mai 1890 une proposition de loi abrogeant l'article 742 du Code de procédure civile et permettant l'insertion de la clause dite de voie parée.

L'article 172 du décret autorise l'insertion dans un contrat de la clause de voie parée. Les parties peuvent convenir dans l'acte d'emprunt ou dans tous actes postérieurs, inscrits sur le registre du conservateur, qu'en cas de non paiement à l'échéance, le créancier pourra faire vendre l'immeuble hypothéqué devant un notaire du lieu de la situation des biens.

Pour parvenir à la vente, le créancier fait signifier au débiteur un commandement dans la forme prévue par l'article 673 du Code de procédure civile (art. 173).

A défaut de paiement dans la quinzaine, il est fait,

dans les six semaines qui suivent, trois publications sommaires dans le journal désigné pour les annonces légales et apposition de placards dans les lieux suivants :

1° Dans l'auditoire du tribunal du lieu où la vente doit être effectuée ;

2° A la porte de la mairie ou de la résidence, suivant le cas, du lieu où sont situés les biens, et sur la propriété, s'il s'agit d'un immeuble bâti ;

3° A la principale place de la localité où le débiteur est domicilié, ainsi qu'à la principale place de la localité de la situation des biens.

L'apposition des placards doit être dénoncée dans la huitaine au débiteur et aux autres créanciers inscrits, s'il en existe, au domicile par eux élu dans l'inscription, avec sommation de prendre communication du cahier des charges (art. 171).

Quinze jours après l'apposition des placards, la vente a lieu aux enchères publiques devant le notaire de la localité où sont situés les immeubles. Ce notaire est désigné sur simple requête par le Président du tribunal (ou le juge de paix à compétence étendue) (art. 173).

La surenchère doit être faite au greffe du tribunal (ou de la justice de paix à compétence étendue) du lieu où l'adjudication a été prononcée (art. 178).

TITRE XIII

De l'inscription des droits réels immobiliers.

CHAPITRE PREMIER

DU DÉPÔT ET DE LA CONSIGNATION DES ACTES. — INSCRIPTIONS ET RADIATIONS

Les articles 182 et 183 posent les principes qui sont la clef de voûte du nouveau système hypothécaire : 1° Tout droit réel relatif à un immeuble immatriculé n'existe, à l'égard des tiers, que par le fait et du jour de son inscription sur le titre par le conservateur de la propriété foncière.

2° Tous faits ou conventions ayant pour effet de transmettre, déclarer, notifier ou éteindre un droit réel immobilier, d'en changer le titulaire, ou de modifier toute autre condition de son inscription, tous baux d'immeubles de plus de trois années, toute quittance de cession d'une somme équivalente à plus de trois années de loyers ou fermages non échus, doivent être, pour être opposables aux tiers, constatés par écrit et inscrits sur le titre par le conservateur de la propriété foncière.

Le droit réel n'est pas établi, comme dans le système du Code civil, sur le propriétaire des biens grevés, mais sur les biens eux-mêmes. Le propriétaire reste, si nous pouvons nous exprimer ainsi, dans la coulisse ; l'immeuble acquiert une sorte de personnalité morale. C'est lui, et non le propriétaire, qui est comptable des charges dont il est grevé.

On comprend les avantages de ce système : la situation juridique de l'immeuble est claire comme un miroir. Il n'y a pas d'hypothèque occulte. On peut se rendre compte immédiatement des charges dont le bien est grevé et contracter en toute connaissance de cause, sans crainte des surprises qui surgissent trop souvent dans le système du Code civil.

Il faut maintenant nous demander comment s'opéreront l'inscription, la radiation, la réduction ou la rectification d'un droit réel immobilier.

C'est au conservateur de la propriété foncière de la circonscription de la situation de l'immeuble qu'incombe la mission d'inscrire, radier, réduire ou modifier le droit réel immobilier.

Ces diverses opérations sont effectuées par ce dernier au moyen de mentions sommaires faites sur le registre des titres de propriété (art. 190).

Toute personne intéressée qui requiert l'inscription, la radiation, l'extension ou la modification d'un droit réel, l'inscription d'un bail de plus de trois années ou du paiement d'une somme de plus de trois années de loyer, doit déposer et consigner entre les mains du conservateur l'original ou l'expédition de l'acte sous-seing privé, authentique ou judiciaire, qui constate la convention ou l'origine du droit.

Toute personne, au nom de laquelle l'inscription est prise, doit faire élection de domicile à Madagascar, au chef-lieu de sa résidence. A défaut, toutes les significations lui sont valablement faites au parquet du Procureur de la République (art. 189).

Ces actes seront conservés dans les archives et des copies faisant foi de leur contenu et de la date du dépôt pourront être délivrées à toute époque aux intéressés.

Les actes sous-seing privé ou authentiques doivent énoncer :

1° L'état civil des parties contractantes, c'est-à-dire leur nom, prénom, filiation, âge, domicile, si elles sont mariées ou célibataires ;

2° La mention que les parties contractantes, ou l'une d'elles, a fait un contrat de mariage, la date de ce contrat, les nom et résidence de l'officier de l'état civil qui l'a reçu ;

3° Les signatures des parties.

Dans les actes sous-seing privé, les signatures des parties doivent être légalisées, suivant la forme ordinaire, avant le dépôt. A défaut de légalisation, le conservateur refuse l'inscription.

Les conventions sous seing privé peuvent être faites par des personnes illettrées. Le § 4 de l'article **183** autorise les parties qui ne savent ou ne peuvent signer à reconnaître l'écrit devant les autorités chargées de la légalisation des signatures, en présence de deux témoins capables de contracter et sachant signer (art. **183**).

Le Conservateur n'est tenu de procéder à l'inscription d'un droit réel que si le requérant le tient directement du titulaire de l'inscription précédemment prise. Aux termes de l'article **195**, si un droit réel a fait l'objet de plusieurs mutations ou conventions successives, la dernière mutation ou convention ne peut être inscrite avant les précédentes.

La manière d'opérer que nous venons d'exposer ci-dessus constitue le droit commun en matière d'inscription.

L'inscription des droits appartenant aux personnes suivantes présente certaines particularités :

1° *Mineurs et interdits*. — L'inscription des droits des mineurs et interdits doit être requise :

a) Par les tuteurs ou subrogés-tuteurs ;

b) A défaut de tuteur ou subrogé-tuteur, par le conseil de famille ;

d) Par le président du tribunal (ou juge de paix à compétence étendue) ;

e) Par les parents ;

f) Par les amis ;

g) Par les mineurs ou les interdits eux-mêmes (article **197**).

Les droits seront inscrits par le Conservateur sur la présentation de la délibération du conseil de famille ou jugement d'homologation, qui doivent déterminer ceux des immeubles du tuteur qui seront grevés d'hypothèque (articles **114, 115, 116**).

2° *Femmes mariées*. — L'inscription des droits de la femme mariée pour toutes les causes de recours qu'elle peut avoir contre son mari doit être requise :

a) Par le mari ;

b) A défaut du mari, par la femme elle-même ;

c) Par ses parents ;

d) Par ses amis (art. **198**).

L'inscription sera opérée par le Conservateur soit sur le vu du contrat de mariage, qui, conformément aux dispositions de l'article **117**, doit déterminer les immeubles qui seront grevés d'hypothèque, l'objet auquel s'applique la garantie et la somme jusqu'à concurrence de laquelle l'inscription peut être prise ; — soit, s'il n'a pas été stipulé d'hypothèque dans les conventions matrimoniales, sur le vu d'une obligation postérieure consentie par le mari, portant les mêmes indications ; — soit, enfin, sur la représentation d'un jugement, rendu à la requête de la femme, qui détermine également la somme jusqu'à concurrence de laquelle, il sera pris inscription et l'immeuble grevé.

3° *Hypothèque testamentaire.* — L'hypothèque testamentaire doit être inscrite par le Conservateur à la requête du légataire, sur le dépôt du testament ou de la copie authentique (art. 199).

4° *Inscriptions sur les biens d'une personne décédée (art. 201).* — Les inscriptions sur les biens d'une personne décédée pourront être faites sous la simple désignation du défunt ; il sera inutile de désigner les noms des héritiers, qui souvent peuvent ne pas être connus.

5° *Inscription après décès d'un détenteur de droit réel (art. 202).* — Si le détenteur d'un droit réel meurt avant d'avoir fait opérer l'inscription, l'héritier ou un des co-héritiers pourra la requérir, avant la liquidation ou partage, au nom de la succession, sur la seule production de l'acte de décès. Après le partage, cette inscription est modifiée au nom de celui à qui le droit réel est attribué par le partage, dont l'acte doit être produit.

6° *Détenteur d'un droit réel par suite d'une donation (art. 203).* — Le détenteur d'un droit réel en vertu d'une donation peut requérir l'inscription du droit en son nom, en déposant l'acte de donation ou une expédition de cet acte.

7° *Détenteur d'un droit réel par suite d'une succession (art. 204).* — Tout détenteur de droit réel immobilier par suite de l'ouverture d'une succession doit fournir les pièces suivantes pour faire rectifier l'inscription en son nom personnel :

S'il s'agit d'une succession *ab intestat :*

a) L'acte de décès ;

b) Un certificat constatant l'état civil du requérant, c'est-à-dire les nom, prénoms, domicile, profession, filiation, âge ; s'il est marié ou célibataire ;

c) Un certificat constatant les droits exclusifs du ou des requérants à l'hérédité.

Les certificats établis hors de Madagascar doivent être passés en la forme authentique.

S'il s'agit d'une succession testamentaire :

a) L'acte de décès ;

b) Un certificat constatant l'état civil du requérant;

c) L'acte testamentaire ou une expédition de cet acte ;

d) S'il y a lieu, le consentement des autres co-héritiers ou des légataires universels ou la décision du tribunal autorisant l'envoi en possession.

———

CHAPITRE II

DE LA FORME DES INSCRIPTIONS

Les inscriptions ou mentions de droits réels immobiliers et de baux doivent porter les énonciations suivantes :

1° Pour la propriété immobilière, le nom du propriétaire :

2° Pour l'usufruit des immeubles, l'usage et l'habitation, l'emphytéose et la superficie, le nom du propriétaire et de l'usufruitier, usager, emphytéote et superficiaire ;

3° Pour les servitudes foncières, le fonds servant sur le titre de propriété du fonds dominant et réciproquement ;

4° Pour l'antichrèse et l'hypothèque, le nom du propriétaire, du créancier et le montant de la créance.

Si la créance est conditionnelle ou indéterminée, on devra ajouter la mention de la condition à la réalisation de laquelle elle est subordonnée, ou l'évaluation de la créance, sauf le droit pour le débiteur de faire réduire cette évaluation si elle est trop élevée.

5° Pour les baux, le nom du locataire et le prix annuel du bail (art. 205).

6° La date à laquelle ont été effectuées l'inscription, la radiation et la réduction. La date est exigée à peine de nullité (art. 206).

7° L'inscription d'une vente à réméré devra toujours mentionner la clause de réméré (art. 207).

8° Lorsque le bailleur aura concédé au locataire ou à l'emphytéote le droit d'acheter le fonds ou de renouveler le bail, l'inscription devra mentionner :

a) La durée du bail ;

b) Les anticipations de paiement du loyer ;

c) Le droit concédé à l'emphytéote ou au locataire d'acheter le fonds ou de renouveler le bail.

A défaut de mention, ces droits conditionnels ne seront pas opposables aux tiers (art. 208).

CHAPITRE III

DE LA CONFORMITÉ DU TITRE DE PROPRIÉTÉ ET DES COPIES

Un des principes essentiels de notre système hypothécaire est que la copie du titre, qui se trouve entre les mains du propriétaire, soit la reproduction exacte du titre, que détient le conservateur de la propriété foncière. Le titre, nous l'avons déjà dit, doit faire connaître d'une façon indubitable la situation juridique de l'immeuble. A cet effet, tous les droits qui ne sont pas inscrits n'existent pas à l'égard de l'immeuble.

Dans le cas même où le conservateur aurait omis dans les copies du titre ou dans les certificats un ou plusieurs droits inscrits, l'immeuble demeure affranchi de ces droits dans les mains du nouveau possesseur. Les intéressés n'ont qu'un recours contre le conservateur (article **213**).

Mais, il y avait un écueil à éviter. Nous avons dit que la copie du titre reste entre les mains du propriétaire. Il pourrait arriver que ce dernier refuse au conservateur de représenter la copie pour opérer l'inscription d'un droit, par exemple, d'une hypothèque forcée, et parvienne ainsi à surprendre la bonne foi d'une personne qui négligerait de consulter le titre au bureau du conservateur.

Pour éviter, dans la mesure du possible, cet inconvénient, l'article **209** pose en principe que toutes les fois qu'une inscription sera portée sur le titre, elle devra l'être en même temps sur la copie du titre.

Comme sanction de cette obligation, le conservateur est tenu :

1° Dans le cas d'une convention synallagmatique où le consentement des deux parties est nécessaire, de refuser l'inscription, si la copie du titre n'est pas représentée ;

2° Dans les autres cas, lorsqu'il échet, par exemple, d'inscrire une hypothèque forcée, le conservateur porte l'inscription sur le titre. Il notifie ensuite l'inscription à tous les détenteurs des copies du titre en les invitant à représenter la copie pour la mettre en concordance avec le titre.

S'ils ne défèrent pas à cette notification, le conservateur refuse toute nouvelle inscription résultant d'une stipulation synallagmatique jusqu'à la régularisation de la copie (art. 210).

En cas de perte de la copie d'un titre de propriété, le conservateur ne peut délivrer une nouvelle copie que sur un jugement l'ordonnant (art. 210).

———

CHAPITRE IV

DES REGISTRES TENUS PAR LE CONSERVATEUR

Les registres que doit tenir le conservateur sont :

1° Un registre des titres de propriété (art. 40) ;

2° Un registre d'ordre des formalités préalables à l'immatriculation ;

3° Un registre de dépôt où sont constatées, par un numéro d'ordre et à mesure qu'elles s'effectuent, les décisions des tribunaux ordonnant l'immatriculation, les remises de documents à fin d'inscription, de transcription, de saisie, et généralement de tous actes ou écrits à inscrire, transcrire ou mentionner. — Ce registre est arrêté tous les jours par le conservateur. — Il est tenu en double, et l'un des doubles doit être déposé au greffe du tribunal de première instance (ou de la justice de paix à compétence étendue) dans les 30 jours de sa clôture (art. 185);

4° Une table alphabétique des titulaires de droits réels

et de baux inscrits à la conservation de la propriété foncière (art. 187) ;

5° Une table alphabétique des titres de propriété (art. 187).

Tous les registres du conservateur sont côtés et paraphés par première et dernière par le Président du tribunal de première instance (ou le juge de paix à compétence étendue) (art. 189).

—

CHAPITRE V

DES OBLIGATIONS DU CONSERVATEUR

1° Les registres de la conservation de la propriété foncière sont publics en ce sens que le conservateur doit déférer à toute réquisition soit de certificat établissant la conformité de la copie et du titre de propriété, — soit de copie littérale de toutes les mentions concernant un droit réel immobilier ou de celles qui sont spécialement désignées dans la réquisition des parties, — soit de certificat qu'il n'en existe aucune (art. 191).

Conformément à la jurisprudence, le conservateur doit toujours, dans les certificats qu'il délivre, se conformer aux termes de la réquisition (Cass. 6 janv. 1891. 5 avril 1894).

Pour qu'il ne s'élève pas de contestations sur les renseignements demandés dans la réquisition, celle-ci doit être écrite, signée et datée. Si le requérant qui se présente à la conservation ne sait pas écrire, la réquisition sera remplie par le conservateur (art. 191).

Dans tous les cas, la réquisition doit être reproduite en tête de l'état ou certificat que délivre le conservateur (art. 191).

Le conservateur doit faire figurer sur l'état ou le certificat toutes les inscriptions ou mentions telles qu'elles sont transcrites sur les registres, même si elles lui paraissent irrégulières.

Toutefois, il pourra rectifier d'office, et sous sa responsabilité, les irrégularités qui proviennent de son chef. Egalement, lorsque des omissions ou des erreurs ont été commises soit dans le titre de propriété, soit dans les inscriptions, les parties intéressées peuvent en demander la rectification au conservateur, qui, en cas de refus, peut y être contraint par jugement.

Dans tous les cas, les inscriptions primitives sont laissées intactes et les corrections sont inscrites à la date courante (art. 193 et 194).

2° Le conservateur ne peut ni refuser, ni retarder une inscription, radiation, réduction ou rectification d'inscription régulièrement demandées, la délivrance de la copie du titre de propriété aux ayants droit et la délivrance, à toute personne, de certificats d'inscription sous peine de dommages-intérêts (art. 192).

L'article 192 ajoute : « hors des cas prévus par la loi ». Nous avons vu, en effet, que l'article 210 autorise le conservateur à refuser toute inscription lorsque le détenteur refuse de produire la copie du titre de propriété pour la mettre en concordance avec le titre.

3° Le conservateur est tenu, au moment de l'inscription d'un jugement d'adjudication, de prendre, d'office, au profit du débiteur saisi, du co-licitant ou de leurs ayants droit, une hypothèque pour sûreté du paiement du prix de l'adjudication, lorsqu'il n'est pas justifié du paiement préalable (art. 196).

4o Le conservateur et les sous-conservateurs de la propriété foncière sont tenus de fournir un cautionnement.

CHAPITRE VI

DE LA RESPONSABILITÉ DU CONSERVATEUR

Les fautes commises par le conservateur engendrent à sa charge une responsabilité civile et une responsabilité pénale.

La responsabilité civile résulte du droit commun, conformément aux principes des articles 1382 et 1383 du Code civil : tout fait quelconque de l'homme qui cause un dommage à autrui, oblige celui par la faute duquel il est arrivé, à le réparer. Chacun est responsable du dommage qu'il a causé non seulement par son fait, mais encore par sa négligence, ou par son imprudence.

Le décret énumère divers cas de responsabilité à l'encontre du conservateur :

1° Omission sur les registres des inscriptions régulièrement requises en ses bureaux ;

2° Omission sur les copies des inscriptions portées sur le titre, sauf le cas où le détenteur de la copie du titre refusera de la représenter et le cas où elle a été perdue (art. 210 et 211) ;

3° Défaut de mention, savoir : sur le titre de propriété, des inscriptions affectant directement la propriété ; — sur les états ou certificats, d'une ou plusieurs des inscriptions existantes, à moins que le conservateur ne se soit exactement conformé aux réquisitions des parties ou que le défaut de mention ne provienne de désignations insuffisantes qui ne peuvent lui être imputées (art. 212).

Les divers cas énumérés par l'article 212 ne sont pas limitatifs. Les conservateurs sont responsables, conformément au droit commun en matière de responsabilité, de toutes les fautes commises dans l'accomplissement de leurs fonctions, qui portent préjudice à un tiers.

Les articles 214 et 215 disposent, d'ailleurs, que lorsque le conservateur ne se conforme pas, dans l'exercice de ses fonctions, à toutes les dispositions du décret ou lorsque les mentions de dépôt ne sont pas faites, sur le registre, de suite, sans aucun blanc, ni interligne, il est passible de dommages-intérêts envers les parties. Les dommages-intérêts doivent même être payés avant l'amende à laquelle il peut être condamné, comme nous allons le voir.

La responsabilité pénale est établie par les articles 214 et 215.

Art. 214 : « Le conservateur est tenu de se conformer, dans l'exercice de ses fonctions, à toutes les dispositions du présent décret, à peine d'une amende de 100 à 2.000 francs pour la première contravention.

En cas de récidive, l'amende sera doublée ».

Art. 215 : « Les mentions de dépôt sont faites, sur les registres, de suite, sans aucun blanc, ni interligne, à peine contre le conservateur de 500 à 3.000 francs d'amende ».

TITRE XIV

Immatriculation des immeubles vendus à la barre des tribunaux.

———

L'article 216 permet de placer sous le régime de l'immatriculation tout immeuble dont la vente est poursuivie devant les tribunaux.

Cette faculté nous paraît d'une utilité incontestable. Nous avons dit, en effet, que la propriété foncière à Madagascar, à cause des conditions d'exercice de la possession, de l'absence de titres, de la constitution de la famille, de l'indivision qui existe très souvent, de l'absence de registres sérieusement tenus qui fassent connaître les droits réels qui grèvent les immeubles, est très mal établie.

Le seul moyen d'arriver, en l'état, à fixer la situation juridique de l'immeuble de façon à éviter, dans l'intérêt du vendeur et des créanciers comme de l'adjudicataire, toutes les complications spéciales qui ne manqueraient pas de surgir, est l'immatriculation. En effet, la procédure d'immatriculation fera connaître les détenteurs des droits réels inconnus et le nom du véritable propriétaire. L'adjudicataire pourra offrir un prix en toute connaissance de cause.

Si, au contraire, aucun droit réel n'est révélé dans les délais de l'opposition, l'immeuble sera définitivement affranchi, quelles que soient les éventualités qui pourront se présenter dans la suite.

Le décret envisage deux hypothèses :

1° Celle où l'immatriculation est requise préalablement à l'adjudication ;

2° Celle où elle est requise après l'adjudication.

CHAPITRE PREMIER

DE L'IMMATRICULATION PRÉALABLE A L'ADJUDICATION.

Les personnes qui peuvent requérir l'immatriculation préalable à l'adjudication sont :

1° Le créancier poursuivant, en matière de saisie ;

2° Un des co-licitants, en matière de licitation ;

3° Les tuteurs et les subrogés-tuteurs avec l'autorisation du conseil de famille, en matière de vente de biens de mineurs (art. 217) ;

4° Le tribunal d'office, si le titre ne lui a pas été produit avant l'adjudication ou si le titre produit ne lui paraît pas suffisant (art. 218).

Formalités spéciales :

1° En matière de saisie, la réquisition d'immatriculation doit être établie au nom du saisi par le poursuivant ou son défenseur (art. 219).

Le poursuivant doit joindre à la réquisition les pièces suivantes :

a) La copie, certifiée conforme par le défenseur, du commandement à fin de saisie-immobilière ;

b) Tous titres de propriété, contrats, actes publics ou

privés, ou documents quelconques de nature à faire connaître les droits réels existant sur l'immeuble.

Les fruits naturels ou industriels recueillis postérieurement au dépôt de ces pièces, ou le prix qui en provient, sont immobilisés pour être distribués avec le prix de l'immeuble.

De même, à partir du dépôt, les loyers et fermages sont immobilisés pour être distribués avec le prix de l'immeuble.

Conformément à l'article 685 du Code de procédure civile, un simple acte d'opposition à la requête du poursuivant vaudra saisie-arrêt entre les mains des fermiers, locataires, qui ne pourront se libérer qu'en exécution de mandements de collocation, ou par le versement des loyers ou fermages à la caisse des dépôts et consignations (art. **219**).

2° En matière de licitation et pour la vente des biens des mineurs, le co-licitant ou le tuteur ou subrogé-tuteur qui demandera l'immatriculation devra se conformer aux règles ordinaires déterminées par les articles **17** et **18** du décret (art. **220**).

Les frais d'immatriculation, conformément à la règle générale, devront être avancés par le requérant. Le montant sera compris parmi les dépenses à supporter par l'adjudicataire en sus du prix principal (art. **217**).

La procédure pour parvenir à l'immatriculation se poursuit conformément aux règles ordinaires.

Après l'expiration du délai d'opposition et la rédaction du plan définitif, le poursuivant rédige le cahier des charges. La procédure de saisie-immobilière, suivant les formes prescrites aux articles **171** et suivants, suit son cours jusqu'à l'adjudication exclusivement (art. **221**).

Quand le tribunal a ordonné l'immatriculation, si le jugement modifie la consistance ou la situation juridique de l'immeuble, telle qu'elle est définie par le cahier des charges, le poursuivant est tenu de faire publier un dire rectificatif. Quand toutes ces formalités ont été accomplies, il est procédé à l'adjudication (art. **222**).

La copie du titre de propriété, établie en vertu de la décision du tribunal ordonnant l'immatriculation, est conservée par le conservateur jusqu'au jour où l'adjudication étant devenue définitive, la mutation de la propriété au nom de l'adjudicataire peut être effectuée (art. **223**).

Toutefois, en matière de saisie, lorsque l'immatriculation a été ordonnée sur la réquisition du poursuivant, la copie du titre établi au nom du saisi doit être remise à celui-ci, s'il fournit main-levée conventionnelle ou judiciaire de la saisie-immobilière pratiquée contre lui (art. **223**).

CHAPITRE II

DE L'IMMATRICULATION POSTÉRIEURE A L'ADJUDICATION

Nous savons qu'en vertu du principe posé par l'article 717 du Code de procédure civile, l'adjudication ne transmet à l'adjudicataire d'autres droits à la propriété que ceux appartenant au saisi. L'application stricte de ce principe est particulièrement à redouter dans un pays comme Madagascar, où la propriété n'a aucune base certaine.

Pour parer aux inconvénients qui peuvent se présenter, l'article **224** donne à l'adjudicataire la faculté de subordonner l'exécution du cahier des charges à l'immatriculation de l'immeuble (art. **224**).

Pour pouvoir user de cette faculté, l'adjudicataire doit :

1° Déposer son prix à la caisse des dépôts et consignations et payer les frais ordinaires de poursuite dans les 15 jours qui suivront la prononciation du jugement d'adjudication ;

2° Dans les 15 jours qui suivront les formalités ci-dessus, remettre au conservateur de la propriété foncière la déclaration à fin d'immatriculation prescrite par l'article 17.

Cette déclaration doit être accompagnée du jugement d'adjudication et de la consignation des frais d'immatriculation (art. **225**).

Si l'adjudicataire néglige de remplir toutes ces formalités, il perd tout recours contre le propriétaire de de l'immeuble, le poursuivant et les créanciers (art. **227**).

Deux éventualités peuvent se présenter :

1° La consistance matérielle et la situation juridique de l'immeuble révélées par la procédure d'immatriculation sont conformes aux conditions du cahier des charges ; dans ce cas, le prix sera distribué, suivant les règles ordinaires, après la décision du tribunal ordonnant l'immatriculation ;

2° La consistance de l'immeuble ou sa situation juridique ne sont pas telles qu'elles ont été définies par le cahier des charges; dans ce cas, l'adjudicataire pourra demander soit une diminution du prix, alors même qu'une clause du cahier des charges s'y opposerait, soit la nullité de l'adjudication, si la différence de valeur est égale à un vingtième de la valeur vénale (art. **226**).

FIN DU TOME PREMIER

TABLE DES MATIÈRES

32

LIVRE III

Des actes de l'état civil

LIVRE IV

Paternité et filiation.

LIVRE V

De la minorité et de la majorité.

LIVRE VI

Le mariage.

LIVRE VII

Le divorce.

LIVRE X

Les successions.

LIVRE XI

Donations et testaments.

LIVRE XII

La propriété.

LIVRE XIII

L'immatriculation.

(Décret du 16 juillet 1897 portant règlement sur la propriété foncière).

TITRE I

DES IMMEUBLES. — DE LEUR IMMATRICULATION. — DU TITRE DE PROPRIÉTÉ.

TITRE II

TITRE III

TITRE IV

TITRE V

Laval. — Imprimerie parisienne L. BARNÉOUD & Cie

A. CHEVALIER-MARESCQ ET Cie, ÉDITEURS

20, Rue Soufflot, Paris

BARTIN (Etienne), *professeur à la Faculté de droit de l'Université de Lyon*. — **Etudes du droit international privé.** 1 vol. gr. in-8......... 4 »

BEAUCHET (Ludovic), *professeur à la Faculté de droit de Nancy.* — **Traité de l'extradition.** (Extrait des *Pandectes françaises*). 1 vol. in-8...... 10 »

— **Histoire du droit privé de la république athénienne.** (Ouvrage couronné par l'Académie des Inscriptions et Belles-Lettres, par l'Association pour l'encouragement des études grecques et par l'Académie des Sciences morales et politiques). — Tomes I et II. Droit de famille. — Tome III. Droit de propriété. — Tome IV. Droit des obligations. L'ouvrage complet formant 4 forts vol. in-8 raisin............................ 36 »

GÉNY (F.), *professeur de droit civil à l'Université de Dijon.* — **Méthode d'interprétation et sources en droit privé positif.** (Essai critique). 1 vol. gr. in-8.............................. 10 »

HUGUES (Albert), *docteur en droit).* — **La nationalité française chez les Musulmans de l'Algérie.** 1 vol. in-8....................... 3 50

MEYSONNASSE (V.), *officier ministériel à Bizerte, breveté en droit musulman et coutumes indigènes.* — **Code civil musulman suivant le cadre du Code civil français** (rite malexite). 1 vol. in-8................ 8 »

MARTENS (F.), *professeur à l'Université de Saint-Pétersbourg, membre de l'Institut du droit international.* — **Traité de droit international,** traduit du russe par Alfred Léo. 3 vol. in-8.......................... 27 »

RIVIÈRE, FAUSTIN-HÉLIE et PAUL PONT. — **Codes français et Lois usuelles.** Décrets, ordonnances, avis du Conseil d'État et législation coloniale, conformes aux textes officiels, avec une conférence des articles, basée principalement sur la Jurisprudence, et annotés des arrêts de la Cour de Cassation et des circulaires ministérielles. Un fort vol. in-8, imprimé en *caractères neufs*, sur beau papier, 28e édition, refondue et augmentée, par M. A. Weiss, professeur de droit civil à l'Université de Paris,...... 25 »

Les mêmes, format de poche..................... 6 »

Reliure en demi-chagrin, 3 fr. pour l'in-8, 1 fr. 25 pour l'in-32.

ON VEND SÉPARÉMENT :

Dans le format in-8		*Dans le format in-32*	
Les 6 Codes en 1 vol.....	13 »	Les 6 Codes en 1 vol.....	3 50
Les lois usuelles............	13 »	Les lois usuelles..........	3 50
Le Code civil...............	5 »	Le Code civil, cartonné....	2 »
		Le Code de procédure ci-	
Le Code de procédure civile	3 50	vile, cartonné..........	2 »
		Le Code de commerce,	
Le Code de commerce.....	3 »	cartonné................	2 »
Les Codes d'instruction cri-		Les Codes d'instr. crim. et	
minelle et pénal........	5 »	pénal, cartonné.........	2 »
Le Code forestier.........	1 50	Le Code forestier, cart....	1 25

NOTA. — Chaque exemplaire complet in-8 contient quatre bons, permettant de retirer **gratuitement pendant quatre ans** les suppléments publiés annuellement et destinés à mettre les Codes au courant des dernières dispositions législatives.

www.ingramcontent.com/pod-product-compliance
Lightning Source LLC
Chambersburg PA
CBHW060914220326
41599CB00020B/2962